BUSINESS DRIVEN
Information Systems Eighth Edition

业务驱动型信息系统
（原书第8版）

[美] 佩吉·巴尔赞（Paige Baltzan） 著
彭剑 译

清华大学出版社
北京

北京市版权局著作权合同登记号　图字：01-2023-5388

Paige Baltzan
Business Driven Information Systems, 8th edition
978-1264136827
Copyright © 2025 by McGraw-Hill Education.
All Rights reserved. No part of this publication may be reproduced or transmitted in any form or by any means, electronic or mechanical, including without limitation photocopying, recording, taping, or any database, information or retrieval system, without the prior written permission of the publisher.
This authorized Chinese translation edition is published by Tsinghua University PressLimited in arrangement with McGraw-Hill Education(Singapore)Pte.Ltd.This edition is authorized for sale in the People's Republic of China only, excluding Hong Kong, Macao SAR and Taiwan.
Translation Copyright © 2025 by McGraw-Hill Education(Singapore) Pte.Ltdand Tsinghua University Press Limited.

版权所有。未经出版人事先书面许可，对本出版物的任何部分不得以任何方式或途径复制传播，包括但不限于复印、录制、录音，或通过任何数据库、信息或可检索的系统。
此中文简体翻译版本经授权仅限在中华人民共和国境内（不包括香港特别行政区、澳门特别行政区和台湾）销售。
翻译版权 ©2025 由麦格劳-希尔教育（新加坡）有限公司与清华大学出版社有限公司所有。

本书封面贴有 McGrawHill 公司防伪标签，无标签者不得销售。
版权所有，侵权必究。举报：010-62782989，beiqinquan@tup.tsinghua.edu.cn。

图书在版编目 (CIP) 数据

业务驱动型信息系统：原书第 8 版 /（美）佩吉·巴尔赞（Paige Baltzan）著；彭剑译 . -- 北京：清华大学出版社，2025. 2. -- ISBN 978-7-302-68260-8
Ⅰ . G202
中国国家版本馆 CIP 数据核字第 2025AL5487 号

责任编辑：薛　杨
封面设计：刘　键
版式设计：方加青
责任校对：王勤勤
责任印制：宋　林

出版发行：清华大学出版社
　　　　网　　址：https://www.tup.com.cn, https://www.wqxuetang.com
　　　　地　　址：北京清华大学学研大厦 A 座　　　邮　编：100084
　　　　社 总 机：010-83470000　　　　　　　　　邮　购：010-62786544
　　　　投稿与读者服务：010-62776969, c-service@tup.tsinghua.edu.cn
　　　　质 量 反 馈：010-62772015, zhiliang@tup.tsinghua.edu.cn
　　　　课 件 下 载：https://www.tup.com.cn, 010-83470236
印 装 者：三河市铭诚印务有限公司
经　　销：全国新华书店
开　　本：185mm×260mm　　　　印　张：24.5　　　字　数：662 千字
版　　次：2025 年 4 月第 1 版　　　印　次：2025 年 4 月第 1 次印刷
定　　价：108.00 元

产品编号：100077-01

前言

《业务驱动型信息系统》（*Business Driven Information Systems*）首先讨论了各种业务活动，然后讨论了技术如何为这些活动提供支持。这种独特方法的前提是，业务活动应该驱动技术选择。书中的每次讨论都是先确定业务需求，然后再确定满足这些需求的技术。无论读者所学专业是运营管理、制造、销售、市场营销、金融、人力资源、会计还是任何其他商业学科，本书都将为他们在业务领域取得卓越成就奠定基础。本书旨在使读者了解如何利用信息技术来为组织赢得优势。

与信息技术项目相关的共同业务目标包括降低成本、提高生产力、提高客户满意度和忠诚度、创造竞争优势、精简供应链、支持全球扩张等。然而，实现这些目标并非易事。实施新会计制度或营销计划不太可能给整个组织带来长期增长或降低整个组织的成本。为了实现降低成本等广泛的一般业务目标，企业必须在其整个组织范围内采取措施。通过促进交流和增强商业智能，信息技术在部署此类措施方面发挥了至关重要的作用。无论是从事会计、财务、人力资源还是运营管理，任何想在业务领域取得成功的人都必须了解本书中介绍的信息技术基础知识。

通过展示业务与 IT 之间的关联，我们的管理信息系统（MIS）课程教学取得了巨大成功。了解业务与 IT 之间紧密联系的读者能够理解这门课程的含金量。读者从阅读中学到了 10%，从亲身体验中学到了 80%，从向他人传授知识中学到了 90%。业务驱动型方法使读者能够理解难懂且往往无形的管理信息系统概念，并可通过亲身体验在实际应用中强化这些概念。以业务驱动为中心的管理信息系统教学对以下几方面颇有助益：

- 提高信息技术可信度；
- 使读者看到信息技术的机会；
- 吸引专业人士；
- 让读者参与进来。

总体编排、特点及亮点

本书采用了最先进的讨论方法，并采用易于理解的概念呈现方式，使读者能够积极参与学习。信息技术的动态性要求所有读者（尤其是商科读者）了解当前的和新兴的技术。读者会面临很多复杂的主题，因此需要简洁明了的解释，以便能够在其职业生涯中理解和运用这些概念。通过让读者参与大量案例研究、练习、项目和问题来强化概念，本书为师生们创造了独特的学习体验。

- **受众**。本书是专为管理信息系统类本科生课程或 MBA 入门课程设计的，作为所有商科专业共同知识体系的一部分，这些课程是许多工商管理或管理专业的必修课。
- **结构合理**。师生们会发现本书的编排井然有序，各章之间的主题衔接自然流畅。在使用每个术语之前，各章都对其定义进行了描述，而且本书电子资源还附有完整的术语表。此外，本书各章均包含"开篇案例研究""学习目标""总结性案例研究""做出业务决策"几部分。
- **解释详尽**。本书对每个引入的主题都做了完整的解释,这样做是为了让读者能够理解书中提出的观点,并将之与其他概念联系起来。
- **理论基础扎实**。本书基于与业务环境相关的当前信息系统理论和实践。全书引用的最新学术专业期刊可在书末二维码中的参考文献中找到,这提供了一个相关延伸阅读材料路线图,这些延伸阅读材料可作为在本书各章或补充材料之外进行学习的基础。
- **鼓励讨论的材料**。本书每章都包含了多样化的案例研究以及许多以个人和分组形式进行的问题解决活动,这些案例和活动都与信息技术在业务中的使用有关。各章末尾的一至两个综合案例均强化了该章内容。这些案例鼓励读者思考所提出的概念,并将这些概念应用于他们可能在组织中遇到的情况。组织中的不同人可能从不同的角度来看待同样的事,所以这些案例还鼓励读者去考虑其中一些观点。
- **综合性主题**。几个综合性主题贯穿了全书,从而使材料更为完整。这些主题包括增值技术与方法、伦理与社会责任、全球化和竞争优势。对于全面理解企业必须认识、制定和实施的战略而言,这些主题至关重要。除了在章节材料中讨论这些主题外,本书还提供了与业务实践有关的许多例证。

本书导览

学习目标

学习目标。在学生完成一章内容的学习后,这些目标聚焦于他们应该学到的知识和能够回答的问题。

第一部分 | 电子业务

学习目标
3.1 比较颠覆性技术和持续性技术,并解释互联网和万维网是如何颠覆商业的。
3.2 描述电子业务及其相关优势。
3.3 比较四类电子业务模式。
3.4 描述电子业务的五种连接和沟通工具。

开篇案例研究

为了提高学生的兴趣,每章开篇都设有一个案例研究作为引例,重点介绍一家在商业世界中久经考验,且其价值已得到验证的企业。这种编排通过卓越企业的相关案例来强化本章相关概念。对该案例的讨论将贯穿全章。

数据分析:未来最重要的技能

开篇案例研究

数据分析将理论与实践相结合,其目的是识别数据驱动的见解,并就这些见解进行交流,这些见解有利于组织中的管理者、利益相关方和其他高管做出更明智的决策。从智能家居、可持续城市到在线零售和绿色企业,数据正在改变和推动各行各业的业务。当今的业务很简单——它是由数据驱动的。各种形式和形态的数据为开拓新市场、配备医院和仓储人员以及生产疫苗等战略性业务决策提供了见解。所有行业中的组织都日益依赖数据,以期帮助他们识别机会和解决业务问题。

今天,为了完成自身的工作任务并促进自身的事业发展,任何参与业务竞争的人都必须能够捕捉、分析并读懂数据。我们生活在信息时代,而数据在这个时代堪比黄金,并且已经成为业务经营成功的王道。考虑以下现象。

- Uber(优步)没有一辆车。
- Airbnb(爱彼迎)没有一家酒店或租赁物业。
- Facebook(脸书)没有创作任何内容。
- Amazon(亚马逊)不生产任何产品,也没有任何库存。

其实很简单:数据正在推动和改变业务模式。这样一来,员工队伍的变化使得各公司都在寻找精通数据的求职者,这些求职者对如何利用数据来挖掘能提供深刻业务见解的模式了然于胸。另外,通过影响决策的可视化方式进行交流也是关键所在。

数据分析师招聘市场炙手可热,目前,全球有超过 250 万个数据类职位空缺。事实上,美国劳工统计局表示,到 2026 年,数据类职位空缺将高达 1150 万个。

全球所有业务领域的数据都呈爆炸式增长,这催生了当今需求最大、最为蓬勃发展的领域之一:数据分析。数据分析师的平均年薪在 8.5 万~ 13.8 万美元(合人民币 60 万~ 100 万元)。但令人颇为意外的是,仍有近 50% 的公司报告称,即便是开出了如此高的薪水,这些公司也还是很难以招到合格的数据分析师和数据科学家等专业人员。

如果你相信数据分析能力会有助于你的职业发展,那么这本书非常适合你。在本书中,你将学习以下内容:

- 数据分析技术,
- 数据转换样式,
- 数据治理,
- 数据合规性,
- 数据仓库,
- 数据驱动型业务流程的自动化,
- 数据伦理与隐私,

项目和案例研究

案例研究。本书包含 24 个案例研究,说明了各种著名组织和企业如何成功实施本书中的诸多概念。所有案例的出现都很及时,并能促进学生批判性思维的培养。这些案例中的企业简介特别吸引人,并与学生息息相关,有助于活跃课堂讨论和激发学生兴趣。

知识应用。在每章末尾都提供了若干"知识应用"项目,挑战学生将本章所学技能应用来解决实际业务问题的能力。这部分内容可在本书附带的电子资源中获取。在与本书配套的 Connect 网站上还有 33 个"知识应用"项目。这些项目都要求学生使用 Excel 和 Access 等 IT 工具解决业务问题。此外,这些项目都设定了具有挑战性和创造性的业务场景,有助于培养学生应用知识解决问题的能力。

补充案例集

除正文列出的"总结性案例"和"做出业务决策"栏目中的案例研究,本书还附带补充案例的电子文件。读者可扫描下方二维码,下载对应案例集。

补充案例集

章末要素

每章都包含以下形式的完整教学支持。

总结性案例研究。通过突出的企业和组织案例来强化书中的重要概念。每个案例研究最后都附有讨论问题。

> **总结性案例一：第四次工业革命**
>
> 第四次工业革命已经到来，它将使人们的生活、工作和互动方式发生巨变。它正在颠覆全球几乎所有行业，并以前所未有的速度创造巨大变革。世界经济论坛创始人兼执行主席克劳斯·施瓦布（Klaus Schwab）教授在其最新著作《第四次工业革命》（The Fourth Industrial Revolution）中描述了一个物理、数字和生物领域融合的世界。这场革命指的是人工智能、自动驾驶汽车、语音识别和物联网等新技术是如何将我们的数字世界和物理世界融合在一起的。在这场革命里，个人、企业和政府的运作方式都将发生变化，并最终导致与前三次工业革命类似的变革。在我们讨论第四次工业革命之前，让我们快速回顾一下前三次工业革命。

做出业务决策。学习管理信息系统的最佳方法是将其应用于各种场景和现实世界中的业务困境。这些项目要求学生运用批判性思维技能和章节概念来分析问题，并给出建议性的业务决策。

> **做出业务决策**
>
> **1. 努力做到最好**
>
> 《财富》（Fortune）杂志每年都会评选出最受员工欢迎的100家企业。请查找最新的榜单。你认为《财富》杂志是通过分析哪些类型的数据来确定企业排名的？如果数据分析不准确，会出现什么问题？通过分析榜单，你可以获得哪些类型的信息？提出求职的学生能够根据这份榜单回答的五个问题。
>
> **2. 你信任自己的数据吗？**
>
> 数据驱动了基于事实的决策。管理者需要依靠数据来推动业务决策。你能想象根据不良数据来做出关键业务决策吗？你有没有停下来问问自己，眼前的数据是否是可信的？如果你基于错误的、不准确的或低质量的数据来做业务决策，结果会怎样？显然，很可能做出错误的决策，而这正是使用数据来驱动决策时的主要风险。以下是一些组织的例子，它们都曾落入过基于错误数据做出重要决策的陷阱。

简明目录

模块 1　业务驱动型管理信息系统　1

第 1 章　管理信息系统：业务驱动型管理信息系统　2
第 2 章　决策与流程：价值驱动的业务　44
第 3 章　电子业务：电子业务的价值　87
第 4 章　伦理与信息安全：管理信息系统的业务关注点　117

模块 2　管理信息系统的技术基础　151

第 5 章　基础设施：可持续技术　152
第 6 章　数据：商业情报　184
第 7 章　网络：移动商务　229

模块 3　企业级管理信息系统　255

第 8 章　企业应用：业务沟通　256
第 9 章　系统开发与项目管理：企业责任　298

附录

附录 A　硬件与软件基础　329
附录 B　网络与通信　342
附录 C　设计数据库　351
附录 D　连通性：网络化世界的商业价值　359
附录 E　商业情报与数据挖掘　368
附录 E　商业情报与数据挖掘　368
术语表与参考文献　377

目录

模块 1
业务驱动型管理信息系统　1

第 1 章
管理信息系统：业务驱动型管理信息系统　2
开篇案例研究
数据分析：未来最重要的技能　3
第一部分　业务驱动型管理信息系统　5
1.1　信息时代的竞争　5
　　1.1.1　数据　7
　　1.1.2　信息　10
　　1.1.3　商业情报　12
　　1.1.4　知识　14
1.2　系统性思维与管理信息系统　17
　　1.2.1　管理信息系统解决方案　18
　　1.2.2　系统性思维　19
　　1.2.3　管理信息系统部的作用和职责　22
第二部分　业务战略　24
1.3　识别竞争优势　25
1.4　SWOT 分析：理解业务战略　26
1.5　五力模型——评估行业吸引力　28
　　1.5.1　买方力量　28
　　1.5.2　供应商力量　29
　　1.5.3　替代产品或服务威胁　29
　　1.5.4　新进入者威胁　30
　　1.5.5　现有竞争对手之间的竞争　30
　　1.5.6　案例分析：航空业分析　31
1.6　三大通用战略——选择业务重点　31
1.7　价值链分析——执行业务战略　33
问题回顾　37
总结性案例一：第四次工业革命　37
总结性案例二：物联网　38
做出业务决策　39

第 2 章
决策与流程：价值驱动的业务　44
开篇案例研究
各位请注意，我们正通过面部识别追踪你　45

第一部分　决策支持系统　46
2.1　做出组织的业务决策　46
　　2.1.1　决策流程　46
　　2.1.2　运营层面　48
　　2.1.3　管理层面　49
　　2.1.4　战略层面　49
2.2　衡量组织的业务决策　50
　　2.2.1　效率指标和有效性指标　53
　　2.2.2　效率与有效性之间的相互关系　54
2.3　利用管理信息系统做出业务决策　55
　　2.3.1　运营支持系统　56
　　2.3.2　管理支持系统　56
　　2.3.3　战略支持系统　58
2.4　利用人工智能做出业务决策　61
　　2.4.1　机器学习　62
　　2.4.2　神经网络　65
　　2.4.3　虚拟现实　66
第二部分　业务流程　67
2.5　管理业务流程　67
2.6　业务流程建模　69
2.7　利用管理信息系统改进业务流程　72
　　2.7.1　运营业务流程——自动化　73
　　2.7.2　管理业务流程——简化　76
　　2.7.3　战略性业务流程——再造　77
问题回顾　80
总结性案例一：Alexa——你能听到我说话吗？　81
总结性案例二：机器人抢走了我的工作　82
做出业务决策　83

第 3 章
电子业务：电子业务的价值　87
开篇案例研究
社交媒体：新的大规模杀伤性武器　88
第一部分　电子业务　89
3.1　颠覆性技术　89
　　3.1.1　颠覆性技术和持续性技术　89
　　3.1.2　因特网和万维网——终极商业颠覆者　90

3.2　Web 1.0：电子业务的催化剂　92
　　3.2.1　扩展全球可达性　93
　　3.2.2　开辟新市场　93
　　3.2.3　降低成本　94
　　3.2.4　提高有效性　95
3.3　分析网站数据　96
3.4　四类电子业务模式　98
　　3.4.1　电子业务形式和创收策略　100
　　3.4.2　电子业务欺诈行为　102
3.5　电子业务中的连接和沟通工具　102
　　3.5.1　电子邮件　102
　　3.5.2　即时通信　103
　　3.5.3　播客　103
　　3.5.4　视频聊天　103
　　3.5.5　内容管理系统　103
第二部分　Web 2.0：商业 2.0　104
3.6　Web 2.0：商业 2.0 的优势　104
　　3.6.1　以开源方式分享内容　105
　　3.6.2　用户贡献内容　106
　　3.6.3　组织内的协作　106
　　3.6.4　组织外的协作　106
3.7　商业 2.0：一切都离不开社交媒体　108
　　3.7.1　社交标记　109
　　3.7.2　社交协作　109
　　3.7.3　博客　110
　　3.7.4　社会信任　111
3.8　Web 3.0：定义下一代在线商业机会　112
　　3.8.1　深层网络　112
　　3.8.2　暗网　112
　　3.8.3　语义网络　113
问题回顾　113
总结性案例：直接面向消费者——沃比派克之道　113
做出业务决策　114

第 4 章
伦理与信息安全：管理信息系统的业务关注点　117
开篇案例研究
单击"我同意"——信息时代的隐私之殇　118
第一部分　伦理　119
4.1　信息伦理　119
　　4.1.1　法律与伦理　120
　　4.1.2　信息没有伦理，但人有　122
4.2　制定信息管理政策　123
　　4.2.1　合乎伦理的计算机使用政策　124
　　4.2.2　信息隐私政策　125
　　4.2.3　可接受的使用政策　126
　　4.2.4　电子邮件隐私政策　127
　　4.2.5　社交媒体政策　128
　　4.2.6　工作场所监控政策　129
第二部分　信息安全　131
4.3　保护知识资产　131
　　4.3.1　黑客：企业面临的一种危险威胁　133
　　4.3.2　病毒：企业面临的一种危险威胁　134
4.4　第一道防线：人　137
4.5　第二道防线：技术　137
　　4.5.1　人：身份认证和授权　138
　　4.5.2　数据：预防和抵御　141
　　4.5.3　攻击：检测和响应　144
问题回顾　144
总结性案例一：黑客入侵企业的五种方式　145
总结性案例二：剑桥分析公司——非法数据爬取　146
做出业务决策　147

模块 2
管理信息系统的技术基础　151

第 5 章
基础设施：可持续技术　152
开篇案例研究
2030 年愿景：为残疾人改变世界的 17 项目标　153
第一部分　管理信息系统基础设施　154
5.1　稳固型管理信息系统基础设施的业务优势　154
5.2　支持运营：信息型管理信息系统基础设施　155
　　5.2.1　备份和恢复计划　156
　　5.2.2　灾难恢复计划　157
　　5.2.3　业务连续性计划　159
5.3　支持变更：敏捷型管理信息系统基础设施　160

5.3.1 可访问性 161
5.3.2 可得性 162
5.3.3 可维护性 162
5.3.4 可移植性 162
5.3.5 可靠性 163
5.3.6 可扩展性 163
5.3.7 可用性 163

第二部分 构建可持续的管理信息系统基础设施 164

5.4 管理信息系统与环境 164
    5.4.1 电子垃圾增加 165
    5.4.2 能源消耗增加 166
    5.4.3 碳排放增加 166
5.5 支持环境：可持续的管理信息系统基础设施 167
    5.5.1 网格计算 167
    5.5.2 虚拟计算 170
    5.5.3 云计算 174
5.6 通用计算 177
问题回顾 179
总结性案例一：Peloton——健身即服务 179
总结性案例二：摩尔定律已经失效 180
做出业务决策 180

第 6 章
数据：商业情报 184
开篇案例研究
欢迎来到数据科学领域 185
    数据科学的现代历史 185

第一部分 数据、信息与数据库 186

6.1 数据质量 186
    6.1.1 数据类型：事务性数据和分析性数据 187
    6.1.2 数据及时性 187
    6.1.3 数据质量 188
    6.1.4 数据治理 191
6.2 利用关系数据库管理系统存储数据 191
    6.2.1 将数据元素存储在实体和属性中 193
    6.2.2 通过键来建立关系 194
    6.2.3 可口可乐关系数据库示例 195
6.3 利用关系数据库获得业务优势 197

第二部分 数据仓库与区块链 200

6.4 商业情报 200
    6.4.1 问题：数据丰富，信息匮乏 201
    6.4.2 解决方案：数据聚合 201
6.5 数据仓库 203
    6.5.1 数据分析 205
    6.5.2 数据湖 206
    6.5.3 数据清理或擦除 207
    6.5.4 数据可视化 210
6.6 区块链：分布式计算 214
    6.6.1 区块链的工作原理 215
    6.6.2 区块链的优势 219
    6.6.3 非同质化代币 220
问题回顾 221
总结性案例一：大数据、大业务、大机会 221
总结性案例二：改变你思考数据的方式 222
做出业务决策 225

第 7 章
网络：移动商务 229
开篇案例研究
为什么关注5G？ 230

第一部分 连通性：数字时代的沟通关键 231

7.1 理解互联的世界 231
    7.1.1 衡量无线网络的性能 232
    7.1.2 无线网络的优势 233
7.2 无线网络的类型 234
    7.2.1 个域网 234
    7.2.2 无线局域网 234
    7.2.3 无线城域网 236
    7.2.4 无限广域网：蜂窝通信系统 236
    7.2.5 5G网络：蜂窝网络的颠覆者 238
    7.2.6 5G 和 Wi-Fi 6 239
    7.2.7 无线广域网：卫星通信系统 240
7.3 保护无线网络 241

第二部分 移动性：无线世界的商业价值 243

7.4 移动的企业管理 243
    7.4.1 移动设备管理 243
    7.4.2 移动应用管理 244

7.4.3　移动信息管理　245
7.5　无线技术在商业中的应用　247
　　7.5.1　射频识别技术　247
　　7.5.2　全球定位系统　248
　　7.5.3　地理信息系统　249
问题回顾　250
总结性案例：解放司机和乘客——优步　250
做出业务决策　251

模块 3
企业级管理信息系统　255

第 8 章
企业应用：业务沟通　256
开篇案例研究
区块链颠覆了供应链　257
第一部分　供应链管理　258
8.1　通过集成打造互连的企业　258
8.2　供应链管理　260
8.3　再造供应链的技术　263
　　8.3.1　3D 打印支持采购　264
　　8.3.2　RFID 支持物流　266
　　8.3.3　无人机支持物流　268
　　8.3.4　机器人支持物料管理　268
　　8.3.5　再造供应链的区块链　269
第二部分　客户关系管理与企业资源
　　　　　规划　271
8.4　客户关系管理　271
　　8.4.1　客户关系管理的发展演变　273
　　8.4.2　客户的力量　275
8.5　运营型客户关系管理和分析型客户关系
　　　管理　275
　　8.5.1　营销与运营型客户关系管理　276
　　8.5.2　销售与运营型客户关系管理　277
　　8.5.3　客户服务与运营型客户关系管理　278
　　8.5.4　分析型客户关系管理　278
8.6　企业资源规划　280
　　8.6.1　ERP 的发展演变　285
　　8.6.2　ERP 核心组件　286
　　8.6.3　ERP 扩展组件　287
　　8.6.4　衡量 ERP 的成功　287

8.7　用 ERP 实现企业集成　288
　　8.7.1　本地部署 ERP　289
　　8.7.2　云端 ERP　289
　　8.7.3　混合 ERP　291
问题回顾　293
总结性案例：梦想、设计、3D 打印　293
做出业务决策　294

第 9 章
系统开发与项目管理：企业责任　298
开篇案例研究
让我的员工去冲浪：一个不情愿商人的告诫　299
第一部分　开发企业级应用　300
9.1　系统开发生命周期　300
9.2　软件开发方法：瀑布模型　308
9.3　敏捷软件开发方法　309
　　9.3.1　快速应用开发方法　310
　　9.3.2　极限编程方法　311
　　9.3.3　统一软件开发过程方法　311
　　9.3.4　Scrum 方法　312
第二部分　项目管理　312
9.4　运用项目管理以交付成功的项目　312
9.5　主要项目规划图　316
9.6　外包项目　320
问题回顾　322
总结性案例一：玩家之乐　322
总结性案例二：减少业务需求中的模糊性　323
做出业务决策　325

附录

附录 A
硬件与软件基础　329
A.1　硬件基础　329
　　A.1.1　中央处理器（CPU）　330
　　A.1.2　主存　331
　　A.1.3　辅存　332
　　A.1.4　输入设备　334
　　A.1.5　输出设备　335
　　A.1.6　通信设备　336
A.2　计算机类型　336

A.3 软件基础 339
  A.3.1 系统软件 339
  A.3.2 应用软件 340
做出业务决策 341

附录 B
网络与通信 342
B.1 网络基础 342
B.2 架构 343
B.3 拓扑结构 344
B.4 协议 345
B.5 介质 348
做出业务决策 350

附录 C
设计数据库 351
C.1 关系数据库模型 351
C.2 记录实体关系（E-R）图 353
  C.2.1 基本的实体关系 353
  C.2.2 关系基数 355
C.3 关系数据模型与数据库 356
做出业务决策 358

附录 D
连通性：网络化世界的商业价值 359
D.1 互联世界概述 359
D.2 互联世界的益处 366

附录 E
商业情报与数据挖掘 368
E.1 运营性、战术性和战略性商业情报 368
E.2 数据挖掘 370
E.3 商业情报系统的业务益处 375

术语表与参考文献 377

业务驱动型管理信息系统

模块 1

如今，大多数公司在很大程度上都依赖于管理信息系统（Management Information Systems，MIS）来运作其方方面面的业务。无论是订购和运送货物、与客户互动还是进行复杂的业务分析，管理信息系统通常都可以作为公司执行这些活动的底层基础设施。管理信息系统使公司能够在当今快节奏的世界中保持竞争力，尤其是在开展在线业务时。组织必须适应技术进步和创新，以跟上当今快速变化的环境。

无论新技术多么令人兴奋，成功的公司都不会仅为了技术本身而使用技术。要实施技术，公司应有充分的业务理由。仅仅因为技术解决方案可用就使用它，并不是一种好的业务战略。

模块 1 的目的是提高读者对业务和技术之间的紧密联系以及这种联系带来的巨大机遇的认识。人们对技术的选择始终应该由具体的业务战略和流程来推动。对包括人工智能、机器学习和数据科学等新兴技术的认识正在引领人们朝新的战略方向前进。

模块 1：
业务驱动型管理信息系统

模块 2：
管理信息系统的技术基础

模块 3：
企业级管理信息系统

模块 1　业务驱动型管理信息系统

第 1 章　　管理信息系统：业务驱动型管理信息系统
第 2 章　　决策与流程：价值驱动的业务
第 3 章　　电子业务：电子业务的价值
第 4 章　　伦理与信息安全：管理信息系统的业务关注点

管理信息系统：
业务驱动型管理信息系统

本章导读

第一部分
业务驱动型管理信息系统

1.1 信息时代的竞争
1.2 系统性思维与管理信息系统

第二部分
业务战略

1.3 识别竞争优势
1.4 SWOT 分析：理解业务战略
1.5 五力模型——行业吸引力评估
1.6 三大通用战略——选择业务重点
1.7 价值链分析——执行业务战略

IT 对我而言意味着什么？

本章为全书奠定了基础。它从零开始，对何谓信息以及如何将信息融入业务运营、业务战略和业务系统做了清晰的描述。本章概述了公司在竞争环境中的运营方式，以及为什么公司必须不断地定义和再定义其业务战略以创造竞争优势。这样做可以使公司得以生存并发展壮大。对在竞争环境中成功运营而言，信息系统是关键的业务推动者。

作为一名商科学生，需要了解业务与技术之间的紧密联系。首先，需要认识到信息在日常业务活动中的作用。其次，需要理解信息如何为全球业务战略的实施及竞争优势的取得提供支持和帮助。读完本章后，读者应对业务驱动型信息系统及其在管理决策和解决问题中的作用有一定了解。

开篇案例研究

数据分析：未来最重要的技能

数据分析将理论与实践相结合，其目的是识别数据驱动的见解，并就这些见解进行交流，这些见解有利于组织中的管理者、利益相关方和其他高管做出更明智的决策。从智能家居、可持续城市到在线零售和绿色企业，数据正在改变和推动各行各业的业务。当今的业务很简单——它是由数据驱动的。各种形式和形态的数据为开拓新市场、配备医院和仓储人员以及生产疫苗等战略性业务决策提供了见解。所有行业中的组织都日益依赖数据，以期帮助他们识别机会和解决业务问题。

今天，为了完成自身的工作任务并促进自身的事业发展，任何参与业务竞争的人都必须能够捕捉、分析并读懂数据。我们生活在信息时代，而数据在这个时代堪比黄金，并且已经成为业务经营成功的王道。考虑以下现象。

- Uber（优步）没有一辆车。
- Airbnb（爱彼迎）没有一家酒店或租赁物业。
- Facebook（脸书）没有创作任何内容。
- Amazon（亚马逊）不生产任何产品，也没有任何库存。

其实很简单：数据正在推动和改变业务模式。这样一来，员工队伍的变化使得各公司都在寻找精通数据的求职者，这些求职者对如何利用数据来挖掘能提供深刻业务见解的模式了然于胸。另外，通过影响决策的可视化方式进行交流也是关键所在。

数据分析师招聘市场炙手可热，目前，全球有超过250万个数据类职位空缺。事实上，美国劳工统计局表示，到2026年，数据类职位空缺将高达1150万个。

全球所有业务领域的数据都呈爆炸式增长，这催生了当今需求量最大、最为蓬勃发展的领域之一：数据分析。数据分析师的平均年薪在8.5万～13.8万美元（合人民币60万～100万元）。但令人颇为意外的是，仍有近50%的公司报告称，即便是开出了如此高的薪水，这些公司也还是难以招到合格的数据分析师和数据科学家等专业人员。

如果你相信数据分析能力会有助于你的职业发展，那么这本书非常适合你。在本书中，你将学习以下内容：

- 数据分析技术；
- 数据转换样式；
- 数据治理；
- 数据合规性；
- 数据仓库；
- 数据驱动型业务流程的自动化；
- 数据伦理与隐私；
- 数据安全。

根据麦肯锡全球研究所的数据，到2030年，全球30%的工作可以实现自动化，这取决于采用技术的速度、技术可行性、技术开发进展以及社会和监管合规性。当然，这并不总是一件坏事，因为自动化也会带来新的工作岗位。实际上，当 ATM 机首次推出时，它就带来了银行出纳员数量的增加，因为银行竞相通过个人客户服务提高客户满意度。再例如，虽然个人计算机的出现摧毁了包括打字机制造、秘书工作和簿记等在内的 350 万个工作岗位，但它同时也创造了 1900 万个就业机会，如计算机制造岗位、计算机科学家和商业计算机专家等。目前的估计认为，这个新时代可能在全球创造 2000 万～5000 万个新工作岗位。

因技术创新而消失的工作岗位

- **司机**
  自动驾驶汽车将取代公交车司机、出租车司机、卡车司机等。

- **农民**
  自动化农场设备可以通过远程控制转基因种子和土壤，加快农作物培育。

- **电影明星**
  电影明星但凡做出一个糟糕举动，就可能会毁掉一部耗资上亿美元的电影。绿幕可以创造布景，很快也将创造演员。

- **工厂工人、快餐店员工、收银员、服务员、调酒师、股票交易员等**
  机器人将接管这些职能，以更高的效率和有效性全天候运行，同时无须为其支付薪酬或健康保险福利。

- **军人、调度员、消防员、警察**
  机器人和无人机将接管这些危险的工作。

因技术创新而创造的工作岗位

- **机器人制造与服务技术人员**
  所有的新机器人设备都需要维护和修复。

- **大数据和人工智能科学家**
  数据正以令人难以置信的速度生成，对结果的正确分析和解释将使该领域不断发展。

- **电子竞技**
  众多史诗级电子游戏正在成为合法的体育项目。

- **基因工程师**
  构建人造躯体和改变人类 DNA 将成为未来的热门领域。

- **网络安全和隐私数据代理**
  新技术带来了新问题，网络安全成为当今的热门话题，并将继续发展。

第一部分 | 业务驱动型管理信息系统

学习成果

1.1 描述我们所处的信息时代，以及数据、信息、商业情报和知识之间的差异。
1.2 解释系统性思维以及管理信息系统如何促进业务交流。

1.1 信息时代的竞争

你知道吗——

- 电影《阿凡达》耗时4年多，耗资4.5亿美元；
- Lady Gaga的真名叫Stefani Joanne Angelina Germanotta；
- 美国超级碗赛事期间，所有观众为30秒广告支付了370万美元。

今天，只需要按下按钮，人们就能随时随地找到任何信息。

- **事实**：对事件或者对象的确认或验证。过去，人们主要从书本上了解事实。
- **信息时代**：当今时代，只要会使用计算机，人人都能广泛获取无限的信息。

信息技术对全球业务环境的影响堪比印刷术对出版业的影响和电能对生产力的影响。在信息时代以前，大学生初创企业大多闻所未闻。而现在，一名商科学生在大学宿舍里创办一家价值数百万美元的公司这样的事并不罕见。例如，大学时代的马克·扎克伯格在其宿舍创办了脸书，迈克尔·戴尔创办了戴尔计算机，比尔·盖茨创办了微软，这些公司都极富传奇色彩。

你可能会认为，只有精通先进技术的学生才能参与信息时代的竞争。其实不然，通过将传统业务方法与信息时代的力量相结合，许多商界领袖创造了非凡的机会：

- 亚马逊最初的业务重点是卖书；
- 网飞最初的业务重点是通过邮箱出租视频；
- Zappos公司最初的业务重点是卖鞋。

一开始，亚马逊公司创始人杰夫·贝佐斯看到了一个改变人们购书方式的机会。他利用信息时代的力量为每位顾客量身定制服务并加快付款流程，实际上，贝佐斯开设了数百万家小型网上书店，每家网上书店的选择都要比传统的实体书店大得多，书也便宜很多。这种业务模式最初的成功促使贝佐斯将亚马逊的业务扩展到了许多其他类型的产品。网飞和Zappos的创始人在电影和鞋子方面也做同样的事情。这些企业家都是商业出身的人士，而非技术专家。然而，他们对信息时代的了解足以使他们将这个时代的力量应用于特定业务，从而创建出引领整个行业的创新公司。了解业务以及信息时代力量的学生也将创造属于自己的机会，甚至可能创造出新的行业。

- **物联网（Internet of Things，IoT）**：在物联网的世界里，互连的设备或"物"能够在无须人工干预的情况下收集和共享数据。
- **机器对机器（Machine-to-machine，M2M）**：指设备直接连接到其他设备。例如，连接智能手机的智能手表。

业务驱动的讨论

数据比特

有没有想过计算机是如何存储数据的？答案是：通过比特（bit）。比特是二进制位的简称，是计算机中最小的存储单元。8 比特等于 1 字节（B）。1 字节足以存储 1 个字母、数字、空格或符号。每按下一个键，计算机都会将该键转换为占 1 字节空间的数字编码。例如，"Your computer stores your data."这句话需要用 31 字节来存储，每字节为 8 比特。就计算机的磁盘存储而言，硬盘制造商们使用的标准是兆字节（即 100 万字节）。这意味着，如果购买一个 250 GB 的硬盘，那么总共可以获得 250 亿字节的可用存储空间。以下是硬盘存储的比特换算表。

- 二进制位 = 1 比特；
- 1 B = 8 比特；
- 1 KB = 10^3 B；
- 1 MB = 10^3 KB；
- 1 GB = 10^3 MB；
- 1 TB = 10^3 GB；
- 1 PB = 10^3 TB；
- 1 EB = 10^3 PB；
- 1 ZB = 10^3 EB；
- 1 YB = 10^3 ZB；
- 1 BB = 10^3 YB；
- 1 Geopbyte = 10^3 BB。

计算机硬盘最初只能存储 250 兆字节（MB）的数据。谷歌公司的第一台服务器就只有 10 个 4MB 的硬盘。而现在，个人计算机都可以存储和分析上千 MB 的数据了。这是从根本上改变我们所处世界和环境的技术带来的主要驱动力之一。据估计，到 2025 年，世界上每个人每秒钟将产生 1.7MB 的新数据。这样的数据量令人难以想象。

有人说，要想在竞争异常激烈的商业舞台上生存和发展，未来的商业领袖必须具备数据素养。试着回答以下问题。

- 你是否认为数据分析能力对你未来的职业生涯至关重要？
- 如果你的专业是市场营销，那么了解库存数据对你的职业生涯有何帮助？
- 如果你的专业是管理，那么分析员工数据对你的职业生涯有何帮助？
- 如果你是未来的商业领袖，那么分析竞争对手的数据将如何帮助推动你的业务战略？
- 总体来说，本书将如何帮助你为未来的职业生涯做好准备？

你可能戴着一块智能手表（属于物联网设备），它能记录你的每一次心跳值和一天当中消耗的热量情况。如今，设备正以超乎人类想象的方式连接，研究人员预测，到 2025 年，相互通信的物联网设备将超过 1000 亿台，产生的数据将达 PB 级。想象一下，在没有任何人为干预的情况下,这些设备间通过 WiFi 发送的数据量有多大!而在几十年前,这还是无法实现的,因为那时既不存在容量足够大的设备来存储如此多的数据,也不存在 WiFi 网络。

从用智能手机控制智能照明,到用智能马桶进行日常健康检查,物联网正将我们的世界变成一个生机勃勃的信息系统。当然,所有伟大的技术进步都会带来意想不到的风险,我们必须做好应对各种物联网安全问题的准备。想象一下,如果你的设备被某人入侵,那这个人现在就有能力关闭你的自来水系统、控制你的汽车或者从千里之外打开你家大门。虽然我们对物联网和 M2M 相关安全问题的了解才刚开始,但可以肯定的是,我们在生活中几乎无法避免物联网设备中的敏感数据遭泄漏这样的问题。

了解业务与信息时代相关力量的人们将创造出属于自己的机会,甚至可能创造新的行业。养成从互联的"物"中获取实时数据价值的意识,将使读者能够做出更明智的决定、找到新的机会以及通过分析客户模式来预测新的行为。对所有希望通过做出数据驱动决策来取得领先地位的业务经理们来说,学习如何收集、分析和交流数据是一项关键技能。以下是信息时代的四大核心驱动要素:

- 数据;
- 信息;
- 商业情报;
- 知识。

它们之间的关系如图 1.1 所示。

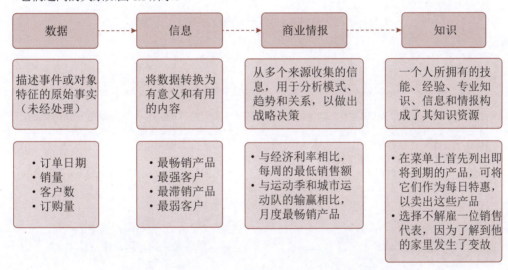

图 1.1　数据、信息、商业情报与知识之间的差异

1.1.1　数据

如今,数据已经成为一种竞争力。它为人们做决策提供了依据,同时能为公司运营、历史记录分析和未来预测提供帮助。在信息时代以前,管理者只能手动收集和分析数据,尽管这项工作耗时很久且非常复杂,但如果不这么做,他们将无法深入了解如何运营自己的公司。数据驱动的决策使得精明的公司能够制定增加利润、降低风险和优化业务流程的业务战略。

- **数据**:描述事件或对象特征的原始事实。
- **大数据**:无法使用传统数据库方法和工具进行分析的大型复杂数据集集合。

简单来讲,大数据的体量太大了,无法存储在一台计算机上。向大数据的转变将业务和科学研究活动结合在一起，所涉及的数据量高达 PB 级，这些数据相当于 2000 万个装满文件的四抽屉文件柜，或时长达 13 年的高清电视节目。大数据的出现是近 50 年来技术发展的结果，大数据具有数据量大、速度快、种类多、真实性低四大特征。一家公司现在可以分析 PB 级的数据并从中发现模式、趋势和异常，从而以新的、令人兴奋的方式深入了解数据。大数据的四大特征如图 1.2 和图 1.3 所示。

种类多
- 不同形式的结构化和非结构化数据
- 对电子表格、数据库以及电子邮件、视频、照片和PDF文件中的数据进行分析

真实性低
- 数据存在不确定性，如偏差、噪声和异常等
- 数据或许呈现不可信性
- 对所分析的问题而言，数据必须是有意义的
- 必须保持数据清洁，并实施防止脏数据在系统中累积的流程

数据量大
- 数据规模大
- 包括日常生成的海量数据
- 机器和网络生成海量数据
- 分析ZB和BB级数据需要大数据工具

速度快
- 分析在互联网上传播的流媒体数据
- 对在全球传播的社交媒体信息进行分析十分必要

图 1.2　大数据的四大特征

大数据将在全球创造440万个管理信息系统工作岗位

数据量
（数据规模）

- 截至2020年，生成了40ZB数据
- 日生成数据高达2.5万亿字节（1000万张蓝光光盘容量）
- 每家公司都拥有100TB级别的数据
- 60亿部手机在生成数据

种类
（不同形式的数据）

- 人们生成的80%以上数据是非结构化的
- 4亿台无线监视器
- 40亿小时视频
- 4亿条推文
- 人们每月通过社交平台分享300亿条内容

速度
（流媒体数据分析）

- 人们每分钟在视频网站生成的视频超过72小时，在社交媒体上发出的帖子超过20万条，电子邮件超过2.05亿封
- 每台互联车辆都有100个传感器
- 190亿个网络连接

真实性
（数据的不确定性）

- 三分之一的商业领袖不信任他们用来做决策的数据
- 年度不良数据成本高达3.1万亿美元

图 1.3　大数据将在全球创造 440 万个管理信息系统工作岗位

结构化数据具有确定的长度、类型和格式，包括数字、日期或字符串（如客户地址）等。结构化数据通常存储在关系数据库或电子表格等传统系统中，约占我们日常接触到的数据的 20%。结构化数据有以下两个来源。

- **机器生成的数据**：由机器在没有人工干预的情况下生成。机器生成的结构化数据包括传感器数据、销售时点（POS）数据和网络日志数据等。

- **人工生成的数据：** 人与计算机交互时生成的数据。人工生成的结构化数据包括输入数据、点击流数据或游戏数据等。

非结构化数据未被定义，且不遵循指定的格式，它们通常是电子邮件、推文和短信等形式自由的文本。非结构化数据约占我们日常接触到的数据的80%。非结构化数据也有两个来源。

- **机器生成的非结构化数据：** 如卫星图像、科学大气数据和雷达数据等。
- **人工生成的非结构化数据：** 如短信、社交媒体数据和电子邮件等。

常见的结构化数据和非结构化数据如图1.4所示。

图1.5显示了托尼批发公司（一家虚构的零食供应商）的销售数据。这些数据突出显示了订单日期、客户、销售代表、产品、数量和利润等特征。例如，图1.5中的第3行显示，销售代表罗伯塔·克罗斯以1350美元的价格卖给沃尔玛90箱百事薯片，利润为450美元（注意：利润=总销售额－总成本）。

- **快照：** 某个特定时刻的数据视图。

结构化数据	非结构化数据
传感器数据	卫星图像
网络日志数据	摄影数据
财务数据	视频数据
点击流数据	社交媒体数据
销售时点（POS）数据	短信
会计数据	语音邮件数据

图1.4　常见的结构化数据和非结构化数据

业务驱动型管理信息系统

无所不在的计算机

计算机是一种可执行一组特定指令的可编程机器。它由硬件（主机、电子器件等）和软件（包含计算机所用数据的程序）组成。硬件包括一个控制操作系统的中央处理器（CPU），而操作系统则负责指挥计算机的输入（键盘或鼠标）、输出（显示器或打印机）、内存管理和数据存储。最早的计算机被设计用来解决复杂的数学问题，体形庞大且运行缓慢。建于1954年的ENIAC机是最早的数字计算机之一，重达30吨，由数千个真空管、电容器、继电器和电气设备提供动力。IBM公司前总裁汤姆·沃森有句名言："我认为，全球的计算机市场规模可能只有5台。"很显然，全球的计算机市场规模远不止5台！

从控制室温、驾驶汽车到求解高阶分析方程，今天的计算机几乎无所不能，而且无所不在。在我们的办公桌上、膝上、手中、手腕上，甚至在我们的眼镜里，随处可见计算机的身影。未来还会有更多种类的计算机出现，如能够自主学习的计算机、脑机接口和利用光纤技术的量子计算机等。

想想5年前的生活，列出5年前没有发明出来而我们现在却在使用的三种物联网设备。未来10年会推出哪些类型的物联网设备？我们的物联网设备在收集哪些类型的数据？组织领导者会更喜欢用结构化数据还是非结构化数据来分析业务？为什么？

虽然图 1.5 中的数据有助于了解个人销售情况，但它们并不能深入揭示托尼公司的整体业务表现。托尼公司需要回答以下有助于公司运营管理的问题。

- 谁是我们的最强客户？
- 谁是我们的最弱客户？
- 我们最畅销的产品是什么？
- 我们最滞销的产品是什么？
- 谁是我们的最强销售代表？
- 谁是我们的最弱销售代表？

换言之，托尼需要的不是数据，而是信息。

订单日期	客户	销售代表	产品	数量	单价（美元）	总销售额（美元）	单位成本（美元）	总成本（美元）	利润（美元）
1月4日	沃尔玛	P.J.赫尔戈斯	多力多滋薯片	41	24	984	18	738	246
1月4日	沃尔玛	罗伯塔·克罗斯	百事薯片	90	15	1350	10	900	450
1月5日	西夫韦	克雷格·舒尔茨	百事薯片	27	15	405	10	270	135
1月6日	沃尔玛	罗伯塔·克罗斯	百事薯片	67	15	1005	10	670	335
1月7日	7-11	克雷格·舒尔茨	品客薯片	79	12	948	6	474	474
1月7日	沃尔玛	罗伯塔·克罗斯	百事薯片	52	15	780	10	520	260
1月8日	克罗格	克雷格·舒尔茨	百事薯片	39	15	585	10	390	195
1月9日	沃尔玛	克雷格·舒尔茨	百事薯片	66	15	990	10	660	330
1月10日	塔吉特	克雷格·舒尔茨	百事薯片	40	15	600	10	400	200
1月11日	沃尔玛	克雷格·舒尔茨	百事薯片	71	15	1065	10	710	355

图 1.5 托尼零食公司销售数据

1.1.2 信息

简单来说，数据和信息之间的区别在于，计算机或机器需要数据，而人需要信息。

- **信息**：由数据转换而成的有意义和有用的内容。

数据是不成形、未经处理或分析的原始内容，且往往杂乱无章，不友好。信息为所分析的数据赋予了意义和背景，并为人们提供了有价值的背景和结构，使得经分析后的数据能展现丰富的见解。

在正确的时刻拥有正确的信息，可能会使人们事半功倍。而在正确的时刻拥有错误的信息，或者在错误的时刻拥有正确的信息，都可能带来灾难性的后果。事实上，信息的价值取决于信息使用者。使用相同信息的人可能做出不同的决定，这取决于他们如何解读或分析信息。因此，信息只有遇到合适的人才会有价值。管理者通过改变变量，创建假设情景来研究未来的可能性。

- **变量**：表示值随时间变化的数据特征。

托尼公司的数据中，单价和数量可能会有所不同。托尼公司的管理者也许会发现，预测成本增长如何影响其盈利能力是很有价值的。为了估计单价上涨 20% 会对利润有何影响，只需要改变所有订单的"单价"变量值，即可自动计算出新的利润值。为了估计 10% 的成本增长对利润的影响，可以更改所有订单的成本变量值，这样便可自动计算出利润损失额。控制变量对任何业务而言都是一种重要工具。
- **报表**：这种文档包含以表格、矩阵或图形格式组织的数据，使用户可以轻松理解信息。报表可以涵盖广泛的主题或者与特定时间段或事件相关的特定主题。
- **静态报表**：根据不变的数据创建，仅创建一次。例如上一年的销售报表或 5 年前的工资报表即是静态报表。
- **动态报表**：在创建过程中自动更改。例如每日股票市场价格、可用库存计算等即是动态报表。

分析托尼公司的销售数据并将这些数据转换为信息，可以回答前述所有问题，并了解企业的运营情况。例如，图 1.6 和图 1.7 表明，沃尔玛是罗伯塔·克罗斯的最强客户，而从总销售额来看，百事薯片是托尼公司的最畅销产品。有了这些信息，管理者就能发现并解决诸如销售疲软产品和销售代表表现不佳等问题。

订单日期	客户	销售代表	产品	数量	单价（美元）	总销售额（美元）	单位成本（美元）	总成本（美元）	利润（美元）
4月26日	沃尔玛	罗伯塔·克罗斯	弗利多薯片	86	19	1634	17	1462	172
8月29日	沃尔玛	罗伯塔·克罗斯	弗利多薯片	76	19	1444	17	1292	152
9月7日	沃尔玛	罗伯塔·克罗斯	弗利多薯片	20	19	380	17	340	40
11月22日	沃尔玛	罗伯塔·克罗斯	弗利多薯片	39	19	741	17	663	78
12月30日	沃尔玛	罗伯塔·克罗斯	弗利多薯片	68	19	1292	17	1156	136
7月7日	沃尔玛	罗伯塔·克罗斯	品客薯片	79	18	1422	8	632	790
8月6日	沃尔玛	罗伯塔·克罗斯	品客薯片	21	12	252	6	126	126
10月2日	沃尔玛	罗伯塔·克罗斯	品客薯片	60	18	1080	8	480	600
11月15日	沃尔玛	罗伯塔·克罗斯	品客薯片	32	12	384	6	192	192
12月21日	沃尔玛	罗伯塔·克罗斯	品客薯片	92	12	1104	6	552	552
2月28日	沃尔玛	罗伯塔·克罗斯	百事薯片	67	15	1005	10	670	335
3月6日	沃尔玛	罗伯塔·克罗斯	百事薯片	8	15	120	10	80	40
3月16日	沃尔玛	罗伯塔·克罗斯	百事薯片	68	15	1020	10	680	340
4月23日	沃尔玛	罗伯塔·克罗斯	百事薯片	34	15	510	10	340	170
8月4日	沃尔玛	罗伯塔·克罗斯	百事薯片	40	15	600	10	400	200
8月18日	沃尔玛	罗伯塔·克罗斯	百事薯片	93	15	1395	10	930	465
9月5日	沃尔玛	罗伯塔·克罗斯	百事薯片	41	15	615	10	410	205
9月12日	沃尔玛	罗伯塔·克罗斯	百事薯片	8	15	120	10	80	40
10月28日	沃尔玛	罗伯塔·克罗斯	百事薯片	50	15	750	10	500	250
11月21日	沃尔玛	罗伯塔·克罗斯	百事薯片	79	15	1185	10	790	395
1月29日	沃尔玛	罗伯塔·克罗斯	阳光薯片	5	22	110	18	90	20
4月12日	沃尔玛	罗伯塔·克罗斯	阳光薯片	85	22	1870	18	1530	340
6月16日	沃尔玛	罗伯塔·克罗斯	阳光薯片	55	22	1210	18	990	220
				1206	383	20243	273	14385	5858

整理数据后发现，罗伯塔·克罗斯对沃尔玛的总销售额为 20243 美元，利润为 5858 美元（利润 5858 美元 = 销售额 20243 美元 – 成本 14385 美元）。

图 1.6　按客户"沃尔玛"和销售代表"罗伯塔·克罗斯"整理的托尼公司数据

托尼公司的业务信息	名　　称	总利润（美元）
按总销售额计算，谁是托尼公司的最强客户？	沃尔玛	560789
按总销售额计算，谁是托尼公司的最弱客户？	沃尔格林	45673
按利润计算，谁是托尼公司的最强客户？	7-11	324550
按利润计算，谁是托尼公司的最弱客户？	金苏普尔斯	23908
按总销售额计算，托尼公司的最畅销产品是什么？	百事薯片	232500
按总销售额计算，托尼公司的最滞销产品是什么？	品客薯片	54890
按利润计算，托尼公司的最畅销产品是什么？	多堤士薯片	13050
按利润计算，托尼公司的最滞销产品是什么？	品客薯片	23000
按利润计算，谁是托尼公司的最强销售代表？	罗伯塔·克罗斯	1230980
按利润计算，谁是托尼公司的最弱销售代表？	克雷格·舒尔茨	98980
按总利润计算，最强销售代表的最畅销产品是什么？	百事薯片	98780
按总利润计算，最强销售代表的最强客户是谁？	沃尔玛	345900
按总利润计算，最强销售代表的最滞销产品是什么？	阳光薯片	45600
按总利润计算，最强销售代表的最弱客户是谁？	克罗格	56050

图 1.7　分析托尼公司数据后获得的信息

1.1.3　商业情报

商业情报（BI）是从供应商、客户、竞争对手、合作伙伴和行业等多个来源收集的信息，用于分析模式、趋势和关系，并进而制定战略决策。商业情报处理涉及的变量有很多（在某些情况下甚至高达数百个），如利率、天气状况甚至汽油价格等。利用商业情报，托尼公司既可以对公司销售额等内部数据进行分析，也可以对竞争对手、金融、天气、节假日甚至体育赛事等外部环境数据进行分析。内部变量和外部变量都会影响零食销售，分析这些变量将有助于托尼公司确定订购水平和销售预测。例如，如果客户所在地的主队正在比赛，平均气温超过26℃，股票市场表现良好，那么这些商业情报就可用来预测托尼公司业务在超级碗比赛前一周的库存需求。这就是商业情报最能发挥作用的时候，它结合了所有类型的内、外部变量，以便预测业务表现。

各行各业、各公司部门和各个层级都非常重视精通数据的专业人才。因此，许多数据相关的工作岗位都提供了可观的薪水。

- **数据分析师：** 收集、查询和使用组织数据，从中发现模式，并为战略性业务决策提供见解。

从本质上讲，数据分析师负责诠释数据，并将结果用通俗易懂的语言或可视化方式表达出来，以使所有利益相关方都能理解。他们获取原始或非结构化数据并进行分析，然后得出易于理解的结果，供高管和其他人决策时使用。

数据分析师的工作重点是利用数据获得业务见解、建立未来预测模型并创建具有故事性叙事的可视化结果。如图 1.8 所示，数据分析师主要有三个专业领域。

如果不了解这三个领域，那么充其量也只能成为一名统计员或程序员。区分数据分析师的关键技能是业务主题专业知识。数据分析师专注于见解、预测和可视化，他们是推动数据驱动型决策的关键。所有行业和业务领域对数据分析师的需求都呈指数级增长。以下几个关键术语都与数据相关。

- **分析**：基于事实的决策科学。
- **业务分析**：将数据转换为见解，从而做出更好决策的科学过程。
- **数据科学家**：指一类岗位，他们通过对大数据进行统计分析、数据挖掘和高级分析，从数据中提取知识，以识别趋势、市场变化和其他相关信息。

图 1.8　数据分析师的三项关键技能

"分析"的范畴比"业务分析"更宽泛，包括在科学领域、工程领域和业务领域使用分析技术。本书将交替使用"分析"和"业务分析"这两个术语。分析驱动型公司具有以下特点。

- 使用管理信息系统对从市场营销到人力资源的广泛业务职能进行严格分析。
- 高级管理团队认识到分析工具的重要性，并将其开发和维护作为重中之重。
- 将基于事实的决策视为最佳实践和公司文化的一部分。
- 关键的组织参与者具备分析能力。
- 将指标作为监控和管理关键业务流程的关键。
- 从客户和供应商那里收集大量数据。

分析常用于数据驱动型决策或基于事实的决策，并有助于确保管理者所做出的决策取得成功。麻省理工学院斯隆管理学院和宾夕法尼亚大学进行的一项研究得出结论，以数据驱动型决策为指导的企业拥有更高的生产力和市场价值，且产出和利润率也更高。分析可以采用从简单报表到高级优化模型（强调最佳行动方案的模型）等形式。分析包括以下四大类。

- **描述性分析**：描述过去的表现和历史。此类分析结果能够使组织发现趋势。
- **诊断性分析**：仔细研究数据或内容以回答"为什么会发生这种情况"的问题，这有助于组织找出积极或消极结果发生的原因。
- **预测性分析**：从数据中提取信息，以预测未来趋势并识别行为模式。这使得组织能够积极主动地采取行动，如联系不太可能续签合同的客户。
- **规则性分析**：创建能指示最佳决策或最佳行动方案的模型。虽然此类分析对解决潜在问题或保持行业领先趋势具有重要价值，但它通常需要用到复杂的算法和先进技术（如机器学习）。图 1.9 显示了四大类分析。

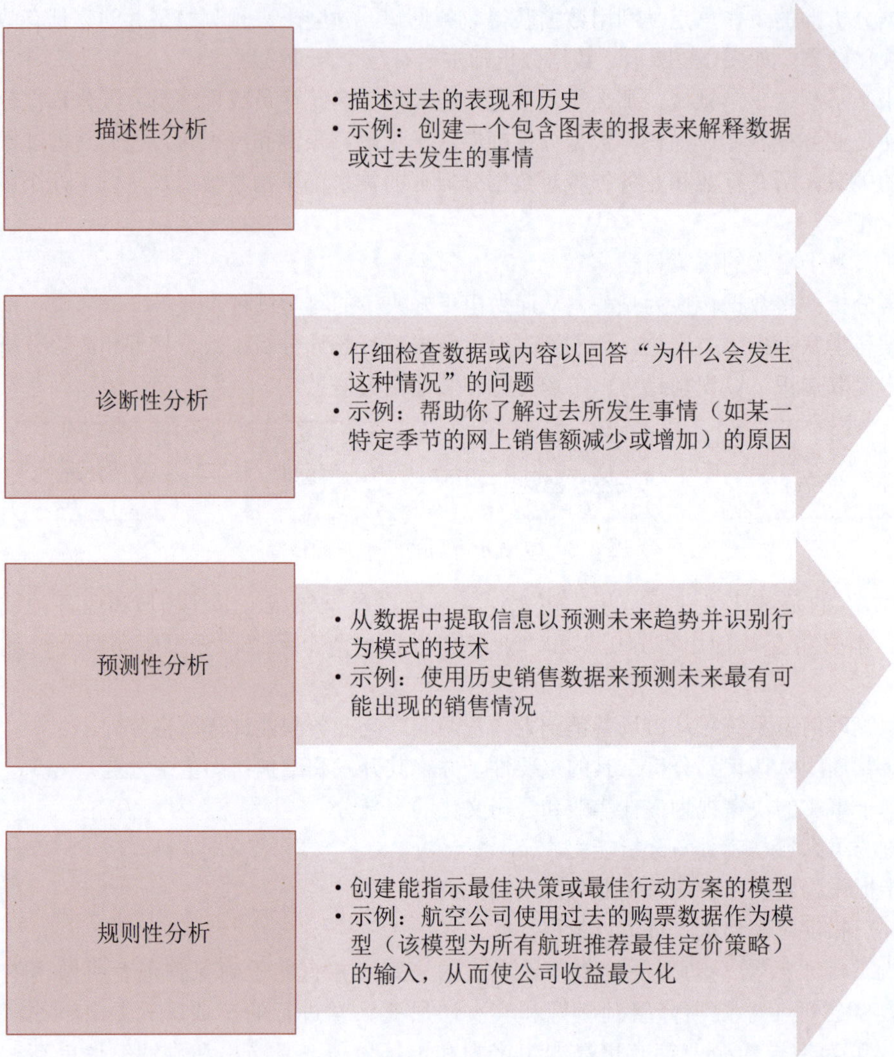

描述性分析
- 描述过去的表现和历史
- 示例：创建一个包含图表的报表来解释数据或过去发生的事情

诊断性分析
- 仔细检查数据或内容以回答"为什么会发生这种情况"的问题
- 示例：帮助你了解过去所发生事情（如某一特定季节的网上销售额减少或增加）的原因

预测性分析
- 从数据中提取信息以预测未来趋势并识别行为模式的技术
- 示例：使用历史销售数据来预测未来最有可能出现的销售情况

规则性分析
- 创建能指示最佳决策或最佳行动方案的模型
- 示例：航空公司使用过去的购票数据作为模型（该模型为所有航班推荐最佳定价策略）的输入，从而使公司收益最大化

图1.9　四大类分析

1.1.4　知识

如今的员工通常称为知识型员工，他们利用商业情报和个人经验，并基于信息和直觉做出决策，这样的员工对任何公司来说都是宝贵的资源。

- **知识**：包括技能、经验、专业知识以及信息和情报，这些要素构成了一个人的知识资源。
- **知识型员工**：因其信息解读和分析能力而受重视的员工。
- **知识资产（知识资本）**：组织可用的人力、体系化和有记录的资源。知识资产存在于组织成员、客户和同事的头脑中，包括物理结构和记录载体。
- **知识管理专员**：帮助利用组织知识财富的人。知识管理专员帮助获取组织中的知识资产并将其编目。

业务驱动的分析

分析技术分类

四种业务分析技术包括描述性分析、诊断性分析、预测性分析和规则性分析。请确定解决以下每个示例问题所需要使用的分析技术。

示例问题	描述性分析	诊断性分析	预测性分析	规则性分析
哪位候选人会赢得选举?				
什么样的产品价格会使利润最大化?				
我每年需要存多少钱才能为退休攒下足够的钱?				
去年卖出了多少产品?				
为了最大限度地缩短投递所有包裹所需的时间,快递员投递包裹的最佳路线是什么?				
这台机器为什么会坏?				
文创公司应印刷多少张情人节贺卡才能使预期利润最大化?				
市场营销会如何影响产品的日销售量?				
为什么市场营销部门会有7个人离职?				
企业如何才能使产品从工厂运至客户的成本最小化?				
哪支球队会赢得超级碗?				
要如何安排员工才能使运营成本最小化?				
新客户去年的平均采购价是多少?				
产品在商店中的摆放位置如何决定其销售?				
公司有多少客户,他们都分布在哪些地方?				
为什么这支股票价格上涨了45%?				

想象一下,托尼公司的管理人员分析了公司的数据,发现销售代表克雷格·舒尔茨在这段时间里表现最弱。如果公司只考虑这些信息,可能会认为"解雇克雷格"是个很正确的业务决定。不过,公司的管理人员了解企业的运转,他知道克雷格已经休了好几个星期病假,所以销量才会这么低。如果不了解这些额外信息,托尼公司很可能做出错误的业务决定,并向其他员工传递负面信息,同时打发一位强力销售代表去另谋出路。

业务驱动的伦理与安全

数据分析的弊端

你能想象收到超市的推送消息，告诉你你十几岁的女儿怀孕了吗？是的，这实际上发生在几年前，当时美国塔吉特超市向一位毫无思想准备的父亲推送了婴儿床和婴儿衣服折扣券，但他十几岁的女儿没告诉任何人她怀孕了。这起事件引发了人们对数据分析造成的隐私泄露的愤怒。

塔吉特超市的统计师安德鲁·波尔解释了大数据是如何帮助分析客户购物行为以确定其是否怀孕的。塔吉特超市利用与客户信用卡、姓名和购物记录绑定的唯一 ID 进行数据分析并挖掘模式（如一名女性购买孕前维生素），然后向她们推送婴儿用品特别优惠及优惠券。在根据孕妇经常购买的 25 种产品对客户购买数据进行分析后，塔吉特超市的数据分析系统可以给出每位购物者的怀孕预测分数，并估计她的预产期，这样塔吉特超市就可以根据其怀孕的不同阶段来推送相关的优惠券了。在大量客户对隐私问题表达出愤怒之后，塔吉特超市开始采用混合定制优惠券，如将咖啡壶与婴儿床的优惠券混合提供，或将婴儿服装与酒杯的优惠券混合提供，这样审查优惠券的人就无法确定客户的任何信息。

毫无疑问，有些企业的数据分析做法更像是跟踪，而非战略性业务行为。如果你收到表明你家里有人怀孕或生病的优惠券，你会是什么感觉？一家企业如何确定其数据分析做法是否越过了数据隐私问题的边界？你认为塔吉特超市采用混合优惠券来帮助确保客户隐私是个好主意吗？

这种情形的关键在于，我们根本不可能收集到所有情况、所有信息，而如果没有数据，就很容易误解问题。利用数据、信息、商业情报、知识来做出决策和解决问题是取得业务成功的关键。这些信息时代的核心驱动要素是业务系统的基石。图 1.10 给出了从数据转换为知识的不同示例。

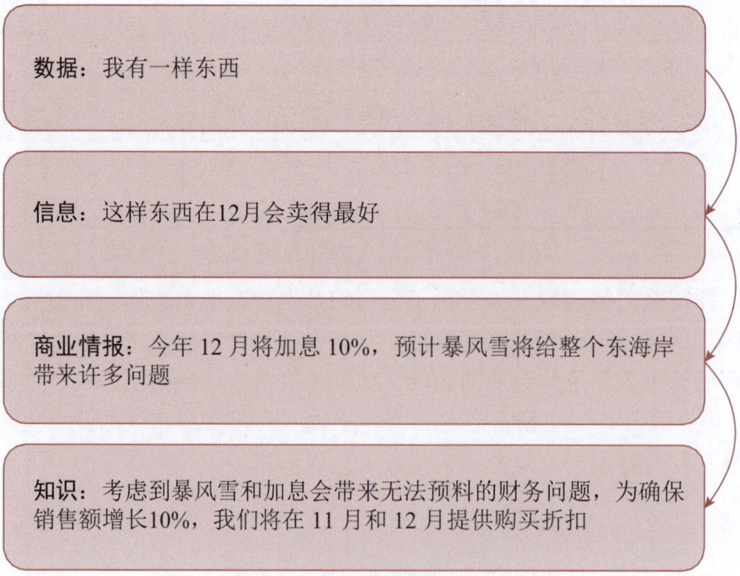

- **数据**：我有一样东西
- **信息**：这样东西在 12 月会卖得最好
- **商业情报**：今年 12 月将加息 10%，预计暴风雪将给整个东海岸带来许多问题
- **知识**：考虑到暴风雪和加息会带来无法预料的财务问题，为确保销售额增长 10%，我们将在 11 月和 12 月提供购买折扣

图 1.10　将数据转换为知识

1.2 系统性思维与管理信息系统

业务单元指企业中的某个特定业务职能部门（如会计、生产、营销等）。本书中的术语"部门"、"职能领域"和"业务单元"可互换使用，企业通常按业务单元组织，例如：

- **会计**：记录、计量和报告货币交易。
- **财务**：处理包括货币、银行、信贷、投资和资产在内的战略性财务问题。
- **人力资源**：维护政策、计划和流程，以对员工进行有效管理。
- **市场营销**：通过计划、定价以及商品或服务促销来支持销售。
- **运营管理**：管理将资源转换为商品或服务的过程。
- **销售**：执行商品或服务销售职能。

当一个业务部门无法与其他业务部门自由交流，从而造成组织难以或无法跨职能部门工作时，就会出现**数据孤岛**。数据孤岛的存在有两方面原因：一方面，管理层认为跨业务部门共享数据作用不大；另一方面，其他业务部门的人员可能认为数据没用。

图1.11给出了一个组织运转的例子，每个部门各自为政会造成数据孤岛。销售和市场营销部门侧重于向消费者交付商品或服务，它们维护交易数据。财务和会计部门专注于企业资源管理和货币数据维护。运营管理部门专注于制造和生产数据维护，而人力资源部门则专注于招聘和培训人员、维护员工数据。尽管每个部门都有自己的重点和数据，但如果企业要作为一个整体来运营，所有部门就不能单打独斗。

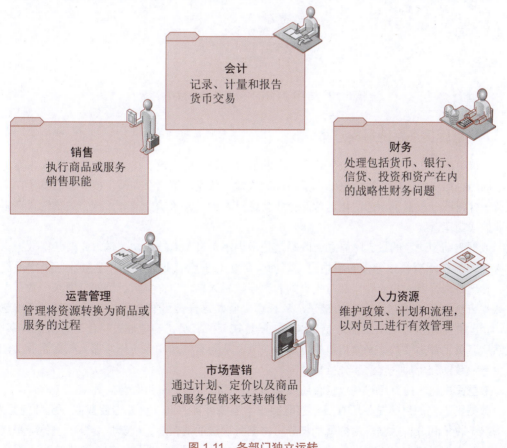

图1.11 各部门独立运转

由上易知，一个部门做出的业务决策可能对其他部门产生怎样的影响。市场营销部门需要分析生产和销售数据，以制订产品促销和广告策略。生产部门需要了解销售预测，以确定企业的制造需求。销售部门需要运营信息来了解库存、下订单和预测消费者需求。所有部门都需要了解会计和财务部门的预算信息。为了使企业取得成功，所有部门都必须作为一个共享公共数据的共同体与其他部门进行合作，而不是独立或孤岛式地运作（如图 1.12 所示）。

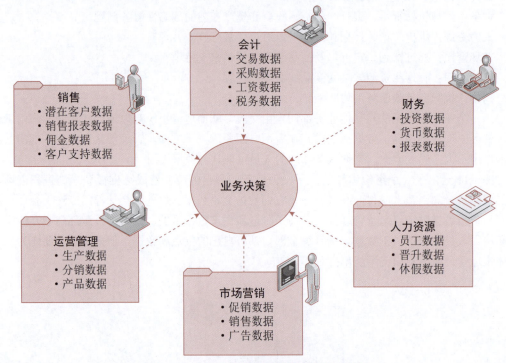

图 1.12　各部门合作中需要用到的数据类型

1.2.1　管理信息系统解决方案

读者可能还记得"盲人摸象"这个古老的故事。第一个人摸了摸大象的腰，说大象看起来像一面墙；第二个人摸了摸大象的鼻子，说大象像一条蛇，第三个人摸了摸大象的獠牙，说大象像一棵树或一根棍子。部门化运营的企业就像只看到了大象的一部分，这个关键错误会阻碍企业的成功运营。

数据驱动型决策的最大障碍之一既不是技术也不是员工的技能，而是首先要获得数据。聪明人每天都在琢磨数据分析的新用途。然而，尽管几乎所有业务领域（金融业、医疗保健行业、管理咨询行业、政府等）都对收集到的数据很感兴趣，但许多组织仍然只要求少数员工具备数据分析知识。这是个巨大的错误，从长远来看，这样做可能会导致业务失败。可以这样想：企业并不期望每位员工都是专业作家，但是期望所有员工都能通过写作进行交流。那么，既然所有员工都需要数据来做出数据驱动的决策，从而有效地完成工作，那为什么企业又期望只由专业数据分析师来理解和分析数据呢？

- **数据民主化**：所有用户（包括普通终端用户）都能收集、分析和访问数据。

数据民主化的目标是使所有员工都能够在不需要外部协助（例如专业数据分析师的协助）的情况下收集和分析数据。这样就能将分析推向各层级的决策者，使其成为公司整体竞争战略的一部分。为员工做出大大小小的决策提供最佳事实和证据是一项巨大的竞争优势！

数据民主化带来的好处是消除数据孤岛，使公司能充分利用它的所有数据。当数据被隔离在单独、固定的存储库（数据孤岛）中时，它只对少数人可用。孤立的数据体系会导致公司无法使用它的大部分数据。数据孤岛既浪费又低效。图1.13显示了员工利用数据来推动基于事实的业务决策的不同方式。

业务职能	数据分析业务改进
客户服务	识别客户并对客户进行分类，以获得营销机会，从而维持客户忠诚度
人力资源	根据薪酬水平来确定执行特定任务或工作的最佳员工
运营管理	及早发现质量问题，并在问题出现前立即解决
销售与市场营销	确定使利润最大化的最佳产品或服务定价
供应链	评估供应链以减少库存和降低成本，同时确保产品可供性

图1.13 利用数据民主化做决策的示例

1.2.2 系统性思维

成功的企业既能跨职能运作，又能整合所有部门的运营。而系统是跨职能运作的主要推动者。

- **系统**：为实现共同目的而连接起来的零部件集合。汽车就是一个很好的系统例子，因为拆下方向盘或油门等零部件会导致整个汽车系统的瘫痪。

在深入了解系统如何工作之前，扎实了解商品和服务（如图1.14所示）的基本生产流程很重要。

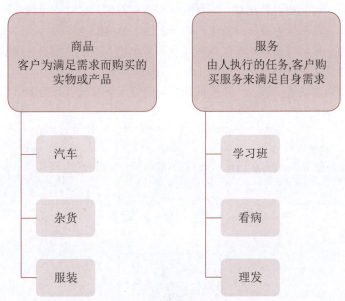

图1.14 不同的商品和服务类型

- **商品**：客户为满足需求而购买的实物或产品。服装、杂货、手机和汽车等都是人们为满足自身需求而购买的商品。
- **服务**：由人执行的任务，客户购买服务来满足自身需求。看病、学习班和理发都是人们为满足自身需求而付费的服务。

- **生产**：企业获取原材料并进行处理或者将其转换为商品或服务成品的过程。

想想汉堡的制作过程（如图 1.15 所示）。首先，必须准备好所有原材料（输入），如面包、肉饼、生菜、番茄和番茄酱等。其次，要对这些食材进行处理。在这个例子中，需要将肉饼煎熟，需要洗净并切碎生菜和番茄，然后把所有这些配料夹在面包中间。最后，才会得到输出（成品）——汉堡。

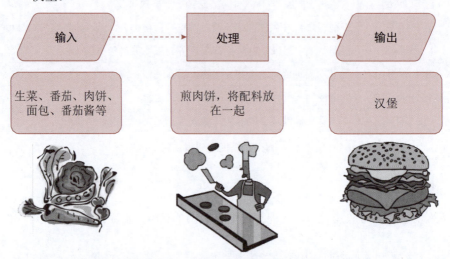

图 1.15　输入、处理、输出示例（汉堡的制作流程）

生产力指在给定总输入的情况下，基于总输出生产商品和服务的速度。沿用前面的例子，如果一家企业能够用较少的输入生产相同的汉堡，或者能用相同的输入生产更多的汉堡，那它的生产力就会提高，利润也可能增加。确保商品和服务的输入、处理及输出环节在企业所有部门都能正常运转，正是系统为整体业务生产力带来巨大价值的地方。

- **系统性思维**：一种通过查看正在处理或转换的多个输入以产生输出，同时不断收集各部分的反馈来监控整个系统的方法，如图 1.16 所示。
- **反馈**：返回原始发送者（输入、转换或输出）并修正该发送者行为的信息。

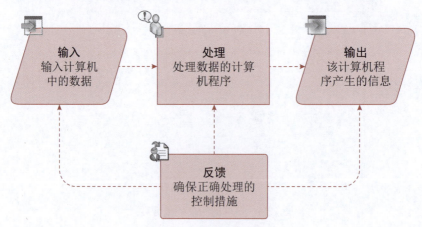

图 1.16　系统性思维概述

反馈有助于系统保持稳定。例如，车载系统会持续监测燃油油位，并在油位过低时发出警示。系统性思维提供了一种端到端视角，使我们能够了解各项业务如何协同创造产品或服务。了解系统性思维有助于读者在实施解决方案时考虑整个流程，而不仅仅考虑某一方面。

系统性思维是一种可能的解决方案，可以解决长期以来只关注系统的个别部分而没有将系统视为一个整体来考虑的意外且危险的副作用。整体系统性思维使我们不再以竞争、输赢的心态来看待不同利益相关方的观点，而是鼓励我们探索多赢的解决方案，从而改善整个系统的整体稳健性和可持续性。

系统性思维认为，整体永远不只是各部分的简单相加，它关注各要素的多样性，各种互动和关系的质量以及各种动态行为模式，这往往会导致不可预测和令人惊讶的创新。

- **管理信息系统（MIS）**：一种类似于会计和人力资源的业务职能，它使得与人员、产品和流程相关的信息在企业内流动，从而促进决策和问题的解决。

管理信息系统结合了系统性思维来帮助企业实现跨职能运作。例如，为了完成产品订单，销售管理信息系统会将单个客户订单传递至包括销售、订单执行、运输、计费及客户服务在内的所有职能部门。虽然不同职能部门负责处理该笔销售的不同部分，但管理信息系统能让客户感觉到整个销售过程是连续的。然而，如果企业的某个部门出现问题，那整个系统就会像汽车没有方向盘一样运转失灵。例如，如果订单执行部门包装产品时张冠李戴，那么运输、计费和客户服务部门再怎样努力都不重要了，因为客户打开包裹时肯定不会满意。

管理信息系统能够为业务成功和创新提供重要动力。但是，这并不是说管理信息系统就必定意味着业务成功和创新。管理信息系统是一种工具，只有当它充分发挥了善用它的人的才能时，它才是最有价值的。为了有效履行管理信息系统的职能，几乎所有企业（尤其是大中型企业）都在其内部设有一个管理信息系统部门，通常称为信息技术部、信息系统部或管理信息系统部。本书称其为管理信息系统部。

图 1.17 举例说明了输入、转换和输出过程。虽然图 1.14 将商品和服务分别列出，但需要注意的是，商品和服务往往是同时存在的。例如，为汽车换机油是一种服务，但服务商提供的机油是一种商品。同样，房屋粉刷是一种服务，但用到的油漆是一种商品。商品和服务的组合是一个连续体（如图 1.18 所示）。它的范围从以商品为主、服务较少到以服务为主、商品较少。纯粹的商品或纯粹的服务相对较少。因此，企业销售的通常是产品套餐（即商品和服务组合）。这使得运营管理变得更有趣，也更具挑战性。

输　　入	转　　换	输　　出
餐厅的输入包括饥饿的客户和优秀的服务员	食物准备充分、服务周到、环境舒适	满意的客户
医院的输入包括患者、医疗用品、医生和护士	健康护理	健康的个体
汽车的输入包括钢板、发动机零件、轮胎	汽车的制造和组装	高品质的汽车
大学的输入包括高中毕业生、图书、教授和教室	传授知识和技能	受教育的个体
配送中心的输入包括库存单元、储物箱和工人	存储和转发	快速交付可用产品

图 1.17　输入、转化和输出示例

对组织而言，目标管理（OM，Object management）至关重要，因为它能够在转换过程中扩大附加值。

- **附加值**：用于描述输入成本和输出价值之间差异的术语。

对非营利组织（公路建设、警察和消防等）而言，其输出价值是针对社会而言的，附加值越大，运作就越有效。对营利性组织而言，输出的价值是通过客户愿意为这些商品或服务支付的价格来衡量的。企业将因附加值产生的资金用于研发新产品或技术、购买新的设施和设备、员工工资或资金等。因此，附加值越大，可用于这些重要活动的资金就越充足。目标管理的范围遍及整个组织，其中涉及许多相互关联的活动，如预测效益、产能规划、日程安排、库存管理、质量保证、员工激励、设施选址等。

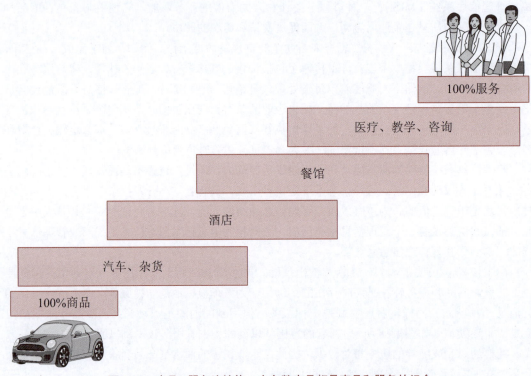

图 1.18　商品-服务连续体：大多数产品都是商品和服务的组合

1.2.3　管理信息系统部的作用和职责

管理信息系统部是一个相对较新的职能部门，在大多数组织中正式出现的时间大约只有 40 年。不同组织中，该部门的职位名称、作用和职责往往差异较大。尽管如此，将组织管理信息系统部门内的某些职位提升至战略层面的趋势已十分明显。

大多数组织在战略层面都设有首席执行官（CEO）、首席财务官（CFO）和首席运营官（COO）等职位。近年来，更多与管理信息系统部门相关的战略职位相继出现，如首席信息官（CIO）、首席数据官（CDO）、首席技术官（CTO）、首席安全官（CSO）、首席隐私官（CPO）和首席知识官（CKO）等，如图 1.19 所示。

首席信息官（CIO） 负责监督信息技术的使用，以及确保管理信息系统与业务目标的战略一致性。首席信息官通常直接向首席执行官报告。首席信息官必须深入细致地了解组织的方方面面，并对管理信息系统的能力有深刻见解。首席信息官的主要职能包括以下几方面。

- 项目经理：确保在预算范围内按时交付所有管理信息系统项目。
- 领导者：确保管理信息系统的战略愿景与组织的战略愿景相一致。

- 沟通者：通过建立和维护强有力的管理关系来倡导和沟通管理信息系统战略。

首席数据官（CDO）负责确定企业将采集、保留、分析和共享的信息类型。首席信息官和首席数据官的区别在于，前者负责存储和处理数据的信息系统，后者只负责数据而不考虑信息系统。

首席安全官（CSO）
负责确保管理信息系统的安全，并制定防范黑客和病毒攻击的策略及管理信息系统安全保障措施

首席知识官（CKO）
负责收集、维护和传播组织知识

首席技术官（CTO）
负责确保组织信息技术的处理能力、速度、准确性、可用性和可靠性

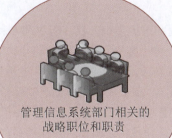

管理信息系统部门相关的战略职位和职责

首席信息官（CIO）
负责监督信息技术的使用，以及确保管理信息系统与业务目标的战略一致性

首席隐私官（CPO）
负责确保组织内部对信息的使用合乎伦理和法律

首席数据官（CDO）
负责确定企业将采集、保留、分析和共享的信息类型。

图 1.19　管理信息系统部门相关的战略职位和职责

首席技术官（CTO）负责确保组织信息技术的处理能力、速度、准确性、可用性和可靠性。首席技术官与首席信息官类似，但后者还负责确保管理信息系统与组织的战略计划保持一致，而前者则直接负责确保整个组织的管理信息系统的效率。大多数首席技术官都对包括硬件、软件和通信相关方面有全面了解。

- **首席安全官（CSO）**：负责确保管理信息系统的安全，并制定防范黑客和病毒攻击的策略及管理信息系统安全保障措施。近年来，由于黑客和病毒攻击更加频繁，首席安全官的重要性也随之提升。由于黑客和病毒通常会通过联网计算机入侵管理信息系统，因此大多数首席安全官都具备丰富的网络和通信知识。
- **首席隐私官（CPO）**：负责确保组织内部对信息的使用合乎伦理和法律。首席隐私官是管理信息系统部门最新设立的高级管理职位。许多首席隐私官都接受过律师培训，这使得他

们能够理解与信息使用相关的复杂法律问题。
- **首席知识官（CKO）**：负责收集、维护和传播组织知识。首席知识官负责设计使人们能够轻松复用知识的方案和系统。这些系统创建了组织文件、方法、工具和实践资料库，并制定了筛选信息的方法。首席知识官必须不断鼓励员工努力使这些系统保持最新状态。通过缩短新员工或担任新职务的员工的学习曲线，首席知识官可以直接为组织的净利润做出贡献。

上述所有管理信息系统职位和职责对组织的成功都至关重要。虽然许多组织可能不会为每个职位安排不同的人员，但所有这些相关领域都必须有领导者负责。负责整个企业管理信息系统及管理信息系统相关问题的人员必须为组织员工提供指导和支持。据《快企业》（*Fast Company*）杂志报道，未来十年里可能会出现包括以下几个职位在内的高管职位。

- **首席自动化官**：负责决定一个人或一项业务流程是否可以被机器人或软件取代。随着工作自动化的持续实现，未来的核心领导团队中将有一名成员负责企业自动化，以提高企业竞争力。
- **首席知识产权官**：负责管理和维护知识产权、版权和专利。随着创新产品不断进入市场，知识产权法的世界也变得庞大而复杂。在不久的将来，企业将需要一位核心领导团队成员，其不仅要能穿越令人眼花缭乱的知识产权法和专利法海洋，以确保企业自身行为合规；而且还要时刻保持警惕，以保护所在企业免遭侵权。
- **首席可持续发展官**：负责监督企业的"环境"计划，如帮助适应气候变化和减少碳排放。
- **首席用户体验官**：负责在用户和技术之间建立最佳关系。硬件和软件设计者曾认为用户体验是一种"事后想法"。但现在，冗繁的产品说明书在很大程度上已成为过去，科技企业需要确保其产品从激活的那一刻起就是简洁明了的。

管理信息系统技能差距是现有管理信息系统工作场所知识与实现业务目标和战略所需知识之间的差异。通过使现有员工与未来潜在的业务需求保持一致来缩小管理信息系统技能差距是一个复杂命题。如今，雇主往往很难招到和留住合格的管理信息系统人才，尤其是具有应用程序开发、信息安全和数据分析技能的人才。

缩小管理信息系统技能差距的常见方法包括社会招聘、员工培训、指导服务以及与高校合作。在许多情况下，当雇主需要招聘具备特定技能的人员时，管理信息系统职位都会长期空缺。本书旨在帮助缩小该技能差距，培养未来的数据驱动型、事实驱动型业务领导者。

第二部分 | 业务战略

学习成果

1.3 解释为什么竞争优势是暂时的。
1.4 确定SWOT分析的四个关键领域。
1.5 描述波特（Porter）五力模型，并解释其中每一种力。
1.6 比较波特三大通用战略。
1.7 说明企业要如何才能利用波特价值链分析增加价值。

1.3 识别竞争优势

如今,管理一家企业类似于领导一支军队,最高管理者或领导者要确保所有参与者都朝着正确的方向前进,并完成各自的目标。当员工为了实现相互矛盾的目标而朝不同方向前进时,缺乏领导力的企业会很快崩溃。为了应对这些挑战,领导者需要沟通和执行各项业务战略。

- **业务战略**:实现一系列特定目标的领导计划,如增加销售额、降低成本、进入新市场或开发新的产品/服务。
- **利益相关方**:对组织感兴趣或者关注组织的个人或群体。利益相关方推动业务战略,并认为业务战略可能会发生变化。利益相关方的业务战略存在利益冲突的情况并不少见,例如投资者希望通过裁员来增加利润。图 1.20 显示了组织中不同利益相关方及其共同的商业利益。

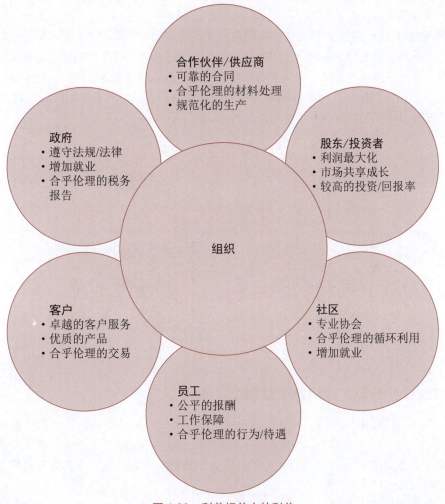

图 1.20 利益相关方的利益

优秀的领导者也能预见一些意外挑战。他们的业务战略设立了缓冲区或松弛区,这使得其企业能克服不利因素,抵御竞争或环境威胁。当然,随着内外部环境的快速变化,更新业务战略将是一项持续性工作。使企业核心能力与机遇相匹配的业务战略将带来竞争优势,这是成功的关键!

- **竞争优势**：一种产品或服务的特征，与竞争对手的类似产品相比，客户更看重这种特征。

  竞争优势包括以更低的价格或更高的附加值提供相同的产品或服务。遗憾的是，竞争优势通常是暂时的，因为竞争对手往往会很快找到复制它们的方法。反过来，组织必须制定基于新的竞争优势的战略。组织复制竞争优势的方式包括获取新技术、复制业务运营模式以及招聘关键员工。

- **先发优势**：常常发生在一家企业率先拥有新的竞争优势，从而大幅提高其市场份额时。

  联邦快递公司（FedEx）通过开发客户自助服务软件获得了先发优势，该软件允许人们在线申请提取包裹、打印邮寄单和跟踪包裹。其他快递企业很快便开始建立自己的在线服务。如今，在线客户自助服务已成为许多知名企业的标配。

- **竞争性情报**：收集竞争环境信息（如竞争对手的计划、活动和产品）以提高企业成功能力的过程。这意味着，为了保持企业竞争力，需要尽可能多、尽可能快地了解和学习发生在企业以外的事情。

  菲多利公司（Frito-Lay）是奇多饼干等休闲食品的主要供应商，这家公司常派销售代表去杂货店，但这并不只是为了备货。使用物联网设备，这些销售代表可以扫描和记录竞争对手的产品供应、库存甚至是产品位置。菲多利公司利用这些信息获取竞争性情报，这些竞争性情报与从竞争产品销售情况到自身产品战略布局的一切息息相关。管理者使用如图 1.21 所示的四种常见工具来分析竞争性情报并培育竞争优势。

图 1.21　业务战略分析工具

1.4　SWOT 分析：理解业务战略

优势和劣势源于组织内部。机会和威胁源于组织外部，并且不可能总是可以被预见或控制的。

- **SWOT 分析**：评估组织的优势、劣势、机会和威胁，以确定对业务战略有利或不利的重要影响因素（见图 1.22）。
- **潜在的内部优势（有利）**：确定与竞争优势相关的所有关键优势，如成本优势、新的和/或创新的服务、特定的专业知识和/或经验、公认的市场领导者、改进的营销活动等。
- **潜在的内部劣势（不利）**：确定所有需要改进的关键领域。劣势集中在缺乏某些优势上，如缺乏互联网营销计划、声誉受损、服务领域存在问题、技术过时、员工问题等。
- **潜在的外部机会（有利）**：确定所有重大趋势以及组织如何从中受益，如新市场、其他客户群体、法律变更、创新技术、人口变化、竞争对手问题等。

	有利	不利
内部	**优势** 核心竞争力 市场领导者 成本优势 卓越管理	**劣势** 缺乏战略方向 技术过时 缺乏管理人才 产品线过时
外部	**机会** 扩大产品线 需求增加 新市场 新的监管措施	**威胁** 新进入者 替代产品 市场萎缩 监管要求导致成本高昂

图 1.22　SWOT 分析样例

- **潜在的外部威胁（不利）**：识别对组织不利的所有威胁或风险，如新市场进入者、替代产品、员工流动、差异化产品、市场萎缩、不利的监管措施变化、经济转向等。

业务驱动的创新

对你自己进行 SWOT 分析

你的理想工作是什么？你具备找到此类工作的合适技能和能力吗？如果没有，那你有计划去获得那些炙手可热的技能和能力吗？你有个人职业规划或战略吗？就像企业一样，为了确保职业规划取得成功，读者可以进行个人 SWOT 分析。这需要了解自己的优势，并在意识到职业机会的同时，尽力消除自己的劣势以及任何可能破坏你职业规划的威胁。许多人都在技术这个关键领域挣扎，如果没有合适的技术技能，你会发现自己并不适合梦想中的工作。学习管理信息系统课程的一大好处在于，它能够通过帮助你了解技术在不同行业和职能领域中发挥的关键作用，使你为职业生涯做好准备。无论你的专业是什么，你都将使用业务驱动型信息系统来完成与职业生涯相关的工作和任务。

这一部分的内容是读者对自己的职业规划进行个人 SWOT 分析。一定要专注于个人的职业目标，包括希望从事的职能业务领域和潜在行业，如医疗保健、电信、零售或旅游行业。

在完成个人 SWOT 分析后，查看本书目录，确定本书是否会消除你的任何劣势或为你创造任何新的优势，并确定你能否找到新的机会或减少威胁。例如，第 9 章详细介绍了项目管理——这是管理团队的业务专业人员的关键技能。学习如何分配和跟踪工作状态将是任何新进业务专业人士的关键工具。在 SWOT 分析中，你会把这项强大的技能放在什么位置？它有助于消除你的劣势吗？当你完成这项练习后，将你的 SWOT 分析结果与同龄人的结果进行比较，看看当你进入职场时会遇到怎样的竞争。

1.5 五力模型——评估行业吸引力

哈佛商学院（Harvard Business School）教授迈克尔·波特（Michael Porter）指出，以下压力可能会损害潜在销售。

- 知识渊博的客户能通过使竞争对手相互竞争来压低销售价格。
- 有影响力的供应商能通过抬高供应价格来压低销售利润。
- 竞争会令客户流失。
- 新的市场进入者可能会令潜在投资资本流失。
- 替代产品可能会令客户流失。

波特五力模型如图1.23所示，其正式定义是，分析企业运营环境中的竞争力量，以评估行业的盈利潜力。其目的是通过识别机会、竞争优势和竞争性情报来抗衡这些竞争力量。如果这些竞争力量很强大，就会加剧竞争；如果这些竞争力量较弱，就会削弱竞争。本节将详细介绍其中每种力量及相关的管理信息系统业务战略。

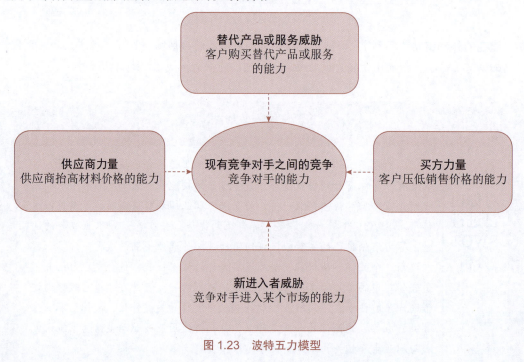

图1.23 波特五力模型

1.5.1 买方力量

用于评估买方力量的因素包括客户数量、客户对价格的敏感性、订单规模、竞争对手之间的差异以及替代产品的可用性。如果买方力量很强大，那么客户可以迫使一家企业及其竞争对手在销售价格上相互竞争，而这通常会压低销售价格。

- **买方力量**：买方对商品价格产生影响的能力。
- **转换成本**：使客户不愿转向其他产品或服务的成本。

转换成本包括经济价值和无形价值。例如，更换主治医生的成本包括必须与新的医生和护士建立关系以及转移所有病历等影响力强大的无形成本。然而，有了医疗管理信息系统，患者可以将自己的病历存储在云上，方便转移。患者还可以在网站上查看医生推荐信息，从而可减少对更换医生的恐惧。

- **忠诚度计划**：根据客户的购买情况奖励客户。

例如，在以常旅客计划闻名的航空业，由于旅客可以获得奖励（免费机票、升舱或酒店住宿），他们更有可能将大部分业务都交给同一家企业。然而，如果没有大规模信息系统，要跟踪忠诚度计划所覆盖的数千或数百万客户的活动和账户是不现实的。因此，忠诚度计划是利用管理信息系统来削弱买方力量的一个很好的例子。

1.5.2 供应商力量

在典型供应链中，一家企业既是其客户的供应商，也是其他供应商的客户，如图1.24所示。

- **供应链**：由直接或者间接参与获取原材料或产品的所有各方组成。
- **供应商力量**：供应商影响其供应（如材料、劳动力和服务）价格的能力。

图 1.24　传统供应链

用于评估供应商力量的因素包括供应商数量、供应商规模、服务的独特性及替代产品可用性。如果供应商的力量很强大，则其可以通过以下方式影响整个行业。

- 提价。
- 限制品质或服务。
- 将成本转嫁给行业参与者。

一般情况下，当供应商提价时，买方（企业）会通过提高最终产品的价格将涨价转嫁给客户。但是，当供应商力量很强大时，买方会因为无法将原材料涨价转嫁给客户而损失收入。特别是当替代品有限且该产品对买方至关重要时，一些强大的供应商（如制药企业）就会对整个行业构成威胁。需要购买抗癌药的患者没有决定权，他们不得不接受制药企业制定的任何价格，因为可选替代药物很少。

利用管理信息系统寻找替代产品是削弱供应商力量的一种方法。癌症患者现在可以利用互联网研究替代药物和疗法，而这在几十年前几乎是不可能的。此外，买方还可以利用管理信息系统与其他买方开展合作，从而扩大买方群体的规模，削弱供应商的力量。举个假设性例子，一所大学的3万名学生群体在购买笔记本电脑时对价格的决定权远大于单个学生。

1.5.3 替代产品或服务威胁

替代产品或服务威胁是一种较难理解的力量。

- **替代产品或服务威胁**：当产品或服务的替代品较多时，这种威胁较大；当可选替代品较少时，这种威胁较小。

例如，旅行者可以利用汽车、火车和轮船等众多交通工具替代航空出行。技术的发展使视频会议成为常态，从而大大减少了商务旅行的次数。理想情况下，企业希望其产品或服务在市场上很少有替代品。

在很多年里，以相机和胶卷闻名的宝丽来（Polaroid）公司一直拥有这种独特的竞争优势，但它忘记了观察竞争性情报。后来，当人们开始使用智能手机、智能手表等各种设备拍摄数码照片时，这家企业就宣告破产了。

一家企业可以通过扩大产品分销来提供附加值，从而降低替代品的威胁性。例如，一些饮料制造商通过自动售货机、加油站和便利店分销产品，相对于其他饮料，这增加了这些饮料的供应量。此外，企业还可以提供各种附加服务，使替代品的威胁性进一步降低。又如，苹果手机提供了游戏、应用程序、电影和音乐等功能，这使得其他传统技术过时，无法产生替代影响。

1.5.4 新进入者威胁

还有一种力量是新进入者威胁，企业可以设置进入壁垒，以确保这种威胁处于较低水平。

- **新进入者威胁**：当新的竞争对手进入市场的门槛较低时，这种威胁就较大；当一个市场存在重大进入壁垒时，这种威胁就较小。
- **进入壁垒**：客户期望的产品或服务特征。为了生存，参与者必须提供同样的服务。

例如，一家新银行必须为其客户提供包括 ATM 机、在线账单支付和在线账户监控等在内的一系列支持管理信息系统的服务。这些都是新企业进入银行业市场的重大壁垒。第一家提供此类服务的银行曾获得了宝贵的先发优势，但这只是暂时的，因为其他银行竞争对手也都能开发自己的管理信息系统服务。

1.5.5 现有竞争对手之间的竞争

竞争是企业必须关注和应对的主要威胁之一。

- **现有竞争对手之间的竞争**：当市场竞争激烈时，这种竞争就比较激烈；当竞争对手比较自满时，这种竞争就不太激烈。

尽管某些行业的竞争总是比其他行业更激烈，但总体而言，几乎每个行业的竞争都呈现出加剧趋势。零售杂货行业竞争激烈，主要是围绕价格的你争我夺。大多数连锁超市在实施为客户提供特别折扣的忠诚度计划的同时，还收集了有关他们购买习惯的宝贵信息。未来，预计杂货店将使用无线技术来跟踪客户在整个店铺内的动向，以确定其购买顺序。

- **产品差异化**：常发生于一家企业开发出其独特的产品或服务差异、意图影响市场需求时。

企业可以利用差异化来减少竞争。例如，尽管许多企业都通过互联网销售图书和视频，但亚马逊公司却利用客户档案分析实现了服务差异化。当客户频繁访问亚马逊官网时，亚马逊就会根据客户的个人资料为其提供量身定制的产品。这样，通过向客户提供这种差异化服务，亚马逊就削弱了对手的实力。

回顾一下，五力模型通过识别行业的竞争结构和经济环境来帮助管理者制定业务战略。如果这些力量很强大，竞争就会加剧；如果这些力量较弱，竞争就会减少（如图 1.25 所示）。

	力量弱小：竞争减少或竞争对手较少	力量强大：竞争加剧或竞争对手很多
买方力量	采购牛奶的国际连锁酒店	购买牛奶的单一客户
供应商力量	生产航空发动机的企业	生产铅笔的企业
替代产品或服务威胁	药企生产的抗癌药物	麦当劳的咖啡
新进入者威胁	专业曲棍球队	帮忙遛狗业务
现有竞争对手之间的竞争	机动车辆部	咖啡店

图 1.25 波特五力的强弱示例

1.5.6 案例分析：航空业分析

下面将波特五力结合起来，看看影响一个行业的竞争力量，并强调帮助该行业保持竞争力的业务战略。假设一家航运企业正在决定是否进入商业航空业。如果分析得当，对五力的分析应能确定这是一项风险极高的业务战略，因为五种力量都很强大，所以很难盈利。

- **买方力量**：买方力量很强，因为可供客户选择的航空企业有许多，客户通常根据价格而不是航空企业做决定。
- **供应商力量**：供应商力量很强，因为可供选择的飞机和发动机制造商有限，而且通过工会组织起来的员工（劳动力供应商）限制了航空企业的利润。
- **替代产品或服务威胁**：替代产品威胁很大，如汽车、火车和轮船等许多交通出行替代方式，以及视频会议等代替出行的手段。
- **新进入者威胁**：新进入者威胁很大，因为不断有新的航空企业进入市场，包括提供低成本、按需服务的"空中的士"企业。
- **现有竞争对手之间的竞争**：航空业的竞争十分激烈，一些第三方网站迫使航空企业在价格上展开竞争。

业务驱动的全局化

全局化数据

扎实数据分析的关键要求之一是始终了解原始数据。请查看以下数据并找出其中的错误（提示：从全局考虑）。

客　户	日　　期	时　间	数量
汉斯·胡尔格伦	2026年1月15日	8:07	35000
雷姆科·布雷克曼	2026年1月16日	16:21	147258
德克·拉伯曼	2026年2月4日	17:24	1254458
拉尔斯·拉格	2026年2月9日	1:15	120
帕特里克·罗姆斯塔德	2026年3月2日	14:14	3357458

1.6 三大通用战略——选择业务重点

一旦最高管理层确定了某个行业的相对吸引力并决定进入该行业，企业就必须制定这样做的战略。如果一家企业决定进入航空业，那它可以作为一家低成本的廉价航空企业或一家提供卓越服务和一流舒适度的豪华航空企业参与竞争。这是在拥挤的市场中获得竞争优势的两种不同方式。廉价航空企业能够节省开支，并将节省下来的费用以低价形式转让给客户。豪华航空企业则在高端服务和一流舒适度上投入资金，并以高价形式将成本转嫁给客户。

- **波特三大通用战略**：既不是组织也不是行业特定的通用业务战略，可应用于任何业务、产品或服务。

进入新市场的三种通用业务战略是：①广泛市场中的成本领先战略；②广泛市场中的差异化战略；③狭窄市场中的聚焦战略。广泛市场中的战略覆盖的是一个大的市场细分，而狭窄市场中的聚焦战略针对的是一个利基市场或独特市场，要么成本领先，要么差异化。对所有人来说，试图面面俱到都会是一场灾难，因为这样做很难在整个市场上树立一致的形象。因此，波特建议只采用图1.26所示三种通用战略中的一种。

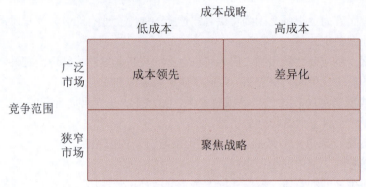

图 1.26　波特的三大通用战略

图1.27将三种战略应用于实际的企业，展示了各种战略（成本领先与差异化）和市场细分（广泛与聚焦）之间的关系。

- **广泛的市场和低成本**：沃尔玛通过提供种类繁多的廉价产品来竞争。其业务战略是为对成本敏感的消费者提供低价商品。
- **广泛的市场和高成本**：高端百货企业内曼马库斯（Neiman Marcus）通过提供种类繁多的高价产品来竞争。其业务战略是向高收入消费者提供各种特色产品和高档产品。

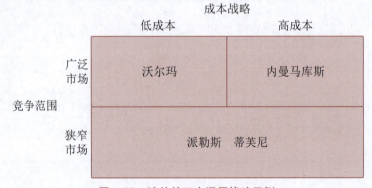

图 1.27　波特的三大通用战略示例

- **狭窄的市场和低成本**：派勒斯（Payless）通过提供特定低价产品（鞋子）来竞争。其业务战略将自身定位为低成本鞋类供应商。派勒斯与沃尔玛竞争，后者也销售低成本的鞋子，但提供了更多尺码和款式选择。
- **狭窄的市场和高成本**：蒂芙尼通过提供高价差异化产品（珠宝）来竞争。其业务战略是将自身定位为向高收入消费者高价提供顶级名牌珠宝的供应商。

业务驱动的辩论

技术使我们更笨了还是更聪明了？

选择一方并就以下内容进行辩论。
- A：生活在信息时代让我们变得更聪明，因为我们可以随时随地掌握大量知识。
- B：生活在信息时代，人们变得越来越懒，越来越笨，因为他们不再通过建立自己的记忆库来解决问题，而是依赖机器来提供问题解决方案。

1.7 价值链分析——执行业务战略

企业通过将业务流程与原始投入相关联并使这些投入转换为客户认为有价值的产品或服务来盈利。

- **业务流程**：完成特定任务的一组标准化活动，如处理客户订单。

一旦一家企业确定了它想要进入的行业和将重点关注的通用战略，它就必须选择创建产品或服务所需的业务流程。当然，企业会希望确保这些流程能增加价值并创造竞争优势。为了识别这些竞争优势，波特创建了一种价值链分析方法。

- **价值链分析**：将企业视为由一系列业务流程构成，每个业务流程都会为产品或服务增加价值。

价值链分析是确定如何为客户创造最大价值的有用工具（如图1.28所示）。价值链分析的目标是确定企业可利用来为客户增值、为自身创造成本或产品差异化等方面竞争优势的流程。

价值链将企业活动分为基本价值活动和支持价值活动两类。**基本价值活动**如图1.28中价值链底部所示。

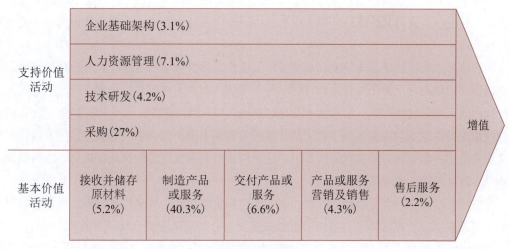

图1.28 价值链

（1）**进货物流**获取原材料和资源，并根据需要将其分配给生产部门。

（2）**运营**将原材料或投入转换为产品和服务。

（3）**出货物流**向客户交付产品和服务。

（4）**营销和销售**向客户推广及销售产品。

（5）**服务**在销售产品和服务后为客户提供支持。

图1.28价值链顶端的**支持价值活动**涉及企业基础架构、人力资源管理、技术研发和采购。

- **企业基础架构**包括企业形式或部门结构、环境及系统。
- **人力资源管理**向员工提供培训，并负责新员工的招聘。
- **技术研发**将管理信息系统应用于流程，以增加价值。
- **采购部门**采购原材料、资源、设备和用品等投入。

要理解一家典型制造企业如何将木浆等原材料转换为纸张很容易。在这个例子中，增值可能包括使用高品质原料，或为订单提供次日免费送货服务。然而，一家典型服务企业如何将时间、知识和管理信息系统等原始投入转换为有价值的客户服务知识呢？酒店可能会使用管理信息系统来跟踪客户预订情况，然后在忠诚客户入住时通知前台员工，这样员工就可以叫出客人名字，并提供额外服务、礼品篮或升级客房服务。将企业视为一个价值链，管理者就能确定为客户增加价值的重要业务流程，然后找到为这些流程提供支持的管理信息系统解决方案。

- **数字化价值链**：将基本价值活动和支持价值活动数字化。

数字化价值链使得基本价值活动能以数字方式连接起来，从而有助于加快从销售到制造的过渡。机器人技术和三维打印技术所用生产设备方面的进步加快了智能成品（如互联汽车和物联网设备）的生产。

在进行价值链分析时，企业可以调查客户认为每项活动为产品或服务增加价值的程度。这一步产生了企业可以衡量的反应（如图1.29中的百分比所示），从而可以描述每项活动如何增加（或减少）价值。然后，该企业将做出以下三项竞争优势决策中的一项：①以高附加值活动为目标，并进一步提高其价值；②以低附加值活动作为目标，并进一步提高其价值；③将两者结合起来。

管理信息系统既能使基本价值活动增值，又能使支持价值活动增值。管理信息系统促进基本价值活动增值的一个例子是开发营销活动管理系统，此类系统可以：①更有效地确定营销活动目标，从而降低营销成本；②帮助企业更好地确定目标市场需求，从而增加销售。管理信息系统促进支持价值活动增值的一个例子是开发人力资源系统，此类系统可以：①更有效地根据绩效奖励员工；②识别有辞职风险的员工，让管理者有时间发现其他挑战或机会，以帮助留住这些员工，从而降低离职成本。

价值链分析是一种非常有用的工具，它能够可靠且快速地为评估产品和服务增值活动提供数据。管理者可以根据波特五力模型分析和构建价值链来发现更多价值（如图1.29所示）。例如，如果目标是削弱买方力量，那么企业可以通过提供高水平客户服务来构建其"售后服务"价值链活动。这将增加客户转换成本并削弱其力量。分析和构建支持价值活动有助于减少新进入者威胁。分析和构建基本价值活动有助于减少替代产品或服务威胁。

业务驱动的初创企业

智能购物车

对一家企业而言，仅凭其产品就与竞争对手区分开来几乎是不可能的。竞争对手也许只需要点点鼠标，就能以更好的质量或更低的价格提供类似的产品。保持领先的一种方法是利用复杂分析从各方面了解企业的业务表现。通过分析，不仅可以了解客户想要什么，还可以了解他们愿意出多少价以及是什么使他们保持忠诚。跟踪现有库存和预测未来库存需求可以深入了解采购模式，同时可以显著节省成本，从而增加净利润。

假设读者决定创办一家生产物联网设备的企业，该设备可以连接到购物车或购物篮，并跟踪店铺导航模式、放入购物车和从购物车移除的商品以及总购买价格。通过使用这款物联网设备，企业会制定怎样的业务战略？通过分析店铺中的流量模式可以收集到哪些类型的信息？通过分析放入购物车和从购物车移除的商品，可以获得哪些商业情报？页面停留时间和总购买量之间会有相关性吗？如何利用这些信息来帮助改进业务运营？如果读者拥有一家商店，会考虑购买这款全新的物联网设备吗？

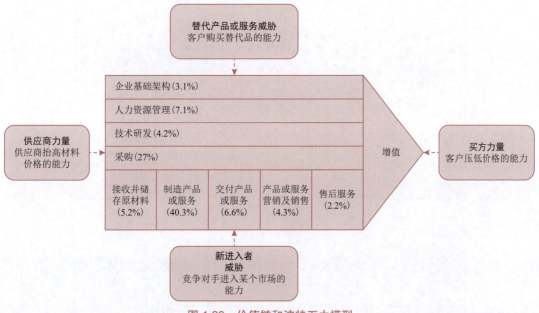

图 1.29　价值链和波特五力模型

对波特三大通用业务战略进行修订至关重要。企业必须不断适应竞争环境，而这可能会导致业务战略发生变化。本书后续部分将讨论管理者如何利用管理信息系统来制定业务战略，从而创造竞争优势。图 1.30 概述了其余各章的内容，以及相关的业务战略和管理信息系统主题。

模块1：业务驱动的管理信息系统

业务战略		管理信息系统主题
第1章 管理信息系统	理解业务驱动的管理信息系统	数据 信息 商业情报 知识 系统性思维 波特业务战略
第2章 决策与流程	创建价值驱动型业务	事务处理系统 决策支持系统 行政信息系统 人工智能 业务流程再造
第3章 电子商务	挖掘电子商务价值	电子商务 电子商务模型 社交网络 知识管理 协同
第4章 伦理与信息安全	确定管理信息系统的业务关注点	信息安全策略 认证与授权 预防与抵抗 检测与响应

模块2：管理信息系统的技术基础

业务战略		管理信息系统主题
第5章 基础设施	部署组织的管理信息系统	网格计算 云计算 虚拟化 可持续管理信息系统基础设施
第6章 数据	揭示商业情报	数据库 数据管理系统 数据仓库 数据挖掘
第7章 网络	为移动业务提供支持	业务网络 Web 1.0、Web 2.0、Web 3.0 移动管理信息系统 无线管理信息系统 GPS、GIS及LBS

模块3：企业管理信息系统

业务战略		管理信息系统主题
第8章 企业级应用	增强业务交流	客户关系管理 供应链管理 企业资源规划
第9章 系统开发与项目管理	领导管理信息系统项目	管理信息系统开发方法 项目管理 外包

图 1.30 业务驱动型信息系统概述

问题回顾

1. 什么是数据？为什么数据对一家企业很重要？
2. 管理者如何才能将数据转换为信息？
3. 数据、信息、商业情报及知识之间是怎样的关系？
4. 为什么跨职能运营对一家企业很重要？
5. 为什么一家企业需要设立首席信息官、首席隐私官和首席安全官职位？
6. 试解释管理信息系统及其在企业和全球业务中发挥的作用。
7. 你认为管理信息系统对于信息时代的业务运营是否至关重要？说明理由。
8. 为什么理解管理信息系统对一名商科专业学生很重要？
9. 你计划从事什么类型的职业？你的具体职业将如何使用数据、信息、商业情报及知识？
10. 解释系统性思维以及它是如何支持业务运营的。
11. 如果你要为企业培育竞争优势，你会采用怎样的业务战略？
12. 解释波特五力模型及其在决策中发挥的作用。
13. 企业要如何利用忠诚度计划来影响买方力量？企业要如何利用转换成本来锁定客户和供应商？
14. 波特三大通用战略是什么？为什么一家企业只需要采用其中一种？
15. 企业要如何利用波特价值链分析来衡量客户满意度？

总结性案例一：第四次工业革命

第四次工业革命已经到来，它将使人们的生活、工作和互动方式发生巨变。它正在颠覆全球几乎所有行业，并以前所未有的速度创造巨大变革。世界经济论坛创始人兼执行主席克劳斯·施瓦布（Klaus Schwab）教授在其最新著作《第四次工业革命》（*The Fourth Industrial Revolution*）中描述了一个物理、数字和生物领域融合的世界。这场革命指的是人工智能、自动驾驶汽车、语音识别和物联网等新技术是如何将我们的数字世界和物理世界融合在一起的。在这场革命里，个人、企业和政府的运作方式都将发生变化，并最终导致与前三次工业革命类似的变革。在我们讨论第四次工业革命之前，让我们快速回顾一下前三次工业革命。

- **第一次工业革命（1760—1860年）**：始于英国发明蒸汽机，这一发明使得企业能够充分利用蒸汽的力量，因而导致了工厂建立，并极大地改进了制造工艺。
- **第二次工业革命（1860—1960年）**：钢铁、石油和电力行业的大规模生产推动了灯泡、电话和内燃机的发明。
- **第三次工业革命（1960—2006年）**：数字时代伊始，半导体芯片、互联网和个人计算机相继问世。第三次工业革命也被称为"数字革命"。
- **第四次工业革命（2006年至今）**：代表了数字、物理和生物世界的超快融合。

人们预计第四次工业革命将使前三次工业革命看起来如同小儿科。第四次工业革命将影响到每一个学科、行业和经济体。在这场革命中，我们将通过控制构建人类现实生活的原子和分子，来设计并改造我们周围的世界。原子和分子是现实世界的"数字"编码，我们刚刚开始学习如何破解这些编码以改变现实。基因编辑、纳米技术和合成生物学将重新编码DNA，制造人形机器人和太空飞船,甚至改变我们的食物。第四次工业革命既带来了生产力的巨大飞跃,同时又提供了无数机会。其中最简单的就是变化加速:变化发生得更快,组织可以在更短的时间内做更多的事情。试想一下,电话用户达到 1 亿用了 75 年时间,而社交平台 Instagram 的用户达到 1 亿却只用了 2 年时间,游戏 Pokémon Go 的用户达到 1 亿仅用了 1 个月。显然,技术应用的速度比历史上任何时候都要快。

毫无疑问,未来充满了令人兴奋的机遇,因为我们可以治愈各种疾病并实时监控一切,但是,如果对这场革命管理不当,也会发生许多可怕的事情,想想电影《黑客帝国》或《终结者》就知道了。因此,我们必须积极主动地塑造和推动这一巨大变革的技术。这需要全球合作,并就技术如何重塑我们的经济、社会、文化和个人生活达成一致。企业应从投资其技术基础设施和数据分析能力开始。所有企业都应将自己定位为智能互联组织,否则很快就会落后于竞争对手。

问题

1. 解释第四次工业革命将如何影响你的职业生涯。
2. 解释为什么理解"数据分析是所有行业或职能领域的未来"这一点对于企业管理者很重要。
3. 说明数据如何才能转换为信息和商业情报。
4. 为一家初创企业制订一个利用数据来优化决策并取得成功的计划。

总结性案例二:物联网

20 多年前,麻省理工学院的一些教授开始描述物联网(Internet of Things,IoT):在物联网的世界里,互联的互联网设备或"物"能够在没有人为干预的情况下收集和共享数据。物联网的另一个术语是机器对机器(machine to machine,M2M),它允许设备直接连接到其他设备。随着先进技术的发展,设备正在以人们过去认为不可能的方式进行连接,据估计,目前相互通信的物联网设备超过了 500 亿台。

想象一下,你的牙刷能感知到你有蛀牙,并提醒你该去看牙医。如果你的冰箱因为牛奶和鸡蛋过期而主动向当地超市下订单,你会作何反应?据预测,在未来十年里,随着人们在网上分享、存储和管理自己的生活,几乎所有人们能想象得到的设备都可以接到互联网。烟雾探测器、警报器、冰箱、炉灶和窗户只是少数几种已经连接到互联网的家用设备,它们共享着使生活中的一切更高效、更有效、更安全和更健康的信息。物联网正在进一步深入我们的日常生活,它将可穿戴设备及其他设备传感器中的数据与分析程序相结合,通过获取传统上不可能发现的见解,帮助提高个人表现。以下几个例子说明了物联网时代的惊人力量。

- **智能瑜伽垫**:智能瑜伽垫上装有传感器,这些传感器能提供与瑜伽姿势和练习瑜伽者所消耗热量有关的反馈信息,甚至可以指导用户在家中练习。
- **智能恒温器**:物联网实时共享信息,并帮助房主更有效地管理能源使用。系统会在门未关好时通知房主,在房间被占用时改变其温度,并根据天气和房主的喜好调高或调低温度。
- **智能尿布**:Pixie Scientific 公司生产的一次性尿布带有传感器,这种传感器可监测婴儿尿液,以发现感染、脱水或肾脏问题等症状出现的前兆。
- **智能垃圾桶**:美国宾夕法尼亚州阿伦敦市将社区垃圾桶和回收桶连接起来,使它们能够监控垃圾桶的装填率,然后根据装填率推荐最优垃圾收集服务线路。

- **智能网球拍：** 法国网球拍制造商 Babolat 推出了智能网球拍 Play Pure Drive，这款网球拍能记录用户每次击球的数据，然后将数据和分析结果发送到用户的智能手机上。
- **智能煎锅：** 嵌有传感器的创新煎锅可以测量食物温度，并与智能手机通信，告诉用户何时添加配料、改变火候、翻转食物、盖上锅盖，它甚至可以告诉用户食物何时煮熟，从而帮助用户学会烹饪。

随着物联网设备生成、收集并共享海量数据，未来的业务将聚焦于大数据。目前，通过物联网设备在一秒钟内从业务环境中收集到的数据比公元 2000 年之前收集到的所有数据都要多。事实上，全球超过 90% 的数据是在过去两年中生成的。人们每分钟发送的电子邮件超过 2.04 亿封，分享到社交平台的照片高达 20 万张。"分析"、"数据分析"和"商业情报"等术语都与大数据和全球产生的海量数据有关。

无论企业的规模、重点或行业如何，了解大数据都将成为企业中知识型员工的一项关键技能。未来的管理者将负责以 10 年前根本无法实现的方式分析数据，这使得管理者能够预测客户行为、优化和改进业务流程，并通过分析诸多变量来预测趋势和模式。业务数据总量大约每 1.2 年翻一番。据估计，大数据已创造了 600 万个新的工作岗位，并将为企业提供以下帮助。

- 将购买数据与社交媒体数据、天气数据、竞争对手数据和经济数据相结合，以了解消费者行为。
- 将交付过程信息与当前交通数据、车辆维护数据和地图数据相结合，以改进产品交付。
- 收集诊断结果、跟踪药品并最终预测疾病，以优化医疗保健治疗。
- 分析信用卡欺诈、安全系统数据和警方数据，以预防网络攻击。

问题

1. 解释物联网及其对企业的潜在影响。此外，列出你目前正在使用的三种物联网设备。
2. 解释为什么企业管理者了解物联网设备的数据收集率正呈现指数级增长很重要。
3. 说明物联网设备收集的数据是如何转换为信息和商业情报的。
4. 制订一项让初创企业利用物联网设备数据优化决策的计划。
5. 你是否赞成以下说法："物联网只是昙花一现，十年内就会消失。"

做出业务决策

1. 努力做到最好

《财富》(*Fortune*) 杂志每年都会评选出最受员工欢迎的 100 家企业。请查找最新的榜单。你认为《财富》杂志是通过分析哪些类型的数据来确定企业排名的？如果数据分析不准确，会出现什么问题？通过分析榜单，你可以获得哪些类型的信息？提出求职的学生能够根据这份榜单回答的五个问题。

2. 你信任自己的数据吗？

数据驱动了基于事实的决策。管理者需要依靠数据来推动业务决策。你能想象根据不良数据来做出关键业务决策吗？你有没有停下来问问自己，眼前的数据是否可信？如果你基于错误的、不准确的或低质量的数据来做业务决策，结果会怎样？显然，很可能做出错误的决策，而这正是使用数据来驱动决策时的主要风险。以下是一些组织的例子，它们都曾落入过基于错误数据做出重要决策的陷阱。

- **富达投资（Fidelity）：** 一份股息报告上的负号丢失导致这家金融公司损失 26 亿美元。

- 哈佛大学：两位教授用一个没有包含所有数据的平均公式得出了错误结论。
- 伦敦奥运会：由于工作人员不小心将 10000 错打成 20000，导致花样游泳比赛多售出 10000 张门票。
- 军情五处：因电子表格格式错误，这家英国情报机构意外监听了 1000 多部本不应监听的电话。
- 阿尔达电力（TransAlta）：这家加拿大电力企业在以错误价格购买电力时犯了一个简单的剪切/粘贴错误，导致其损失了 2400 万美元。
- 托莱多大学（University of Toledo）：电子表格公式中的一个误输入导致入学人数被高估，因而使收入被夸大了 240 万美元。

科技行业有句名言："垃圾输入意味着垃圾输出"（Garbage in, garbage out, GIGO）。我们可能会成为企业里最优秀的数据分析师，但如果分析的数据是错误的，那么分析结果也会不准确。但是，实际工作中的很多人都忘记了去关注数据质量，他们的反应太快，太自信。一项常见的统计数据表明，80% 以上的电子表格都存在错误。电子表格中为什么会有这么多错误？其实很简单。电子表格是由人创建的，而人都会犯错。要记住的是，永远都不要认为自己拥有高质量的数据。应该始终做好前期工作，来验证数据质量。虽然这需要在开始分析之前做大量的工作，但如果以更大的信心来做决策，那么带来的回报也会是丰厚的。

不良数据意味着高昂的代价。数据驱动着人们生活中的许多决策，无论我们是否意识到，不良数据的成本确实影响着所有人。IBM 公司估计，不良数据每年给美国企业造成的损失超过 3 万亿美元。虽然大多数与数据打交道的人都意识到，不良数据的代价可能极其高昂，但这个数字还是令人震惊。大多数企业都会对客户数据进行分析，但如果数据有误，那企业几乎不可能取得成功。

- 为什么你认为数据可能是不准确的？
- 企业可以采取哪些措施来确保数据无误？
- 解释不良数据会如何影响信息、商业情报和知识。
- 你曾经基于不良数据做过决策吗？如果是，确保与你向他人分享这样的经历，并解释你要如何才能验证数据质量。
- 你是否赞成以下说法："对做出业务决策而言，不良数据要好过没有数据。"

3. 系统性思维

系统性思维认为，将整体视为大于部分之和，可以带来不可预知、令人惊讶的创新和调整。回顾课程注册的流程。确定该流程的输入、处理和输出。明确流程中的反馈。将系统视为一个整体会如何帮助你确定确保课程计划顺利有效实施的新方法？你能想到在课程注册方面有什么可以帮助学生的创新点吗？课程注册如何将数据转换为信息？

4. 巧妙使用数据以找出真相

"下了这么多雪，天气这么冷，全球变暖怎么可能是真的？"在美国华盛顿特区遭到几场大暴风雪袭击后，一些人不禁发出这样的疑问。华盛顿的政客们甚至在质疑气候变化的存在时开起了"建造冰屋"的玩笑。一些人认为，地面上都是雪，地球变暖根本不可能。这些言论让美国进步中心（Center for American Progress）的物理学家和气候专家约瑟夫·罗姆感到沮丧。他花了数周时间将数据转换为信息和图表，并向任何愿意倾听的人解释为什么这种推理是错误的。气候变化的关键在于分析数据，将数据转化为信息，从而发现趋势。人们不能通过看窗外景象来观察气候变化，必须用先进的工具来评估几十年来的气象数据，以了解这种趋势。

我们越来越多地看到政治人士、经济学家和新闻主播将棘手的问题归结为围绕数据含义的简单争论，他们各自对数据进行解释和加工，以支持自己的观点和议程。因此，我们需要理解数据，并将其转换为有用的信息，否则我们将无法理解别人什么时候是在说真话，什么时候是在撒谎。

就经济学家用来衡量经济的两三种数据进行头脑风暴。他们如何将数据转化为信息？他们在试图衡量经济时会遇到哪些问题？管理者在阅读或听取经济和业务报告时需要了解什么？

5. 信息时代的信息问题

数据的收集、存储和使用早已成为信息时代的热门话题。数据处理不当的一个例子是：在一所大学里，每隔15秒就会对厕所进行一次监控，观察厕所、镜子和洗手池的使用情况。学生和教职工开始抱怨这种数据收集侵犯了他们的隐私，侵犯了他们的权利。

另一个数据处理不当的例子是：美国一所大学的会计学教授丢失了一个U盘，里面有1800多名学生的信息，包括他们的社会保障号、成绩和姓名。之所以包含社会保障号，是因为这些数据可追溯到1993年之前，当时该校使用社会保障号来识别学生身份。

如果你的教授丢失了装有你所有个人信息的U盘，会发生什么情况？如果有人窃取了你的个人数据，会给你带来哪些麻烦？学校可以采取哪些措施来确保此类数据存储违规行为不会发生？

6. 你会对孙辈说的十件事

《连线》（*Wired*）杂志曾刊登一篇题为《你会对孙辈说的十件事》的文章。对于下面的每一种说法，请试着找出它具体指什么，以及为什么它被认为是会过时的。

（1）回到我们那个年代，我们只需要140个字符。

（2）以前这里的雪很大，你可以在脚上绑一块板子，然后一路滑下去。

（3）谁能在大脑中存储最多的数据，谁就能通过电视竞赛获得现金奖励。

（4）银幕更大了，但它们只在一天中的特定时间放映电影。

（5）我们都有，但没人真正用过。仔细想想，我敢打赌我的个人资料肯定还在网上某个地方。

（6）英语曾经是世界上最广泛使用的语言。

（7）我们的身体是肉做的，并由小钙棒支撑着。

（8）过去，你只能将文件保存在你的计算机上，而且必须回到同一台计算机上才能访问它们！

（9）这就是新款iPhone 27G吗？它具备多任务处理功能了吗？

（10）我就是吃不惯这该死的大桶牛排。口感不对。

7. 全球数据共享

过去几年中，数据收集率急剧上升，有人估计，人们在过去4年中收集的数据比有史以来收集的还要多。据国际数据公司（International Data Corporation）称，数据收集量过去每4年翻一番。随着智能手机、平板电脑和可穿戴技术设备的迅猛发展，数据收集似乎无时不在、无处不在。据估计，目前数据收集量每2年翻一番，很快就会达到每6个月翻一番。数据量将极为庞大！随着数据收集的爆炸式增长，首席技术官、首席信息官和首席安全官正面临极其艰难的时刻，因为窃取企业敏感数据的威胁也在成倍增长。例如，黑客和犯罪分子甚至窃取了美联储的敏感数据。

为了运作，敏感数据必须流向组织外部，流向合作伙伴、供应商、社区、政府和股东。确定每个人可以访问哪些类型的敏感数据，以及你对共享这些数据是否有任何顾虑。是否需要担心敏感的学生数据被盗？如何确保学校不会出现任何数据泄漏问题？

8. 产品之殇

波特五力模型是了解行业和市场力量的重要框架。从下面列出的类别中选择一组，用波特五力分析市场发生了什么变化。

- 掌上计算机和笔记本电脑。
- 点播电影和蓝光播放器。
- 数码相机和宝丽来相机。
- 全球定位系统（GPS）和路标图。
- 数字图书和纸质图书。
- 高清电视和收音机。

9. 向上管理你的上司

企业领导者需要熟悉数据、管理信息系统和分析，主要原因如下。

- 用于管理信息系统和分析的资金数额巨大，必须加以管理，以确保业务价值。
- 研究一致表明，当高层管理者积极支持这些计划时，企业就会获得许多好处，如获得竞争优势、简化业务流程，甚至改变整个行业。
- 如果企业领导者不参与这些计划，系统就会失灵，收入就会流失，整个企业就会因系统管理不善而倒闭。

企业如何使管理人员参与管理信息系统和分析？最大的积极因素之一是接受管理信息系统和分析方面的培训或相关经验的积累。一旦管理人员了解了培训和经验的积极作用，他们就更有可能带领企业取得业务成功。

不是所有上司都了解数据、管理信息系统和分析的价值。事实上，有些上司甚至可能不认为经营业务需要数据。制作一个有说服力的3分钟演示文稿，展示数据、管理信息系统和分析之间的关系。请务必解释清楚如何通过管理信息系统收集数据，如何将数据转化为信息和商业情报，以及如何应用分析技术做出更好的决策。努力让整个解释过程充满创造力和乐趣。

- 现代汽车正在实施广泛的成本领先战略。它在每个特定车型分层中都提供了低价车，这吸引了众多消费者。
- 奥迪正在通过其Quattro车型实施广泛的差异化战略，该车型提供了多个价位。奥迪的差异化在于安全，其车型价格高于现代汽车，从而吸引了大量不同需求的消费者。
- 起亚的成本领先战略更为聚焦。起亚主要提供低价的低级车型。
- 悍马实施的差异化战略是业内最有针对性的，如针对梅赛德斯·奔驰。

为你选择的一种产品绘制一张类似的展示各种战略的图表。每种战略都必须包括以下每个市场中的产品实例：①成本领先，广泛市场；②差异化，广泛市场；③成本领先，聚焦市场；④差异化，聚焦市场。可选择的产品包括麦片、狗粮、饮料、计算机、洗发水、休闲食品、牛仔裤、运动鞋、凉鞋、山地自行车、电视节目和电影。

10. 数据说谎了吗？

如果你观看了索契冬奥会，你可能会为自己国家和优秀运动员参赛而兴奋不已。当你一天天关注奥运会时，你可能会通过查看不同网站来了解自己国家（或地区）的排名情况。这个看似简单的问题可能会得出截然不同的答案，结果取决于所访问的网站。在NBC和ESPN网站上，美国排名第二；而在索契冬奥会官网上，美国排名第四。冬奥会排名这个简单的问题却因媒体的不同而发生了很大变化。

观察下面两张图表，找出每个国际公认新闻源提供的奖牌榜都有不同的前五名的原因。每张图表中用来确定上榜者的衡量标准是什么？你认为谁是优胜者？管理者在阅读或听取业务预测和报告时需要了解什么？

索契冬奥会奖牌榜（NBC 新闻）					
排名	国家	金牌	银牌	铜牌	总计
1	俄罗斯联邦	13	11	9	33
2	美国	9	7	12	28
3	挪威	11	5	10	26
4	加拿大	10	10	5	25
5	荷兰	8	7	9	24

索契冬奥会奖牌榜（索契冬奥会官网）					
排名	国家	金牌	银牌	铜牌	总计
1	俄罗斯联邦	13	11	9	33
2	挪威	11	5	10	26
3	加拿大	10	10	5	25
4	美国	9	7	12	28
5	荷兰	8	7	9	24

决策与流程：
价值驱动的业务

本章导读

第一部分
决策支持系统

第二部分
业务流程

2.1 做出组织的业务决策
2.2 衡量组织的业务决策
2.3 利用管理信息系统做出业务决策
2.4 利用人工智能做出业务决策

2.5 管理业务流程
2.6 业务流程建模
2.7 利用管理信息系统改进业务流程

IT 对我而言意味着什么？

更快、更智能地工作已成为当代每个人的目标。一家企业的价值链直接受到其业务流程设计和协调程度的影响。如果业务流程能使企业降低运营成本、实现差异化或在利基市场上竞争，那它就能为企业带来竞争优势。如果业务流程已经过时，阻碍了企业的运营效率和有效性，那它就会成为巨大的负担。因此，利用管理信息系统和分析技术来改进业务流程的能力是一项关键优势。

本章的目的是扩展波特五力模型、三大通用战略和价值链分析，说明管理者应如何学习业务决策的概念和实践，以增加价值。此外，本章还将重点介绍 21 世纪的企业应如何利用先进的管理信息系统，以在整个价值链中创造显著的竞争优势。

读完本章后，读者应该对支持决策、自动化和业务流程再造的现有信息系统类型有详细的了解，这反过来又可以提高组织的效率和有效性，并帮助组织创造和保持竞争优势。

开篇案例研究

各位请注意，我们正通过面部识别追踪你

每次解锁手机时，它是如何识别人脸的？这项功能背后的技术就是面部识别。面部识别技术正被用于执法、犯罪监控、机场安检、就业和住房决策等多个领域。

假设你受雇调查一起便利店抢劫案。你注意到劫匪在作案时一直在看摄像头。作为一名刑侦人员的你决定使用面部识别技术来甄别嫌疑人。利用最新技术帮助店主和受到犯罪行为伤害的人们伸张正义，这个主意似乎不错。

再假设全球各大都市决定禁止刑侦人员使用任何形式的面部识别技术。你会问自己："为什么要禁止一项有助于消除犯罪行为的技术呢？人人都知道，人工智能技术可以将人脸与照片进行匹配。那么，为什么一些城市在禁止面部识别技术呢？"

道理很简单。人工智能技术有缺陷，而且具有侵入性。目前这些技术的应用涉及严重的种族偏见。此外，它还侵犯了人们的隐私，特别是那些在学校或公共住房中的人的隐私。这种技术的缺陷导致了城市和企业的一系列禁令和限制，这些禁令和限制可能会扼杀一项非常重要的超人类人工智能成果。

事实上，相机无处不在，人们不断地发布自拍和标有姓名的照片，而这在不知不觉中为人工智能提供了数十亿张可供识别的人脸图像。微软公司和亚马逊公司都拒绝警方使用它们的人脸匹配系统。许多城市也对面部识别和侵入式摄像头实施了技术禁令。

你是否意识到警方使用了面部识别技术来比对潜在嫌疑人的大头照与驾照？你是否意识到，当你拍摄驾照照片时，它可能会被用来错误地将你识别为犯罪嫌疑人？超过1.2亿美国人拍摄的照片在未经本人同意的情况下被用于执法部门运作的面部识别网络。

许多人认为，政府应从国家层面上对人工智能应用做出规范。但是，也有许多人认为未经知情同意就拍摄面部识别照片是不道德的。

第一部分 | 决策支持系统

学习成果

2.1 解释决策对三个主要组织层级的管理者的重要性以及相关的决策特征。
2.2 定义关键成功因素（CSF）和关键绩效指标（KPI），并解释管理者如何利用它们来衡量管理信息系统项目是否成功。
2.3 对不同的运营支持系统、管理支持系统和战略支持系统进行分类，并解释管理者如何利用这些系统做出决策，获得竞争优势。
2.4 描述人工智能并确定其三种主要类型。

2.1 做出组织的业务决策

第1章中概述的波特战略建议，进入市场时需要在整体成本领先、差异化或聚焦方面具有竞争优势。要取得这些成果，管理者就必须能够做出决策并预测未来的业务需求和要求。今天，管理者面临的最重要也最具挑战性的问题是，如何为未来的成功奠定基础，同时在目前的业务环境中竞争取胜。如果不为未来制定战略，企业就不会有未来，正如开篇案例所述，未来的工作是不确定的。

正如第1章中所讨论的，决策是管理中最重要也最具挑战性的内容之一。决策既包括常规选择（如订购多少物品或招聘多少员工），也包括意外选择（如关键员工突然辞职或所需材料不到位时该怎么办）。如今，随着海量信息的出现，管理者面临着在越来越短的时间内做出高度复杂决策的挑战——有些决策涉及的信息量远远超过了人脑的理解能力。图2.1显示了管理者在决策时面临的三大挑战（又称管理决策挑战）。

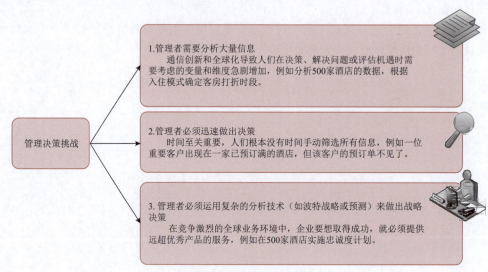

图 2.1 管理决策挑战

2.1.1 决策流程

决策流程在运营、管理及战略层面项目的沟通和领导中发挥着至关重要的作用。学术界提供了许多决策模型。图2.2只是其中一例。图2.3显示了六步决策流程的关键业务问题。

几个有关组织结构的关键概念将有助于讨论管理信息系统决策工具。典型的组织结构与金字塔类似，不同层级需要不同类型的信息来帮助决策、解决问题和捕捉机会，如图 2.4 所示。

决策流程

1. 确定问题：尽可能清晰准确地定义问题。例如，客户对所购商品不满意，希望在30天退货期限之后退货。

2. 数据收集：收集与问题相关的数据，包括何人、何事、何地、何时、为何以及如何收集。务必收集事实，而不是有关问题的传言或观点。例如，收集有关产品和客户问题的详细信息。

3. 生成解决方案：详述所有可能的解决方案，包括看似牵强的想法。例如，允许退货、不允许退货或者更换新产品。

4. 测试解决方案：从可行性、适用性和可接受性等方面评估解决方案。

5. 选择解决方案：选择最能解决问题和满足业务需求的解决方案。例如，允许客户退货。

6. 实施解决方案：如果解决方案解决了问题，那么所做决策就是正确的。如果没有，则说明决策不正确，流程重新开始。

图 2.2　六步决策流程

确定问题
- 影响企业的关键问题有哪些？
- 客户对服务和产品持什么看法？
- 造成收入或生产时间减少的根本原因是什么？

收集数据
- 为什么某些流程会出问题？
- 企业可采取哪些直接步骤来调整并改进当前流程？
- 你在倾听的是实际投诉还是传言中的投诉？
- 哪些部门正在面临困境？

生成解决方案
- 有哪些解决方案需要改进？
- 管理团队有什么解决方案？
- 如何收集最优解决方案？

图 2.3　六步决策流程的关键业务问题

2　决策与流程：价值驱动的业务

测试解决方案
- 这些解决方案是长期的还是短期的?
- 与这些解决方案相关的成本因素有哪些?
- 你的团队是喜欢这个解决方案,还是会因为对所做决策不满而破坏它?

选择解决方案
- 作为企业的行政领导,你满意自己做出的决策吗?
- 如何在不疏远他人的情况下,在这一决策过程中发挥强有力的领导作用?

实施解决方案
- 评估和跟踪解决方案的运行情况。
- 解决方案会取得预期的结果吗?
- 如果结果不佳,需要采取哪些步骤来调整?
- 作为企业的领导者,如何在不对员工和生产环境或流程产生不良影响的情况下,适当地改变解决方案的方向?

图 2.3 （续）

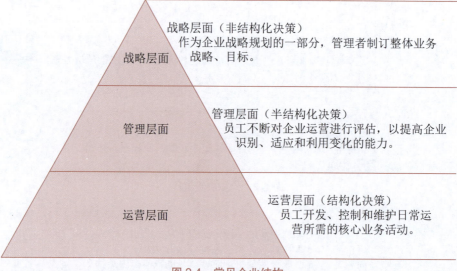

图 2.4 常见企业结构

2.1.2 运营层面

也许,你在早上还没起床时就已经做了几项决定。例如,根据天气和日常活动确定今天吃什么、什么时候学习,以及穿什么。这些是典型的运营层面决策。

- **运营层面**:员工开发、控制和维护日常运营需要开展的核心业务活动。

大多数员工都在运营层面执行着确保企业持续运营的重要任务。运营层面的员工负责做出运营决策。

- **运营决策**:这些决策属于运营经理的职权范围,他们离客户最近,并影响企业的日常运作。
- **结构化决策**:当既定流程提供了潜在解决方案时就会出现。

运营决策被认为是结构化决策。结构化决策经常被做出,具有重复性,它们会影响企业的短期业务战略。重新安排库存、制订员工配备和每周生产计划都是日常的结构化决策例子。图 2.5 中第 2 列强调了运营决策所需的基本要素。

	运 营 层 面	管 理 层 面	战 略 层 面
员工类型	基层：部门经理、分析师、员工	中层：经理、主管	高层：总裁、领导者、高管
重点	内部、不跨职能	内部、跨职能（有时也涉及外部）	外部、行业、跨企业
时间跨度	短期：日常运营	短期：一天、一月、一年	长期：一年、多年
决策类型	结构化、重复发生	半结构化、临时（计划外）报表	非结构化、不重复、一次性
管理信息系统类型	信息	商业情报	知识
指标	注重效率的关键绩效指标	注重效率的关键绩效指标和注重有效性的关键成功因素	注重有效性的关键成功因素
示例	■ 有多少员工休病假？ ■ 下周的生产要求是怎样的？ ■ 仓库库存有多少？ ■ 发工资时出现了哪些问题？ ■ 哪些员工下周将休假？ ■ 今天需要生产多少产品？	■ 按区域、销售代表、产品来分，谁是我们的最强客户？ ■ 下个月的销售预测是多少？与去年的实际销售相比如何？ ■ 每个月的预期销售和实际销售之间有何差异？ ■ 上个月的营销活动对销售有何影响？ ■ 企业下个月需要什么类型的临时或计划外报表？	■ 未来 3 年就业水平的变化将如何影响企业？ ■ 哪些行业趋势值得分析？ ■ 企业需要在哪些新产品和新市场方面创造竞争优势？ ■ 下一年的衰退会如何影响企业？ ■ 企业需要为新税法做好哪些准备？

图 2.5 决策概述

2.1.3 管理层面

一家具有竞争优势的企业需要不断调整和修订战略，以保持领先于快速跟进的竞争对手。管理者会做出许多有助于推动业务发展的决策。对学生而言，选择为期数月的学期课程安排，就相当于管理层面的决策。

■ **管理层面**：员工不断对企业运营进行评估，以提高企业识别、适应和利用变化的能力。

管理决策涉及中短期计划、时间安排、预算以及企业的政策、程序和业务目标。此外，这类决策还负责分配资源，并监督组织下属单位（如部门、分支机构、流程团队、项目团队和其他工作组等）的绩效。

■ **管理决策**：这些决策涉及组织应如何实现其战略目标，通常由中层管理人员负责。
■ **半结构化决策**：在一些既定流程有助于评估潜在解决方案但不足以形成明确的决策建议时，进行此类决策。

管理决策被认为是半结构化决策。例如，有关生产新产品或改变员工福利的决策就介于非结构化决策和半结构化决策之间。图 2.5 中第 3 列强调了管理决策所需的基本要素。

2.1.4 战略层面

并不是所有决策都可以轻松、直截了当地做出，每个人在选大学专业时都会体会到这一点。选专业是个艰难的决定，会对一个人的人生产生长远影响，需要进行远多于日常决定（如穿什么衣服去面试）的分析。
- **战略层面**：作为企业战略规划的一部分，管理者制订整体业务战略和目标。

  对企业战略层面的关注包括在政治、经济和竞争激烈的业务环境中监控组织的战略表现及总体方向。
- **战略决策**：涉及与组织总体方向有关的更高层次的问题。这些决策确定了组织的总体目标和未来预期。
- **非结构化决策**：在现有程序或规则不能引导决策者做出正确选择时下发生。

  战略决策属于高度非结构化决策。它们并不常见，但却极其重要，通常与长期业务战略相关，例如在未来 3 年内进入一个新市场甚至新行业的决策。在这类决策中，管理者需要依靠多个信息源以及个人知识来寻找解决方案。图 2.5 中第 4 列强调了战略决策所需的基本要素。

2.2 衡量组织的业务决策

著名管理学作家彼得·德鲁克曾说过，如果你不能衡量一件事，你就无法管理它。管理者如何衡量一个复杂业务项目的进展？例如，项目可以是建造一个新地铁站，也可以是连锁电影院利用软件实现在线售票。
- **项目**：企业为创造独特的产品、服务或结果而进行的临时活动。
- **指标**：对结果进行评估以确定项目是否达到其目标的度量。

关键成功因素（critical success factor，CSF）和关键绩效指标（key performance indicator，KPI）是两类核心指标。二者的对比如图 2.6 所示。
- **关键成功因素**：企业为实现其目标和实施其战略而采取的关键步骤。
- **关键绩效指标**：企业用来评估其关键成功因素进展的可量化指标。关键绩效指标远比关键成功因素更具体。

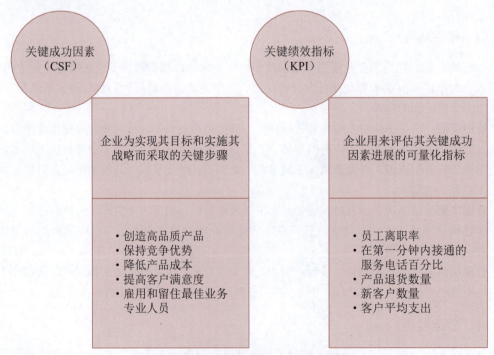

图 2.6　关键成功因素和关键绩效指标

使用关键绩效指标的目的是将注意力集中在管理层认为对实现既定目标和指标最重要的任

务及流程上。关键绩效指标因组织而异。例如，上市企业的关键绩效指标可能是股价，而政府部门的关键绩效指标可能是低失业率。在同一个组织中，人们所承担的角色不同，关键绩效指标也会不同。例如，首席执行官（CEO）可能认为盈利能力是最重要的关键绩效指标，而同一家企业的销售团队经理可能认为成功的服务水平协议（SLA）交付数是最重要的关键绩效指标。

了解关键成功因素与关键绩效指标之间的关系非常重要。关键成功因素是企业取得战略成功的关键因素。关键绩效指标以可量化方式衡量关键成功因素的进展情况，一个关键成功因素可以对应多个关键绩效指标。当然，这两个类别会因企业和行业而异。例如，提高毕业率是一所大学的关键成功因素，可用以下几个关键绩效指标来衡量：

- 按课程和性别分列的平均分数；
- 按性别和专业分列的退学率；
- 按性别和专业分列的平均毕业率；
- 按性别和专业分列的辅导时间。

选择适当的关键绩效指标部分取决于组织实际衡量指标的能力。通常情况下，管理团队会收集需求并分析指标之间的相关性，但最终，他们必须将关键绩效指标付诸实践，并观察这些关键绩效指标鼓励了哪些行为。每个关键绩效指标都应支持其上级指标，从而使组织所有层级都朝着相同的战略目标共同努力。关键绩效指标可以侧重于外部和内部衡量。

- **市场份额**：企业市占率。

常见的外部关键绩效指标是市场份额，其计算方法是用企业的销售额除以整个行业的市场销售总额。市场份额衡量的是企业相对于其竞争对手的外部表现。例如，如果一家企业的总销售额（收入）为200万美元，整个行业的销售额为1000万美元，则其市占率为20%（2/10=20%），即市场份额为20%。

业务驱动的讨论

这些决策属于哪个层次？

请确定以下每项决策是运营决策、管理决策还是战略决策。

决策	运营决策	管理决策	战略决策
有多少员工休病假？			
下个月的销售预测是多少？			
上个月的营销活动折扣对主要产品有何影响？			
下一年利率上调会如何影响销售？			
对健康保险法的修订在未来5年内会如何影响企业？			
上次发薪期间有多少张工资单不对？			
上个月的预测销售额和实际销售额有何不同？			
新税法对企业有何影响？			
下一周的生产计划是怎样的？			

- **投资回报率（ROI）**：表示一个项目的盈利能力。

常见的内部关键绩效指标是投资回报率，它是用项目盈利除以成本来衡量的。这听起来很容易，而且对许多做有形项目的部门来说，也确实如此；但是，对于无形且跨部门合作的项目（如管理信息系统项目）而言，投资回报率的衡量就颇具挑战性了。想想灭火器的投资回报率计算。如果灭火器从未被用过，其投资回报率就很低。如果灭火器扑灭了一场可能烧毁整栋大楼的大火，那它的投资回报率就是天文数字。

尽管监测关键绩效指标有助于管理层发现组织内部的不足，但如何纠正这些不足则需要管理层做出决策。关键绩效指标过多会产生弊端。一是会分散员工的注意力，二是会使管理者确定指标优先级并确保关键指标得到应有重视变得困难。为此，许多成功的企业都将关键绩效指标的范围限制在评估组织中个人成功与否的少数指标内。

创建关键绩效指标来衡量管理信息系统项目是否成功也面临着类似挑战。想想企业的电子邮件系统。管理者应如何跟踪与企业电子邮件相关的部门的成本和利润呢？以数量来衡量并不能说明盈利能力，因为 1 封销售电子邮件就可能达成 100 万美元的交易，而 300 封其他电子邮件可能不会产生任何收入。人力资源和法务等不产生收入的部门也需要发送电子邮件，但不会用它来创造利润。因此，许多管理者转而采用更高层面的指标（如效率和有效性）来衡量管理信息系统项目。

- **最佳实践**：由特定组织或行业开发的最成功的解决方案或问题解决方法。衡量管理信息系统项目有助于确定行业最佳实践。

业务驱动的分析

个人关键成功因素与关键绩效指标

你想过要如何衡量自己在大学的成功吗？你会关注考试成绩、社团活动、运动、快乐程度、实习吗？有句老话说，学生只能记住他们背诵内容的 10%。

有的学生记忆力很好，可以轻松应对任何选择题考试；有的学生考试成绩很差，却能运用所学知识解决实际问题。有些学生善于读书，但缺乏常识；有些学生具有"街头智慧"，但缺乏沟通技巧。比尔·盖茨、迈克尔·戴尔、马克·扎克伯格，甚至史蒂夫·乔布斯都曾从大学辍学，创办了自己的著名企业。显然，他们并没有用成绩和学位来衡量自己。你考虑过如何衡量自己吗？

试着制定一些关键成功因素和关键绩效指标来衡量你的大学生活是否成功。是基于成绩，还是基于活动或娱乐？如何收集数据来管理和衡量这些指标？多长时间监测一次指标能够确保取得成功？以下几个问题值得考虑：

- 工作乐趣；
- 专业关系；
- 阅读的书籍数；
- 参加的在线课程数；
- 日常幸福指数；
- 尝试一些新的东西；
- 与朋友在一起的时间；
- 通过运动消耗的热量。

2.2.1　效率指标和有效性指标

彼得·德鲁克将效率和有效性做了有益的区分：把事做好是效率问题，从每项资源中获得最大收益。做对的事是有效性问题，制订正确的目标并确保其实现。

- **管理信息系统效率指标**：衡量管理信息系统本身的性能，如吞吐量、处理速度和系统可用性等。
- **管理信息系统有效性指标**：衡量管理信息系统对业务流程和活动的影响，如客户满意度和客户转化率等。

效率指标侧重于企业以最佳方式利用其资源的程度，而有效性指标则侧重于企业实现其目标的程度。图2.7描述了几种常见的管理信息系统效率指标和有效性指标。衡量管理信息系统项目的关键绩效指标既包括效率指标，也包括有效性指标。当然，这些指标不像市场份额或投资回报率那样具体，但它们确实能就项目表现提供有价值的见解。

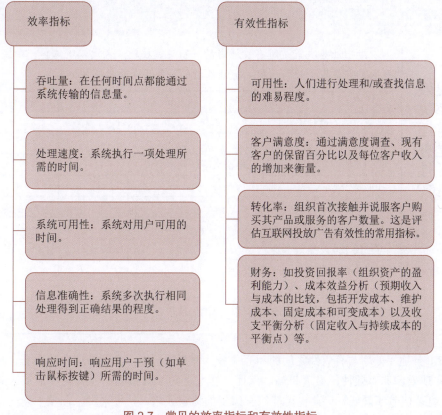

图2.7　常见的效率指标和有效性指标

生产力的大幅提高通常源于有效性的提高，而有效性的提高侧重于关键成功因素。但是，管理信息系统效率指标更容易衡量，因此大多数管理者都倾向于以这些指标为重点来衡量管理信息系统项目是否成功，这往往并不正确。考虑自动取款机（ATM）的例子。从管理信息系统效率指标的角度考虑，管理者会衡量日交易量、每次交易的平均金额和平均速度，以确定ATM是否成功。虽然这些都是衡量系统运行状况的可靠指标，但这些指标忽略了与ATM有效性相关的许多无形或增值益处。管理信息系统有效性指标可以衡量因银行ATM位置或易用性而选择去银行柜台的新客户数，此外，它们还可以衡量客户满意度因ATM费用降低或提供了其他ATM服务（如出售邮票和电影票）以及为客户节省大量时间并提供增值功能而提高的情

2　决策与流程：价值驱动的业务

况。要成为一名优秀的管理者，就必须利用管理信息系统有效性指标提供的附加视点，分析与管理信息系统项目相关的所有益处。

2.2.2 效率与有效性之间的相互关系

效率与有效性必然是相关的。然而，一方面的成功并不必然意味着另一方面的成功。管理信息系统效率指标侧重于技术本身，虽然这些指标对于监测很重要，但它们并不总能保证有效性。管理信息系统有效性指标是根据组织的目标、战略和目的来确定的。在这里，考虑企业的关键成功因素（如沃尔玛的广泛成本领先战略）以及关键绩效指标（如增加 10% 的新客户或将新产品开发周期缩短至 6 个月）很重要。以私营部门为例，亚马逊在不断地为其管理信息系统项目设定效率和有效性基准。对亚马逊而言，保持网站的持续可用和最佳吞吐性能是其关键成功因素。

业务驱动的讨论

是效率决策还是有效性决策？

做出业务决策是所有管理者的一项关键技能。考虑以下清单，确定问题的重点是基于效率指标、有效性指标还是两者兼而有之。

业务决策	效率	有效性
运送产品的最佳路线是什么？		
我们是否应该更换供应商？		
我们是否应通过购买低品质材料来降低成本？		
我们是否应将产品卖到新市场？		
我们实现销售目标了吗？		
员工离职率是多少？		
客户的平均支出是多少？		
有多少新客户购买了产品？		
日交易量增加了吗？		
有没有更好的办法来改造店铺，以增加销售？		

图 2.8 描述了效率与有效性之间的相互关系。理想情况下，企业希望在该图右上角区域运营，以实现效率和有效性的显著提高。然而，在左上角（效率提高但有效性最低）或右下角（有效性显著但效率最低）运营也可能符合组织的特定战略。一般来讲，在左下角（效率和有效性都最低）运营对任何组织而言都不理想。有了大数据，管理者现在可以将衡量结果实时、直接地转化为改进决策的知识，从而提高业务效率和有效性。

无论衡量什么流程、如何衡量，也无论衡量是为了效率还是有效性，管理者都必须设定基准并对基准设定进行监测。

- **基准**：系统力求达到的标准值。
- **基准设定**：持续衡量系统结果，将这些结果与最佳系统性能（基准值）进行比较，并确定改进系统性能的步骤及程序。

基准有助于评估管理信息系统项目随时间推移的执行情况。例如，如果某个系统的基准响应时间是 15 秒，那么管理者就要确保响应时间不断缩短，直到达到这个值。如果响应时间突然增加到 1 分钟，管理者就会知道系统运行不正常，并开始调查可能的原因。根据基准来持续衡量管理信息系统项目可以提供反馈，从而使管理者能够控制系统。

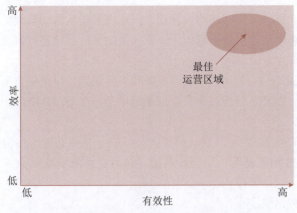

图 2.8　效率与有效性之间的相互关系

2.3　利用管理信息系统做出业务决策

在回顾了决策的基本要素后，现在就可以了解管理信息系统在支持管理者决策方面的强大优势了。

- **模型**：对现实的简化或抽象表示。

模型可以帮助管理者计算风险、了解不确定性、改变变量和控制时间，从而做出决策。管理信息系统的支持系统依靠利用数学方法表达变量之间关系的计算和分析程序模型。例如，Excel 等电子表格程序可能包含计算市场份额或投资回报率的模型。管理信息系统具有表达更复杂建模关系的能力和功能，这些关系可以提供信息、商业情报和知识。图 2.9 重点介绍了三种可用于为企业各层级决策提供支持的主要管理信息系统。

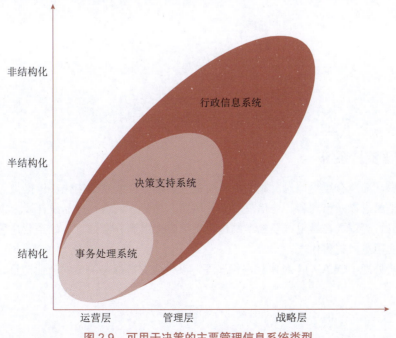

图 2.9　可用于决策的主要管理信息系统类型

2.3.1 运营支持系统

事务性信息包括单个业务流程或工作单元中包含的所有信息，其主要目的是为日常运营或结构化决策提供支持。例如，当客户购买股票、预订机票或从自动取款机提取现金时，就会产生事务性信息。管理者在运营层做出结构化决策（例如分析日销售报表以确定库存量）时会使用事务性信息。

- **联机事务处理（OLTP）**：利用技术获取事务和事件信息，以便根据所定义的业务规则处理信息，存储信息，以及更新现有信息以反映新信息。在 OLTP 中，企业必须捕捉所有事务和事件细节。
- **事务处理系统（TPS）**：为运营层（分析人员）服务并协助做出结构化决策的基本业务系统。最常见的 TPS 例子是运营层会计系统，如薪资系统或订单输入系统（如塔吉特公司的收银机）。
- **源文件**：原始事务记录。

运用系统性思维，可以发现 TPS 的输入是源文件。薪资系统的源文件包括考勤表、工资标准和员工福利报表。转换包括创建、读取、更新和删除（通常称为 CRUD）员工记录以及计算工资和汇总福利等常见程序。输出包括裁剪工资单和生成工资报表。图 2.10 展示了 TPS 的系统性思维视图。

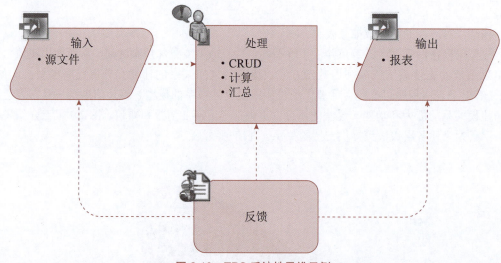

图 2.10 TPS 系统性思维示例

2.3.2 管理支持系统

分析信息涵盖所有组织信息，其主要目的是为管理分析或半结构化决策提供支持。分析信息包括事务性信息以及市场和行业信息等其他信息。趋势、销售、产品统计及未来增长预测等属于分析信息。管理者在做出重要的半结构化决策时会用到分析信息，如企业是否应建立新的生产工厂或雇用更多销售代表。

- **联机分析处理（OLAP）**：对信息进行处理，以生成支持战略决策的商业情报。

业务驱动的伦理与安全性

斯蒂芬·霍金错了吗？

一提到机器学习和人工智能，你是否会想到《终结者》或《黑客帝国》等恐怖电影中计算机统治世界的场景？机器学习是人工智能领域最可怕的术语之一，因为它预示着未来的人工智能机器人可能比人类更聪明。

在关于人类如何从人工智能中受益或受到人工智能阻碍的辩论中，伟大而杰出的斯蒂芬·霍金发出了重要的声音。霍金本人依靠人工智能来帮助他坐在轮椅上交流。霍金毫不掩饰他对会思考的机器有一天会掌权的恐惧。他甚至预测，人工智能的未来发展意味着人类可能会在与超人类人工智能的竞赛中败下阵来，在这一点上，人工智能系统不仅复制了人类的智能过程，而且还能在没有人类支持的情况下不断扩展。

你同意霍金关于人工智能将接管世界的观点吗？人类如何才能确保这种超人类的人工智能永远不会出现？

- **决策支持系统（DSS）**：使用 OLAP 对信息进行建模，为评估和选择不同的行动方案提供帮助。

DSS 使高层管理者能够研究和处理来自内外部不同来源的大量细节数据。DSS 的主要功能之一是分析数以千计甚至数以百万计的数据项之间的复杂关系，以从中发现模式、趋势和异常情况。例如，医生可将症状输入决策支持系统，以便系统能帮助诊断和治疗病人。此外，保险企业也可使用 DSS 来评估为驾驶记录不完善的驾驶人提供保险的风险。一家企业发现，有一张超速罚单的已婚女业主很少会再次超速。根据这一商业情报，这家企业降低了这一特定客户群体的保险费率，从而获得了成本优势。

图2.11 显示了 DSS 的常见系统视图。图2.12 显示了 TPS 如何向 DSS 提供事务性数据。然后，DSS 对来自不同 TPS 的信息进行汇总和聚合，这有助于管理者做出半结构化决策。

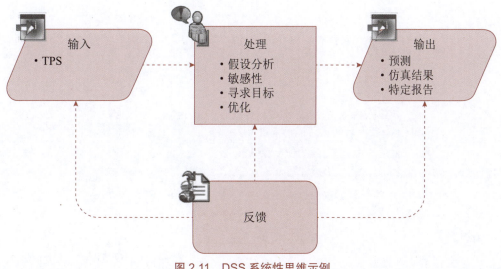

图2.11 DSS 系统性思维示例

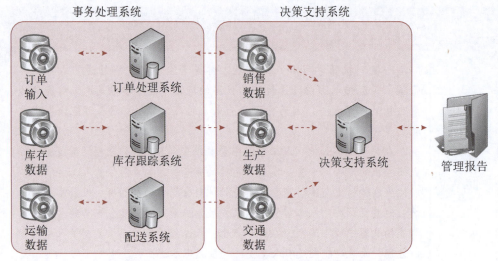

图 2.12　TPS 与 DSS 之间的交互，以支持半结构化决策

2.3.3　战略支持系统

战略层决策需要商业情报和知识，以应对与业务战略相关的不确定性和复杂性。

- **行政信息系统（EIS）**：支持高管和非结构化、长期、非例行决策的专门 DSS，需要判断、评估和洞察。

这些决策没有对错之分，只有效率决策和有效性决策之分。在组织金字塔的上层，管理者较少处理细节（即较精细的信息），而更多地处理有意义的信息聚合（即较粗糙的信息）。

- **粒度**：指模型或决策过程中的细节程度。

粒度越大，数据的详细程度或精细程度就越深，如图 2.13 所示。EIS 与 DSS 的不同之处在于，EIS 需要外部来源数据支持非结构化决策，如图 2.14 所示。但这并不是说 DSS 从不使用外部来源数据，而是说 DSS 的半结构化决策通常只依赖内部数据。

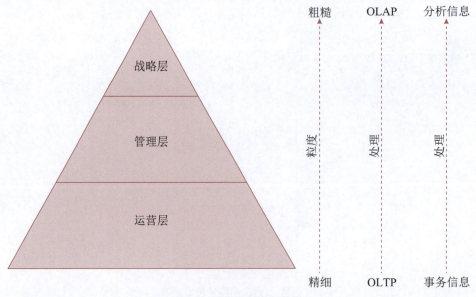

图 2.13　组织的信息层次

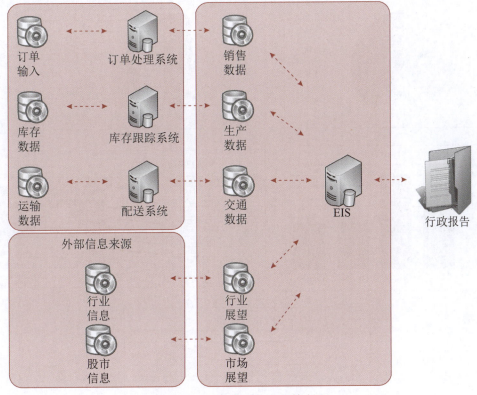

图 2.14 TPS 与 EIS 之间的交互

- **可视化**：以图形方式展示大量数据中存在的模式和复杂关系。
- **信息图表**：以图表形式展示信息，使数据一目了然。

行政信息系统利用可视化技术向高层管理者提供特定的、一目了然的关键信息，几乎不需要与系统互动。人们使用信息图表来快速传达信息、简化大量数据的展示、查看数据模式和关系，以及监测变量随时间的变化。信息图表在几乎所有公共环境中都随处可见，如交通标志、地铁地图、标签云、乐谱和天气图等。信息图表包括以下常见元素。

- **饼图**：一种将圆形划分为若干扇形的图表，每个扇形代表整体的一定比例。
- **条形图**：一种用矩形条表示分组数据的图表或图形，其长度与所代表的数值成正比。
- **直方图**：使用不同高度的条形展示数据。直方图与条形图类似，但是将数字按范围进行了分组。
- **趋势图**：一种说明单一趋势的小型嵌入式折线图。趋势图通常用于报表、演示文稿、仪表板和记分板，它们不包括轴或标签，上下文来源于相关内容。
- **时间序列图**：显示变量随时间变化的图形表示。时间序列图用于不断变化的数据，如股票价格。它们能对某个变量在一定时间内的变化进行清晰的可视化表示，如图 2.15 所示。

支持可视化的一种常见工具是数字仪表板。

- **数字仪表板**：通过汇编来自多个来源的信息并根据用户需求进行定制，以跟踪关键绩效指标和关键成功因素。

以下是为某生产团队设计的仪表板可能包含的功能列表。

- 关键性能指标列表，每 15 分钟刷新一次。

2 决策与流程：价值驱动的业务

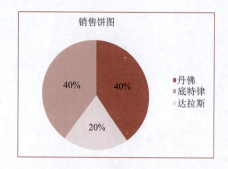
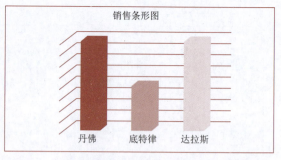

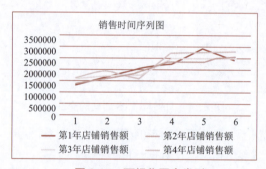

图 2.15　可视化图表类型

- 过去 24 小时内计划生产与实际生产的运行折线图。
- 显示实际产品价格和库存与其预测值的表格。
- 未处理的预警及其解决状态列表。
- 股市价格图表。

业务驱动的创业

开始创业

你是否考虑过自己创业？在这件事上，你并不孤单。现在正是创造新事物的最佳时机。以下是一份创业思考者名单，他们在大学期间就开始了创业。

- 比尔·盖茨，微软；
- 史蒂夫·乔布斯，苹果；
- 迈克尔·戴尔，戴尔计算机；
- 马克·扎克伯格，脸书；
- 谢尔盖·布林/拉里·佩奇，谷歌；
- 杨致远/大卫·费罗，雅虎；

- 凯文·西斯特姆，Instagram；
- 埃文·斯皮格尔，Snapchat；
- 陈士骏/查德·赫尔利，YouTube。

你是否认为必须等到毕业后才能投身商界？你可能需要许可才能开车、捕鱼或登山，但要创业的话，你只需要尝试。以小组为单位，不管是否成功，想一想你乐于创办的企业。怎样才能让你每天兴奋地从床上跳起来，开始工作，开始创建你梦想的企业呢？

做决策时要记住一句老话，"垃圾输入意味着垃圾输出"（Garbage in，garbage out）。如果支持系统中使用的事务性数据是错误的，那么管理分析也将得出错误结论，此时决策支持系统只会帮助更快做出错误决策。另外，管理者还应该问："在我做出最终决策之前，决策支持系统还有什么没告诉我？"

2.4 利用人工智能做出业务决策

你知道金融顾问是如何通过分析历史信息来预测股价走势的吗？多亏了神经网络，计算机可以更快、更准确地完成同样的工作。简单地说，神经网络是一种程序，它接收人们输入的数据，并训练自己从中识别模式，然后尝试用一组新的类似数据预测输出。

- **人工智能（AI）**：模拟人类的思维和行为，如推理和学习能力。

人工智能的终极目标是建立一个能模仿人类智能的系统。人工智能是个热词，如果你正在使用 Alexa 或 Siri，那么你已经在使用人工智能了。企业家们相信，人工智能很快就会融入每一种产品和服务。要开始了解人工智能，就要使用系统性思维方法，这样就能明白输入是如何被处理成新的输出，如图 2.16 所示。

输　　入	输　　出
电子邮件	确定该邮件是否为垃圾邮件
音频剪辑	该音频的文本稿
英文句子	中文句子

图 2.16 利用人工智能将输入转换为输出

- **专家系统**：计算机化的咨询程序，模仿专家解决难题的推理过程。

通常情况下，专家系统包括一个包含各种积累经验的知识库和一整套将知识库应用于各种特定情形的规则。专家系统是业务领域最常见的人工智能形式，它们可以在聘请人类专家的代价过高时发挥作用。最著名的专家系统是用于下棋和协助医疗诊断的专家系统。

如果读者接触过编程，一定会遇到"算法"一词。

- **算法**：内置于软件中对数据集进行分析的数学公式。

算法使用公式来解决问题，例如驾驶汽车或下棋。驾驶汽车对人类来说都是一项比较困难的任务，人类尚且需要一段时间的反复训练，计算机就更不用说了。而下国际象棋只有一个目标——获胜，机器需要花费数百个小时来学习如何下棋。在人工智能中，算法告诉机器如何找出不同问题的答案。

- **遗传算法**：一种模拟进化、适者生存过程的人工智能系统，以生成越来越好的问题解决方案。

遗传算法本质上是一种优化系统，它能找到产生最佳输出的输入组合。遗传算法最适用于可能会有成千上万种甚至数百万种解决方案的决策环境。与人类相比，遗传算法可以更快、更彻底地找到和评估具有更多可能性的解决方案。组织面临着各种需要优化技术的问题决策环境，例如以下情境。

- 在考虑复杂税务因素的情况下，企业高管使用遗传算法来帮助决定他们的企业应投资哪些项目组合。
- 投资公司使用遗传算法来帮助做出交易决策。
- 电信公司使用遗传算法来确定网络中的最佳光缆配置，这种网络可能包括多达 10 万个接入点。遗传算法会评估数以百万计的光缆配置，并选择光缆使用量最少的配置。

图 2.17 展示了几个人工智能的示例。本书涵盖了人工智能的三个主要领域：机器学习、神经网络和虚拟现实。

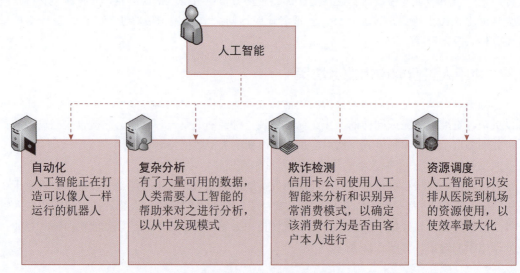

图 2.17　人工智能示例

2.4.1　机器学习

如今，"机器学习"一词在新闻中频繁出现，读者也应对这一名词颇为熟悉。

- **机器学习**：使计算机能够理解环境中的概念并进行学习的一种人工智能。

记者在报道惊人发明时常常会提到"机器学习"一词。读者可以试想开车来到市中心的一座大型办公楼前，下车时，汽车会自动找到停车位并泊车。这就是自动驾驶汽车的未来，也是机器学习的一大特点。"人工智能"和"机器学习"这两个概念有时可以互换，但要注意，机器学习只是人工智能的一个分支。人工智能的能力远不止机器学习。图 2.18 重点介绍了三种不同类型的机器学习。

机器学习结合了算法和数据，以从数据中发现可用来做出预测的模式和趋势。机器学习基于这样一个原则：系统可以通过数据进行学习、识别模式，并在最少的人机交互下做出决策。通过学习，机器能够在没有人工程序详细说明如何执行任务的情况下进行操作。机器学习应用场景广泛，例如：

- 电子商务平台的个性化营销；
- 搜索引擎的搜索优化；
- 客户流失预测；

- 金融信用评分建模；
- 视频网站的推荐引擎；
- 警方面部识别。

> **有监督机器学习**
> 　　根据输入数据及其对应标签训练模型。有监督机器学习类似于学生通过学习一组问题及其相应答案来学习一门学科。在掌握了问题和答案之间的映射关系后，学生就能回答从未见过的同一主题的新问题。

> **无监督机器学习**
> 　　通过训练模型来发现数据集（通常是无标记数据集）中的模式。无监督机器学习最常见的用途是将数据聚类为相似示例组。例如，无监督机器学习算法可以根据音乐的各种属性将歌曲聚类，由此产生的聚类结果可以成为其他机器学习算法（例如音乐推荐服务）的输入。在难以获得真实标签的领域，聚类很有帮助。例如，在反滥用和反欺诈等领域，聚类可以帮助人们更好地理解数据。

> **迁移式机器学习**
> 　　将信息从一项机器学习任务迁移至另一项任务。例如，在多任务学习中，一个模型可以解决多个任务，如为不同任务提供不同输出节点的深度模型。迁移学习可能涉及将知识从较简单任务的解决方案迁移至更复杂任务的解决方案，或者涉及将知识从数据较多的任务迁移至数据较少的任务。大多数机器学习系统只能解决单一任务。迁移学习是迈向人工智能的一小步，在人工智能中，一个程序可以解决多个任务。

图 2.18　机器学习类型

1. 机器学习训练

建立成功的机器学习模型的秘诀在于确保有足够的训练数据来训练模型。这也是构建机器学习模型的难点所在。

- **数据增强**：常发生于通过转换现有示例来增加其他训练示例时。

例如，如果一个模型中只有 10 个人的图像，那就可能没有形成足够的差异来区分男性和女性。数据增强可以对每张图像进行旋转、拉伸和翻拍，从而生成原始图像的多种变体，并为训练提供足够的示例。有了训练数据后，还要注意另外两个问题：过拟合和欠拟合。

- **过拟合**：当机器学习模型与训练数据过于匹配，以至于模型无法对新数据做出正确预测时，就会出现这种情况。从本质上讲，模型过于了解训练数据，因而无法对未来做出预测。当模型在学习训练数据细节的过程中对该模型在新数据上的性能产生负面影响时，就会出现过拟合。

- **欠拟合**：当机器学习模型因没有学习到训练数据的复杂性而导致预测能力较差时，就会出现这种情况。解决欠拟合的方法是尝试不同的机器学习算法。

很多问题都可能导致过拟合和欠拟合，在两者之间找到最佳平衡点是一项艰巨的任务。

2. 机器学习偏见

对机器学习的常见抱怨之一就是**偏见**，即过于偏好或者反对某种想法或事物，通常表现为封闭、成见或不公平。例如，即使读者在生活中不会刻意考虑性别、年龄或长相，但却很可能下意识地根据不同人的身份来选择或拒绝他们。以下列出了一些生活中常见的偏见形式。

- **亲和偏见**：倾向于与兴趣、经历或背景相似的人建立关系，并聘用和提拔他们。
- **顺从偏见**：不考虑自己的观点，而是采取与周围人相似或一致的行动。
- **确认偏见**：积极寻找支持某些先入为主的想法的证据。
- **名称偏见**：倾向于偏好某些类型的名称。

机器学习模型和训练数据都是由人类创建的，它们将完全按照人类教导的方式运行。显然，由人类创建算法并提供训练数据，人工智能模型也不可避免地会产生偏见。有偏见的算法最终会做出反应这种偏见的事。如果知道偏见的具体表现并能确定其来源，就可以检测和减少偏见。以下是四种机器学习偏见。

- **样本偏见**：使用错误的训练数据来训练机器，就会产生这样的问题。例如，训练一辆在所有天气条件下都能行驶的自动驾驶汽车，但样本中只有29℃以上晴天的驾驶数据。这样，模型中就引入了样本偏见。如果将算法训练成在雨、雪、雨夹雪、冰雹和其他天气条件下行驶，就可以消除这种样本偏见。
- **成见偏见**：受文化或其他刻板印象影响的数据训练结果。例如，训练一个机器视觉算法，而图像数据中大量出现了上班的男性和照顾孩子的女性。这样，算法很可能就会学习到"男人上班、女人在家"这一成见。成见偏见的主要问题在于，训练数据决策有意无意地反映了文化和社会的刻板印象。减少成见偏见的方法是确保收集训练数据的人意识到他们自己的社会偏见或刻板印象被引入了训练数据中，并对此保持敏感。
- **测量偏见**：当收集的数据出现问题，导致数据向一个方向偏斜时，就会出现测量偏见。例如，如果同一台相机拍摄了所有训练数据图片，但相机的滤镜出了问题，那么所有的图像都是失真的。算法将在不正确且不能代表现实的图像数据上进行训练。使用不同的设备收集额外的数据可以避免测量偏见。
- **方差偏见**：来源于算法的数学属性。这是唯一与输入训练数据无关的偏见。方差较大的模型很容易与训练数据过拟合，且很复杂，它们对噪声很敏感。方差较小的模型则更僵化，对数据变化和噪声的敏感度较低。重要的是，数据科学家要接受培训，以便在这两种特性之间维持适当平衡。

业务驱动的辩论

你将数据放在哪？

一个名叫爱达（以19世纪数学家爱达·洛芙莱斯的名字命名）的机器人正在通过它的照相机眼睛"观察"一只蠕虫，创作自画像。爱达利用它的照相机眼睛和手中的铅笔，在变换每个坐标的算法程序的帮助下为人们绘制肖像。艺术机器人的手可以计算虚拟路线并解释坐标，从而创作出艺术作品。

我们现在生活在一种自拍文化中，大多数人都会不假思索地在社交平台上发布自拍照。但你有没有想过，谁在收集这些数据，他们在用这些数据做什么？你是否意识到，你每发布一张自拍照或照片，都是在向科技巨头提供数据，而它们正在利用这些数据预测人类的行为。

你是否同意自己在不知不觉中通过技术外包了自己的决策？

2.4.2 神经网络

神经网络是对人类大脑的模仿。人们可以给神经网络提供数据，训练它执行任务，并生成报告。同时，神经网络几乎能像人类那样学习利用训练、新信息及已有工作经验来适应和改进。

- **神经网络**（又称人工神经网络）：一类试图模拟人脑工作方式的人工智能。

与人类不同，这些软件机器人的工作速度更快，而且不知疲倦。这既能为企业节省成本，又能解放员工，让他们去完成更具创造性、更令人兴奋的工作。神经网络的一个主要特点是具有自主学习能力，可以根据输入数据的变化进行即时调整或学习。

想象一下，你正在决定是否要去徒步登山。如果面对下雪天，或气温超过35℃，你是绝不会去的。这两个因素就是决策模型的输入。与室外温度超过35℃时不去徒步登山相比，人们更倾向于不在下雪天徒步登山。人们会同时考虑这两个变量，在任何特定情况下，都需要考虑根据这两个标准来决定是否要去徒步登山。如果决定去，那意味着你的决策条件得到了满足（没有下雪，气温也没有超过35℃）。如果你决定不去，那就代表决策条件没有得到满足（下雪或气温超过35℃）。这只是神经网络工作原理的一个简单类比。实际上，在逻辑或规则未知的情况下，神经网络可以通过分析海量数据来建立模式和特征。神经网络具有许多特征，以下列出了其中一些：

- 能自主学习和适应新环境；
- 适合大规模并行处理；
- 能在没有完整或结构合理信息的情况下运行；
- 能处理包含许多因变量的海量信息；
- 能分析信息中的非线性关系（称为特别回归分析系统，fancy regression analysis system）。

模糊逻辑是一种处理不精确信息或主观信息的数学方法。其基本方法是为模糊或模棱两可的信息赋一个0～1的值，0代表不包含的信息，1代表包含的信息或成员信息。例如，模糊逻辑可用于洗衣机，洗衣机可自行决定用水量或洗涤时间。在会计和金融领域，模糊逻辑使人们能够分析具有主观财务价值的信息（如商誉等无形资产），这些信息对于经济分析而言非常重要。模糊逻辑常和神经网络结合在一起，以一种具有一定确定性的规则且能够简化问题和应用的形式来表达复杂的主观概念。

- **黑盒算法**：计算机或研究人员无法轻易理解或解释的决策过程。

谷歌公司的人工智能程序"深度梦想"（Deep Dream）利用神经网络消化数百万张图片，并从中识别出视觉模式，然后创造出一种新的美学预测。随着能够训练更大、更复杂模型的计算机能力的增长，神经网络发展出了深度学习和强化学习两种形式。

- **深度学习**：采用专门算法建模和研究复杂数据集的过程。该方法还用于建立数据和数据集之间的关系。

要理解深度学习，可以想象一个蹒跚学步的孩子，他学习的第一个单词是"狗"。孩子通过指着物体说"狗"来学习什么是狗，什么不是狗。父母可能会说"是的，那是一只狗"或"不，那不是一只狗"。当孩子不断地指着物体说"狗"时，他越来越清楚所有狗都具有的特征。不知不觉中，蹒跚学步的孩子就通过建立一个层次结构弄明白了一个复杂的抽象概念（狗的概念），在这个层次结构中，每一层抽象概念都是利用从上一层获得的知识创建的。深度学习技术模仿人脑，因此，这种模型也是一种由神经元组成的神经网络。与人脑结构类似，神经网络中的神经元也是分层组织的。深度学习对每一层进行训练，然后利用下一层的学习成果学习更多知识，直到通过多层累积学习达到完全阶段。深度学习模型需要数以千计的数据记录才能胜任简单的分类任务，而要达到人类的水平，则需要数以百万计的数据记录。

- **强化学习**：训练机器学习模型以做出一系列决策。

该类模型学习如何在不确定、潜在复杂的环境（如游戏环境）中实现目标。模型通过试错来找到问题的解决方案。为了训练模型，程序员会对模型的行为进行奖励或惩罚。模型的目标是使总奖励最大化。

2.4.3 虚拟现实

虚拟现实是一个快速发展的人工智能领域，它源于建立更自然、更逼真、更多感官的人机界面的努力。

- **虚拟现实**：计算机模拟环境，可以是模拟真实的世界，也可以是模拟想象的世界。

虚拟现实技术实现了远程呈现，用户可以在世界任何地方使用虚拟现实系统在远程工作场所单独或共同工作。通常情况下，这涉及利用虚拟现实系统来增强通过远程操纵设备来完成任务的人的视觉和触觉。这方面的例子包括虚拟手术（手术中的医生和病人可能相隔半个地球）以及在化工厂和核反应堆等危险环境中远程使用设备。

业务驱动的创新

我的虚拟现实检查

虚拟现实是利用计算机技术创建一个模拟环境。与传统的用户界面不同，虚拟现实将用户置于体验之中。用户不需要观看面前的屏幕，只需要沉浸在与三维世界的互动之中。通过尽可能多地模拟视觉、听觉、触觉甚至嗅觉等感官，计算机变成了这个人工世界的维护者。近乎真实的虚拟现实体验的唯一限制是内容的可用性和廉价的计算能力。以下是虚拟现实领域中的一些创新应用。

- 虚拟现实比赛可以训练足球运动员。
- 在模拟健身房可以找到自己的虚拟私人教练。
- 玩家可以让自己沉浸在游戏"我的世界"的元宇宙中。
- 美国六旗游乐园（Six Flags）正在利用虚拟现实技术增强其过山车体验。
- 虚拟现实疗法可用于治疗军人的创伤后应激障碍。
- 虚拟现实技术可以训练外科医生进行复杂的手术。
- 学生可以参加虚拟实地考察。
- 想参观大学校园的学生可以进行虚拟校园游。
- 虚拟现实可以模拟公开演讲。

试想你将如何利用虚拟现实技术创造一种新产品或服务。虚拟现实有哪些优缺点？虚拟现实技术可能会带来哪些潜在的社会问题？

- **增强现实**：通过计算机生成的信息层看物理世界。

谷歌眼镜是一种带有光学头戴式显示器（OHMD）的可穿戴计算机。它由谷歌公司开发，通过以类似智能手机的免提形式显示信息，为用户的世界添加了增强现实元素。谷歌眼镜于

2014 年 5 月正式向公众发售。在此之前,用户需要收到邀请才能试用谷歌眼镜。

虚拟现实(VR)和增强现实(AR)就像一枚硬币的两面。增强现实技术可以看作一种一只脚踏入现实世界的虚拟现实技术。增强现实在现实环境中模拟人造物体,而虚拟现实则创造了一个可以居住在其中的人造环境。

在增强现实中,计算机利用传感器和算法来确定摄像头的位置及方向。然后,增强现实技术将三维图形渲染为从摄像头的视角看过去的样子,并将计算机生成的图像叠加到用户看到的真实世界上。

在虚拟现实中,计算机使用类似的传感器和数学模型。不过,与定位物理环境中真正的摄像头不同,虚拟现实定位的是用户眼睛盯住的模拟环境中的位置。如果用户的头部转动,图形就会做出相应的反应。虚拟现实技术不是将虚拟物体与真实场景进行合成,而是为用户创造一个令人信服的互动世界。

第二部分 | 业务流程

学习成果

2.5 解释业务流程对企业的价值,并区分面向客户和面向业务的流程。
2.6 展示业务流程建模的价值,比较现有(As-Is)模型和未来(To-Be)模型。
2.7 区分业务流程自动化、业务流程简化和业务流程再造。

2.5 管理业务流程

大多数企业都以能为客户提供突破性的产品和服务而自豪。但如果客户不能快速、准确、方便地获得他们想要的东西,那么即使企业提供再好的产品,也无法避免惹恼客户,并最终导致自身财务绩效受损。为了避免这一陷阱并保护竞争优势,企业必须持续评估价值链中的所有业务流程。回顾第 1 章,业务流程是完成特定任务(如处理客户订单)的一系列标准化活动。业务流程通过利用人员和工具,将一组输入转换为一组输出,为其他人或者其他流程提供产品或服务。了解业务流程有助于管理者思考整个企业的运作方式。

提高业务流程的效率和有效性可以改善企业的价值链。本节的目的是通过详细阐述企业战略与核心业务流程之间的强大增值关系来扩展波特价值链分析。图 2.19 展示了几种常见的业务流程。

图 2.19 中概述的业务流程反映了职能性思维。有些业务流程可能只涉及一个部门。但大多数流程(如订购产品)都是跨职能或者跨部门甚至跨组织的流程。例如,从订货到交付的业务流程侧重于跨职能部门的整个客户订货流程(图 2.20 所示)。又如,产品实现不仅包括产品的开发方式,还包括产品的营销和服务方式。其他一些跨职能业务流程包括将产品从概念推向市场、赢得客户、处理贷款、提供售后服务、处理索赔和处理预订等。

现实情况是,人们现在依赖技术和数据来实现一切。大幅提升企业价值的方法之一就是拥抱数字化转型。研究表明,拥抱数字化转型的组织在成本效益方面进行创新的可能性要比竞争对手高出近 20%。

- **面向客户的流程**(又称前台流程)为组织的外部客户提供产品或服务,如履行订单、与客户沟通、发送计费信息和营销信息。
- **面向业务的流程**（又称后台流程）对企业的有效管理至关重要，但外部客户看不到这些流程，如目标设定、日常规划、绩效反馈和奖励以及资源分配。图2.21显示了面向客户的流程和面向业务的流程的不同类别，并分别举例做了说明。

业务流程专利是一种为开展特定业务活动提供保护的特定程序专利。企业可以通过创建整个行业的价值链图，将关键成功因素和业务流程观点扩展到企业之外。

- **核心流程**：构成价值链主要活动的业务流程，如制造产品、销售产品和提供服务。
- **静态流程**：采用系统化方法以不断提高业务效率和有效性。管理者会不断尝试优化静态流程。静态流程的例子包括处理工资单、计算税金和编制财务报表等。
- **动态流程**：为不断变化的业务运营提供业务解决方案。动态流程随业务及其战略的变化而变化。动态流程的例子包括管理裁员、根据汇率改变订单水平，以及因极端天气取消商务旅行等。

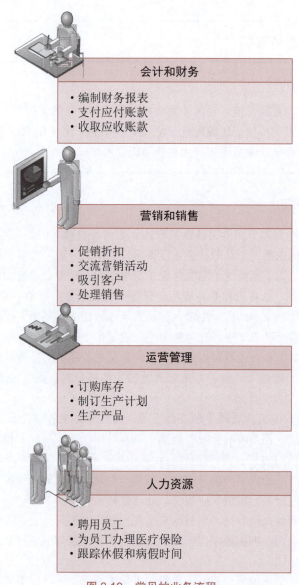

图 2.19　常见的业务流程

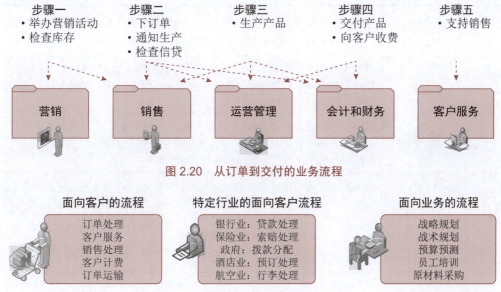

图 2.20 从订单到交付的业务流程

图 2.21 面向客户和面向业务的流程

系统性思维提供了一种区分静态流程和动态流程的描述。如果将一块石头抛向空中，人们可以预测它会落在哪里。但如果将一只鸟抛向空中，人们无法预测它会落在哪里。可以将鸟儿看作一个有生命的动态系统，它会感知环境并可能飞向任何方向。鸟儿会收集和处理输入信息，并与环境互动。抛掷石头是一个静态流程例子，而抛掷鸟儿则是一个动态流程例子。组织中有许多人，而且组织具有动态性，因此人们很难预测企业将如何运营。管理者必须预测静态流程和动态流程的创建及部署。

2.6 业务流程建模

- **业务流程建模或映射**：创建工作流程的详细流程图并以结构化的顺序显示其输入、任务和活动。
- **业务流程模型**：按业务流程任务顺序对业务流程进行的图形化描述，是为了特定目的并从特定视角开发的。
- **业务流程模型符号（BPMN）**：描述业务流程步骤的图形符号。

一个或多个业务流程模型用图形和文字详细描述了一个系统或一个主题领域的多种功能，其目的包含以下几点：

- 以可控的方式逐步披露业务流程细节；
- 鼓励简洁准确地描述业务流程模型；
- 重点关注业务流程模型接口；
- 提供强大的业务流程分析和一致的设计词汇 (业务流程模型示例参阅本章末)。

BPMN 为企业提供了端到端的业务流程视图。图示化业务流程可以方便沟通以及了解核心业务流程是如何帮助或阻碍该业务的。图 2.22 显示了 www.BPMN.org 上的标准业务流程符号，图 2.23 显示了租用出租车的 BPMN 样例。

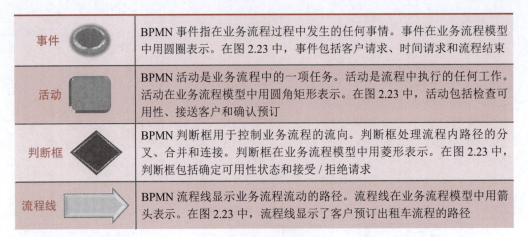

图 2.22　BPMN 符号

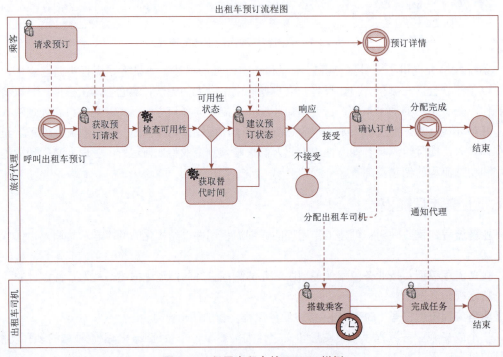

图 2.23　租用出租车的 BPMN 样例

业务流程建模通常从流程问题的功能流程表示或 As-Is 模型开始。

- **As-Is 流程模型**：代表已绘制的运行现状，对现有流程不做任何具体改进或更改。

建立好 As-Is 流程模型后，下一步是建立一个展示如何解决或实施流程问题的 To-Be 流程模型。

- **To-Be 流程模型**：显示对 As-Is 流程模型进行改进的结果。

这种方法可确保在确定流程解决方案细节之前充分、清晰地理解流程。To-Be 流程模型展示了如何实现具体的方案。图 2.24 显示了购买汉堡包的 As-Is 流程模型和 To-Be 流程模型。

As-Is 流程模型和 To-Be 流程模型在业务流程再造项目中都是不可或缺的，因为这些图表在可视化组织的活动、流程和数据流方面都非常强大。图 2.25 显示了从订单到交付流程的

As-Is 流程模型，其中使用了泳道来表示相关部门。

- **泳道**：将业务流程的步骤排列成多行的布局，这些行描述了业务流程中的各个元素。

在创建 As-Is 流程模型时，要注意避免细节过多。首要目标是简化和改进 To-Be 流程，消除不必要的步骤。流程改进的重点是定义效率和有效性都最佳的流程，并找出所有不合逻辑、不完整或与主要问题无关的流程。

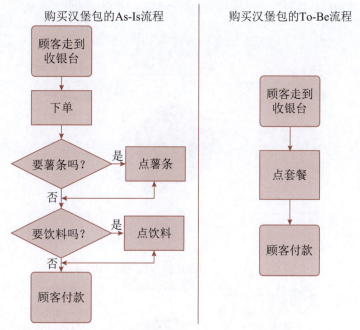

图 2.24　购买汉堡包的 As-Is 和 To-Be 流程模型

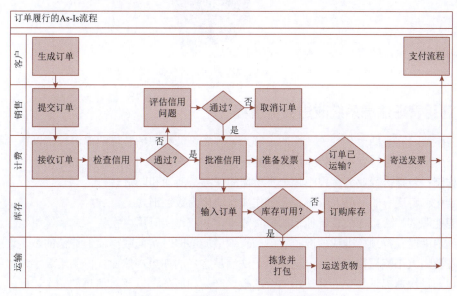

图 2.25　订单履行的 As-Is 流程模型

研究业务流程可以帮助企业找到瓶颈，去除多余的任务，并识别运行顺畅的流程。例如，一家花店的关键成功因素可能是缩短交付时间。如果花店的订购流程效率低下或配送流程困难，就无法实现这一目标。订单信息不准确、地址错误或物流延误都会导致交付流程出错。改进订单输入、生产或调度流程有助于改善交付流程。

业务流程应基于业务战略和目标，并应推动管理信息系统（MIS）的选择，如图2.26（a）所示。理想情况下，企业只有在确定了效率和有效性都最佳的业务流程之后，才能去选择支持该业务流程的管理信息系统。当然，情况并非总是如此，管理者可能会发现自己深陷困境，因为系统无法支持最佳解决方案而不得不改变业务流程，如图2.26（b）所示。如果管理者在选择了管理信息系统后再去决定其业务流程应如何执行，这种做法通常会失败。

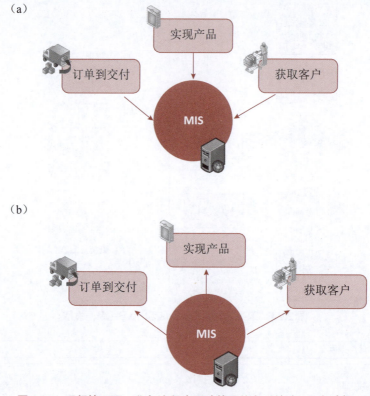

图2.26　理想情况下，业务流程应驱动管理信息系统（MIS）选择

2.7　利用管理信息系统改进业务流程

对工作流、客户期望和竞争环境的了解为管理者设计和评估替代业务流程，以在内部或外部环境发生变化时保持竞争优势提供了必要条件。

- **工作流**：包括执行业务流程中每一步所需的任务、活动和职责。
- **数字化**：将现有的书面人工流程和工作流自动化为数字形式。

试想能源客户希望在线查看他们的电费账单，并获得实时用电报告。或者试想银行客户在很短时间内就能获得预核准或核准。客户一直期望能够即时访问数据，但遗憾的是，许多传统组织仍在使用人工流程和工作流，这根本无法满足客户的期望。然而，诞生于数字时代的竞争对手可以通过快速提供与先进算法相结合的数字产品和服务，以及对信息的完全访问，一举颠覆市场。

日常生活的数字化正在使手机和联网设备成为消费者首选的支付工具——消费者的这种偏好使得数字支付在全球遍地开花。易于使用的应用程序和网站、全天候的客户服务、特殊的个性化处理以及全球一致性，这些只是客户期待的信息时代服务的一小部分。能够将业务流程和工作流数字化的企业，可以通过降低成本、改进运营控制、减少风险来创造更具竞争力的价格。越来越多的消费者希望享受快捷、简单的数字化服务，这为企业带来了机遇。

替代业务流程应该有效（即实现预期结果）和高效（即为实现预期价值而消耗的资源最少）。另外，替代业务流程还应具有适应性或灵活性，能随客户、市场力量和技术的变化而变化。图 2.27 显示了企业可采用的三种主要业务流程改进类型，以及这些改进类型最适合的业务领域。

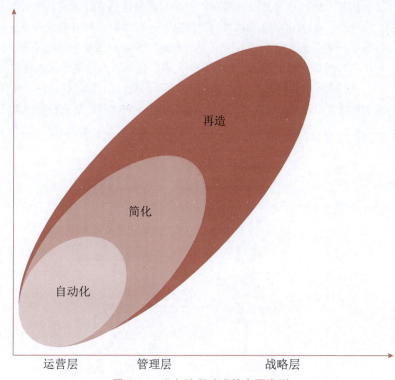

图 2.27　业务流程改进的主要类型

2.7.1　运营业务流程——自动化

改进业务流程对于在当今线上市场中保持竞争力至关重要。企业必须改进业务流程，因为客户需要更好的产品和服务。如果客户在一家供应商那里得不到他们想要的产品和服务，他们往往只需要单击几下鼠标，就能找到许多替代选择。

- **运营业务流程**：静态、常规、日常业务流程，如库存盘点、客户结账或日常开店、关店流程。
- **业务流程改进**：了解和评估当前流程并据以改进流程绩效的尝试。图 2.28 显示了一个典型的业务流程改进模型。
- **自动化**：将手工任务计算机化以提高其效率和有效性并大幅降低运营成本的过程。

2　决策与流程：价值驱动的业务

业务驱动的全球化

建造机器人，拯救生命

机器人通常与科幻电影和科幻图书联系在一起，但并不总是与业务联系在一起。如今，机器人可以进行外科手术、拆除炸弹、清扫厨房地面、在仓库中包装纸箱。机器人当然可以让人们的生活更轻松，但其设计和制造却很困难。大多数机器人都有三个基本组成部分："大脑"、传感器和移动机器人的机械装置。机器人"大脑"收集传感器信息，并告诉机器人该做什么。程序员对简单机器的"大脑"进行编码，使其能执行吸尘或清洁等单一任务。复杂机器人可以检测光线、声音和温度等环境变化。传感器还可以测量物体之间的空间形状和大小，使机器人能够适应周围环境。

想想世界各地的人们因贫困而遇到的问题。试想如何制作一个能帮助人们解决贫困问题的机器人。这样的机器人将如何工作？它能解决什么问题？

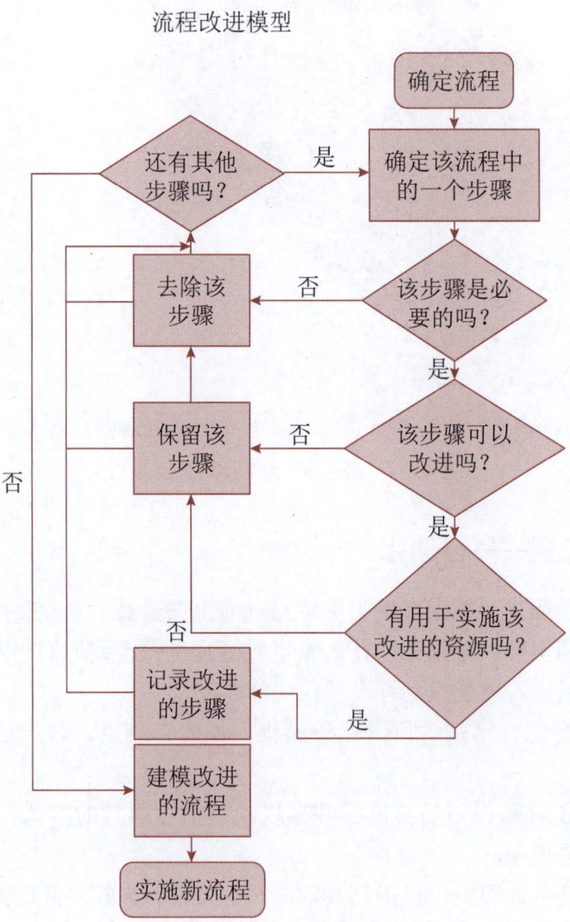

流程改进模型

```
                          确定流程
                             ↓
     是       确定该流程中
还有其他步骤吗？ ←——— 的一个步骤
     ↑                       ↓
     │         否      该步骤是必要的吗？
     │    去除该步骤 ←———
     │                       ↓ 是
     │         否      该步骤可以改进吗？
     │    保留该步骤 ←———
  否 │                       ↓ 是
     │               有用于实施该改进的资源吗？
     │    记录改进的步骤 ←——— 是
     │                       
     │    建模改进的流程
     │         ↓
          实施新流程
```

图 2.28　业务流程改进模型

工资发放就是一个很好的例子。计算和跟踪 5000 名员工的工资发放是一项高度劳动密集型工作，完成这项工作需要 30 名全职员工。每两周，会计部门的员工都必须收集所有员工的工作时间，并与工资标准进行交叉核对，然后计算出应发金额，并减去税金和其他预扣款项

（如养老金缴存和保险费用），以编制工资表。此外，会计部门员工还跟踪员工福利、病假和休假时间。然而，如果工资发放流程实现了自动化，那么所有工作都将由系统完成，这样，一名员工就可以在数小时内轻松计算工资、跟踪预扣款项及扣除额，并为5000名员工编制工资表。自动化提高了效率和有效性，减少了工作所需人手，降低了总体运营成本。事务处理系统（TPS）主要用于实现业务流程自动化。

当改进业务流程时，一定要充分利用分析的力量来评估流程，利用物联网来为流程提供实时反馈，利用人工智能来重新构想流程。人工智能涉及机器人，未来的工厂将由自主机器人驱动。试想如何利用人工智能来改造当前的业务模式，为明天创造新的创新业务模式。

1. 机器人流程自动化

- **机器人流程自动化（RPA）**：使用具有人工智能和机器学习功能的软件来处理以前需要人工完成的大批量重复性任务。

使用 RPA 后，工资发放、库存存储和补充等任务将完全自动化。RPA 与传统管理信息系统自动化的区别在于，RPA 软件能感知并适应不断变化的环境、异常和新情况。一旦 RPA 软件被训练成能够捕捉和解释现有软件应用程序中特定流程的操作，它就可以自主操作数据、激活响应、启动新操作并与其他系统通信。在保险、金融、采购、供应链管理（SCM）、会计、客户关系管理（CRM）和人力资源管理（HRM）等各行业中，实施 RPA 可以加快后台和中台任务的执行，各种规模的企业都将从中受益。

当业务流程的执行需要许多不同复杂系统协同工作时，RPA 软件就能发挥最佳作用。例如，如果人力资源表格中缺少一个邮政编码，传统的自动化软件会将该表格视为异常，然后由一名员工通过查找正确的邮政编码来纠正问题。完成该表格后，这名员工会将其发送至薪资系统，再由另一名员工将正确的信息输入薪资系统。而有了 RPA，软件就能自我适应、自我学习、自我纠错，甚至不需要人工协助就能与薪资系统交互。虽然预计到2025年，自动化软件将取代全球多达1.4亿名全职员工，但自动化浪潮同时也会为那些能够维护和改进 RPA 软件的人创造许多高质量工作岗位。

2. 自主机器人

自主机器人通常被认为是人工智能和信息工程的结合体。

- **自主机器人**：一种能做出自我决策并执行相应操作的机器人。

自主机器人技术的基本思想是对机器人进行编程，使其对外界刺激做出某种反应。非常简单的"摸索机器人"就很好地说明了这一点。这种机器人上面有一个碰撞传感器来探测障碍物。在启动时，这种机器人会沿着直线前进。而当它最终撞上障碍物时，撞击会触发碰撞传感器。机器人的程序会告诉它，在每次撞击后都要后退、向右转并再次前进。这样，机器人就能在遇到障碍物时随时改变方向。

先进的机器人应用了相同理念的更复杂版本。机器人专家创造了新的程序和传感器系统，使机器人变得更智能、更敏锐。如今，机器人可以在各种环境中有效导航。较简单的移动机器人利用红外线或超声波传感器来观察障碍物。这些传感器的工作原理与动物的回声定位相同：机器人发出声音信号或红外线光束，并探测信号反射，根据信号反射回来所需的时间确定它与障碍物之间的距离。更先进的机器人可以分析和适应陌生环境，甚至是地形崎岖的区域。这些机器人可以将某些地形模式与某些行为联系起来。例如，"漫游者"机器人可能会根据视觉传感器返回的数据绘制一幅前方地形图。如果图上显示的地形崎岖不平，机器人就知道要换一条路走。这种系统对于在其他星球上工作的探险机器人非常有用。以下是机器人视觉中常见的相关概念。

- **机器视觉**：计算机通过将图像数字化、处理其中的数据并据以采取某种行动来实现"观察"的能力。机器视觉系统使用摄像机采集数据并将其发送至机器人控制器上。机器视觉可用于手写识别、签名识别和货币辩伪,其复杂程度类似于语音识别。

- **机器视觉灵敏度**:机器在昏暗的光线下观察或探测不可见波长范围内的微弱脉冲的能力。
- **机器视觉分辨率**:机器能够区分物体的程度。一般来说,分辨率越高,视觉就越受限。灵敏度和分辨率相互依存。保持所有其他因素不变,增加视觉灵敏度会降低视觉分辨率,而提高视觉分辨率会降低视觉灵敏度。

2.7.2 管理业务流程——简化

管理业务流程是半动态、半例行的月度业务流程,如资源分配、销售策略或生产流程改进。

- **简化**:通过精简或消除不必要的步骤,提高业务流程效率。
- **瓶颈**:当资源达到饱和,无法处理任何额外需求时,就会出现瓶颈。瓶颈会限制吞吐量,阻碍运营。以最大容量工作的计算机将无法处理新增的需求,成为流程中的瓶颈。简化能消除瓶颈和冗余,是提高业务流程效率和能力的重要一步。
- **冗余**:当任务或活动不必要地重复时发生。例如,销售部门和会计部门都对客户信用进行检查,这就造成了业务的冗余。

如果不首先纠正这些问题,那么将包含瓶颈或冗余的业务流程自动化就会放大这些问题。下面是一个基于企业中常见紧张根源的例子。

增加订单量是大多数市场、销售部门的标准关键绩效指标。为了达到这一关键绩效指标,销售部门往往会答应客户的任何要求,如急单或定制订单。缩短订单处理周期是运营管理部门常用的关键绩效指标。紧急订单和定制订单往往会造成瓶颈,从而导致运营周期超过基准周期。然而,消除这些瓶颈就能创造出重要的简化业务流程,从而实现标准订单和定制订单的可靠交付,公司也能从中获利。简化的目标不仅是实现自动化,而且还要通过监测、控制和改变业务流程来实现改进。

业务驱动的管理信息系统

电子邮件过载——简化即可

电子邮件的最大问题是它会对工作流造成干扰。许多员工一收到新邮件,就会停下手头的工作去查看。然而,如果没有时间或精力立即回复,他们就会将这些邮件留在收件箱中,造成瓶颈。这个过程会持续一整天,最终,收件箱会被数百封邮件塞满,其中大部分都需要回复或采取行动。员工开始惧怕电子邮件并感到压力,因为他们的工作流程偏离了轨道,他们不知道要在何时完成哪些任务。

为简化工作流,员工可以指定特定的时间来处理电子邮件(例如每小时的整点时刻或每天在三个固定时间各抽出 30 分钟时间)。此外,关闭电子邮件通知还能确保工作流不受干扰。当开始查看电子邮件时,从上到下逐一查看,并立即处理每一封邮件(回复、在待办事项列表中备注、转发或删除)。这样下来,员工的工作效率和有效性都会大大提高,而且因为收件箱空空如也,员工的压力也减轻了。

选择生活中一个效率低下或无效并会给你带来压力的流程。利用简化原则,消除瓶颈,减少冗余。确保将 As-Is 流程和新创建的 To-Be 流程绘制成图,并在新流程中融入人工智能、机器学习或机器人技术。

2.7.3 战略性业务流程——再造

战略性业务流程是动态的、非例行的、长期的业务流程,如财务规划、扩张战略和利益相关方互动。扁平化世界使得市场中的企业和客户数量大大增加,从而加剧了竞争。

例如,美国的葡萄酒批发商现在必须在全球范围内展开竞争,因为客户可以像从他们那里订购葡萄酒一样,轻松地从法国的葡萄酒厂订购葡萄酒。企业需要突破性的绩效和业务流程变革,才能在竞争中立于不败之地。随着变革的加快,寻求快速变革和重大改进的企业开始转向业务流程再造。

- **业务流程再造(BPR)**:分析企业内部和企业之间的工作流,并重新设计。

图 2.29 以沿同一路线旅行的不同方式对流程改进做了类比。企业可以通过从步行到骑马、再从骑马到乘车的方式来改进其流程。然而,有了业务流程再造的思维模式,企业就不会局限于自动化和简化,而是会寻找一种完全不同的方法。例如,企业会选择从 A 点飞到 B 点,而不是选择乘车。但是,企业往往遵循同样的间接路径开展业务,并没有意识到可能还有其他更快、更直接的方法。

———— 更好、更快、更廉价 ————

图 2.29 沿同一路线旅行的不同方式

业务驱动的辩论

不要凭直觉开展业务

随着物联网设备、自动化和数字化的发展,现在人们可以实时观察业务流程的变化,而不是要等到月末、季末或年末才收到报告。试想公司的首席执行官刚刚来到你的办公室,并说:"数字只有在发挥作用时才有价值。依靠统计信息而不是直觉,可以让数据引导你在正确的时间出现在正确的地方。保持情绪免受冲动的影响是仅有的成功途径之一。展望未来,我希望你只根据数据而不是直觉做出决定。"你会如何回应你的首席执行官呢?

企业可以再造跨部门业务流程或单一部门业务流程,以帮助实现关键成功因素和关键绩效指标。在选择要再造的业务流程时,明智的管理者会把重点放在那些对绩效至关重要的核心流程上,而不是影响不大的边缘流程。将业务流程再造为一项战略性活动,需要一种与持续业务流程改进计划不同的思维。企业往往忽视了业务流程对战略的巨大贡献,因此它们在实施流程改进时往往以现有流程为起点。而专注于流程再造的管理者则会利用以下几种标准来识别机会。

- 该流程是否有问题?
- 再造该流程是否可行?
- 该流程对机构的战略方向影响大吗?
- 该流程对客户满意度的影响是否显著?

2 决策与流程:价值驱动的业务

- 该流程过时了吗？
- 该流程是否远低于同类最佳水平？
- 该流程对生产力提升很重要吗？
- 自动化带来的成本节省是否清晰可见？
- 实施的投资回报率是否很高，并立竿见影？

系统性思维在业务流程再造中发挥着重要作用。自动化和简化是在部门层面进行的，而业务流程再造是在系统层面或整个企业层面进行的，是对流程的端到端审视。

为客户创造价值是实施业务流程再造的主要动因，而管理信息系统往往会在其中发挥重要的促进作用。例如，新的业务流程使前进保险公司（Progressive Insurance）将理赔时间从 31 天缩短到了 4 小时。通常情况下，汽车保险公司遵循以下标准理赔流程：客户出了事故，车被拖走，然后自己找车回家；再然后，客户打电话给保险公司，公司开始评估损失、确定过失和估算修理费用等理赔程序，这通常需要一个月左右的时间（如图 2.30 所示）。前进保险公司的创新之处在于提供了移动理赔流程。当客户发生车祸时，他们可以当场打电话索赔。前进保险公司的理赔人员会赶到事故现场，勘查现场并拍摄数码照片。然后，理赔人员会为客户提供现场付款、拖车和送客户回家的服务。真正的业务流程再造给企业带来的好处不仅是通过更好、更快、更廉价的方式改进流程。前进保险公司的业务流程重新定义了整个行业的最佳实践。图 2.31～图 2.34 提供了更多的业务流程建模实例。

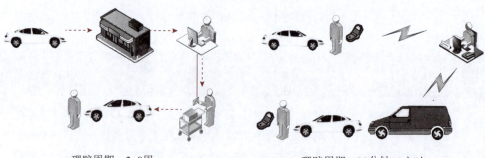

图 2.30 汽车保险理赔流程

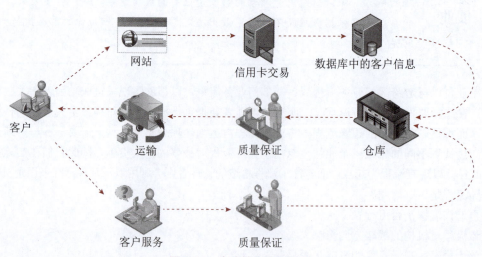

图 2.31 在线销售流程模型

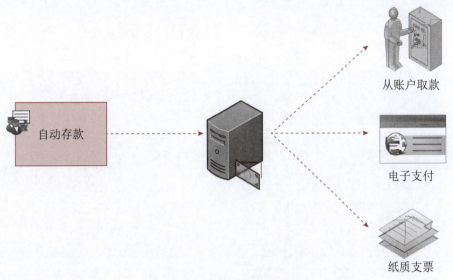

图 2.32 网络银行流程模型

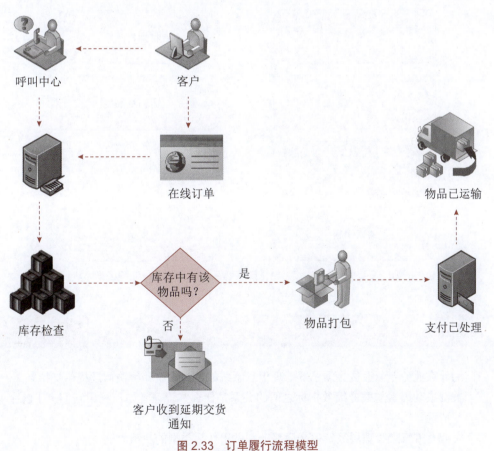

图 2.33 订单履行流程模型

2 决策与流程：价值驱动的业务

图 2.34　在网上拍卖平台上购买物品和出售物品的流程模型

问题回顾

1. 为什么业务专业人员必须了解管理信息系统如何为决策和解决问题提供支持？
2. 关键成功因素与关键绩效指标之间的关系是什么？管理者如何利用它们来了解企业运营情况？
3. 企业有哪三个管理层级？每个层级分别做出什么类型的决策？
4. 定义事务处理系统，并描述它们在企业中的作用。
5. 定义决策支持系统，并描述它们在企业中的作用。
6. 定义专家系统，并描述它们在企业中的作用。

7. 数字仪表板有哪些功能？
8. 常见的决策支持系统技术有哪些？
9. Excel等电子表格程序是如何提供决策支持功能的？
10. 什么是人工智能？哪些人工智能应用提供了最大的业务价值？
11. 什么是业务流程，它在组织中发挥了什么作用？
12. 为什么管理者需要了解业务流程？试描述系统性思维和业务流程之间的相互关系。
13. 为什么管理者需要评估As-Is流程模型和To-Be流程模型？
14. 管理者如何利用自动化、简化和业务流程再造来赢得运营效率和有效性？
15. 解释面向客户的流程和面向业务的流程之间的差别。哪一个对组织更重要？
16. 解释如何找到不同的方法来实现流程自动化、流程简化和业务流程再造。

总结性案例一：Alexa——你能听到我说话吗？

基于语音的人工智能设备不仅是有态度的点唱机，事实上，它们可能会成为我们与未来所有机器互动的主要方式。2012年8月31日，亚马逊公司的四位工程师为人工智能系统Alexa申请了专利，该系统被设计用来处理人类语音这个世界上最大、最复杂的数据集之一。这项专利申请只有一幅简单的图表和寥寥几字——"请播放披头士乐队的《Let It Be》"。一个小设备会回答"没问题"，然后开始播放这首歌。2014年，Alexa首次亮相便售出了数百万台。

随着银行、大学、律师事务所和其他机构竞相开发可以与人直接对话的简单设备，家庭型人工智能系统正在成为一类需求量极高的业务。语音人工智能之所以如此吸引消费者，是因为它能顺应人们的要求，能在不需要通过键盘或屏幕输入任何内容的情况下，对人们说话和思考的方式做出回应。当然，这也使它在技术上难以构建。我们说话时常常不遵循严密的逻辑和语法。相反，我们常常会打断自己，想法摇摆不定。我们会以奇怪的方式组织词汇，或配以语助词或肢体语言，虽然很多时候我们并没有把话说清楚，但我们依然认为自己讲得很有道理。

数千名亚马逊员工正在努力应对这一挑战，该公司目前在其网站上列出了1100多项Alexa职位要求。机器学习技术被用来重新检查数千次Alexa沟通失误。随着Alexa的使用量激增，亚马逊现在可以访问一个庞大的人机语音交互库，从而在精确调整其语音技术方面获得了优势。另外，外部数据也发挥了更大的作用，例如，Alexa在2016年加载了一个庞大的歌词数据库，如果用户询问包含"drive my Chevy to the levee"（"开着我的雪佛兰去了大堤"）这句歌词的歌曲，它就会为用户播放唐·麦克莱恩的《美国派》。

当然，所有技术都会有漏洞和小故障。例如，Alexa夜间曾在用户家中发出令人毛骨悚然的"怪异笑声"。亚马逊表示，Alexa的随机笑声之所以让客户害怕，是因为Alexa听错了"Alexa, laugh"（"Alexa，笑"）这句话。亚马逊将这句指令改成了"Alexa, can you laugh？"（"Alexa，你能笑吗？"），并禁用了短语"Alexa, laugh"，这样就不易出现误解。此外，亚马逊还对Alexa的回应重新进行了编程，从简单的发笑改为先说一句"Sure, I can laugh"（"当然，我会笑"），然后才发出笑声。

这证实了Alexa是被错误触发而并非"着了魔"的说法。虽然亚马逊发布的修复程序令人欣慰，但可能还不足以安慰那些据称在半夜听到Alexa无缘无故大笑的用户。

问题

1. 定义三种主要的决策系统类型，以及机器学习技术如何帮助变换决策。

2. 确定机器学习如何改变传统的业务流程（如杂货店结账流程）。
3. 以 Alexa 为例，解释偏见与机器学习之间的关系。
4. 你是否赞同以下说法：像 Alexa 这样的机器学习系统侵犯了用户隐私。

总结性案例二：机器人抢走了我的工作

你看过《终结者》这部讲述机器统治世界的电影吗？你认为这种场景会成为现实吗？研究物联网会让人们怀疑机器人是否能获得自我意识，从而使它们接管地球的可能性变为现实。如果你有这些想法，那你并不孤单。科技界的许多知名人士都在讨论这个热门话题。

已故英国物理学家斯蒂芬·霍金对英国广播公司表示："事实证明，我们已经拥有的原始形式的人工智能非常有用。但我认为，全面人工智能的发展可能意味着人类的终结。一旦人类发展出全面的人工智能，它就会自行启动，并以越来越快的速度重新设计自己。"霍金认为，如果人工智能研究做得不好，机器人可能会统治地球。

关于人工智能的争论分成了两派：一派同意霍金的观点，认为人工智能将超越人类智能；另一派不同意霍金的观点，认为实现"真正的"人工智能（宽泛地定义为能够模仿人类或进行创造性思考的机器）最多只需要数十年的时间。今天，关于人工智能的一个事实是，机器人正在抢走人们的工作岗位。很多年前，马被汽车取代。而在今天的职场，机器人正在取代人类劳动力。牛津大学的研究人员估计，在未来 20 年内，美国 47% 的工作岗位都可能实现自动化。但是，机器人会首先抢走哪些工作呢？根据帕尔默集团（The Palmer Group）首席执行官谢利·帕尔默的说法，以下是机器人最有可能取代的五种工作和机器人最不可能取代的五种工作（如图 2.35 和图 2.36 所示）。

1. 中层管理人员
   如果你的主要工作是从 Excel 的一个单元格中取出一个数字放到 Excel 的另一个单元格中，然后再写一份管理报告，那么你就是机器人取代的主要目标。准备好吧。

2. 销售人员
   机器人将销售人员从销售流程（征求建议书、报价、订单及履行系统）中淘汰，从而大幅降低销售成本，使整个企业的利润大幅提高。

3. 报告撰写者、记者
   撰写报告很容易，人们正在教机器人阅读数据、对图像或视频进行模式匹配，或分析几乎所有类型的研究材料，进而撰写出有用的管理报告。文字转语音系统发展迅速，甚至评论员也将被机器人取代。

4. 会计和簿记员
   机器学习会计和簿记员的工作效率将远超人类，且成本更低。虽然机器人会计还处于起步阶段，但它在处理应付账款、应收账款、库存控制、审计和其他一些会计职能方面非常出色。

5. 医生
   机器人造就了了不起的医生、诊断师和外科医生。例如，IBM 公司的 Watson 机器人正在与十几家美国医院合作，就一系列癌症的最佳治疗方法提供建议，并帮助发现早期皮肤癌。超精密机器人外科医生目前已被应用在从膝关节置换到视力矫正的所有手术。这是个好消息，因为预计世界人口将会在 2100 年达到 110 亿，到那时机器人医生将不可或缺。地球上有这么多人，即使每个想成为医生的人都成为医生，我们仍然没有足够多的医生。

图 2.35　机器人最有可能取代的五种工作

1. 学前班和小学教师
   如果我们希望我们的孩子长大后保持人类的生活习惯，就需要由人类来教他们，因为机器人无法教孩子做人。

2. 职业运动员
   机器人参加体育比赛会让比赛失去乐趣。职业运动员必须是人类！

3. 政治家
   只要公平和平等是重要的话题，人类就是政治舞台上的唯一。

4. 裁判
   裁判需要做出客观和主观的判断，机器人根本无法替代。

5. 心理健康专业人员
   了解心理健康问题需要掌握大量的人类知识，由于人类具有微妙的心性，所以心理学家和精神病学家不会被机器人取代。

图 2.36　机器人最不可能取代的五种工作

问题

1. 简述三种主要的决策系统及它们的定义，以及工作场所中的机器人会如何影响每种决策系统。
2. 描述事务信息和分析信息之间的区别，并确定机器人如何才能改进杂货店收集并处理各种信息的流程。
3. 说明机器人分析感冒患者时所用的业务流程模型。
4. 解释业务流程再造以及机器人如何改变现有的销售流程。
5. 制订健身俱乐部的机器人私教可为客户提供的不同指标。
6. 你是否赞成以下说法：机器人在所有业务能力方面都超过了人类。

做出业务决策

1. 建模业务流程

- 你讨厌在杂货店排队等候吗？
- 你讨厌在排队等候三小时后被告知所提供资料不对吗？
- 当送外卖的人给你送错餐品时，你会恼火吗？

选择一个你当前遇到的问题，试着重新设计流程以提高效率。请确保提供 As-Is 和 To-Be 流程模型。

2. 教室机器人

2030 年的教室会是什么样的？你能想象一个漂亮的钢铁机器人在教室里来回穿梭，帮助你回答问题，确保你理解教材内容吗？远程监控机器人（telepresence robots）是一种带有显示屏的遥控轮式设备，可以进行视频聊天和视频会议。虽然远程监控机器人并不便宜，但它们通常要比它们可以取代的差旅成本或费用更划算。此外，它们还能实现比普通视频聊天更多的互动。例如，在远程教育课堂上，远程监控机器人可以在教室里走动，与单个学生进行面对面互动，就像现场有教师一样。下面是几个远程监控机器人的例子。

- 医生现在可以通过虚拟方式看到你了。用于医院的 iRobot 机器人使医生可以对病人进行远程会诊、为工作人员提供指导，并与其他医务人员进行商议。机器人穿着白大褂在医院里穿梭，它脸上有块屏幕，病人和工作人员可以通过屏幕看到医生，医生也可以通过屏幕看到病人和工作人员。
- 你是否厌倦了冗长无聊的电话会议？好消息是，会议室里的显示器不再是毫无变化的了。专为商务环境设计的 iRobot 可以增强远程办公或远程会议的效果。iRobot 可以坐在桌旁，在白板上书写，并参与对话，就像人真的在会议现场一样。
- 你是否担心你的孩子会在你晚上外出时发生危险，或者担心家里老人在吃对糖尿病有害的含糖食物？具备移动视频聊天、儿童或老人看护、远程安全监控等功能的家用 iRobot 机器人已投放市场。

远程监控机器人还可用于远程导游、行政助理、家庭访客、夜间保安和工厂检查等多种可能的场景。思考远程监控机器人的利弊，你还能想到远程监控机器人的其他用途吗？

3. 你会使用哪种类型的系统？

你被一家大型制造业企业聘为高级主管。你的首要任务是确定最能满足你决策需求的管理信息系统类型。对于图 2.37 描述的所有场景，请确定你将使用哪种类型的系统来帮助解决业务问题或做出业务决策。

工 作 场 景	运营决策	管理决策	战略决策
分析各地区的日销售交易情况			
分析各工厂的人员配备需求			
确定哪些客户有拖欠账单的风险			
从价格、折扣、商品和服务等方面分析竞争状况			
分析关键成功因素和关键绩效指标，以了解运营状况			
制作反映大量数据中存在的模式及复杂关系的图表			

图 2.37　工作场景对应的系统类型

4. 计算机比人聪明吗？

2011 年，IBM 公司的 Watson 机器人在电视游戏节目《危险》（*Jeopardy*）中击败了两名最优秀的选手。这台计算机之所以能取得如此骄人的成绩，是因为它必须读取问题、理解问题、搜索 2 亿个网页上的文本、找出最佳答案，然后在其他选手之前按下抢答器。Watson 在短短 3 秒内就完成了所有这些步骤。IBM 预测，Watson 可以成为终极研究员，帮助各行各业的专业人士在数秒内找到他们想要的信息。你如何看待 Watson 的强大服务？你认为你是否能通过你最喜欢的搜索引擎使用这项强大的技术？拥有 Watson 对学生的大学生涯有什么帮助？

5. 他们会留下来还是会离职？

工作场所中的人员流动是当今企业面临的一个严峻问题。企业会因为员工离职而损失巨大，如培训投资、业务流程知识和以往的组织绩效记录。能使员工保持满意和积极性的企业就能帮助其自身取得成功。人力资源分析软件可以分析员工数据，帮助确定哪些员工有离职风险。以下变量描述了用于预测潜在员工流失率的分析数据类型。

- 下次晋升所需时间；
- 年终奖数额；
- 离上次加薪过去了多久；
- 员工绩效；
- 管理者绩效；
- 员工经理领导下的自然减员；
- 已用休假时间；
- 未用休假时间；
- 长期股票赠予；
- 员工工作地点；
- 员工团队工作地点；
- 员工经理工作地点。

评估每个变量，并解释其如何帮助预测员工流失率。你是否同意这是确定员工流失率的最佳方法？企业还应该收集其他哪些变量来预估员工流失率？

6. 重新设计你的课堂

注册选课是每个大学生都会遇到的问题。为了提高效率，你所在大学聘请你分析当前注册选课业务流程。分析当前流程并确定哪些步骤存在问题、冗余或过时。

请务必明确如何重新设计流程，以提高效率和有效性。你可以随意创建 As-Is 和 To-Be 流程图，并尝试将机器学习技术融入注册选课 To-Be 流程中。

7. 准备开始 AlphaGo

围棋是一种由两名玩家进行的棋盘游戏，他们进行战略竞争，以围住比对手更多的地盘。围棋诞生于2500多年前的中国，是延续至今的最古老的棋盘类游戏。

谷歌的人工智能智库 DeepMind 开发了人工智能系统 AlphaGo，该系统击败了传奇棋手李世石，李世石获得过18个围棋世界冠军，被公认为过去十年中最伟大的棋手。在对弈过程中，AlphaGo 下出了一些极富创造性的制胜棋步，其中几手（如第二局的第37手）非常出人意料，颠覆了数百年来的传统知识，此后被各种水平的棋手广泛研究。尽管围棋可能是历史上被研究和思考最多的游戏，但 AlphaGo 仍以某种方式向世人传授了围棋领域的全新知识。

为什么人工智能系统不仅能击败世界冠军，而且还能为2500年经久不衰的游戏找到新策略？如果你能建立一个人工智能系统来帮助你玩游戏，你会建立什么样的系统，又将如何收集训练数据？还有哪些帮助人们深入了解100年前事物的人工智能系统？

8. 仪表板设计

数字仪表板为近乎实时地查看整个企业的信息提供了一种有效且高效的方式。核子研究公司（Nucleus Research）表示，数字仪表板的使用与企业的投资回报率（ROI）直接相关。因此，所有高管都应使用数字仪表板或推动它的开发，以监测和分析组织的运营情况。

为客户跟踪和企业运营系统设计一个数字仪表板，如图2.38中的例子所示。确保至少包含四项指标，并说明你将如何衡量这些指标（如不同状态或完成百分比），以及指定哪些指标来确保对这些状态进行准确衡量。这些指标都是关键成功因素或关键绩效指标吗？

客户跟踪	企业运营
客户	会计
营销	财务
订单输入	物流
收款	生产
销售	配送
客户服务	制造
计费	人力资源
信用限制	销售
运输	总利润

图 2.38　客户跟踪和企业运营仪表板示例

9. 驱动决策

人们是如何做出决定的？我们几乎每天都能在新闻中看到一些人做出了大多数人都会觉得匪夷所思的决定。下面是几个例子。

- 俄亥俄州一名妇女被控危害儿童，因为警方称这名妇女承认她在开车送其他孩子上学时给孩子喂奶并打电话。
- 南佛罗里达州一名妇女因在开车时左肩扛着手机通话、左手拿着汤杯喝汤而被抓。这名妇女将右手从方向盘上移开，去拿勺子舀汤，她一边空手开车，一边继续打电话。
- 加利福尼亚州一名男子因携带游泳池驾车而被处罚。他一手开车，一手扶着置于车顶的新游泳池。他的三个孩子都没有系安全带，斜靠在车窗外帮忙扶着游泳池。
- 巴尔的摩一名妇女被控在高速公路上以 105 千米的时速行驶时，在汽车前座给孩子换尿布。

举出一家企业因员工做出错误决定而陷入困境的例子。该企业可以采取哪些措施来免受这类员工失误的影响？你有过因错误决定而陷入困境的经历吗？这是什么原因造成的，可以采取哪些措施来避免该问题？管理信息系统或人工智能能帮助你做出更好的决策，从而避免问题发生吗？

10. 建造机器人

史泰博（Staples）公司的丹佛配送中心不允许人进入。读者可能会问：那是谁在填写所有订单？答案是机器人！有 150 个橙色机器人在这个占地 9290 平方米的空间里工作，它们就像被塞得满满当当的椅子，能准确无误地往来穿梭。它们将史泰博公司员工的工作效率提高了一倍多。这些机器人由 Kiva 系统公司制造，这家公司的成功要素只有一个，即取代大多数分销商在网上邮购业务中包装商品所依赖的复杂传送带和人力。Walgreens、Zappos、The Gap 和亚马逊等公司都使用了 Kiva 机器人。

多年来，机器人一直吸引着人们的目光。从《星球大战》中的古怪机器人到《变形金刚》中的强大战斗机器，它们似乎令所有人着迷。假设你要参加机器人挑战赛，设计一个机器人来改善业务运营，而且该机器人必须包含一个能为其主人提供决策支持功能的数字仪表板。描述你的机器人的功能、数字仪表板的工作方式及其如何为用户提供支持，以及客户为什么会购买你的机器人。请附上能说明该机器人工作原理的图片或图表。

电子业务：
电子业务的价值

本章导读

第一部分
Web 1.0: 电子业务

第二部分
Web 2.0: 商业 2.0

3.1　颠覆性技术
3.2　Web 1.0: 电子业务的催化剂
3.3　分析网站数据
3.4　四类电子业务模式
3.5　电子业务中的连接和沟通工具

3.6　Web 2.0: 商业 2.0 的优势
3.7　商业 2.0: 一切都离不开社交媒体
3.8　Web 3.0: 定义下一代在线商业机会

IT 对我而言意味着什么？

互联网和通信技术彻底改变了商业运营方式，改进了传统方法，甚至带来了以前根本不可能出现的新机遇和新企业。在线业务不仅为企业提供了另一种交易手段，而且还为企业提供了企业之间和企业内部的发展以及维护客户关系、供应商关系甚至员工关系的能力。

未来的管理者和组织的知识型员工需要了解电子业务能为组织和个人职业生涯带来什么好处，需要了解网络技术带来的挑战以及这些挑战对组织沟通和协作的影响。此外，还需要了解组织可以用来部署电子业务的社交媒体策略以及衡量电子业务成功与否的方法。本章将介绍这方面的知识，帮助读者为社交媒体驱动的未来经济做好准备。

开篇案例研究

社交媒体：新的大规模杀伤性武器

回想一下，20世纪80年代的人们想要获取有关世界各地发生的事情的信息。那时还没有手机，没有互联网，甚至没有计算机。那时人们等着收早报或听广播来了解时事。在20世纪80年代，有关时事的信息通常只来自少数几种不同形式的来源。而现在的世界已完全变了样。

现在，我们进入了颠覆性技术时代。颠覆性技术提供了一种新方式来完成最初无法满足现有客户需求的事情。通常情况下，进入市场的新技术会在不知不觉中改变一切。想想电商平台对实体商店的冲击就知道了。但你想过社交媒体是一种颠覆性技术吗？或者更糟，是一种大规模杀伤性武器？

著名的社交媒体平台最初都只是作为一种简单的公共协作和交流手段而被开发的。而现在，它们已然成为电子世界的神经系统，并推动着人们开展业务的方式。从安排约会和聚会到传播各种信息，这些平台无所不能。从这方面来说，它们也成为营销战、煽动舆论等各种争斗的敌意空间。

没有人能想到全球会有数以亿计的用户涌向这些令人上瘾的社交应用。更令人难以置信的是，社交媒体在过去20年里的快速发展壮大会影响到人们生活的方方面面。以下是社交媒体平台影响社会的几个例子。

- 假新闻故事。错误信息和虚假信息充斥于所有社交媒体平台，例如以下假消息：
  - 5G网络致癌。
- 黑客攻击和泄露私人通信，例如：
  - 黑客入侵杰夫·贝佐斯的手机；
  - 脸书（Facebook）数据遭黑客攻击。
- 虚假信息，捏造事件、声明或结果，例如：
  - 黑客通过入侵散布虚假信息。
- 利用错误信息和制造恐惧来影响目标对象，例如：
  - 不良组织招募成员。
- 网络霸凌，例如：
  - 发布报复照片；
  - 学生骚扰行为。

在社交媒体出现之前，公众政治对话是通过报纸、杂志、广播和电视等传统媒体进行的。这些媒体形式成本昂贵且监管严格，只有少数个人或组织可以参与和控制向公众提供的信息及对话。任何没有在媒体上发表的意见或想法都没有方式在大众中传播。

互联网特别是社交媒体的普及从根本上改变了这种模式。突然间，不管是在全球哪个地方，每个人都能参与到一场全国性对话中。在这种新框架下，社交媒体已成为助长混乱的有效工具。匿名性和审查内容的困难使得宣传者很容易就能建立起庞大叙事并影响对话。全球范围内的监管也几乎不可能建立，错误信息和虚假信息比比皆是，而创作者却不会承担任何后果。

很明显的是，社交媒体现在潜藏着内生性危险。不良行为者利用社交媒体宣扬代表其个人仇恨和偏执的政治主张，助长恐怖主义，传播危险信息和错误信息，并窃取消费者的个人数据和其他有价值的信息。简言之，被别有用心之人利用的社交媒体无异于一种大规模杀伤性武器。

第一部分 | 电子业务

学习成果

3.1 比较颠覆性技术和持续性技术,并解释互联网和万维网是如何颠覆商业的。
3.2 描述电子业务及其相关优势。
3.3 比较四类电子业务模式。
3.4 描述电子业务的五种连接和沟通工具。

3.1 颠覆性技术

成立于1937年的宝丽来(Polaroid)公司于20世纪40年代末生产出了第一台拍立得相机。宝丽来的这款相机可以自行冲洗照片,是摄影行业有史以来最激动人心的技术进步之一。该公司最终上市并成为最受华尔街追捧的企业之一,其1997年的股价超过每股60美元。但到了2002年,该公司股价跌至8美分,并宣布破产。

宝丽来这样一家拥有创新技术和忠实客户群的公司为什么会破产呢?或许是公司高管没有使用波特五力模型来分析替代产品或服务的威胁。如果他们使用了波特五力模型,他们会注意到一小时胶片冲洗和数码相机这两个最终抢走宝丽来市场份额的威胁吗?他们是否会明白,希望即时获取照片的客户会率先尝试这些替代品?宝丽来能否找到与一小时胶片冲洗和数码相机竞争的方法来拯救自己?

许多组织都面临着与宝丽来公司相同的困境:从长远来看,对当前业务最有利的做法并不一定是最好的做法。一些商业环境观察人士对未来的数字达尔文主义有种不祥的预感。

- **数字达尔文主义**:暗示那些不能适应信息时代对其提出的新生存要求的组织注定会消亡。

3.1.1 颠覆性技术和持续性技术

正如开篇案例所述,颠覆性技术是在进入市场后不知不觉改变了一切的新技术。

- **颠覆性技术**:提供了一种新方式来完成最初无法满足现有客户需求的事情。颠覆性技术往往会开辟新市场,颠覆旧市场。

颠覆性技术通常会先进入低端市场,并最终演变成取代高端竞争对手及其统治技术的技术。索尼就是一个完美的例子。索尼最初是一家小公司,生产由便携式电池供电的晶体管收音机。虽然音质很差,但为了方便携带,客户都愿意忽略这一点。凭借便携式收音机的经验和收入来源,索尼改进了技术,生产出适合家用的廉价、低端晶体管放大器,并将所获收入进一步投资于改进技术,从而生产出更好的收音机。

- **持续性技术**:生产客户热衷购买的改进型产品,如速度更快的汽车或容量更大的硬盘。

在既有市场中,持续性技术往往能为我们提供更好、更快、更便宜的产品。现有企业往往会将持续性技术引入市场,但它们几乎从未在颠覆性技术开辟的市场中占得先机。

克莱顿·克里斯滕森(Clayton M.Christensen)在其《创新者的困境》(*The Innovator's Dilemma*)一书中探讨了老牌公司如何在不妨碍与客户、合作伙伴和利益相关方现有关系的情况下利用颠覆性技术。施乐(Xerox)、IBM等公司都听取了现有客户的意见,在技术上进行了积极投资，提高了竞争力，但仍失去了市场主导地位。这些公司可能过于强调满足客户当前的需求，而忽视了能满足客户未来需求的新兴颠覆性技术，从而失去了市场份额。

克里斯滕森颠覆理论的一个原则是，技术本身并不是颠覆者。例如，网飞公司创建了一种新的商业模式，而流媒体视频使这种商业模式成为可能。技术使新的商业模式得以成形。技术是工具，而不是最终结果。

3.1.2 因特网和万维网——终极商业颠覆者

因特网是一个庞大的网络，它将世界各地的计算机连接起来，使它们能够彼此通信，如图3.1所示。通过因特网连接的计算机可以发送和接收包括文本、图形、语音、视频及软件在内的信息。实际上，因特网最初是由美国国防部高级研究计划局（DARPA）运作的一个应急军事通信系统，该局称该网络为ARPANET。没有人预见到该网络会对商业和个人通信产生巨大影响。随着时间的推移，所有获得国防相关资助的美国大学都安装了ARPANET计算机，从而形成了首个正式互联的网络。当用户开始注意到电子通信的价值时，ARPANET便开始从军事通信系统转变为科学家的通信工具。1971年，雷·汤姆林森（Ray Tomlinson）率先在ARPANET系统中使用@符号发送电子邮件，该符号将用户名与其所在网络隔开了。

因特网的运行方式
1. 就像每家每户有一个唯一的地址一样，每台计算机也有一个唯一的地址。与街道名称和邮政编码不同，计算机有一个互联网协议（IP）地址。
2. 计算机通过调制解调器和互联网服务提供商（ISP）连接到因特网。打开浏览器时，计算机会通过调制解调器向ISP发出建立因特网连接的请求。调制解调器将电脑连接到因特网。计算机之间通过遵循相同规则和语言（统称为协议）的电子信号进行通信。
3. 当访问一个网站时，实际上是在连接到另一台计算机的IP地址。域名服务（DNS）是一系列用于跟踪因特网上每台计算机名称和IP地址的数据库。如果想要访问的网站不在计算机访问的第一个DNS数据库中，则该数据库会将访问请求转发到下一个DNS数据库，直到找到想要访问的网站为止。当计算机在DNS数据库中找到想要的网页时，数据库会检索该网页的网址并将其发送回该计算机。
4. 浏览器请求访问网页或IP地址是通过HTTP（超文本传输协议）实现的。网站服务器（即存储网页的计算机）会进行检查以确保请求的页面存在。如果存在，网站服务器会允许该电脑访问，这时屏幕上会显示想要访问的页面。如果该页面不存在，则收到一条"HTTP 404"消息，该消息通常是"页面未找到"。

图 3.1 因特网概述

在过去30年里，世界上的大多数人都一直在个人和职业生活中使用因特网。在此期间，因特网已经从一个只有政府官员和科学家使用的简单数据共享工具变成了一个全世界人们都在使用的网络。英国科学家和计算机程序员蒂姆·伯纳斯-李（Tim Berners-Lee）创建了一个人人都能访问的信息网络——万维网（the World Wide Web）。伯纳斯-李是欧洲核子研究中心（CERN）的一名计算机科学家，为了帮助他的研究人员组织和共享有关他们正在进行的实验的信息，他于1989年3月写了一份备忘录，建议建立一个由超文本链接节点组成的网络。最初，他将该网络命名为Mesh，但在一年后编写代码时，他将其更名为了"万维网"。伯纳斯-

李创建的第一个网站仍在运行,网址是 http://info.cern.ch/hypertext/WWW/TheProject.html。该网站的目的是描述万维网,并教人们如何制作网页。

任何时候,只要将一系列计算机连接起来并使其能够进行通信和信息交换,就是在使用因特网,这甚至可能并不牵涉万维网。例如,一栋办公楼可能会建立一个只能通过专用网络和定制应用程序访问的计算机/信息网络。为了保证公司数据的安全,一家公司甚至可能不允许其办公电脑访问万维网。这里的"因特网"是指信息的连接和流动。当你在手机上使用数据,或查看电子邮件,或与世界各地的其他玩家实时玩电子游戏时,你都是在通过因特网发送和接收信息。在此过程中,你的设备实际上已成为了因特网的一部分。

业务驱动的讨论

网络中立性会让小企业付出什么代价?

网络中立指确保人人都能平等地使用互联网。其基本原则是,所有消费者都应能使用互联网,并可不受任何歧视地、自由地访问互联网资源。然而,关于这一点的激烈争论已经持续了一段时间,战线已经很清楚了。

一方面,康卡斯特(Comcast)等 ISP 正在建设互联网基础设施,它们希望根据用户的使用情况(即用户消耗的带宽)收取费用。这些 ISP 认为,越来越多的用户访问 YouTube 和网飞等提供的高带宽资源,这对其网络提出了极高的要求。他们希望互联网接入从统一定价结构转变为计费服务。

另一方面,谷歌等互联网内容提供商(ICP)则提出反驳,认为 ISP 采用计费方案可能会限制 iTunes 和网飞等互联网上许多资源的使用。另外,计费服务还可能扼杀开放互联网所提供的创新机会。

美国哥伦比亚特区巡回上诉法院驳回了联邦通信委员会的网络中立规则,该规则要求 ISP 对所有网络流量一视同仁。这一裁决将允许 ISP 就加快内容传输速度向网飞和亚马逊等公司收取费用。

你同意对互联网进行控制吗?是否应在法律上强制网站所有者接收或传输来自竞争对手或他们认为令人反感的其他网站的信息?举例说明网络中立何时对企业有利,何时对企业不利。总体而言,网络中立对企业是好是坏?

因特网和万维网(WWW)并非同义词。万维网只是因特网的一部分,其主要用途是关联和传播信息。因特网包括万维网和其他形式的通信系统(如电子邮件系统)。用户浏览万维网的主要方式是通过包含网络文件或资源地址的统一资源定位符(URL),如 www.apple.com 或 www.microsoft.com。图 3.2 列出了与万维网相关的关键术语,图 3.3 列出了万维网大规模发展的原因。

术语	定义	示例
域名托管（网络托管）	一种服务，允许域名所有者维护一个简单网站并提供电子邮件服务	GoDaddy 是域名托管公司的一个典型例子
超文本标记语言（HTML）	在万维网上发布超文本，用户只需要单击热点或链接即可从一个文档跳转到另一个文档	HTML 使用 <h1> 和 </h1> 等标签将文本结构划分为标题、段落、列表、超文本链接等
超文本传输协议（HTTP）	互联网协议，网络浏览器使用该协议来请求和显示使用统一资源定位符（URL）的网页	在浏览器地址栏输入 http://www.somehost.com/path/file.html
网络浏览器	允许用户访问万维网	IE 浏览器、火狐浏览器、谷歌浏览器等
万维网	通过使用包括文本、图形、音频和视频文件在内的文档提供对因特网信息的访问，这类文档使用一种称为超文本标记语言的特殊格式语言	人们认为英国计算机科学家蒂姆·伯纳斯-李在 1989 年 3 月 12 日发明了万维网

图 3.2　万维网概述

微型计算机革命使普通人拥有一台计算机成为可能
网络化硬件、软件和媒体的进步使商用计算机以最低成本连接到更大的网络成为可能
微软的 IE 和网景的 Navigator 等浏览器软件为计算机用户提供了一个易于使用的图形界面，用于查找、下载和显示网页
电子邮件的快捷、方便和低成本使其成为一种非常受欢迎的企业和个人通信工具
基本网页的创建非常容易，而且极为灵活

图 3.3　万维网大规模发展的原因

3.2　Web 1.0：电子业务的催化剂

电子业务为任何愿意开展在线业务的公司开辟了一个新市场。

- **范式转变**：当一种新的、激进的商业形式进入市场并重塑企业和组织的行为方式时，就会发生范式转变。

电子业务带来了范式转变，改变了全部行业以及整个企业范围内的业务流程，并从根本上改写了传统的业务规则。对许多企业来说，决定不向电子业务转型是致命的。当人们开始了解万维网和因特网时，他们明白，万维网和因特网能使企业在任何时间、任何地点与任何人进行沟通，从而开创了一种新的业务参与方式。事实证明，先行者的竞争优势是巨大的，并因此推动了 Web 1.0 互联网热潮的开始。

- **电子业务**：包括电子商务以及与内部和外部业务运营相关的所有活动，如提供客户账户服务、与合作伙伴合作和交换实时信息。电子业务将买家、卖家、制造商和供应商连接起来，成为一个全球市场。在 Web 1.0 期间，企业家们开始创建最初的电子业务形态。
- **电子商务**：通过因特网买卖商品和服务。电子商务仅指在线交易。
- **Web 1.0（或商业 1.0）**：指 1991—2003 年万维网运行的最初几年。

20 世纪 90 年代，因特网开始向大众普及，许多组织开始看到这一新的电子业务平台的潜力。1992 年，第一批图书在网上销售。1994 年，美国加利福尼亚州圣克鲁兹的必胜客为人们提供了通过网络订购披萨外卖的服务。

1995 年，当杰夫·贝佐斯在他位于西雅图的车库里发出亚马逊网站（Amazon.com）销售的第一本书时，在线销售的概念才刚开始兴起。大约在同一时间，软件程序员皮埃尔·奥米迪亚在他位于圣何塞的客厅里创办了一个名为 AuctionWeb 的简单拍卖网站。他发布出售的第一件商品是一支坏了的激光笔，该激光笔最终以 14.83 美元的价格售出。当他检查买家是否明白该激光笔坏了时，奥米迪亚认识到了因特网能够触及世界上任何地方的个人客户。一年后，他带着两名全职员工创办了 eBay 公司，这是一项将竞拍物品的客户联系起来的拍卖服务。电子业务的最大优点是消除了准入门槛，只要有一台计算机和一名兼职人员，任何人都可以参与竞争。

个人和组织都已采用电子业务来提高生产力、最大限度地提供便利和改善沟通。当今企业需要部署全面的电子业务战略，而商科学生则需要了解这样做的优势，如图 3.4 所示。下面分别来论述。

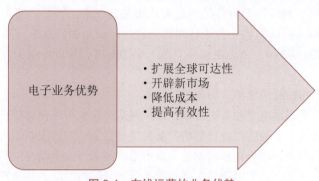

图 3.4　在线运营的业务优势

3.2.1　扩展全球可达性

电子业务每天 24 小时、每周 7 天、每年 365 天（24/7/365）运作。这种可用性直接降低了交易成本，因为消费者不必再花大量时间研究购买信息或长途跋涉去购买。在线销售的交货周期更快，这有助于强化客户关系，提高客户满意度，最终增加销售额。方便获取实时信息是电子业务的一个主要优势。

- **信息丰富度**：指文字、图片、音频或视频信息所含细节的深度和广度。买家需要丰富的信息才能做出明智的购买决策。
- **信息可达性**：衡量一家公司能与全球多少人沟通的指标。卖家需要可达的信息来进行营销，并使自己在竞争中脱颖而出。

公司网站可以成为具有成本效益的沟通和营销策略的焦点。通过网络推广产品，公司可以精确定位客户，无论是本地客户还是全球客户。一方面，实体店受到规模限制，且仅限于能够到达该店的客户；而另一方面，网店拥有全球市场，实际上，客户和信息搜索者已经在这个市场中等候多时了。

3.2.2　开辟新市场

电子业务非常适合扩大利基产品的销售。一种行之有效的营销策略是，针对每一位客户的口味，向他们提供个性化的特定销售信息。在过去，通过特定的营销活动接触每一位客户几乎是不可能的。但随着互联网的出现，企业现在能接触到每一位客户，能根据他们过去的购买记录推荐购买，并能提供完全按客户喜好制作的一次性特殊产品。

- **大规模定制**：企业按照客户要求定制产品或服务的能力。例如，客户可以在某些甜品公司订购特殊颜色或带有"嫁给我吧"等定制字样的巧克力。
- **个性化**：当企业对客户的好恶有充分的了解时，就可以根据客户的个人资料、人口统计数据或客户的历史交易情况，为个人或团体量身定制更有吸引力的产品。例如，亚马逊为其每位客户都创建了一个独一无二的个性化门户网站。

3.2.3 降低成本

电子业务最令人兴奋的好处之一是启动成本低。如今，任何人只需要一个网站和一项好的产品或服务，就可以创办电子业务。电子业务的运营优势包括执行业务流程所需的时间和人力更少，甚至可以省去。比较一下发送100封直邮信件的成本（纸张、邮资、人工）和批量发送电子邮件的成本。想想租用实体店面和运营电话线的成本与维护在线网站的成本。向电子业务模式转型可以消除许多与传统沟通方式相关的成本，例如，使用在线客服等替代系统可以使客户与客服人员或销售人员进行即时交流。即使是遛狗业务或家教服务也能从电子业务中获益。《连线》（*Wired*）杂志主编克里斯·安德森将利基市场电子业务战略称为"捕捉长尾"。

- **长尾**：指典型销售曲线的尾部，如图3.5所示。

这一战略表明，在通过电子业务进行销售时，利基产品也可以拥有可行且有利可图的业务模式。在传统销售模式中，商店在选择销售产品时受到货架空间的限制。因此，店主通常会采购大众想要或需要的产品，店里摆放的都是大众产品，因为货架上没有空间摆放只有少数顾客可能购买的利基产品。亚马逊和网飞等电商消除了货架空间的困境，并能提供无限的产品，从而淘汰了百视达（Blockbuster）和鲍德斯集团（Borders Group）等传统企业。

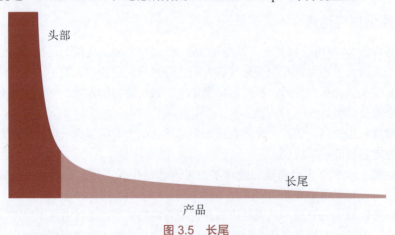

图3.5 长尾

亚马逊提供了一个绝佳的长尾效应范例。假设一家实体书店的平均库存为3000本图书，而亚马逊因为没有实体书架的限制，库存可以达到100万本，并且数字图书还可能更多。从销售数据来看，该实体书店的大部分收入来自新书，而旧书则无法清偿库存成本。因此，实体书店的销售尾部在3000本图书时就结束了。然而，亚马逊不存在实体书店的限制，可以将其销售尾部延长至100万本（数字图书可能达到2000万本）以上。通过延长尾部，即使一本书的销量很有限，亚马逊的销售额也仍然增加了。

互联网带来的另一个削减成本的绝佳策略是"去中间环节"。
- **去中间环节**：当企业在网上直接面向客户销售时，就省去了中间环节，如图 3.6 所示。
- **中间环节**：提供交易基础设施以将买卖双方联系在一起的代理、软件或企业。

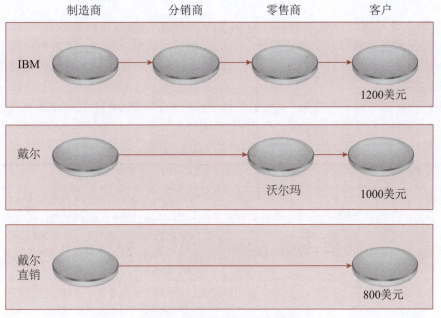

图 3.6　去中间环节的业务价值

从分销链中砍掉的中间环节越多，产品价格就越低。当戴尔决定通过沃尔玛销售其个人计算机时，许多人都感到很意外，因为戴尔直接面向客户的销售模式是其多年来得以保持市场领先的竞争优势。

这种业务策略使得企业能够缩短订单流程，并通过降低成本或提供反应更快、效率更高的服务来增值。例如，当人们开始在网上预订自己的假期行程时，旅行社便开始去中间环节，且价格往往更优惠。
- **网络中立**：这场激烈争论已经持续了一段时间，战线已经很清楚了。网络中立就是要确保人人都能平等地访问互联网。

3.2.4　提高有效性

仅是建立一个简单的网站并不能创建电子业务。电子业务网站要能引人兴奋，具有创新性，能增加价值，并能提供有用的信息。简单来说，电子业务网站必须建立起一种社区和协作意识。
- **黏性**：衡量访客在网站或应用程序上花费的时间。

黏性分析可以通过页面浏览量、每月访问分钟数、访问次数（重复使用）和每次访问所花的时间来衡量。与黏性有关的所有信息都可以帮助企业确定如何创建一个更有吸引力的网站，以确保访客在网站停留的时间尽可能长。访客在网站停留的时间与销售额的增长有直接关系。试想你每次访问亚马逊网站时，它都会跟踪你的消费和浏览习惯，并根据购买历史展示你可能喜欢的产品，从而实现个性化访问。你在网站停留的时间越长，它就会越了解你这个客户，就会展示你甚至都不知道自己想要购买的产品，而这些产品最终会奇迹般地出现在你的购物车里。

衡量管理信息系统效率的指标（如网站流量）并不总能说明网站黏性的全部情况。例如，流量大并不一定意味着销售量大。许多流量大的网站销售量却微乎其微。衡量电子业务成功与否的最佳方法是使用管理信息系统有效性指标，如网站流量带来的收入、新增客户数以及客服电话减少量等。

- **互动性**：通过统计访客与目标广告的互动来衡量广告效果，如访客浏览广告的时间、浏览的页面数以及重复访问该广告的次数等。报纸、杂志、广播和电视等传统广告方式很少能提供跟踪广告效果的方法，因此衡量互动性对广告商来说是一个巨大的进步。
- **热图**：数据的一种二维表示，其中的数值用颜色表示。简单的热图可提供直观的信息摘要。更精细的热图可以帮助浏览者理解复杂的数据。图3.7显示了电子业务营销措施，这些措施使企业能够在衡量广告效果的同时扩大影响范围。

术 语	定 义	示 例
联盟计划	当访问某家企业网站的客户点击另一商家网站的链接时，该企业可获得佣金或推荐费	如果一家公司网站的客户单击横幅广告进入另一家供应商的网站，并且当客户执行了预期操作（通常是购买或填写表格）时，该公司将获得推荐费或佣金
横幅广告	一个在网站上移动的方框，宣传另一家企业（通常是另一家电商企业）的产品和服务	横幅广告一般包含一个指向广告商网站的链接。广告商可以跟踪客户单击横幅广告进入其网站的频率。横幅广告的成本通常取决于单击横幅广告的客户数。网络广告服务可以跟踪用户单击横幅广告的次数并生成统计数据，广告商可以根据这些统计数据判断广告费是否花得值得
免费增值模式	企业提供免费的基本产品，但客户可以选择使用需要额外付费的高级版本	一种想法是，赠送免费内容会让客户留在网站上，并可能在访问其他内容时花费更多。许多视频游戏都是免费的，但用户在玩游戏时必须付费才能获得额外的装备
弹出广告	包含广告的小网页，出现在浏览器加载的当前网站之外	用户在关闭当前浏览器窗口前不会看到的一种广告形式

图3.7 电子业务的营销优势

3.3 分析网站数据

病毒式营销鼓励使用电子业务所提供产品或服务的用户说服他们的朋友加入。病毒式营销是一种口口相传的广告。

- **病毒式营销**：一种诱导网站或用户将营销信息传递给其他网站或用户，从而使信息的可见度和效果呈指数级增长的技术。

许多小企业的营销预算很少，如果不能让客户了解自己的产品，就根本无法促进销售。在营销预算有限的情况下，小企业仍可采取一种潜在的解决方案——制作一系列适合视频网站受众的视频，并希望它们能引起病毒式传播。许多小公司利用病毒式营销成功推出了自己的品牌。

通过病毒式营销吸引客户只是销售周期的开始。一旦客户被吸引到网站，那接下来了解他们如何与网站互动、流量如何流动以及互动是否促成了购买就至关重要。

- **点击流**：访客访问网站的确切路径，如消费者的导航模式。点击流数据包括：
  - 在页面停留的时长；
  - 浏览页面数；
  - 访客到达该页面的路径；
  - 访客在离开该页面后去了哪里；
  - 放弃的购物车数量。

当访客访问某个网站时，就会产生一次点击事件，访客的计算机会向该网站的服务器发送请求，以开始显示页面。请求页面中的每个元素都会被该网站服务器日志文件记录为一次点击事件。企业都希望自己的网站具有黏性，能吸引客户的注意力。为了正确理解这些数据，管理者会尝试以其他公司为基准。例如，消费者似乎会定期访问他们喜欢的网站，甚至可能在特定会话中多次回访。

- **cookie**：网站存储在访客计算机硬盘上的小文件，包含与访客及其浏览活动有关的信息。cookie 允许网站记录客户的来来往往，这种记录通常在客户不知情或未同意的情况下进行的。
- **点击率**：访问一个网站并单击广告进入广告商网站的人数统计。

点击率通常用于衡量特定网站在线广告活动的成功程度以及电子邮件推广活动的有效性。根据点击率跟踪有效性确保了目标广告的曝光率，但并不能保证访客喜欢该广告、花了大量时间浏览该广告或对该广告中的信息感到满意。

- **点击流分析**：收集、分析、报告网站访客浏览了哪些页面及其浏览顺序的汇总数据的过程。

当与其他更传统的市场评估资源结合使用时，点击流分析被认为是最有效的方法。因为点击流分析收集的数据量极大，所以许多企业都依赖大数据分析及相关工具来帮助解释这些数据，并生成针对特定关注领域的报告。点击流分析分为流量分析和电子业务分析两个层次。

- **网站流量分析**：使用点击流数据来确定网站对用户的效率，在服务器端进行。
- **网站电子业务分析**：利用点击流数据确定网站作为市场渠道的有效性。

网站流量分析跟踪的数据包括：网站向用户提供了多少个页面、每个页面的加载时间、用户单击浏览器的"返回"或"停止"按钮的频率，以及在用户继续浏览之前传输了多少数据。网站电子业务分析跟踪的数据包括购物者在哪些页面停留、购物者在购物车中放入或从购物车中移除了哪些物品、购物者购买了哪些物品、购物者是否参与了忠诚度计划并使用了优惠券，以及购物者首选的付款方式。

- **先逛店后网购**：客户在实体店浏览后，决定在网上以较低的价格购买产品。

例如，客户先在实体书店浏览图书，然后在亚马逊网站上以优惠价格购买。在这方面，网站分析有助于确定该客户是否来自实体店并决定在网上购买。

业务驱动的分析

网站分析

Stars Inc. 是一家专门转售名人旧衣服的大型服装公司。该公司的四个网站创造了 75% 的销售额。其余 25% 的销售额则直接通过公司的仓库完成。你最近被聘为该公司销售总监。假设你能找到的有关这四个网站成功的全部信息如下表所示。

网站	经典	现代	新时代	传统
流量分析（点击次数/天）	5000	200	10000	1000
黏性（平均）	20 分钟	1 小时	20 分钟	50 分钟
放弃的购物车数量（车/天）	400	0	5000	200
独立访客数量（人/天）	2000	100	8000	200
确定访客数量（人/天）	3000	100	2000	800
每笔销售的平均收益（美元）	1000	1000	50	1300

你认为维护四个网站的成本很高，而且业务价值不大。你建议将它们合并为一个网站。请撰写一份报告，详细说明将四个网站合并为一个网站所带来的业务价值，并提出合并建议。请务必包含网站盈利能力分析。假定点击率转化为销售的比例至少为 10%，平均为 30%，至多为 60%。

3.4 四类电子业务模式

业务模式是详细说明企业如何创造、交付和产生收入的计划。有些模式非常简单：企业生产一种商品或服务，并将其出售给客户。如果企业取得成功，销售额超过成本，企业就会获利。其他模式则不那么直接，有时并不清楚谁赚钱、赚多少。例如，任何拥有接收器的人都可以免费收听或收看广播和网络电视节目，而广告商支付节目制作的费用。

- **.com**：在互联网上运营的企业的原称。大多数在线业务活动包括企业之间或企业与消费者之间的产品及服务交换。
- **电子业务模式**：详细说明企业如何在互联网上创造、交付和产生收入的计划。电子业务模式可分为四类：企业对企业（Business-to-Business，B2B）、企业对消费者（Business-to-Consumer，B2C）、消费者对企业（Consumer-to-Business，C2B）、消费者对消费者（Consumer-to-Consumer，C2C），如图 3.8 所示。

1. 企业对企业（B2B）

企业对企业（B2B）指企业通过互联网相互采购和销售，例如医疗计费服务、软件销售和许可以及虚拟助理业务。B2B 关系占了所有在线业务的 80%，并且相较其他三种类型更为复杂，安全需求也更高。Oracle 和 SAP 是 B2B 例子。

电子市场是提供有一个中心市场的交互式商业社区，在这个市场中，大量买家和卖家从事电子业务活动。通过加强双方之间的关系并使之自动化，电子市场可为业务交流、供应链整合和新销售渠道创建创造条件。

电子业务术语	定义
企业对企业（B2B）	适用于通过互联网相互采购和销售的企业
企业对消费者（B2C）	适用于通过互联网向消费者销售产品或服务的企业
消费者对企业（C2B）	适用于通过互联网向企业销售产品或服务的消费者
消费者对消费者（C2C）	适用于通过互联网帮助消费者相互交流（主要是订购商品和服务）的网站

	企业	消费者
企业	B2B	B2C
消费者	C2B	C2C

图 3.8　电子业务模式

2. 企业对消费者（B2C）

企业对消费者（B2C） 适用于任何直接通过互联网向消费者销售产品或服务的企业。例如，Carfax 网站向购车者提供二手车的详细历史记录。B2C 有三种运作方式：实体企业、虚实整合企业和虚拟企业，如图 3.9 所示。

实体企业
只经营实体店，没有网店的企业

虚实整合企业
既经营实体店，又经营网店的企业

虚拟企业
不经营实体店，只经营网店的企业

图 3.9　企业对消费者的运作形式

3. 消费者对企业（C2B）

消费者对企业（C2B） 适用于通过互联网向企业销售产品或服务的任何消费者。例如，Priceline.com 网站的客户自己设定期望的机票或酒店房间等物品的价格，然后等待卖家决定是否响应。由于客户希望获得更大的便利性和更低的价格，所以未来几年人们对 C2B 电子业务的需求将会增加。

4. 消费者对消费者（C2C）

消费者对消费者（C2C） 指客户通过互联网相互提供商品和服务。C2C 的一个典型例子是拍卖，在拍卖中，买家和卖家相互连续出价，价格动态确定。Craigslist 和 eBay 是两个成功的 C2C 网站，它们将志趣相同的买家和卖家联系在一起。其他类型的在线拍卖包括正向拍卖和逆向拍卖。正向拍卖中，卖家向许多买家推销，出价最高者胜出。逆向拍卖中，买家从标价最低的卖家处选择商品和服务。

业务驱动的创业

你为下一份临时工作做好准备了吗？

gig一词源于音乐界，指的是时间有限的有偿演出。零工经济（gig economy）是一种环境，在这种环境中，临时就业很普遍，组织与独立工作者签订的都是短期合同。预计如今的劳动力在退休前至少要换七次工作。零工经济使工作者独立于一家公司，换工作将比以往容易得多。

推动零工经济发展的因素有两个：一是旨在帮助雇主和寻找兼职工作的人找到对方的网站或移动应用程序激增；二是"00后"一代劳动力重视工作与生活的平衡。如今，劳动力的流动性越来越大，如果工作与地点分离，工作可以在任何地方完成，那么临时工作者就可以自由选择从事一系列有趣和令人愉悦的工作，而不是为了经济保障而长期从事一份既无趣又令人不快的工作。

从企业的角度看，零工经济可以降低医疗保险、办公场所和培训费用方面的投资，从而节省开支。此外，企业还可以就单一项目聘请专家，例如从现有最优秀的专业人员中挑选，而无须培养一批高薪员工。

直觉公司（Intuit）的一项研究预测，到2025年，50%的美国劳动力将成为独立工作者和零工经济的一员。在零工经济中工作有哪些利弊？你认为自己会成为零工经济的一员吗？如何才能做好在零工经济环境中工作的准备？

3.4.1 电子业务形式和创收策略

随着越来越多的公司开始加入电子业务的行列，新的电子业务形式开始出现，如图3.10所示。许多新形式的电子业务在进入市场时并没有明确的创收策略。谷歌就是这方面的一个典型例子，它在成立多年后才找到创收的办法。

形 式	描 述
内容提供商	通过提供新闻、音乐、照片或视频等数字内容创收
信息中介	代表商品和服务生产商及其潜在客户提供特定信息
在线市场	将产品和服务的买卖双方汇聚在一起
门户网站	运作一个供用户访问特定内容和其他服务的核心网站
服务提供商	提供照片共享、视频共享、在线备份及存储等服务
交易中介	处理在线交易

图3.10 新型电子业务形式

当普通用户在搜索引擎中输入关键词时，它会根据一定的算法返回结果。

- **关键词**：用于执行搜索的词。
- **搜索引擎**：是一种根据关键字匹配查找其他网页的网站软件，如谷歌。搜索引擎先对文档进行索引，然后尝试匹配与用户搜索请求相关的文档。
- **搜索引擎排名**：计算搜索引擎用于确定URL在搜索结果列表中的位置的变量。

每次访问搜索引擎，它都会返回两类结果。

- **自然搜索结果**：搜索引擎结果页面中的无偿条目，仅根据其内容与关键字查询的相关性得出。根据相关性，自然搜索结果最接近用户的搜索查询。
- **付费搜索结果**：根据关键字显示企业付费生成的链接。搜索结果页面上可以分辨付费搜索结果和自然搜索结果，因为搜索引擎会将付费搜索结果区分开来，将它们放在自然搜索结果的上方或右侧，或给其加上阴影背景、边框线或其他视觉线索（例如标明"广告"字样）。

搜索引擎优化（SEO）将艺术与科学相结合，确定如何使 URL 对搜索引擎更具吸引力，从而提高网页的搜索引擎排名。搜索引擎优化指选择与网站相关的目标关键词，并确保在使用这些关键词进行网络搜索时，网站能获得较好的排名。搜索引擎优化做得越好，网站在搜索引擎结果列表中的排名就越靠前。搜索引擎优化至关重要，因为大多数人都只浏览搜索结果的前几页。在这之后，人们更愿意开始新的搜索，而不是继续一页又一页地查看之前的搜索结果。

网站可以通过以下方式创收。

- **按点击付费**：每次用户点击零售商网站的链接都会产生收入。
- **按呼叫付费**：每次用户点击链接，直接进入等待呼叫的在线代理时，即可产生收入。
- **按转化付费**：每次网站访客转化为客户时都会产生收入。

当搜索关键词与广告商选择的关键词匹配时，广告商链接就会显示在搜索结果页面上。然后，广告商向搜索引擎支付搜索显示费。电子业务必须有产生收入的模式。

- **关键词广告（AdWords）**：广告商选择付费并作为赞助商链接出现在谷歌搜索结果页面上的关键词。

谷歌的主要业务是搜索引擎，但它的收入并不来自使用其网站搜索互联网的人，而是来自付费在其网站上投放广告的营销人员和广告商。每天，全世界约有 2 亿人次利用谷歌进行搜索。关键词广告是谷歌网站的一部分，谷歌允许广告商对常用搜索词进行竞价。广告商只需要输入要支付的费用来确定这些关键词的价格和搜索排名。关键词的定价从每次点击 5 美分到 10 美元不等。付费搜索是针对性广告的终极方式，因为消费者输入的正是他们想要的。例如，"热带度假"等一般搜索词的价格低于"夏威夷度假"等更具体的搜索词。哪家企业出价最高，该企业的赞助商广告链接就会出现在搜索结果页面的顶部或侧面。图 3.11 列出了各种电子业务创收模式的不同优势和挑战。

电子业务创收模式	优　　势	挑　　战
广告费	■ 目标明确的广告可被交易参与者视为增值内容 ■ 易于实施	■ 收入潜力有限 ■ 过多或针对性不强的广告会对网站造成干扰
订阅费	■ 建立交易激励机制 ■ 可以有区别地定价 ■ 有可能从新用户群获得额外收入	■ 固定费用是参与者的准入门槛
交易费	■ 可直接与节省挂钩（包括流程和费用节省） ■ 当流动性（交易量）水平较高时，交易费是重要的收入来源	■ 如果流程节省不完全可见，则不鼓励使用该系统（鼓励将交易转移到线下） ■ 交易费用可能会随着时间的推移而降低

图 3.11　电子业务创收模式

3.4.2 电子业务欺诈行为

与任何伟大的技术一样,总有人用电子业务相关技术实现不道德的目的。例如,在在线广告和关键词广告策略方面,有些人会故意点击谷歌搜索结果,只为让竞争对手赔钱。

- **联盟计划**:当访问企业网站的客户点击链接进入其他商家的网站时,企业可从中获得佣金或推荐费。
- **点击欺诈**:人为提高在线广告流量统计数据的做法。一些不道德的个人或点击欺诈骗子甚至使用称为"点击机器人"的自动点击程序。
- **点击机器人**:制造大量潜在客户点击广告商链接的假象,实际上,这些点击都不可能为广告商带来利润。

从事点击欺诈的骗子往往通过同意为广告提供曝光率来利用联盟计划,以收取广告商支付给联盟的部分点击付费。骗子可能不会在合法网站上投放广告,而是将广告投放到专门为投放广告而创建的网站上。这样的网站自然不会有真正的有机流量。广告投放后,点击机器人在很短时间内产生大量欺诈性点击,这时,骗子会向联盟计划的所有者收取费用。这当然会给企业带来巨额损失。

3.5 电子业务中的连接和沟通工具

电子人类学家(cyborg anthropologist)是研究人类与技术之间互动关系的人,他们观察技术如何塑造人类的生活。电子人类学这一学科起源于1993年美国人类学协会年会。电子人类学家研究不同的在线业务沟通方式,如图3.12中突出显示的技术工具,下文将详细介绍。

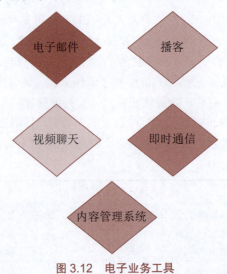

图3.12 电子业务工具

3.5.1 电子邮件

电子邮件通过互联网交换数字信息。业务专业人士不再需要等待传统邮件才能收到重要文件。电子邮件以与电话相同的速度传送文件,从而大大提高了业务推进的速度。电子邮件的主要业务优势是能够同时、即时、轻松地向许多人提供信息并进行沟通。用户可以随时检查、发送和查看电子邮件,不存在时间或地点的限制。

- **互联网服务提供商(ISP)**:以按月收费形式提供互联网接入服务的公司。

3.5.2 即时通信

实时通信指系统在接收信息的同时更新信息。虽然电子邮件与邮政系统等传统通信方式相比是一项巨大的进步，但它并不是实时运行的。

即时通信（IM 或 IMing）是一项能实现人与人之间即时或实时沟通的服务。企业迅速看到了即时通信的作用：

- 快速、轻松地回答简单问题；
- 立即解决疑问或问题；
- 像自然对话一样快速传递信息；
- 轻松地与多人同时进行即时通信会话。

3.5.3 播客

播客是将音频广播转换为数字音乐播放器。播客是目前发展最快的数字化形式之一，是增长任何学科知识的绝佳工具。播客让学习变得简单方便，这对忙碌的上班族特别有吸引力。

播客可以扩大营销范围，建立客户忠诚度，是接触新的潜在客户的一种更加个性化的方式。通过播客，客户可以更好地了解企业的价值观和经营方式。播客的收听方式也有很大的灵活性。企业可以利用播客来作为营销交流渠道，讨论从企业战略到详细产品概述的各种问题。高级管理团队可以每周或每月分享播客，介绍关于新技术或营销发展的重要问题或专家简报。

3.5.4 视频聊天

人们如何在不共处一室的情况下进行沟通和联系？得益于 Zoom 和微软 Teams 等新技术，人们找到了富有创意的虚拟联系新方式。**视频聊天**是一种通过使用网络摄像头和专用软件与其他互联网用户进行在线面对面可视交流的方式。它允许处于两个或更多地点的人同时通过双向视频和音频传输进行互动，并共享文档、数据、计算机屏幕和白板。

3.5.5 内容管理系统

公元前 4 世纪，亚里士多德按照系统化的组织方式对自然界进行了编目，而亚历山大的古代图书馆据说也是按照主题进行编目，将同类信息联系起来。如今，**内容管理系统**（CMS）帮助企业管理其网站内容的创建、存储、编辑和发布。内容管理系统对用户友好，为了组织好信息，大多数系统都包括了基于网络的发布、搜索、导航和索引，用户只需要掌握最基础的专业技术知识即可对网站进行修改。

内容管理系统中的搜索通常是在文本框中输入关键词或短语（查询），然后单击搜索按钮或超链接。导航有助于从一个网页跳转至另一个网页。内容管理系统在让网站访客浏览主页以外的内容方面发挥着至关重要的作用。如果导航选择不明确，访客可能会在第一次（也是最后一次）访问网站时单击"返回"按钮。需要记住的一条经验法则是，用户每单击一次搜索信息，就有 50% 的概率离开该网站。因此，良好网站设计的一个关键原则就是尽量减少用户的单击次数。

- **分类法**：根据结构或起源的相似性对有机体系进行科学分类的方法。

分类还用于将网站内容编入众多主题的类别和子类别。例如，汽车是车辆的一个子类。每辆车都是一种交通工具，但并不是每种交通工具都是汽车。汽车有面包车、公共汽车和卡车等。分类术语的排列方式是将"较窄/更具体/子类"归为"较宽/更通用/父类"的子类。

许多企业都聘请了信息架构师来创建公司的网站分类。精心规划的分类可确保搜索和导航方便且对用户友好。如果分类令人困惑，那么网站很快就会失败。

第二部分 | Web 2.0：商业 2.0

学习成果

3.5 解释 Web 2.0 并识别其四大特征。
3.6 解释商业 2.0 如何帮助社区建立网络并开展协作。
3.7 描述 Web 3.0 及下一代在线商业。

3.6 Web 2.0：商业 2.0 的优势

20 世纪 90 年代中期，当企业利用电子业务和 Web 1.0 的优势时，股市达到了历史最高点，许多人因此认为互联网的前景一片光明。然而，当新的在线企业开始无法达到盈利预期时，互联网泡沫也破灭了。于是，一些人又认为电子业务的繁荣已经结束，但他们大错特错了。

- **Web 2.0（或称商业 2.0）**：下一代互联网应用，一个具有协作、共享及免费等新特性的更成熟、更独特的通信平台。

商业 2.0 鼓励用户参与并形成贡献内容的社区。在商业 2.0 中，使用万维网和向万维网发布信息不再需要技术技能，从而消除了在线商业的准入门槛。

传统企业往往将技术视为执行流程或活动所必需的工具，员工通过在办公室里或在茶水间闲逛来获取信息。商业 2.0 技术提供了一种虚拟环境，对许多新员工来说，这种虚拟环境就像真实环境一样充满活力。想想所有采用直接面向消费者模式创办的新企业就知道了。

- **直接面向消费者（DTC）**：在这种电子业务模式中，企业不依赖传统商店或中间环节，而是自己制造、营销、销售和运输产品。

目前，世界各国的许多公司都在成功拓展其 DTC 渠道。越来越多的品牌计划开设自己的零售店并投资于电子业务网站。随着越来越多的零售商积极推行这一战略，能够为客户和合作伙伴提供最佳体验的品牌将胜出一等。

各地的零售商也都在投资 DTC 销售渠道。即使是在传统经销商模式占统治地位的汽车行业，特斯拉汽车公司（Tesla Motors）等具有前瞻性思维的企业也在走 DTC 路线。DTC 销售渠道有三大驱动力。

- **客户体验**：消费者要求更好的体验。客户体验是新的战场，客户希望其体验完美无瑕。当批发制造商通过零售分销商进行销售时，它们对产品的销售方式几乎没有话语权。为了确保顾客满意地离开店面（或网站），它们只能任由分销商摆布。通过直接向消费者销售，企业可以设想应该提供什么样的客户体验，并执行必要的策略来实现这一愿景。对于任何希望吸引和留住忠实客户的企业来说，这都是一个巨大的竞争优势。

- **数据收集**：直销可以收集客户数据。对许多品牌来说，直接向消费者销售最有说服力的理由是可以收集大量客户数据。服装零售商 Zara 从退货中收集到的信息比从客户保留的产品中收集到的信息还要多。这是 Zara 同时也是服装制造商的巨大胜利。

- **降低成本**：DTC 企业不依赖传统商店或其他中间环节，而是直接生产并向买家运送产品。

这使得 DTC 企业能以低于传统消费品牌的成本销售产品，并对产品的生产、营销和分销保持端到端的控制。DTC 销售避免了与零售商加价相关的成本，因此，企业能以较低的价格提供更好的设计、品质和服务。DTC 不需要中间环节。

对许多品牌而言，DTC 是一个新领域。虽然它确实提供了更多的控制权并降低了成本，但维持稳固的客户关系并有效利用经客户验证的见解来改进产品及营销活动的责任完全在品牌自身。图 3.13 强调了 Web 2.0 的共同特征。

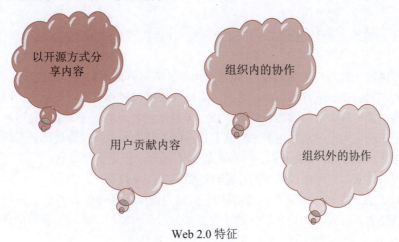

图 3.13　Web 2.0 的四大特征

业务驱动的全球化

> **搜索引擎**
>
> 你知道吗，谷歌每次搜索所耗费的能量比阿波罗 11 号登月所耗费的能量还要多。谷歌搜索量已从 1998 年的每天 50 万次增加到了每秒 230 万次。谷歌和火狐等搜索引擎按需收集、分析和返回内容。在搜索引擎的搜索栏中输入一个搜索词，一个三阶段过程就会立即启动，并在数秒钟内完成。当你使用搜索引擎时，你需要依靠它的能力来返回提供最新、最准确内容的网站。

3.6.1　以开源方式分享内容

由第三方厂商制造和销售的数以千计的硬件设备和软件应用程序可与计算机互动操作，如绘图软件和鼠标等。可自由分享内容的应用非常多。在分析开放共享的应用程序时需要理解以下几个关键术语。

- **开放系统**：由基于公开标准的非专有硬件和软件构成，这些标准允许第三方开发嵌入系统或与系统互动操作的插件产品。
- **源代码**：包含程序员编写的关于指定计算机软件执行哪些操作的指令。
- **开放源代码**：指任何软件的源代码都是免费提供的，而不是像电子业务那样以收费或许可为基础，并可供任何第三方评估和修改。

- **封闭源代码**：根据版权所有者的专有合法权利许可使用的专有软件。

商业 2.0 正在利用开源软件。Mozilla 公司认为，互联网是公共资源，必须保持其开放性并向所有人开放。Mozilla 公司汇集了世界各地数以千计的热心志愿者，不断开发免费产品，该公司的火狐浏览器目前的市场份额超过了 20%，并迅速成为微软 IE 浏览器的竞争对手。开源软件公司如何创收？许多人都在等待这个重要问题的答案。

3.6.2 用户贡献内容

电子业务的特点是少数企业或用户向大众发布内容。商业 2.0 的特点是大众向大众发布内容。

- **用户贡献内容（或用户生成内容）**：由许多用户为其以外的用户创作和更新内容。

例如，YouTube 和维基百科等网站将网络媒体的控制权转移到了用户手中。网飞和亚马逊都使用用户生成的内容来驱动其推荐工具，Yelp 等网站则使用用户评论来表达对产品和服务的意见。企业正在利用用户生成的内容来为其营销、产品开发和质量保障等一切工作提供帮助。

- **原生广告（native advertising）**：一种在线营销概念，根据这一概念，广告商试图通过用户对内容、格式、风格或位置等的体验来提供内容并赢得关注。
- **信誉系统**：买家发布对卖家的反馈。eBay 买家自愿就服务质量、对所交易物品的满意度以及发货是否及时发表评论。卖家则评论买家付款是否及时，或回复买家的评论。从亚马逊到 Yelp 等企业都在使用信誉系统来提高质量和客户满意度。

3.6.3 组织内的协作

利用商业 2.0 的协作思维可以更快地通过更多受众获得更多信息。

- **协作系统**：通过促进信息共享和交流来支持团队或小组工作的一套工具。
- **集体智慧**：协作并利用所有员工、合作伙伴和客户的核心知识。

知识可以成为一个组织真正的竞争优势。组织内部最常见的集体智慧形式就是知识管理。

- **知识管理（KM）**：知识管理涉及信息资产的收集、分类、评估、检索和共享，从而为有效地决策和行动提供背景信息。知识管理的主要目标是确保企业的事实知识、信息来源和解决方案在需要时能随时供所有员工使用。
- **知识管理系统（KMS）**：支持整个组织收集、组织和传播知识（即专门技能）的系统。知识管理系统可通过将员工相互连接起来并以数字方式收集他们的专业知识，进而传播组织的知识库。

并非所有信息都有价值。个人必须确定哪些信息属于知识资产和基于知识的资产。一般来说，知识资产和基于知识的资产可分为两类：显性知识和隐性知识。

- **显性知识**：包括任何可以记录、存档和编纂的内容，通常需要借助管理信息系统。显性知识的例子包括专利、商标、商业计划、市场调研和客户名录等。
- **隐性知识**：蕴藏在人们头脑中的知识。隐性知识的内在挑战在于找出识别、生成、共享和管理人们头脑中所蕴藏知识的方法。尽管电子邮件、即时通信和相关技术手段可以帮助促进隐性知识的传播，但首先需要识别隐性知识，而这可能是一个主要障碍。

3.6.4 组织外的协作

多年来，组织一直认为好的创意来自高层。首席执行官只与销售和市场主管、质量保障专家或销售人员合作。组织结构图规定了谁应与谁合作，以及一个建议或想法能在指挥链中走多远。那个时代的沟通是异步的。

- **异步沟通**：电子邮件等沟通方式中的信息和响应不是同时发生的。传统的电子业务沟通仅限于面对面对话和单向技术。
- **同步沟通**：在同一时间进行的沟通，如即时通信或聊天。随着商业 2.0 的发展，异步沟通正受到不同形式同步沟通的挑战。

在商业领域，当今的协作世界期待持续的联系。有许多例子表明，由不同个体组成的群体所产生的想法远比个人所产生的想法更具创造性和活力。群体思维往往会沿非传统的生产路径产生创新想法。组织外的同步沟通带来了两种惊人的商业资源。

- **众包**：指利用集体的智慧。集体智慧大于个体智慧之和的理念由来已久，如图 3.14 所示。Waze 是最成功的众包初创企业之一。Waze App 是一款允许用户报告交通拥堵并自动提供最佳路线指引的应用程序，它通过测量驾驶员的车速并要求用户报告道路关闭情况来判断交通拥堵情况，从而实现信息的众包。
- **众筹**：通常指通过互联网向众多个人募集小额资金，从而为项目筹资。Kiva 就是众筹应用的一个很好的例子。Kiva 允许世界各地的个人与小额融资者建立联系，以支持他们的商业想法。有了商业 2.0，人们可以持续不断地联系，这是推动协作的动力。

图 3.14 众包：群体比个体更聪明

业务驱动的创新

颠覆你自己

就业市场竞争激烈，找到理想的工作通常是大学毕业生的首要目标。你有没有想过如何将颠覆性创新应用到自己身上，以确保自己成为工作的第一选择？试回答下列问题。

1. 你能否瞄准目前没有被满足或未能被很好满足的需求？颠覆者会寻找可以增加价值和颠覆市场的空白点。
2. 你的颠覆性优势是什么？当你考虑颠覆自己时，不要只考虑自己做得好的地方，要多想想自己可以做好但别人做不好的地方。例如，也许你有探照灯般的智慧，能看到不同领域之间的联系并发现新的冒险机会。
3. 如何培养正确的技能，找到自己称心的工作？你是驱动未来的引擎。如果你想推动世界前进，那你就必须勇于创新，培养自己在许多不同领域的技能。

4. 你将如何部署你个人的颠覆性战略？颠覆者不会遵循传统的职业道路。要想成为颠覆者，需要走出一条异于传统道路的新路。

3.7 商业 2.0：一切都离不开社交媒体

社交媒体网站的传统目的是让个人分享他们的兴趣和观点，如今它们已演变为商家推广产品和服务的工具。从选择在社交媒体网站上投放付费广告到希望客户有机地分享故事和经验，都会为相关企业带来很多机会。

- **社交媒体**：指依靠用户参与和贡献内容的网站。
- **社交网络**：通过匹配个人资料信息将人们联系起来的应用程序。为个人提供网络化能力是商业 2.0 迄今为止最大的优势之一。
- **社交网络构建**：指通过构建个人网络（见图 3.15）来拓展业务和/或社交关系的做法。社交网站提供两项基本功能：一是创建和维护社交网络环境中个人身份的在线档案，二是建立与同一网络中其他人的联系。
- **社交网络分析（SNA）**：绘制群体联系人（个人和职业）图，确定哪些人相互认识，哪些人在一起工作。对企业而言，社交网络分析可以提供员工如何协同工作的远景，并能找出掌握特定知识的关键专家，如知道如何解决复杂编程问题或推出新产品的人员。

商业 2.0 简化了信息获取，提高了信息共享能力。商务人士现在可以利用领英等社交网络结识新的联系人，以从中招聘员工、探寻潜在客户和寻找某一主题方面的专家，而不必再像过去那样，花上 1000 美元和两天时间参加一场会议来结识专业同行。领英的高管成员全部来自《财富》500 强企业，它已成为最有用的网络招聘工具之一。

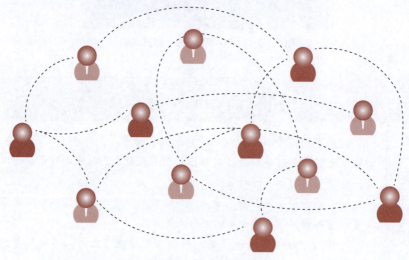

图 3.15　社交网络示例

社交媒体可以为企业提供以下帮助：
- 围绕特定产品和服务传播信息、制造话题；

- 针对特定受众设计广告活动；
- 创建自己的群体或社区，获取客户反馈；
- 建立推荐来源和网络关系；
- 更深入地与现有客户和潜在客户互动；
- 通过为其他网站贡献有意义的内容或者发表积极的推荐或评论来提高企业的信用。

3.7.1 社交标记

标签是嵌入在网站内容中用于分类的特定关键词或短语。一个条目可能有一个或多个与之关联的标签，这样便可以通过多条路径来浏览该条目，标签的更改很简单。如果你曾在社交媒体上看到过前面带有 # 号的话题，那就说明你已经见过话题标签了。

话题标签是用于识别话题且前面带有 # 号的关键词或短语，如 #sandiegofire（圣地亚哥火灾）标签有助于协调对火灾的应急响应。话题标签为企业提供了扩大对在线受众的曝光率并直接与客户互动的机会。客户可以在社交媒体网站上输入任何搜索关键词，并在该关键词前加上话题标签，搜索结果就会显示所有包含相关标签的帖子。话题标签可用于参考促销活动、观察市场趋势，甚至可提供有用提示链接。

- **社交标记**：描述利用关键词或标签来标记共享在线内容的协作活动，此类活动可以作为根据将来导航、过滤或搜索需要组织的内容的一种方式。

整个用户社区都被鼓励对内容进行标记，并由此从根本上定义内容。使用社交标记的网站允许用户上传图片并用适当关键词来标记图片。当有足够多的人这样做之后，就能使用由此产生的标签集来正确无误地识别图片了。

利用社区的集体力量对内容进行识别和分类，可以大大降低内容分类的成本，因为不需要学习复杂的命名法。

- **大众分类法**：与一般分类法或基于关键词的分类系统类似，不同之处在于标签由众包决定。

用户只需要根据自己的意愿创建和使用标签。例如，尽管手机制造商经常将它们的产品称为移动设备，但大众分类法所指的移动设备可能包含了手机、无线电话、智能手机等。如果搜索所有这些关键词，用户可能会访问相同的网站。大众分类法揭示了人们对事物的真正称呼（见图 3.16）。这些称呼在网络上一直是个热门话题，因为拥有一个网站的全部原因就是为了让你的客户找到它，而大多数网站都是通过与内容匹配的搜索词找到的。

3.7.2 社交协作

快餐式内容（snackable content）指被设计成便于读者阅读和分享的网站内容。快餐式内容通过提供可快速阅读和理解的小块信息来吸引网站访客的注意。信息图表、照片和吸引眼球的标题（提出问题或利用幽默的修辞）对吸引访客的注意力至关重要，因为人们没有时间或耐心阅读冗长、文字量大的文章。很多人认为，快餐式内容会让互联网变得越来越乏味；而另一些人则认为，快餐式内容符合当今众多消费者使用的移动传播渠道。为了让长篇文章更容易被阅读，可以将其分解成更小的部分。响应式或自适应网站设计也有助于使内容更适合快餐化，因为灵活的网站设计可以使内容更容易在智能手机和平板电脑上浏览。

图 3.16　大众分类法示例：用户生成的手机名称

业务驱动的辩论

颠覆性辩论

克莱顿·克里斯滕森的颠覆性创新理论一直是预测哪些行业进入者会成功、哪些会失败的有力工具。然而，许多人认为，"颠覆性"标签往往只是因为一个新进入者撼动了市场而被错误地使用。

例如，出租汽车公司吉普卡（Zipcar）就属于颠覆性创新，因为它开创了按小时出租汽车的市场。然而，优步并不属于颠覆性创新，因为它既没有提供低端服务，也没有创造新的市场。优步基本上是一种出租车服务，因此不被视为颠覆性创新。你赞成吉普卡是颠覆性创新而优步不是的评价吗？

3.7.3　博客

博客或**网络日志**是一种在线日志，允许用户发布自己的评论、图片和视频。与传统的 HTML 网页不同，博客网站通过一个简单但可定制的界面（不需要博主掌握任何编程技术），让博主与粉丝定期交流、彼此回应。

- **自拍：** 存储在社交媒体网站上的自拍照。

从商业角度看，博客与视频、印刷品、音频或演示文稿等营销渠道并无不同，它们都能带来不同的效果。许多创意人士利用博客进行营销、分享创意、收集反馈、回应新闻和塑造形象。例如，星巴克开发了一个名为"我的星巴克创意"的博客，允许客户分享创意，客户可以告诉星巴克他们对其他人创意的看法，并加入其他人的讨论。对许多企业来说，博客是一种很理想的机制，因为与传统媒体相比，博客更容易聚焦主题领域，而且没有版面大小、字数或出版期限的限制。

- **微博：** 向个人博客发布简短帖子（通常为 140 个字以内）的做法，可以公开发送，也可以发送给私人订阅用户群组，这些订阅用户可以通过即时通信或文本信息阅读帖子。

微博的主要优点是可以通过即时通信、电子邮件或网络等各种方式提交帖子。它允许用户向任何注册关注他们的人发送名为"博文"或"推文"的微博条目。发送者可以限制将博文发送给希望关注他们的人，或者默认情况下允许公开访问。

> **业务驱动的管理信息系统**
>
> **社交媒体营销**
>
> 在规划社交媒体营销平台时，首先要确定哪种营销平台最适合你的目标市场。你想接触消费者还是企业？大众市场网站、特殊兴趣网站或专业网络网站是否适合你的产品？在开展社交媒体活动之前，需要回答两个非常重要的问题：我的客户在哪里？我的竞争对手在哪里？
>
> 如何找出客户和竞争对手？回答这两个关键问题后，就可以选择最适合你的社交媒体网站了。开展头脑风暴，找出寻找客户和竞争对手的不同方法，然后列出你在各常见社交媒体上的目标受众和潜在社交媒体营销策略。

3.7.4 社会信任

你是否分享过一篇你当时认为是真实的文章或帖子，但后来发现它实际上包含虚假或过时的信息？早在社交平台出现之前，就有事实核查网站开始核实互联网上充斥着的半真半假信息和彻头彻尾的谎言。时至今日，这些网站仍然广受尊重，成为人们就真实与虚假信息进行交流的中心。一个批判性的新闻消费者要学会识别和区分真假新闻。

- **错误信息**：指没有欺骗意图但作为事实呈现的虚假信息。"5G 会致癌"就是通过互联网传播的错误信息例子。
- **虚假信息**：指以事实形式呈现，意图欺骗和误导的假信息。这包括与事件、声明或结果有关的虚假信息和彻头彻尾的捏造。例如，通过黑客攻击来散布错误信息。
- **假新闻**：指为了宣传或诋毁某个公众人物、某项政治运动或某家企业而制造并被广泛分享或传播的虚假新闻。制造假新闻也是为了创收。

虽然错误信息和虚假信息都能欺骗受众，但两者的区别在于，虚假信息是为了故意和恶意欺骗受众而制造的。两者都意在向全球尽可能多的用户传播信息。

重要的是，为了避免散布虚假信息并成为网络新闻的批判性消费者，每个人都要知道如何识别网上的错误信息和虚假信息。评估网络信息时应注意以下几个问题。

- 该信息来源何处？
- 信息是否明确列出了来源？
- 该组织合法吗？
- 这些信息是否好得并不真实？
- 它是否反映了你的观点、偏见和判断？
- 它是特别积极的还是特别消极的？
- 统计数据过时了吗？

查询信息来源的最好、最基本的方法就是核对以下内容：

- 作者；

- 发布组织；
- 发布日期；
- 证据。

3.8　Web 3.0：定义下一代在线商业机会

Web 1.0 是基于文本的静态信息网站，Web 2.0 与用户贡献内容有关，而 Web 3.0 则是利用了自然语言处理、基于机器的学习和推理以及智能应用的智能化网络应用。Web 3.0 是互联网和网络应用发展的下一步。那些能够发掘其中机遇的企业领导者将率先获得市场竞争优势。

Web 3.0 为人们提供了一种描述信息的方式，使计算机能够开始理解概念与主题之间的关系。以下是几个关系描述示例：亚当·桑德勒是喜剧演员，Lady Gaga 是歌手，汉娜是索菲的朋友。这些关系描述示例都可以添加到网页中，让计算机在向人们显示信息的同时了解各种关系。有了这些信息，Web 3.0 将使人与机器之间的互动更加丰富。

将这种先进的关系知识应用于企业，可以创造新的机会。毕竟，企业是靠信息来运营的。Web 2.0 通过使用机器拉近了人与信息的距离，而 Web 3.0 则通过使用信息拉近了机器与人的距离。这些新的关系将人、机器和信息结合在一起，使企业可以更智能、更快速、更敏捷、更成功。

3.8.1　深层网络

深层网络指网络中未被搜索引擎索引的部分。

- **深层网络**（有时也称为隐形网络）：传统搜索引擎无法访问的大部分互联网内容。

深层网络内容包括电子邮件信息、聊天信息、社交媒体网站上的私人内容、电子银行对账单、电子健康记录以及其他可通过互联网访问但未被搜索引擎爬取并编入索引的内容。

深层网络的规模有多大不得而知，但许多专家都估计，搜索引擎爬取并索引的内容不到互联网上所有可访问内容的 1%。搜索引擎爬取和索引的这部分互联网内容有时被称为表层网络。

搜索引擎不对深层网络内容进行索引的原因有很多。这些内容可能是专有的，只有经许可的访客才能通过虚拟专用网络访问。或者，这些内容可能是商业性的并被置于会员墙后，只有付费客户才能访问。又或者，这些内容可能包含个人身份信息，受到合规性法规的保护，只有获得访问权限的个人通过门户网站才能访问。有些临时生成的混搭内容，且其组成部分缺乏永久的统一资源位置，它们也会成为深层网络的一部分。

3.8.2　暗网

"深层网络"一词是布莱特·普拉尼特在 2001 年的一份题为《深层网络：揭示隐藏的价值》的白皮书中提出的，但媒体经常将其与"暗网"一词混为一谈。

- **暗网**：指互联网中使用被屏蔽的 IP 地址故意对搜索引擎隐藏的部分，只有使用特定网络浏览器才能访问。

这里的关键在于，暗网是深层网络的一部分。与深层网络内容一样，传统搜索引擎也无法访问暗网内容，但搜索引擎无法访问暗网内容的原因往往是因为这些内容是非法的。

Web 3.0 的一个目标是根据用户的喜好和需求来定制在线搜索及请求。在 Web 3.0 浏览器中，用户可以输入一两个复杂的句子而不是进行多次搜索。例如，"我想看一部有趣的电影，然后去一家不错的墨西哥餐馆吃饭。我有哪些选择？"然后，Web 3.0 浏览器会分析该请求，在网上搜索所有可能的答案，并将整理后的结果呈现给用户。

3.8.3 语义网络

- 蒂姆·伯纳斯-李将**语义网络**描述为 Web 3.0 的一个组成部分，Web 3.0 以计算机能够理解的方式来描述事物。

语义网络与网页之间的链接无关，它描述的是事物之间的关系（如 A 是 B 的一部分，Y 是 Z 的成员等）和事物的属性（如大小、重量、年龄、价格等）。如果能以描述信息和相关资源文件的方式存储音乐、汽车、音乐会门票等信息，语义网络应用就能从多个来源收集信息，并将这些信息组合起来，以一种有意义的方式呈现给用户。尽管 Web 3.0 还只是一种推测，但以下的主题和功能肯定会被包含在其中。

- **整合传统设备**：能够将手机、笔记本电脑等现有设备用作信用卡、机票和预订工具。
- **智能应用**：使用代理、机器学习和语义网络概念为用户完成智能任务。
- **开放式身份**：提供方便利用各种设备（如手机、个人计算机等）携带的在线身份，以便在不同网站上轻松进行身份验证。
- **开放式技术**：设计易于集成和协同工作的网站及其他软件。
- **全球数据库**：可以从任何地方分发和访问数据库。

问题回顾

1. 持续性技术与颠覆性技术之间的区别是什么？
2. 你认为因特网和万维网是持续性技术还是颠覆性技术？
3. 因特网和万维网是如何为企业创建全球平台的？
4. 电子业务与电子商务之间的区别是什么？
5. 电子业务的优势有哪些？
6. 商业 2.0 的优势有哪些？
7. 解释业务模式及其在企业中的作用。电子业务是如何改变传统的业务模式的？
8. 企业如何利用大规模定制和个性化来削弱买方力量？
9. 电子业务与商业 2.0 有何区别？
10. 集体智慧、知识管理和众包之间的区别是什么？
11. 为什么知识管理对企业至关重要？
12. 深层网络与暗网之间的区别是什么？
13. 为什么企业需要病毒式营销？
14. 博客和维基百科之间的区别是什么？
15. 何谓语义网络？

总结性案例：直接面向消费者——沃比派克之道

直接面向消费者（DTC）领域的竞争非常激烈，但令人颇为兴奋的是，从剃须刀到床垫的数百种产品正试图影响这一领域。随着互联网的出现以及个人电脑和移动设备的大规模普及，DTC 市场已初见成效。DTC 运动的吸引力在于：通过网络直接向消费者销售，可以避免高昂的零售加价，从而有能力提供更好的设计、质量、服务，同时价格更低，因为省去了中间环节。通过直接与消费者在线联系，商家还可以更好地控制向客户发送的信息，进而收集其购买行为数据，从而建立一个更智能的产品引擎。如果你能做到这一点，同时开发出一个超越售卖东西范畴的"真实"品牌，你就能有效地夺走传统巨无霸企业的未来。据估计，目前已有400多家DTC初创企业，它们自2012年以来共筹集了约30亿美元风险投资。

但几年前，四名学生在沃顿商学院相识，他们创办了一家名为沃比派克（Warby Parker）的公司，并引发了一场创业革命。该公司的理念是直接通过网络向消费者销售眼镜。当时几乎没什么人认为这个想法会成功，但如今沃比派克公司的估值已达17.5亿美元，其创业故事已成为沃顿商学院的童话。联合创始人兼联合首席执行官尼尔·布卢门撒尔和戴夫·吉尔博亚以及第三位联合创始人杰夫·雷德都担任了沃顿商学院的客座讲师，杰夫后来还帮助沃比派克公司孵化了DTC剃须刀品牌Harry's。

詹姆斯·麦肯想要彻底改变手动牙刷。2018年1月，这位31岁的沃顿商学院MBA考生旋转着他的笔记本电脑，向人们展示设计原型。该产品可能被称为Bristle，它有一个可拆卸的头部，而且手柄上有人造木纹、花朵或格子花纹等彩色图案。客户第一次购买需要支付约15美元，然后可通过订阅服务以3美元或4美元一个的价格获得替换用牙刷头。

麦肯喜欢这个计划有几个原因。当人们需要一把新牙刷时，订阅Bristle比去便利店购买更方便：可以在线订购，设置更换牙刷头的频率，然后就不用管了。此外，Bristle牙刷看起来比欧乐B型太空牙刷更美观更好用。随着400多家初创企业开始在DTC市场上推出从牙刷到婴儿车的产品，下一个产品会是什么呢？

问题
1. 为什么DTC可以使企业以低于传统制造商的成本提供产品？
2. 去中间环节与DTC业务模式之间的关系是什么？
3. 为确保成功，DTC企业需要对其网站进行哪些类型的点击流分析？

做出业务决策

1. 除了在线，什么都可以

假设你最好的朋友苏珊在宿舍里做起了定制T恤的生意，并大获成功。苏珊主修艺术，她每周都会根据新兴独立乐队的歌词制作限量版T恤。作为一名管理信息系统专业的学生，你看到了苏珊将自己的业务转移至线上的优势。而作为一名艺术生，苏珊既不喜欢技术，也不认为她的业务发展需要技术。你是否赞成苏珊需要参与线上竞争？创建电子业务会给苏珊带来什么好处？当苏珊把业务转移至线上时，她会面临哪些挑战？苏珊如何利用Web 2.0在她的追随者中建立忠诚度？

2. 你将参加的史上最难大学考试

如果要求你从今天开始戒掉社交网络，你能做到吗？你能一周不使用手机或互联网吗？一天呢？美国的一位教授在她的公共关系课堂上发出挑战，要求学生五天内不使用1984年以前不存在的媒体或小工具。在43名学生中，只有少数人在不使用新技术的情况下坚持了三天。在那些没能坚持的学生中，有人说"我妈妈以为我去见阎王了"。如果不使用任何社交媒体，你能坚持多久？没有与朋友的持续联系，你会遇到哪些问题？社交媒体对社会有何影响？对企业有何影响？

3. 在线文档加速协作的方法

在线文档希望用户能够跳过微软 Office，通过浏览器免费与团队协作，尤其是当团队成员不在同一物理空间时。访问在线文档软件，并回答以下问题。

- 新版在线文档软件可以通过哪几种方式帮助团队更高效地完成工作，即使成员们不在同一空间内？
- 在线文档软件是开源软件吗？它采用了什么收入模式？
- 为什么把在线文档软件和微软 Office 应用能力体现在简历上有助于区分你的技能？
- 还有哪些你有兴趣学习、可以帮助你与同行及同事协作和交流的应用程序？

4. 社交网络与消费者

在互联网出现之前，愤怒的消费者可以写信或打电话投诉商家，但他们带来改变的个人力量相对较弱。现在，心怀不满的消费者可以创建一个网站或上传一段抨击某项产品或服务的视频，他们的努力可以立即被数百万人看到。尽管许多企业都在监测互联网，以试图迅速回应这类帖子，但力量的天平显然已经倾向消费者了。请就以下论点提出支持或反对意见："社交网络赋予了消费者力量，从而造福了社会，并创建了具有社会责任感的企业。"

5. 使用话题标签

如果你曾在社交平台上看到过一个前面带 # 号的话题，那你就见过话题标签了。话题标签是一个用于识别某个主题的关键词或短语，前面用符号 # 标明。话题标签可使企业扩大对在线受众的曝光率，并直接与客户互动。客户可以在社交媒体网站上输入任何搜索关键词，并在搜索词前加上话题标签，搜索结果就会显示出所有相关帖子。话题标签可用于参考促销活动、观察市场趋势，甚至提供有用提示的链接。

了解了话题标签之后，就可以利用它们来寻找商业创意和研究潜在雇主。选择一家你想为之工作的企业，看看能否找到任何相关的话题标签，包括它们在网络上发布和回应的内容。你能否找到有关合作伙伴和竞争对手的信息？哪些标签会引发讨论或提供商业见解？寻找社交平台上的热门话题，看看是否有关于你职业领域的问题或见解。

6. Web 1.0 还是 Web 2.0？

确定一个网站是 Web 1.0 还是 Web 2.0 并不像看起来那么简单。网站没有版本号，而且许多网站都是动态的，长期处于测试阶段。典型的 Web 2.0 例子可从它们的社交网络功能和对用户生成内容的依赖鉴别。有些网站很容易被认定为 Web 1.0，因为它们没有公共用户档案或动态页面。其他许多网站则很难归类。

亚马逊网站于 20 世纪 90 年代中期推出，随着时间的推移逐渐增加了一些功能。虽然该网站的主要内容（产品描述）不是由用户创建，但其大部分价值是由用户评论和评分创造的。亚马逊确实建立了用户档案，好友链接等社交功能也都存在，但并没有得到广泛使用。

浏览生活中常见的网站，如常用的社交平台、视频网站、电商平台、学校或组织的官方网站等，并将其归类为 Web 1.0、Web 2.0 或两者兼有。请务必说明将网站归类为 Web 1.0、Web 2.0 或两者兼有的理由。为什么某些类型的企业会选择保持 Web 1.0，而不提供协作或开源功能？

7. 放弃虚拟购物车

大约 35% 的在线购物车在结账前被放弃。放弃购物车直接导致了企业收入的损失。这就好比客户离开店面，却将装满所选商品的购物车留在了身后。企业需要关注的是，客户为什么会放弃购物车离开店面。问题通常出在结账流程上，可以通过以下方法解决。

- 确保"结账"按钮很容易找到。
- 确保个人信息和网站的安全性。

- 简化结账流程，使客户只需要点击尽可能少的按钮。
- 不要要求购物者在结账前创建账户。可以要求他们在结账后创建账户。
- 确保退货政策清晰可见。

你放弃过虚拟购物车吗？以小组为单位，访问一个你或你的同伴最近放弃过虚拟购物车的网站，评估该网站的结账流程。该流程是否难以操作、烦琐或缺乏安全性？访问你最常使用的电商平台，查看其结账流程，确定其是否符合上述建议。

伦理与信息安全：
管理信息系统的业务关注点

本章导读

第一部分
伦理

4.1 信息伦理
4.2 制定信息管理政策

第二部分
信息安全

4.3 保护知识资产
4.4 第一道防线：人
4.5 第二道防线：技术

IT 对我而言意味着什么？

本章涉及保护信息不被滥用的问题。企业必须确保以合乎伦理的方式收集、获取、存储和使用信息。这里所说的"信息"指企业可以收集和使用的任何类型的信息，例如与客户、合作伙伴和员工有关的信息。企业必须确保所收集到的个人信息不被泄露，更重要的是确保信息的物理安全，以防止信息被不恰当地访问和传播，甚至可能被未经授权的来源使用。

作为商科学生，读者必须了解伦理和安全问题，因为它们是当今客户最关心的问题。处理这些问题的方式会直接影响客户接受电子技术和通过网络开展业务的可能性，进而影响企业的净利润。从最近的新闻报道中可以看到，当信息隐私和安全漏洞被曝光时，企业的股价会大幅下跌。此外，如果企业在处理信息时未能履行伦理、隐私和安全义务，还可能面临法律诉讼。

开篇案例研究

单击"我同意"——信息时代的隐私之殇

你是否曾在与朋友通过手机私下交谈后收到过与谈话内容相关的广告？你是否在收听某个播客节目后收到过要求向某个慈善机构捐款的短信？你是否收到过你最近搜索过的产品的优惠券？这些公司是如何获取你的个人信息的？也许是数据泄露，也许是通过 cookie 来不道德地跟踪应用程序。

信息时代的人们面临的最大问题之一就是隐私保护。隐私权允许用户设定一个边界，即允许哪些人何时、何地可以查看其个人数据中的哪些内容。隐私权是一项自我决定的工作，允许用户决定谁可以查看其网页浏览历史、购物习惯、电影和音乐喜好以及图书选择。用户何时可以接受别人利用个人数据来获取经济利益应该由用户自己决定。

最大的数据黑客事件之一发生在 Facebook（脸书）平台上，在这起事件中，全球 100 多个国家的 5.33 亿脸书用户的手机号码、电子邮件地址、姓名和生日被黑客窃取。该公司表示，这些数据是不良行为者利用其联系人导入工具从人们的个人资料中窃取的，该工具允许人们利用其联系人列表来帮助查找他们在脸书上的好友。多年来，脸书经历了无数次数据泄露事件，其中最著名的是剑桥分析公司丑闻（见本章总结性案例二）。

信息安全是企业责任的一部分，目前，新的法律和管理办法不断出台，以确保个人数据在用户可控范围以外也能得到保护。信息安全实际上指的是如何在用户无法控制的情况下保护个人可识别数据。这包括利用防火墙等技术硬件以及密码、政策和程序来确保用户的个人数据不会受到未经授权的访问。但遗憾的是，并非所有公司都认真对待信息安全，大多数公司都经历过某种形式的数据泄露。这就意味着，个人数据保护最终掌握在第三方而非用户手中。

信息时代带来了惊人的技术进步，但同时也带来了隐患。信息时代依旧在不断发展，个人如何维持、失去或获得其数据控制权的问题也仍然存在。政府和公司在保护个人数据安全方面做得够吗？任何在互联网上发布个人信息的人都必须了解正在收集、保存和共享的数据类型，这样他们才能就如何发布和共享数据做出明智的决定。但遗憾的是，大多数公司都会在条款和服务协议中让用户自愿共享数据，从而掩盖它们使用用户数据的方式。真正的问题是，在单击"我同意"之前，你是否认真阅读过条款和服务协议？

第一部分 | 伦理

学习成果

4.1 解释信息技术使用过程中的伦理问题
4.2 确定组织应实施的六项自我保护电子政策

4.1 信息伦理

伦理和安全是所有组织的两个基本要素。近年来，巨大的商业丑闻和美国"9·11事件"使人们对伦理和安全的意义有了新的认识。当少数人的行为可以摧毁价值数十亿美元的组织时，伦理和安全的重要性就非常明显了。技术给伦理带来了新的挑战。

- **伦理**：指导我们对待他人行为的原则和标准。

有关信息方面的伦理困境通常并不简单明了，而是表现为相互竞争的目标、责任和忠诚之间的冲突。在这种情况下，社会可接受的或正确的决定不止一种，这是不可避免的。保护客户隐私是当今组织面临的最大、最含糊的伦理问题之一，如图4.1所示。

企业、客户、合作伙伴和供应商之间的信任支撑着电子业务，而隐私是这种支撑结构的主要构成要素之一。消费者担心其隐私会因为在线互动而受到侵犯，这仍然是制约电子业务发展的主要障碍之一。每当员工就隐私问题做出决定时，其结果都可能使企业陷入困境。当人们越来越容易复制从文字和数据到音乐和视频的一切内容时，围绕版权和知识产权侵权的伦理问题也正在吞噬着电子业务世界，如图4.2所示。

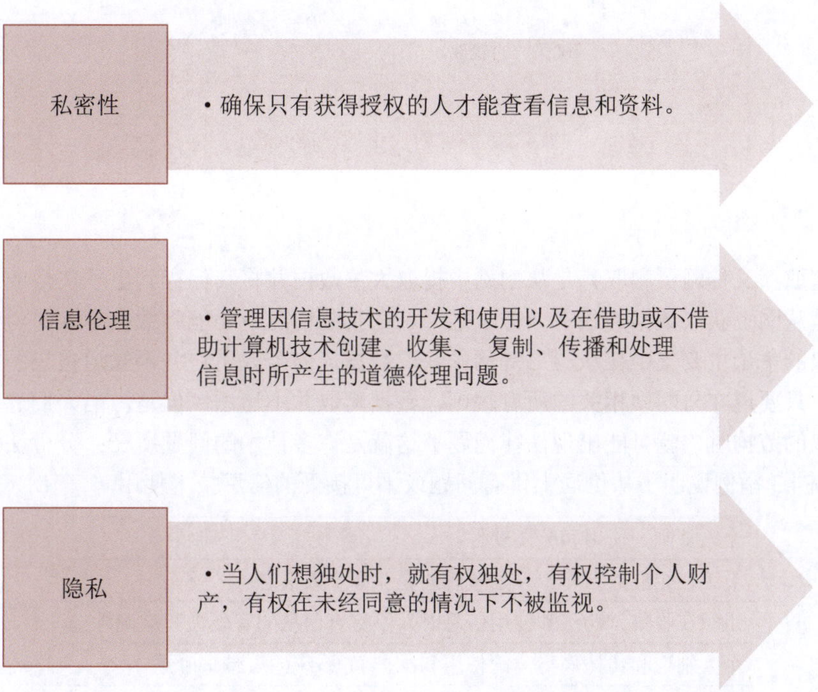

私密性
- 确保只有获得授权的人才能查看信息和资料。

信息伦理
- 管理因信息技术的开发和使用以及在借助或不借助计算机技术创建、收集、复制、传播和处理信息时所产生的道德伦理问题。

隐私
- 当人们想独处时，就有权独处，有权控制个人财产，有权在未经同意的情况下不被监视。

图4.1 信息时代中的信息伦理概述

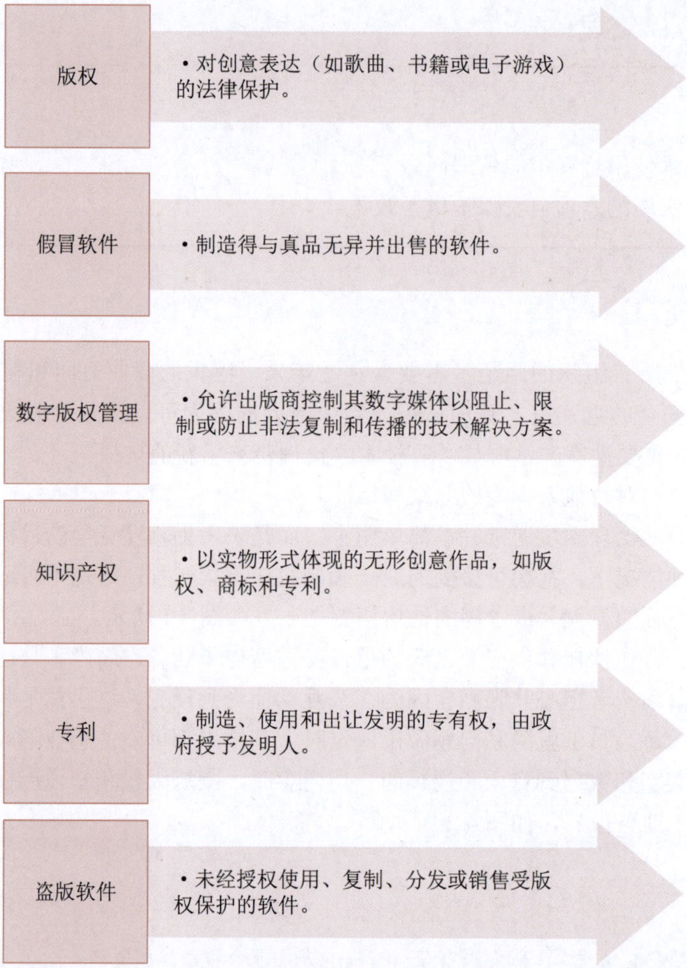

版权	• 对创意表达（如歌曲、书籍或电子游戏）的法律保护。
假冒软件	• 制造得与真品无异并出售的软件。
数字版权管理	• 允许出版商控制其数字媒体以阻止、限制或防止非法复制和传播的技术解决方案。
知识产权	• 以实物形式体现的无形创意作品，如版权、商标和专利。
专利	• 制造、使用和出让发明的专有权，由政府授予发明人。
盗版软件	• 未经授权使用、复制、分发或销售受版权保护的软件。

图 4.2 信息时代中的伦理问题

4.1.1 法律与伦理

数据爬取（又称网页爬取）是从网站中提取大量数据并将其保存到电子表格或计算机中的过程。这是从网上获取数据的最有效方法之一，在某些情况下还能将数据导入另一个网站。围绕数据爬取的争论主要集中在从脸书等网站获取数据，但个人用户并不知道自己的数据被复制的问题上。只要遵守与网站相关的所有规则，数据爬取并不违法。但是，当人们选择如何使用他们所获取的数据时，就可能出现法律问题。这就是许多技术的问题所在：分析法律与伦理的交叉点。图 4.3 举例说明了从伦理上讲有问题或不可接受的信息技术使用。

个人复制、使用和分发软件。
员工在企业数据库中搜索敏感的企业和个人信息。
组织在收集、购买和使用信息时，不检查信息的有效性和准确性。
个人制造和传播病毒，给使用和维护 IT 系统的人带来麻烦。
个人入侵计算机系统，窃取专有信息。
员工破坏或窃取原理图、草图、客户名单和报告等组织专有信息。

图 4.3 从伦理上讲有问题或不可接受的信息技术使用

业务驱动的讨论

信息有伦理吗?

一位中学校长认为,在当地咖啡馆用手机就教师、工资和学生考试成绩进行私密谈话是个好主意。因为没有意识到旁边坐着一位学生家长,这位校长不小心泄露了员工和学生的敏感信息。这位愤怒的家长很快将校长的不当行为通知了校董会,校董会为此成立了一个委员会来决定如何处理这件事。

随着新一波协作工具、电子业务和互联网浪潮的兴起,员工发现自己可以在办公室以外的地方工作,并且工作时间超出了传统办公时间。远程办公的好处包括可以提高生产力、减少开支、鼓舞士气,因为员工可以更灵活地选择工作地点和时间。但遗憾的是,与远程办公相关的不利因素包括了新形式的伦理挑战和信息安全风险。

试思考以下说法:信息没有任何伦理规范。如果你被选入上述委员会,调查该校长在咖啡馆的不当电话交谈,你希望回答哪些类型的问题?如果有的话,你会对校长实施怎样的惩罚?你会在整个学区实施哪些类型的政策,以确保类似情况不再重演?请务必强调远程工作的员工如何影响业务,以及任何潜在的伦理挑战和信息安全问题。

《美国联邦刑事诉讼规则》第41条(下文简称"第41条")涉及实物和数字证据的搜查及扣押。第41条最初授权联邦法官签发搜查令,搜查和扣押位于该法官辖区内的人员或财产,条件是该人员或财产牵涉到某项刑事调查或审判。2016年4月,美国司法会议提出了第41条修正案,授权联邦法官签发允许调查人员远程访问涉嫌犯罪的数字设备的搜查令,即使该设备位于签发搜查令法官的地理管辖范围之外。对第41条进行修订的一个重要目的是防止犯罪分子利用匿名技术隐匿计算设备的位置,从而增加侦查和起诉的难度。

隐私权倡导者担心,该修正案将扩大政府权力,使其可以合法侵犯个人和组织,监控任何被怀疑是僵尸网络一部分的计算机。除了授权政府无论数字设备位于何处都可以扣押该设备或复制该设备上的信息外,该修正案还允许调查人员在调查一起跨越五个或更多司法辖区的犯罪时只需要向一名法官申请搜查令,而无须向每个辖区的法官申请搜查令。

遗憾的是,几乎没有什么硬性规定可以用来确定哪些做法是合乎伦理的。许多人可以为图4.3中的行为辩护,也可以谴责这些行为。了解法律固然重要,但并不总是有帮助,因为合法的行为不一定合乎伦理,而合乎伦理的行为也不一定合法。

图4.4显示了合乎伦理的行为与合法的行为交叉的四个象限。大多数企业的目标是在第一象限内做出既合法又合乎伦理的决策。有时,企业会发现自己的决策处于第三象限(如在国外雇用童工)或第二象限(如企业可能会给正在办理移民身份的外国人支付报酬,因为企业正在雇用此人)。企业的运营绝不能位于第四象限。如今,合乎伦理对企业成功经营至关重要。

图 4.4　合乎伦理地行事与合法地行事并不总是一回事

4.1.2　信息没有伦理，但人有

信息本身没有伦理。它不关心自身的使用方式。它不会在向客户发送垃圾邮件时阻止其自身的流动，不会在共享或向第三方透露详情时考虑敏感性或个人隐私。信息无法自我删除或保存。因此，拥有信息的人有责任制定有关如何管理信息的伦理准则。安全、隐私和责任的交叉对于设计数字交易/信任至关重要。

- **数字信任**：度量消费者、合作伙伴和员工对组织保障数据及个人隐私安全的能力的信心。

多年前，数字信任、信息管理、治理和合规性等概念还相对模糊。如今，这些概念已成为全球几乎每家企业的必修课，这主要是由于数字信息在企业法律诉讼中扮演着重要角色。数字信息通常是法律诉讼中的关键证据，而且比纸质文件更容易搜索、组织和过滤。数字信息也极难销毁，尤其是当信息保存在企业网络上或通过电子邮件发送时。事实上，可靠销毁数字信息的唯一方法是销毁存储文件的硬盘驱动器。

- **电子发现**（electronic discovery）：指企业在应对诉讼、审计、调查或信息查询时识别、搜索、收集、抓取或输出数字信息的能力。电子发现、信息治理和信息合规的重要性都在与日俱增。
- **《儿童在线保护法》**（COPA）：为保护未成年人免受互联网上不良信息的侵害而通过。

图 4.5 显示了合乎伦理的信息管理准则。

信息保密
计算机安全的一个类别，用于保护数据免遭未经授权的披露和确认数据源的真实性

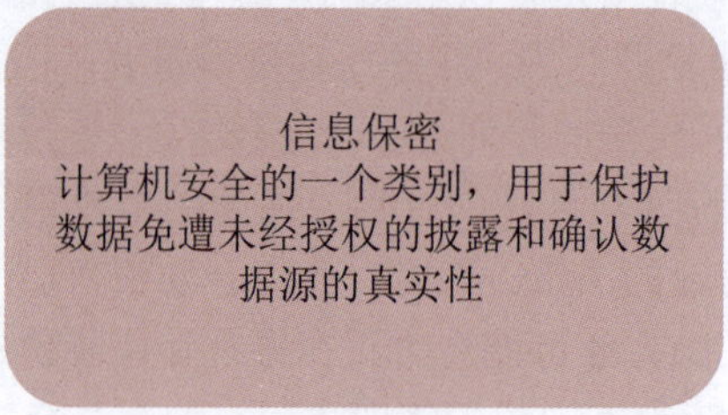

图 4.5　合乎伦理的信息管理准则

信息治理 政府用于管理或控制信息的方法或系统	**信息管理** 审查组织信息资源并规范其定义、用途、价值和分发,确保组织具有有效运转和发展所需的数据/信息类型
信息合规 使信息保持一致、默许或让渡信息的行为	**信息属性** 一个聚焦于谁拥有个人信息以及如何出售和交换信息的伦理问题

图 4.5 （续）

4.2 制定信息管理政策

将企业敏感信息视为宝贵资源是很好的管理方式。基于伦理原则建立一种员工能够理解并实施的企业文化是负责任的管理。组织应制定书面政策,确定员工准则、员工程序和组织信息准则。这些政策设定了员工对组织做法和标准的期望,并保护组织免受滥用计算机系统和管理信息系统资源的危害。如果一个组织的员工需要在工作中使用计算机,则该组织至少应实施电子政策。

- **电子政策**：涉及信息管理以及在商业环境中合乎伦理地使用计算机和互联网的政策及程序。

业务驱动的伦理与安全性

你会兑现他人的纾困支票吗？

近年来,客户关于假支票诈骗的报告也在不断增加。有人以为自己收到了新工作的报酬,有人以为自己收到了网上销售产品的超额付款,还有人以为自己收到了邮寄来的所谓彩票或抽奖奖金。

无论在什么情况下,骗子的目的总是一样的：说服你收下假支票,然后返回这笔钱的一部分。

要避免上当受骗,需注意以下几点。如果你发现任何这些警示信号,就不要收下支票。

- 潜在买家"不小心"寄来了一张高于要价的支票,并希望你退还多出的部分。
- 你收到了工作第一桶金的支票,而"雇主"要求你马上寄回一些钱去购买必用品。
- 你收到的彩票中奖支票只能通过寄回一些钱来缴税才能领取。

业务驱动的辩论

合乎伦理吗？合乎法律吗？

在进入大数据和第四次工业革命时代之际，我们遇到了目前广受争议的一些伦理困境。

- 自动安全工具：发布可自动攻击各种系统的野蛮工具是否合乎伦理？
- 网络安全事件响应：应该花多少时间和精力来调查网络安全漏洞？与客户和其他利益相关方分享网络安全事件细节的适当程度是什么？履行组织义务与查明事件真相之间的界限有多大？
- 加密：面对执法部门对加密数据的合法要求，企业应该如何应对？是否应利用系统中的已知漏洞来满足原本不可能满足的要求？如果执法机构怀疑正式的合法要求不会有结果，那它们是否应亲自利用这些漏洞？
- 研究：研究人员应如何在使用可能具有攻击性的渗透测试技术与他们正在研究的系统所有者的合法权利之间取得平衡？如果这些系统所有者没有实施相当强大的安全方法，这种平衡会否发生变化？
- 销售限制：在设法防止将开发的产品出售给利用这些产品伤害他人的机构方面，网络安全专业人员承担着什么样的责任？
- 首席安全官的角色：首席安全官或管理层安全官应代表组织承担什么样的个人风险？出现网络安全漏洞时，首席安全官被解雇或被迫离职的情况并不少见。组织是否应向首席安全官提供包含个人法律责任免除条款或其他保护措施的聘用协议？应该如何将组织缺陷（如投资不足、不良做法等）纳入分析？
- 漏洞披露：研究人员应何时以及如何向公众通报广泛使用的产品中存在的漏洞？在发布此类通知之前应采取哪些措施？

图 4.6 显示了企业为设定员工期望而应实施的电子政策。

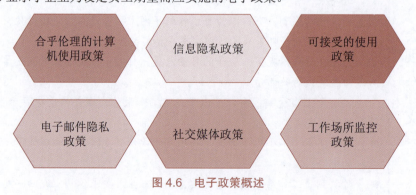

图 4.6　电子政策概述

4.2.1　合乎伦理的计算机使用政策

创建合乎伦理的企业文化的重要一步是制定合乎伦理的计算机使用政策。

- **合乎伦理的计算机使用政策**：包含指导计算机用户行为的一般原则。例如，可以明确规定员工不得在工作时间玩电脑游戏。

此类政策可确保员工了解工作时的行为规范，而企业也会发布处理违规行为的标准。例如，经过适当警告后，企业可能会解雇在工作中花费大把时间玩电脑游戏的员工。当今，不合乎伦理的计算机使用行为有许多，网络欺凌和点击欺诈是其中几种。

- **点击欺诈**：滥用按点击付费、按呼叫付费和按转换付费等收入模式，通过重复点击链接来增加广告商的费用或成本。
- **竞争性点击欺诈**：竞争对手或心怀不满的员工通过重复点击广告商链接来增加该企业搜索广告费用的一种计算机犯罪。
- **网络欺凌**：包括在网站上发布或通过互联网传播威胁、负面言论或诽谤性评论。
- **威胁**：使资产面临危险的行为或对象。

各组织可以对员工使用计算机的方式做出不同但合理的规定，但在任何控制此类使用的方法中，最重要的原则应该是知情同意。员工应被告知相关规则，并在同意遵守这些规则的前提下使用系统。

管理者应认真努力，通过正式培训和其他方式确保所有员工都了解该政策。如果一个组织只能有一项电子政策，那么它应该就是合乎伦理的计算机使用政策，因为它是该组织可能制定的任何其他政策的起点和保护伞。合乎伦理的计算机使用政策的一部分可以包括自带设备政策。

- **自带设备（BYOD）**：允许员工使用个人移动设备和电脑访问企业数据及应用程序的政策。

BYOD 政策提供了以下 4 个基本选项：

（1）个人设备可以无限制访问；

（2）只允许访问非敏感系统和数据；

（3）可以访问，但会利用信息技术对个人设备、应用程序和所存储的数据进行控制；

（4）可以访问，但会阻止将数据在个人设备上进行本地存储。

4.2.2 信息隐私政策

想要保护其信息的组织应制定信息隐私政策。

- **信息隐私政策**：包含与信息隐私有关的一般性原则。
- **公平信息惯例**：关于收集和使用个人数据以及解决隐私和准确性问题的一套标准的总称。

目前，欧洲实施了世界上最严格的公平信息惯例。

- **《通用数据保护条例》**：一个法律框架，为在欧盟范围内收集和处理个人信息设定了指导方针。《通用数据保护条例》于 2018 年 5 月 25 日在欧盟范围内生效，旨在更新与个人信息保护有关的法律。《通用数据保护条例》还赋予了个人更多的权利来访问他们被存储的信息。大规模数据泄露事件时有发生，如索尼、领英和塔吉特等公司都发生过。数据保护就是要确保人们能够相信公司会公平、负责任地使用他们的数据。
- 如果出于个人、家庭或住户之外的任何其他原因收集个人相关信息，都需要遵守相关规定。
- 英国数据保护制度通过 2018 年《数据保护法》以及《通用数据保护条例》（构成英国法律的一部分）体现。该制度采取灵活的、基于风险的方法，要求人们思考如何以及为何使用数据，并证明其合理性。
- 英国的数据保护工作由信息专员办公室负责监管。该办公室提供建议和指导，推广良好做法，开展审计和咨询访问，处理投诉，监督合规情况，并在适当时采取强制措施。

根据《通用数据保护条例》，如果"破坏、丢失、篡改、未经授权披露或访问"个人数据会对相关人员造成不利影响（包括但不限于经济损失、泄密、声誉受损等），则必须向国家数据保护监管机构报告。在英国，个人数据分为两种主要类型，它们涵盖了不同类别的信息。
- 个人数据可以是任何能够直接或间接识别活人身份的信息。它可以是姓名、住址甚至 IP 地址。个人数据既包括自动化数据，也包括"假名化"数据（如果可以从中识别出某个人）。
- 敏感的个人数据包括"特殊类别"信息，如工会会员身份、宗教信仰、政治观点、种族信息和性取向等。

《通用数据保护条例》中最重大、同时也是谈论最多的内容之一，就是监管机构可以对不遵守条例的企业处以罚款。如果企业没有以正确方式处理个人数据，会被罚款；如果需要但没有设立数据保护官，会被罚款；如果出现安全漏洞，也会被罚款。在首个重要案例中，法国数据保护机构于 2019 年宣布对谷歌处以 5000 万欧元的罚款，原因是谷歌在呈现个性化广告时没有向用户正确披露如何通过其服务（包括搜索引擎、谷歌地图和 YouTube）收集数据。

4.2.3 可接受的使用政策

- **可接受的使用政策**：要求用户同意遵守该政策，才能访问企业电子邮件、信息系统和互联网。
- **不可抵赖性**：确保电子业务参与者不能否认（推翻）其在线行为的合同条款。

可接受的使用政策通常包含不可抵赖条款。许多企业和教育机构都要求员工或学生在访问网络前签署可接受的使用政策。在与电子邮件提供商签约时，所有客户一般都会收到一份可接受的使用政策，其中规定用户必须同意遵守某些规定。通常，用户应同意遵守可接受的使用政策中的以下规定：

（1）不利用服务实施任何违法行为；
（2）不试图破坏任何计算机网络或用户的安全；
（3）未经事先许可，不得在群组中发布商业信息；
（4）不触碰任何不可抵赖条款。

有些组织甚至制定了专门针对互联网使用的信息管理政策。
- **互联网使用政策**：包含指导正确使用互联网的一般原则。

业务驱动的全球化

谁在以我的名义报税？

一天，一位毫无戒心的会计正坐在办公桌前，突然收到一封来自首席执行官的电子邮件，要求提供所有员工的税务信息。当然，这位勤奋的员工很快就检索到了所有信息，并按照要求将检索到的信息作为附件回复了该电子邮件。几个月后，该公司开始调查为什么会有这么多员工遭遇税务欺诈——有人在非法以这些员工的名义报税并申请退税。直到这时，他们才发现这位勤奋的员工回复了假冒首席执行官的欺诈性电子邮件，并向罪犯提供了他们最初想要拿到的确切信息。

在美国的报税季，人们的个人信息可能会比平时更多地通过电子邮件发送，会被共享和保存。犯罪分子可能会想方设法获取人们的信息，并利用这些信息以他人的名义报税。事实上，据美国国税局估计，每年至少有 122 亿美元的身份盗窃退税欺诈案发生。你是否认为上例中的会计应为通过电子邮件发送税务信息负责？公司可以采取哪些措施来确保此类电子邮件盗窃不会发生？如何保护你的税务信息？

因为互联网用户可以使用大量的计算资源,所以这种使用必须合法。此外,互联网上还包含了一些人认为具有攻击性的大量材料,因此需要对工作场所进行监管。一般来说,互联网使用政策如下。

(1) 描述了用户可以使用的互联网服务。

(2) 确定了组织对互联网访问目的的立场以及对这种访问的限制。

(3) 描述了用户在引用资料来源、正确处理攻击性材料和保护组织良好声誉方面应负有的责任。

(4) 规定了违反政策会产生的后果。

以下是几个不可接受的互联网使用示例。

(1) **网络破坏行为**:对现有网站的电子破坏。

(2) **误植域名**:在有人故意拼写错误以注册知名域名的变体时出现的问题。这些变体有时会诱使消费者在输入 URL 时出现拼写错误。

(3) **网站名称盗用**:当有人冒充网站管理员,将分配给该网站的域名的所有权篡改为另一个网站所有者时,就会发生网站名称盗用的问题。

4.2.4 电子邮件隐私政策

电子邮件在组织中的使用极为普遍,以至于需要就此制定具体政策。大多数职场人士都使用电子邮件作为他们首选的企业沟通方式。

- **电子邮件隐私政策**:详细说明电子邮件信息可被其他方阅读的范围。

虽然电子邮件和即时通信是常见的业务沟通工具,但使用它们也存在风险。例如,发送的电子邮件至少会存储在 3～4 台计算机上(如图 4.7 所示)。从一台计算机上删除电子邮件并不会将其他计算机上的同一封电子邮件也删除。企业可以通过实施和遵守电子邮件隐私政策来降低电子信息系统使用中的许多风险。

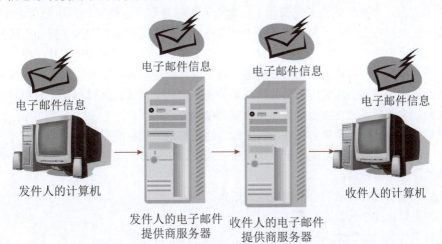

图 4.7 电子邮件被存储在多台计算机上

电子邮件的一个主要问题是用户对隐私的期望。这种期望在很大程度上是基于一种错误假设,即电子邮件的隐私保护类似第一类邮件的隐私保护。一般来说,拥有电子邮件系统的组织可以按照自己的意愿公开或私下操作该系统。调查显示,大多数大公司都会定期阅读和分析员工的电子邮件,以寻找可能的机密数据泄露(如共享未公布的财务结果或商业机密),这种泄露违反了电子邮件隐私政策并最终会导致相关员工遭解雇。这意味着,如果组织想阅读每个人的电子邮件，它就可以这样做。基本上，将工作电子邮件用于工作以外的任何用途都不是个好主意。典型的电子邮件隐私政策都包含了以下内容。

（1）确定了合法电子邮件用户，并说明了个人离职后其账户会发生什么情况。

（2）说明了备份程序，让用户知道，即使他们在某一时刻从电脑中删除了邮件信息，公司也仍保存了该信息。

（3）说明了公司查阅电子邮件的合法性以及执行此类操作前所需的程序。

（4）不鼓励向不想接收垃圾邮件的人发送垃圾邮件。

（5）禁止尝试对网站进行邮件轰炸。

- **邮件轰炸**：向特定个人或系统发送大量电子邮件，导致该用户的邮件服务器停止运行。
- 告知用户，电子邮件一旦传输至组织之外，组织就无法控制。

垃圾邮件是未经请求的电子邮件。它困扰着组织内从前台接待到首席执行官的各级员工，会造成电子邮件系统拥塞，并可能从合法的业务项目中抽走管理信息系统资源。

- **反垃圾邮件政策**：简言之，就是电子邮件用户不得发送未经请求的电子邮件或垃圾邮件。

制定反垃圾邮件政策、法律或开发相关软件都很困难，因为并没有通用的垃圾邮件判断规则。某个人眼中的垃圾邮件可能是另一个人的新闻简讯。最终用户必须确定什么是垃圾邮件，因为垃圾邮件不仅因企业而异，而且因人而异。

- **选择拒收**：用户可以通过设置电子邮件拒收条件来拒绝接收特定电子邮件。
- **选择接收**：用户可以通过设置电子邮件接收权限来接收电子邮件。
- **Teergrubing**：一种反垃圾邮件方法，接收垃圾邮件的计算机对垃圾邮件发送者发起回击，将所接收的电子邮件发送回产生可疑垃圾邮件的计算机。

4.2.5　社交媒体政策

你看过 YouTube 上的一段视频吗？该视频显示达美禾比萨公司的两名员工在准备食物时违反了卫生规范，将煤气喷在了三明治上。数百万人都看到了这段视频，该公司也注意到了，因为顾客开始在推特上发布负面评论。由于没有推特账户，达美禾公司的高管知道这些破坏性推文时已为时已晚。社交媒体的使用可以为组织带来很多好处，而正确使用社交媒体可以为员工打造组织品牌带来巨大机会。但与此同时，社交媒体的使用也存在着巨大风险，因为代表整个企业的少数员工可能会造成巨大的品牌损害。在制定社交媒体政策时制定一套指导方针有助于降低风险。企业可以通过实施社交媒体政策来保护自己。

- **社交媒体政策**：概述企业为管理员工在线沟通而制定的准则或原则。

仅有一项社交媒体政策可能不足以确保企业的网络声誉得到保护。企业还可以选择实施以下更具体的社交媒体政策：

（1）详细说明品牌传播的员工在线沟通政策；

（2）员工日志和个人日志政策；

（3）员工社交网络和个人社交网络政策；

（4）员工推特、企业推特和个人推特政策；

（5）员工领英政策；

（6）员工脸书使用和品牌使用政策；

（7）企业 YouTube 政策。

前欧盟司法、基本权利和公民事务专员薇薇安·雷丁宣布，欧盟委员会建议设立一项名为"被遗忘权"的全面个人隐私权。

- **被遗忘权**：允许个人要求删除所有侵犯其隐私的内容。

被遗忘权解决了数字时代的一个紧迫问题：现在每张照片、每条状态更新和每条推文都永久存在于云端，要在互联网上摆脱自己的过去非常困难。为了遵守欧洲法院的裁决，谷歌创建了一种新的在线申请，个人可以通过该申请要求搜索提供商删除侵犯其网络隐私的链接。在投入使用第一个月里，谷歌就收到了 5 万多份要求该公司删除链接的申请。许多美国人认为，被遗忘权与言论自由权相抵触。这是个有意思的两难选择。

组织必须保护其网络声誉，并持续监控博客、留言板、社交网站和媒体共享网站。然而，监控数以百计的社交媒体网站很快就会使组织变得力不从心。为了解决这些问题，许多企业专门从事在线社交媒体监控。例如，社交媒体监控公司可以创建一个数字仪表板，让高管们一目了然地查看所跟踪的每个项目的发布日期、来源、标题和摘要。该仪表板不仅能突出显示正在谈论的内容，还能显示特定个人、博客或社交媒体网站的影响力。

- **社交媒体监控**：监控和回应关于企业、个人、产品或品牌的言论的过程。
- **社交媒体经理**：组织中值得信赖的人员，负责监控、促进、过滤和指导组织、个人、产品或品牌在社交媒体上的形象。

业务驱动的管理信息系统

假新闻

如何在假新闻横行的世界里找到事实？每个人都在不停地接触真假未知的信息。现在，在网络世界中在线制作一份假报纸易如反掌。假报纸"丹佛卫报"的创始人杰斯汀·科勒发布了一则消息，称一名参与泄露希拉里·克林顿电子邮件的联邦调查局特工被发现死于"明显的杀人后自杀"。报纸上的所有内容都是虚构的，包括小镇名、居民姓名，甚至警长和联邦调查局的人。这则编造的新闻在美国社交媒体上疯传，闹得沸沸扬扬。

在网络时代之前，人们需要花大价钱才能印出一份假报纸。而在网络上，《华尔街日报》(*The Wall Street Journal*) 的报道和"丹佛卫报"的假文章几乎没有什么区别。上当受骗比以往任何时候都容易。

如果假新闻能带来巨大的销售额，你认为企业传播假新闻合乎伦理吗？你能做些什么来确保你阅读的信息是准确、可信和经过验证的？相信假新闻的组织会落得什么下场？

4.2.6 工作场所监控政策

对员工的监控越来越成为一种风险管理义务，而不只是一种选择。爱尔兰银行前首席执行官迈克尔·索登发布了一份强制声明，规定公司员工不得使用公司设备浏览非法网站。接下来，他聘请了惠普公司来运作管理信息系统部门，结果在索登自己的计算机上发现了非法网站，索登被迫辞职。监控员工是首席信息官在制定信息管理政策时面临的最大挑战之一。

物理安全指有形的保护，如警报器、警卫、防火门、围栏和保险库。新技术使雇主能够监控员工工作的许多方面，尤其是电话、电脑终端、电子邮件和语音邮件，以及员工的互联网使用情况。这种监控几乎不受管制。因此，除非公司政策另有明确规定，否则雇主可以监听、监控和阅读员工在工作场所的大部分通信内容。

- **工作场所管理信息系统监控**：通过按键次数、出错率和处理的事务数量等指标跟踪员工的活动（见图 4.8 概述）。

常见的互联网监控技术	
按键记录器或按键捕获器软件	记录每次按键和鼠标点击的程序。
硬件按键记录器	一种捕捉从键盘传输至主板的按键信号的硬件。
cookie	网站存放在客户硬盘上的一个小文件，其中包含有关客户及其网络活动的信息。网站通常在客户不知情或不同意的情况下利用 cookie 来记录客户的来来往往。
广告软件	当用户从互联网下载其他程序时，此类软件会生成广告并将广告安装到电脑上。
间谍软件（潜行软件或隐形软件）	隐藏在免费下载软件中的软件，可跟踪网上活动，挖掘电脑中存储的信息，或使用电脑的 CPU 和存储设备执行用户一无所知的任务。
网络日志	由网站每位访客的一行信息组成，通常存储在网络服务器上。
点击流	记录客户在上网过程中产生的信息，如访问了哪些网站、停留了多长时间、浏览了哪些广告以及购买了哪些商品等。

图 4.8 互联网监控技术

对于计划实施员工监控的组织而言，最佳途径是就制定员工监控政策，进行公开沟通。

- **员工监控政策**：明确说明公司监控员工的方式、时间和地点。

组织在制定员工监控政策时可以遵循以下几项常见规定。

（1）尽可能具体说明何时监控，以及监控什么内容（电子邮件、即时通信、互联网、网络活动等）。

（2）明确告知员工，公司保留监控所有员工的权利。

（3）说明违反政策的后果。

（4）执行政策对所有人都一视同仁。

业务驱动的辩论

监控员工

每个组织都有权监控其员工。当工作场所受到监控时，组织通常会通知员工，尤其是在使用网络、电子邮件和互联网访问等组织资产方面。传统上，员工同意接受监控，并且在使用组织资产时不应期望自己保有任何隐私。

你赞成"组织有义务通知员工工作场所监控的范围（例如员工使用互联网的时间和访问的网站）"这一说法吗？你认为组织有权阅读员工在工作用计算机上收发的所有电子邮件（包括个人账户）吗？

一方面，许多员工都在使用公司的高速互联网处理私人事务。而另一方面，大多数管理者都不希望员工在工作时间做私事，并对员工实施密切的监控。但许多管理大师指出，以信任为企业文化基础的组织比以不信任为企业文化基础的组织更成功。企业在实施监控技术之前应该扪心自问："这说明我们对员工持什么样的看法？"如果企业真的不信任自己的员工，那也许就应该寻找新的员工。如果企业确实信任员工，那也许就应该给予他们相应的待遇。如果组织对员工的一举一动都密切跟踪，可能会在不知不觉中破坏其与员工的关系，并且组织可能会发现，监控员工造成的后果往往比员工上网造成的生产力损失更严重。

业务驱动的分析

办公室欺凌

充满敌意的工作环境不利于提高工作效率和办公室士气，从而使人们每周工作40多个小时的工作场所成为活生生的梦魇。然而，最近的一项研究表明，职场欺凌和暴力影响的远远不止一个人的精神状态。根据一项最新研究，在这样的环境中工作会增加罹患Ⅱ型糖尿病的风险。为了确定Ⅱ型糖尿病与职场欺凌之间的联系，该研究向2万名男性和2.7万名女性发放了调查问卷，问题涉及从同事的不愉快行为到暴力威胁甚至行动等各方面。研究人员发现，在工作中受到欺凌的人罹患Ⅱ型糖尿病的风险要高出46%。人们认为被欺凌是一种严重的社会压力，这种压力可能会激活应激反应，导致一系列生理过程，从而可能产生罹患糖尿病的风险。

你曾是网络欺凌的受害者吗？如果在工作中受到网络欺凌，你该怎么办？电子政策如何帮助预防网络欺凌，并在员工参与网络欺凌时为管理者提供解决问题的思路？如何利用分析技术跟踪网络欺凌对组织的威胁？

第二部分 | 信息安全

学习成果

4.3 描述黑客与病毒之间的关系及区别。
4.4 描述信息安全政策与信息安全计划之间的关系。
4.5 举例说明三个主要的信息安全领域：身份验证和授权；预防和抵御；检测和响应。

4.3 保护知识资产

为了准确反映管理信息系统与业务流程之间至关重要的相互依存关系，我们应将"时间就是金钱"这一古老的商业箴言更新为"正常运行的时间就是金钱"。

- **中断时间**：指系统不可用的一段时间。

从龙卷风、水槽溢流、网络故障到停电，意外中断随时可能发生，如图4.9所示。虽然自然灾害似乎是造成管理信息系统中断的最具破坏性的原因，但它们并不是最常见或代价最大的原因。图4.10表明，中断成本不仅关系到收入损失，而且还关系到财务绩效、声誉受损甚至差旅或法律费用。在确定中断成本时，管理者应提出以下几个问题。

（1）在不严重损害业务的情况下，公司能承受多大的交易损失？

(2) 公司是否依赖一个或多个关键任务应用程序来开展业务?
(3) 关键应用程序每中断一小时,公司会损失多少收入?
(4) 每小时中断产生的生产力成本是多少?
(5) 意外的管理信息系统故障会如何影响与合作伙伴、供应商、客户的协作业务流程?
(6) 意外中断期间的生产力损失和收入损失产生的总成本是多少?

意外中断来源		
炸弹威胁	冰冻管道	烟尘污染
管道破裂	黑客	雪灾
化学品泄漏	冰雹	洒水器故障
施工	飓风	静电
数据损坏	冰风暴	罢工
地震	昆虫	恐怖主义
短路	闪电	盗窃
流行病	网络故障	龙卷风
设备故障	飞机失事	火车脱轨
疏散	停电	故意破坏
爆炸	电涌	车祸
火灾	啮齿动物	病毒
洪水	破坏	水灾
欺诈	数据粉碎	风灾

图4.9 意外中断来源

图4.10 中断成本

因为企业要应对全球化、全天候运营、政府和交易监管、全球经济衰退以及管理信息系统预算和资源的过度扩张,所以管理信息系统的可靠性和灵活性对于企业的成功至关重要。在当今商业环境中,任何意外中断都有可能造成短期和长期损失,影响深远。
- **网络安全**:涉及对可能会给个人、组织、社区和国家造成广泛影响的网络攻击的预防、检测及应对。
- **网络攻击**:恶意访问或破坏计算机系统。网络攻击具有以下特征。
(1)使用电脑、手机、游戏系统及其他设备。
(2)包含身份窃取。
(3)阻止人们访问或删除个人文件和图片。
(4)以儿童为目标。
(5)导致商业服务、交通和电力出现问题。
网络攻击可能导致金钱损失、个人信息被盗以及个人声誉和安全受损。
- **信息安全**:一个广义术语,包括保护信息不被组织内部或外部人员意外或故意滥用。

信息安全是企业应对中断威胁的主要工具。了解如何确保信息系统的安全,对于尽可能减少中断时间并增加正常运行时间至关重要。黑客和病毒是当前信息安全面临的两个最热门的问题。

艾可飞公司是美国最大的信用监控公司之一,同时也是史上规模最大的网络安全攻击之一的受害者。2017 年 5 月中旬到 2017 年 7 月期间发生了未经授权的数据访问,多达 1.46 亿的消费者因此受到影响,他们的姓名、社会保障号码、出生日期和地址被盗,所有这些信息都是窃取个人身份所必需的。此次攻击是利用网站漏洞访问数据文件实现的。

2018 年 11 月 16 日,时任美国总统特朗普签署了《2018 年网络安全与基础设施安全局法案》,使之成为法律。这项具有里程碑意义的立法提升了美国国土安全部前国家保护与计划局的使命,并成立了**网络安全与基础设施安全局(CISA)**。CISA 负责建设美国抵御网络攻击的能力,并与美国联邦政府合作提供网络安全工具、事件响应服务和评估能力,以确保支持合作部门和机构基本业务的 ".gov" 网络正常运行。

我们的日常生活和经济活力取决于一个稳定、安全和有适应力的网络空间。网络空间及其基础设施很容易受到物理威胁和危害、网络威胁和危害带来的广泛风险的影响。网络老手可以利用漏洞窃取信息和金钱,并且正在发展破坏、摧毁或威胁提供基本服务的能力。

4.3.1 黑客:企业面临的一种危险威胁

吸烟不仅对个人健康有害,而且显然也不利于公司安全,因为黑客经常利用吸烟入口进入大楼。一旦进入大楼,他们就会冒充管理信息系统部门的员工,要么请求允许使用员工的计算机访问公司网络,要么找到一间会议室,在那里直接接入自己的笔记本电脑。
- **黑客**:利用自己的知识侵入计算机和计算机网络的技术专家,他们或为牟利,或只是为了挑战一下自己。图 4.11 详解了各种类型的黑客。
- **路过式黑客攻击**:一种计算机攻击,攻击者接入无线计算机网络,截取数据,使用网络服务和/或发送攻击指令,而不需要进入拥有该网络的办公室或组织。

白帽黑客
并非所有黑客都是坏人。事实上,聘请白帽黑客来查找公司的漏洞不失为一种好的业务策略。
- **漏洞悬赏计划**:一种对发现和报告软件漏洞的个人予以奖励的众包计划。

漏洞悬赏计划也称为漏洞奖励计划,该计划会提供经济补偿,作为发现有可能被利用的软件漏洞的奖励。通常情况下,支付金额与组织规模、黑客入侵系统的难度以及漏洞的潜在影响相称。下面是几个著名的漏洞悬赏计划。

（1）Mozilla 公司为查找漏洞支付 3000 美元的统一奖励。

（2）Facebook 为一份漏洞报告支付了高达 2 万美元的费用。

（3）谷歌平均每年向 Chrome 操作系统漏洞报告者支付 70 万美元。

（4）微软向英国研究人员詹姆斯·福肖支付了 10 万美元，因为后者发现了 Windows 8.1 中的一个攻击漏洞。

（5）苹果公司为 iOS 安全启动固件组件中的一个缺陷支付了 20 万美元。

常见黑客类型
（1）**黑帽黑客**闯入他人的计算机系统，他们可能只是随便看看，也可能会窃取和破坏信息。
（2）**破解者**在进行黑客攻击时具有犯罪意图。
（3）**网络恐怖分子**试图伤害他人或者破坏关键系统或信息，并利用互联网作为大规模杀伤性武器。
（4）**黑客主义者**闯入系统有其哲学和政治原因，他们经常破坏网站以示抗议。
（5）**脚本小子或脚本兔子**在互联网上发现黑客代码，然后点击并指向系统，造成破坏或病毒传播。
（6）**白帽黑客**应系统所有者的要求查找系统漏洞并堵塞漏洞。

图 4.11　黑客类型

虽然利用白帽黑客查找漏洞是有效的，但这类计划也可能引发争议。为了限制潜在风险，一些组织正在提供需要邀请才能参加的**封闭式漏洞悬赏计划**。例如，苹果公司将漏洞悬赏计划的参与者限制为几十名研究人员。渗透测试是一种新的测试形式，也称为白帽黑客入侵测试，是以发现攻击者可能利用的安全漏洞为目的的计算机系统、网络或网络应用程序测试。渗透测试可以与软件应用程序自动结合，也可以手动进行。无论哪种方式，测试过程都包括在测试前收集目标信息、确定可能的侵入点、尝试入侵并报告结果。

4.3.2　病毒：企业面临的一种危险威胁

病毒是最常见的计算机漏洞之一。

- **病毒**：恶意编写的软件，目的是造成困扰或破坏。一些黑客会制造并传播病毒，对计算机造成巨大破坏。图 4.12 显示了病毒的传播方式。

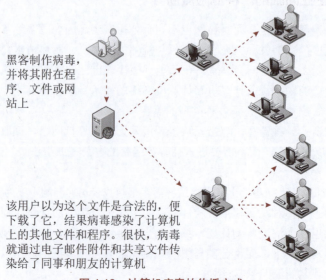

图 4.12　计算机病毒的传播方式

- **恶意软件**：以损坏或禁用计算机和计算机系统为目的的软件。
- **僵尸网络**：可使一组联网设备受黑客控制的恶意软件。僵尸网络可实施分布式拒绝服务攻击、窃取数据、发送垃圾邮件，并允许黑客在设备所有者不知情的情况下访问设备。

蠕虫病毒不仅在文件与文件之间传播，也在计算机与计算机之间传播。病毒与蠕虫病毒的主要区别在于，病毒必须附着在某个对象上（如可执行文件）才能传播。蠕虫病毒则不需要附着在任何东西上就能传播，而且能以隧道方式进入计算机。图 4.13 概述了最常见的病毒类型。另外两种计算机漏洞包括广告软件和间谍软件。

- **广告软件**：虽然声称具有某种有用的功能，而且往往也能实现该功能，但同时还允许互联网广告商在未经计算机用户同意的情况下显示广告的软件。
- **间谍软件**：一种在用户不知情或未经用户许可的情况下收集用户数据并通过互联网传输这些数据的特殊广告软件。间谍软件程序收集用户的特定数据，从姓名、地址、浏览习惯等一般人口统计数据到信用卡号、社保卡号、用户名和密码等。并非所有广告软件程序都是间谍软件，如果使用得当，它们可以为企业创造收入，让用户获得免费产品。间谍软件对用户的隐私构成了明显威胁。

后门程序为未来的攻击打开了进入网络的通道。
拒绝服务攻击（DoS）会向网站发出大量服务请求，导致网站运行速度减慢或崩溃。
分布式拒绝服务攻击（DDoS）以多台计算机为目标，向网站发出大量服务请求，导致网站运行速度减慢或崩溃。一种常见的类型是 Ping of Death，即数千台计算机同时尝试访问一个网站，导致网站超载并关闭。
多态病毒和蠕虫在传播过程中会改变形态。
木马病毒隐藏在其他软件中，通常以附件或可下载文件的形式出现。

图 4.13　常见的病毒形式

勒索软件和恐吓软件是两种恶意软件程序形式。

- **勒索软件**：一种感染计算机并向人们索要钱财的恶意软件。

勒索软件是一种数据绑架恶意软件，攻击者会对受害者的数据进行加密，并要求受害者付费来获取解密密钥。勒索软件通过电子邮件附件、受感染程序和被入侵网站传播。勒索软件恶意程序也称为加密病毒、加密木马或加密蠕虫。攻击者可能会使用以下几种不同的方法之一向受害者勒索钱财。

（1）受害者发现自己无法打开文件后，会收到一封勒索赎金的电子邮件，要求用相对较少的钱来换取私钥。攻击者警告说，如果在某个日期之前不支付赎金，私钥将被销毁，数据将永远丢失。

（2）受害者被骗，以为自己是警方调查的对象。受害者被告知在其电脑上发现了未经许可的软件或非法网络内容，然后得到如何支付电子罚款的指示。

（3）恶意软件会偷偷加密受害者的数据，但不会做任何其他事情。在这种方法中，数据绑架者预计受害者会在互联网上寻找解决问题的方法，并通过在合法网站上销售反勒索软件来赚钱。

为防止数据被绑架，专家建议用户定期备份数据。如果受到攻击，不要支付赎金。相反，应将磁盘驱动器清理干净，然后从备份中恢复数据。

- **恐吓软件**：一种恶意软件，旨在诱骗受害者提供个人信息，以购买或下载无用且有潜在危险的软件。

恐吓软件往往利用计算机浏览器中的漏洞，生成类似系统错误信息的弹出式警告。这些警告的设计看起来很真实，通常会提醒用户在其计算设备上发现了大量被感染的文件，然后会提示用户拨打一个电话号码或单击一个超链接来清除感染。如果最终用户拨打电话号码，他们会被要求提供信用卡信息以购买虚假软件，或者被引导至一个网站下载所谓"清理"软件应用程序，而该软件实际上包含恶意软件并会感染计算机。用户如果上当受骗，不仅会损失购买无用软件的钱，还可能导致计算机无法使用。图 4.14 显示了黑客用来发动攻击的其他工具。

权限提升指用户误导系统授予未经授权的权限，其目的通常是入侵或破坏系统。例如，攻击者可能使用访客账户登录网络，然后利用软件中的某个漏洞将访客权限更改为管理权限。
恶作剧指通过传播附带真实病毒的病毒恶作剧来攻击计算机系统。通过将攻击掩藏在看似合法的信息中，毫无戒心的用户更容易传播信息，并将攻击发送给他们的同事和朋友，从而感染更多用户。
恶意代码包括病毒、蠕虫病毒和木马等各种威胁。
数据包篡改包括在数据包通过互联网传输时篡改其内容，或在侵入网络后篡改计算机磁盘上的数据。例如，攻击者可能会在网络线路上安装窃听器，在数据包离开计算机时进行拦截。攻击者可以在信息离开网络时窃听或更改信息。
嗅探器是一种可以监控网络数据传输的程序或设备。嗅探器可以显示通过网络传输的所有数据，包括密码和敏感信息。嗅探器往往是黑客最喜欢的工具。
冒用他人电子邮件地址指伪造电子邮件的回信地址，使邮件看起来并非来自真正的发件人。这不是病毒，而是病毒作者在发送病毒时隐藏身份的一种方法。
垃圾博客是为了提高附属网站的搜索引擎排名而创建的虚假博客。即使是合法的博客也会受到垃圾信息的困扰，垃圾信息发送者会利用大多数博客的评论功能来发表带有垃圾网站链接的评论。
间谍软件是一种隐藏在免费下载软件中的软件，可跟踪网上活动、挖掘计算机中存储的信息，或使用计算机的 CPU 和存储设备执行一些用户一无所知的任务。

图 4.14 黑客工具

组织信息就是知识资本。正如组织要保护其有形资产（将资金存放在有保险的银行或为员工提供安全的工作环境），它们还必须保护其从专利到交易和分析信息的知识资本。随着安全漏洞和病毒的增多以及计算机黑客的无处不在，组织必须采取强有力的安全措施才能生存下来。

4.4 第一道防线：人

如今，组织可以挖掘有价值的信息，例如前 20% 客户（这些客户通常创造了 80% 的收入）的身份信息。大多数组织都将这类信息视为知识资本，并采取安全措施防止信息外泄或落入坏人之手。与此同时，他们还必须让员工、客户和合作伙伴能够以电子方式访问所需的信息。组织通过两道防线来应对安全风险：其一是人，其二是技术。

令人惊讶的是，最大的问题是人，因为大多数信息安全漏洞都是因为人们滥用组织信息造成的。

- **内部人员**：故意或意外滥用环境访问权并造成某种业务影响事件的合法用户。例如，许多人随意泄露密码或将密码写在电脑旁的便签上，为黑客打开了方便之门。

黑客用来获取信息的不道德欺骗形式包括但不限于以下几种。

（1）**社交工程**：黑客利用社交技巧诱骗他人泄露访问凭证或其他有价值的信息。

（2）**伪装**：一种社交工程形式，其中一个人通过撒谎来获取另一个人的机密数据。

（3）**垃圾箱潜水**：黑客通过查看人们的垃圾箱来获取信息。

面对组织中层出不穷的各种不道德行为，最好的办法就是制定相关政策，防止这类欺诈的发生。

- **信息安全政策**：确定维护信息安全所需的规则，例如要求用户在离开办公室去吃午餐或开会之前注销登录，绝不与任何人共享密码，以及每 30 天更改一次密码。
- **信息安全计划**：详细说明组织如何实施信息安全政策。

一家企业保护其自身免受他人伤害的最佳方式就是实施其信息安全计划并就实施情况进行沟通。在 Web 2.0 时代，随着移动设备、远程员工和承包商的使用不断增长，这一点变得更加重要。管理者应考虑的有关信息安全政策的一些细节包括定义以下方面的最佳做法。

（1）允许放置在企业网络上的应用程序，特别是各种文件共享应用程序、即时通信软件以及来历不明的娱乐或免费软件（如手机上的应用程序）。

（2）因个人原因在个人网络上使用公司计算机设备。

（3）密码的创建和维护，包括最短密码长度、选择密码时应包含的字符以及更改密码的频率。

（4）允许连接到企业网络的个人电脑设备。

（5）病毒防护，包括系统扫描频率和软件更新频率。还可以包括是否允许下载附件，以及从可信和不可信来源安全下载的做法。

4.5 第二道防线：技术

一旦一个组织以详细的信息安全计划武装了其员工，保护了其知识资本，它就可以开始集中精力部署技术来打击攻击者了。

- **破坏性代理**：垃圾邮件发送者和其他互联网攻击者设计的恶意代理，用于从网站上获取电子邮件地址或在机器上植入间谍软件。

图 4.15 显示了可以利用技术来协助防御攻击的三个领域。

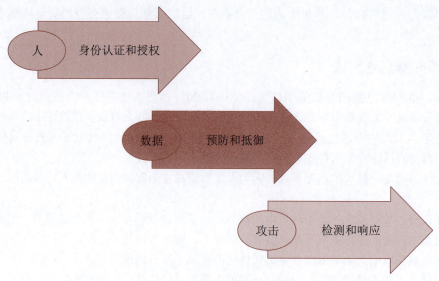

图 4.15　信息安全的三个领域

4.5.1　人：身份认证和授权

身份窃取指以欺诈为目的伪造他人身份。这种欺诈通常是财务欺诈，因为窃贼会以受害者的名义申请和使用信用卡或贷款。窃取身份的两种手段是网络钓鱼和网址嫁接。

- **网络钓鱼**：以盗用身份为目的获取个人信息的一种手段，通常伪装成来自合法企业的欺诈性电子邮件。

这些邮件看似真实，带有官方格式和标识，且通常以会计或审计等冠冕堂皇的理由要求验证密码和账号等重要信息。由于这些邮件看起来真实可信，因此可能每五个收件人中就有一人会回复信息，而回复信息者随后便成为身份盗窃和其他欺诈行为的受害者。图 4.16 显示了一个试图获取 SkyLine 银行信息的网络钓鱼骗局。我们千万不要单击要求验证身份的电子邮件，因为企业绝不会直接和个人客户联系、索要用户名或密码。

以下是几种不同形式的网络钓鱼。

（1）**网络钓鱼探险**：一种结合了垃圾邮件和冒用他人邮件地址的伪装攻击。作案者发送数百万封垃圾邮件，这些邮件看似来自一家值得信任的企业。邮件中包含一个网站链接，该网站设计得与该企业官网一模一样。受害者会被诱导输入用户名、密码，有时还有信用卡信息。

（2）**鱼叉式网络钓鱼**：针对特定个人或组织精心设计电子邮件的网络钓鱼行为。

（3）**语音钓鱼**：一种电话诈骗，要求人们拨打一个假电话号码来确认其账户信息，从而达到诈骗目的。

第二种形式的身份窃取是网址嫁接。

- **网址嫁接**：将合法网站的请求重定向到虚假网站。例如，如果输入了银行的 URL，"网址嫁接"可能会将人们重定向到一个收集个人信息的虚假网站。
- **僵尸**：秘密接管另一台计算机的程序，目的是对其他计算机发起攻击。僵尸攻击几乎无法追溯到攻击者。
- **僵尸农场**：被黑客植入僵尸程序的一组计算机。
- **网址嫁接攻击**：通常由有组织犯罪团伙建立的僵尸农场，用于发动大规模网络钓鱼攻击。

发送自	SkyLine 银行 customerservice@skylinebank.com
主题	您的账户验证

SKYLINE 银行　　　　"您的本地银行专家"

亲爱的客户，

　　作为您的首选本地银行，我们非常重视您的账户安全。为此，我们特别通知您：由于内部错误，我们目前无法确认您的账户数据。请您务必及时回复此邮件，以避免您的账户服务中断。

　　为避免您的账户被暂停，请单击下面的链接验证您的账户信息。对由此造成的不便，我们深表歉意。

单击这里

谢谢您，
SkyLine 银行
在线银行业务部

图 4.16　SkyLine 银行网络钓鱼欺诈

　　袜子玩偶营销是利用虚假身份人为刺激对产品、品牌或服务的需求。互联网上的虚假身份俗称"袜子玩偶"或"鲶鱼"，这取决于虚假身份的详细程度。通常情况下，关于袜子玩偶的细节很少，可能只是一个附加在新的电子邮件账户上的虚构名字。

　　袜子玩偶营销是一种**"草根营销"**（Astroturfing）。"草根营销"指人为刺激网络对话以及对产品、服务或品牌的正面评价的做法。袜子玩偶可以快速制作，常用于依赖客户评论的社交媒体网站。因此，许多网站只允许经过验证的客户发表评论。袜子玩偶营销是不道德的，在某些情况下甚至是非法的。在美国，联邦贸易委员会有权对从事袜子玩偶营销的企业处以罚款。

业务驱动的创新

家庭安防系统

　　说到入室盗窃，我们通常会想到一些人使用蛮力闯入居民家中，拿走所有的贵重物品，然后企图在警察到来之前逃走。我们现有的安防系统就是为这类罪犯设计的。但是，随着智能安防系统的兴起，如果犯罪分子学会了避开系统并使警报器失灵，那该怎么办呢？

　　大多数家庭安防系统都是为了将入侵者拒之门外而设计的。谷歌母公司 Alphabet 旗下子公司 Nest 则完全反其道而行之，选择将重点放在让用户更容易进入家中。只需要挥动钥匙扣，而不是输入密码，就能解除安防中枢的防盗装置，这些钥匙扣还可设置为在特定时间段内工作，例如，保姆只有在工作时才能进入家中。智能手机应用程序可让用户对系统进行远程管理。当然，安防中枢也有足够的能力保护住宅，如果入侵者试图破坏或拔掉安防中枢的电源插头，它就会发出 85 分贝的警报声，配套的运动传感器还可以在门窗被打开时提醒用户。

试评估家庭安防系统，确定该技术是否会被黑客攻击。使用物联网家庭安防设备是否安全？为什么？

身份认证和授权技术可以防止身份窃取、网络钓鱼和网址嫁接欺诈。**身份认证**是一种确认用户身份的方法。一旦系统确定了用户的身份，就可以确定该用户的访问权限（或授权）。**授权**是为用户提供访问权限的过程，包括访问级别和能力，如文件访问权限、访问时间和所分配的存储空间大小。身份认证和授权技术分为以下三类，最安全的程序是将三者结合在一起的程度。

（1）**用户知道的东西，如用户 ID 和密码**。第一类身份认证方式（即使用用户知道的东西）是识别个人用户的最常见方式，通常包括一个唯一的用户 ID 和密码。然而，这实际上是最无效的身份认证方式之一，因为密码并不安全。破解密码通常只需要足够的时间。50% 以上的求助电话都与密码有关，这会给企业带来巨大损失，而且社会工程师几乎可以从任何人那里骗取到密码。

（2）**用户拥有的东西，如智能卡或令牌**。第二类身份认证方式是使用用户拥有的东西，它提供了比用户 ID 和密码更有效的个人身份识别方法。令牌和智能卡是这类身份认证的两种主要形式。

- **令牌**：自动更改用户密码的小型电子设备。用户输入用户 ID 和令牌显示的密码，即可访问网络。
- **智能卡**：一种与信用卡大小相仿的设备，其中使用了可存储信息的嵌入式技术和少量软件，可进行一些有限的处理。智能卡可以作为身份识别工具、数字现金或能够存储整个医疗记录的数据存储设备。

（3）**用户的一部分，如指纹或语音签名**。第三类身份认证是使用用户的一部分，这是迄今为止最好、最有效的身份认证管理方式。

- **生物识别（狭义）**：根据物理特征（如指纹、虹膜、面部、声音或笔迹）识别用户。
- **声纹**：人声的一组可测量特征，可唯一识别个人。这些特征基于说话者口腔和喉咙的物理结构，并可用数学公式表示。遗憾的是，声纹等生物识别身份认证方式可能成本高昂且容易被侵入。

业务驱动的管理信息系统

网飞公司将开始对"共享密码"这一流媒体订阅中最古老的传统采取严厉措施。网飞公司正在测试一种新的提示，当用户试图使用家庭成员以外的人的网飞账户时，如果用户不与该账户的所有者住在一起，那么

<table>
<tr><td>网飞公司正在停止密码共享</td><td>需要自己的账户才能继续观看。然后，用户将被引导使用短信或电子邮件验证码验证账户，或者开始自己的 30 天免费试用。该功能目前只在电视上进行测试。虽然网飞公司的服务条款已经禁止用户与家庭以外的人共享密码，但这家流媒体巨头过去并没有这样做过。此外，网飞公司还对用户可以同时用来流式传输内容的设备数量做出了限制，这取决于用户的订阅级别。

你赞成网飞公司停止允许用户共享密码吗？决定停止共享密码会带来哪些财务影响？继续允许用户共享密码会带来哪些财务影响？</td></tr>
</table>

身份认证的目的是让未经授权的人难以进入系统，即使攻击者攻破了一个安全级别，接下来需要攻破的安全级别还有更多。

- **单因素身份认证**：传统的安全程序，需要用户名和密码。
- **双因素身份认证**：要求用户提供两种认证方式，即用户知道的（密码）和用户拥有的（安全令牌）。
- **多因素身份认证**：需要两种以上的身份认证手段，如用户知道的（密码）、用户拥有的（安全令牌）和用户的一部分（生物特征验证）。

这些措施称为**对策**——是可以用来防止或者减轻计算机、服务器或网络受到威胁的行动、过程、设备或系统。在这种情况下，威胁是一种潜在或实际的不利事件，可能是恶意的或偶然的，可能会危及企业资产或计算机或网络的完整性。以下是一些应对措施：

（1）使用强密码和双因素身份认证（两种验证方法）；
（2）经常删除网络浏览器中存储的 cookie 和临时文件；
（3）定期扫描病毒和其他恶意软件；
（4）定期安装操作系统更新和补丁程序；
（5）拒绝单击电子邮件中出现的链接；
（6）避免打开来自未知发件人的电子邮件及附件；
（7）远离可疑网站；
（8）定期使用外部介质备份数据；
（9）留意可疑活动，如有疑问，切勿点击。

4.5.2 数据：预防和抵御

权限升级是一种网络入侵攻击，这种攻击利用程序错误或设计缺陷，授予攻击者对网络及其相关数据和应用程序的高级访问权限。权限升级分为垂直权限升级和水平权限升级两种。

- **垂直权限升级**：攻击者授予自己更高的访问级别（如管理员），并允许自己执行非法操作（如运行未经授权的代码或删除数据）。例如，攻击者可能使用访客账户登录网络，然后利用软件中的漏洞，将访客权限更改为管理员权限。
- **水平权限升级**：攻击者授予自己已有的相同访问权限，但是假冒了其他用户的身份。例如，获得他人网上银行账户的访问权限就构成了水平权限升级。

预防和抵御技术通过内容过滤、加密和防火墙等手段阻止入侵者访问和读取数据。

- **定时炸弹**：等待特定日期才执行指令的计算机病毒。
- **内容过滤**：组织使用软件过滤电子邮件等内容，以防止意外或恶意传输未经授权的信息。

企业可以使用内容过滤技术过滤电子邮件,防止包含敏感信息的电子邮件被恶意或意外传输。此外,这种技术还可以通过过滤电子邮件来防止传输任何可疑文件,如可能受病毒感染的文件。电子邮件内容过滤也可以过滤未经许可的垃圾邮件。

- **加密**:将信息打乱成需要密钥或密码才能解密的另一种形式。

  即使出现安全漏洞,窃贼也无法读取经过加密的被盗信息。加密可以是改变原字符的顺序、用其他字符替换原字符、插入或删除字符,或使用数学公式将信息转换成某种编码。通过互联网传输信用卡号等敏感客户信息的企业经常使用加密技术。

- **解密**:即对信息进行解码。它与加密相反。
- **密码学**:研究加密的科学,加密是将信息隐匿成只有发送者和接收者才能读取的形式。
- **个人身份信息(PII)**指任何可能识别特定个人身份的数据。PII 包括敏感 PII 和非敏感 PII 两类。
- **非敏感 PII**:未经加密传输的信息。这包括从公共记录、电话簿、企业名录、网站等收集的信息。非敏感 PII 是不会对个人造成伤害的信息,如地址。
- **敏感 PII**:以加密方式传输的信息,一旦泄露会导致个人隐私泄露,并可能对个人造成伤害。敏感 PII 包括生物识别信息、财务信息、医疗信息以及身份证件号码等唯一身份标识。

《HIPAA(健康保险流通与责任法案)安全规则》确保了以电子方式存储或传输的患者数据安全的美国国家标准。《HIPAA 安全规则》要求对敏感 PII 健康信息采取物理和电子保护措施。《HIPAA 安全规则》的目标是在保护患者安全的同时,允许医疗保健行业在技术上不断进步。所有机构都需通过以下方式了解并管理 PII:

(1)确定所有创建、接收、维护或传输 PII 的来源;
(2)评估所有 PII 的外部来源;
(3)确定 PII 所面临的所有人为、自然和环境威胁。

一些加密技术使用多个密钥。

- **公钥加密(PKE)**:使用两个密钥,一个是人人都能拥有的公钥,另一个是仅供接收者使用的私钥,如图 4.17 所示。

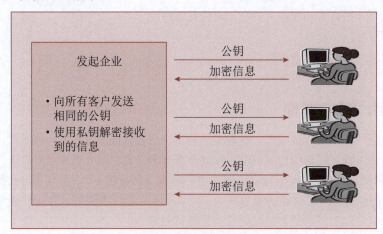

图 4.17 公钥加密(PKE)

组织向所有客户提供公钥,无论客户是终端消费者还是其他企业。客户使用该密钥加密并通过互联网发送信息。当信息到达目的地时,组织使用私钥将其解密。

公钥正被广泛用于由数字对象构成的身份认证技术,在这种技术中,受信任的第三方会确认用户与公钥之间的相关性。
- **证书颁发机构**：受信任的第三方通过数字证书验证用户身份。
- **数字证书**：可在网上识别个人或组织身份的数据文件，相当于数字签名。

防火墙是一种通过分析传入和传出信息是否具有正确标记来保护专用网络的硬件或软件。如果缺少标记，防火墙就会阻止信息进入网络。防火墙甚至可以检测出未经批准与互联网通信的计算机。如图 4.18 所示，企业通常在服务器和互联网之间设置防火墙。可以把防火墙看作一个守门员，它通过为进出互联网及其他网络提供一个过滤器和安全传输点来保护计算机网络免受入侵。防火墙会检查所有网络流量是否含有正确的密码或其他安全代码，并只允许经授权的传输进出网络。

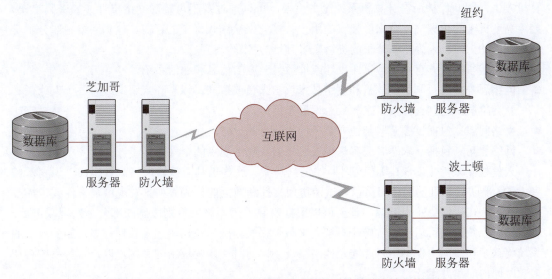

图 4.18 连接位于芝加哥、纽约和波士顿的系统的防火墙架构示例

业务驱动的创业

信任关系

网络犯罪是一个全球性问题。2020 年，仅美国的身份窃取受害者就有 2400 万。同年，美国的账户被盗损失高达 60 亿美元。75% 的客户表示，如果他们不相信一家企业会保护他们的数据，他们就不会购买该企业的产品，无论其产品有多好。对在线业务的信任取决于如何理解客户和企业在关键领域的隐私及信任信息需求，在这些领域，客户认为在线交易的隐私和安全风险最大。更好的信息意味着解决重要的客户问题：网站收集了哪些隐私信息？如何处理这些信息？当企业提供客户友好的信息来建立和维持客户的信心时，往往会带来更好的业务表现。

考虑到网络犯罪的性质，一家企业需要付出什么代价才会使客户愿意在线购买其产品？如果你购买了其产品的企业出现网络安全漏洞，你还会继续购买它的产品吗？如果你供职的企业出现网络安全漏洞，你将如何确保客户的安全并使他们继续购买你所在企业的产品？

防火墙并不能保证提供全面的保护，用户还应使用包括杀毒软件和反间谍软件在内的其他安全技术。

- **杀毒软件**：扫描和搜索硬盘驱动器，以预防、检测和清除已知病毒、广告软件和间谍软件。为了防止新病毒的入侵，杀毒软件必须经常升级。

4.5.3 攻击：检测和响应

网络行为分析收集组织的计算机网络流量模式，以识别不寻常的或可疑的操作。网络行为分析软件可以跟踪关键网络特征，一旦发现可能构成威胁的异常或奇怪趋势，就会发出警报。这里所说的趋势可能涉及流量、带宽使用和协议使用的增加。由于非常多的入侵者都在策划计算机攻击，因此保护所有计算机系统至关重要。可以通过观察可疑的网络事件（如密码错误、删除高度机密的数据文件或未经授权的用户尝试）来检测入侵者的存在。检测网络犯罪分子是一项艰巨的工作，因为犯罪分子的类型繁多且目的各异。

- **网络战争**：一方有组织地试图破坏或摧毁另一方的信息和通信系统。
- **网络恐怖主义**：利用计算机和网络技术攻击人员或财产，以恐吓或胁迫政府、个人或任一社会阶层，达到其政治、宗教或意识形态目标。
- **网络间谍**：包括试图获取其他方某种形式信息的一方。
- **网络黑帮**：包括寻求恶名或者想要表达社会或政治观点的个人。

入侵检测软件（IDS）具有全时监控工具功能，这些工具可搜索网络流量模式以识别入侵者。IDS能防止可疑的网络流量以及试图访问文件和数据的行为。如果发现可疑事件或未经授权的流量，IDS就会发出警报，甚至可以根据需要关闭网络中特别敏感的部分。发现攻击后，管理信息系统部门可以通过实施应对策略来减轻损失。应对策略概述了各种程序，如受攻击的系统将在多长时间内保持运行并与企业网络连接，何时关闭受攻击的系统，以及备份系统将在多长时间内启动并运行。

保证组织信息的安全可以通过实施"人"和"技术"两道防线来实现。要通过人来保护信息，企业应制定信息安全政策和计划，为员工提供在创建、使用和传输组织信息资产时应采取的具体预防措施。基于技术的防线分为三类：身份认证和授权、预防和抵御、检测和响应。

问题回顾

1. 何谓伦理，为什么合乎伦理对于企业很重要？
2. 信息管理、治理及合规性之间的关系是什么？
3. 为什么电子政策对企业很重要？
4. 隐私与机密性之间有什么关联？
5. 广告软件与间谍软件之间的关系是什么？
6. 监控员工有怎样的积极和消极影响？
7. 黑客与病毒是什么样的关系？
8. 为什么安全不仅是一个技术问题，还是一个业务问题？
9. 员工沟通方法相关的问题有哪些，企业如何保护自己？
10. 参与电子业务的企业如何才能确保其信息安全？
11. 企业可使用哪些技术来确保信息安全？

12. 为什么电子发现对企业很重要？
13. 企业出现中断的原因有哪些？
14. 与中断有关的成本有哪些？

总结性案例一：黑客入侵企业的五种方式

黑客不在乎企业的规模有多大，他们只在乎能否突破企业的防御，盗取员工的重要数据。实际上，黑客更喜欢攻击小企业，因为小企业相比个人往往有更多可窃取的东西，而其网络防御却又比大企业薄弱。残酷的现实是，大多数小企业至少有 50% 的概率成为黑客的攻击目标。你了解以下内容吗？

- 平均每 3 分钟，就会有一家企业受到病毒和恶意软件的侵扰。
- 每 291 封电子邮件中就有一封带有病毒。
- 黑客最想得到的 3 样东西是客户数据、知识资产和银行账户信息。
- 网络钓鱼欺诈中使用最多的 5 个文件名是 Details.zip、UPS_document.zip、DCIM.zip、Report.zip 和 Scan.zip。
- 网络攻击平均每年给中小型企业造成的损失高达 18.8242 万美元。

网络窃贼总是在寻找新的方法来访问人们的业务数据、业务网络和业务应用程序。保护企业免遭网络窃取的最佳方法是建立强大的防御，并能够识别漏洞和薄弱环节。按照《企业杂志》（*Inc. Magazine*）约翰·布兰登的说法，黑客试图入侵企业的五种常见方式如图 4.19 所示。

弱密码
■ 使用 300 美元的显卡，黑客可在 1 分钟内破解 4200 亿个简单的小写 8 字符密码组合。
■ 80% 的网络攻击涉及弱密码，55% 的人使用同一个密码进行所有登录。
最佳防御方式
■ 每个账户使用不同的密码。
■ 密码至少 20 个字符，最好是杂乱无章的字符组合而不是有意义的单词。
■ 在密码中插入 @#$*& 等特殊字符。
恶意软件攻击
■ 受感染的网站、USB 驱动器或应用程序提供了可以捕获按键、密码和数据的软件。
■ 针对小型企业的恶意软件攻击每年增加 8%，针对性攻击造成的平均损失为 9.2 万美元。
最佳防御方式
■ 运行强大的恶意软件检测软件，如诺顿（Norton Toolbar）。
■ 及时更新现有软件。
钓鱼电子邮件
■ 虚假但看似官方的电子邮件会提示人们输入密码或点击受感染网站的链接。
■ 自 2012 年以来，社交媒体网络钓鱼攻击上升了 125%。
■ 网络钓鱼者每年从小型企业窃取 10 亿美元。
最佳防御方式
■ 使用最新补丁更新现有软件、操作系统和浏览器。
■ 不要自动点击电子邮件中的外部网站链接，应在浏览器中重新输入 URL。

图 4.19 黑客入侵企业的五种方式

社交工程
- 想想 21 世纪骗子的伎俩，例如，黑客盗取他人身份重置密码。
- 29% 的安全漏洞涉及某种形式的社交工程。平均损失为每起事件 2.5 万～10 万美元。
- 2009 年，社交工程师假扮成可口可乐公司的首席执行官，说服一名高管打开一封带有软件的电子邮件，从而渗透到了该公司的网络中。

最佳防御方式
- 重新思考你在社交媒体上透露的信息，这些信息都可能被社交工程师利用。
- 制定处理敏感请求（如通过电话重置密码）的政策。
- 进行安全审计。

勒索软件
- 黑客挟持你的个人网站，通常会发布令人尴尬的内容，直到你支付赎金。
- 每年勒索软件总共勒索 500 万美元。真正的代价是数据丢失，支付赎金并不意味着能拿回文件。
- 黑客锁定了美国亚拉巴马州一家电视台的网络，要求支付赎金才能移除每台计算机上的红色屏幕。

最佳防御方式
- 与恶意软件一样，不要点击可疑链接或未知网站。
- 定期备份数据。
- 使用专门检查新漏洞的软件。

图 4.19（续）

问题
1. 定义信息伦理和信息安全，并说明它们对于帮助防止黑客入侵组织是否重要。
2. 指出企业可以实施来确保企业敏感数据不受黑客攻击的两项电子政策。
3. 说明企业如何使用身份认证和授权技术来防止黑客入侵组织系统。
4. 分析企业如何利用预防和抵御技术来保护员工免受黑客和病毒的侵害。
5. 解释为什么黑客想要获取组织数据。
6. 评估黑客可用来获取组织数据的其他方式。

总结性案例二：剑桥分析公司——非法数据爬取

剑桥分析公司是一家数据分析公司，曾为特朗普 2016 年的总统竞选活动服务。在此过程中，其关联公司战略传播实验室（Strategic Communications Laboratories）在脸书 5000 多万用户不知情的情况下，窃取了他们的数据。数据爬取又称网络爬取，指将信息从网站导入电子表格或保存为计算机本地文件的过程。这是从网络上获取数据的最有效方法之一，在某些情况下，还可以将数据导入另一个网站。脸书允许在数百万用户不知情或未同意的情况下获取他们的数据，并用于不当途径，从而影响了当年的美国总统选举，这一事件给这家社交媒体巨头带来了一场风暴。剑桥分析公司利用这些信息，并根据选民的心理特征锁定他们。当然，这一切都引发了人们对"心理定位"真正含义的担忧。英国第四频道新闻发布了历时一年拍摄的一系列卧底视频，这些视频表明，剑桥分析公司的高管们似乎在说，他们可以敲诈政客，并帮助他们的客户扩大宣传。

脸书首席执行官马克·扎克伯格在其脸书账户上发布道歉声明，承认公司所犯的错误，甚至为确保此类数据窃取事件不再发生颁布了新规。此外,脸书还暂停了剑桥分析公司和战略传播实验室公司的账户,同时调查这两家公司是否保留了脸书用户数据——因为这样做违反了脸书的条款。脸书表示,它清楚这次的数据泄露事件,但已收到剑桥分析公司删除所有数据的保证,这一保证具有法律约束力。

当脸书用户得知这家社交媒体巨头将他们的敏感信息提供给了剑桥分析这家政治数据公司时,Mozilla 做出了快速反应:8 小时内,其产品团队就开发出了一款名为 Facebook Container 的浏览器扩展插件。该插件是 Mozilla 迄今为止最受欢迎的浏览器扩展,可以防止脸书在互联网上跟踪用户。火狐浏览器监控器使用人们的电子邮件地址来判断个人信息是否随网站数据泄露而泄露。此外,火狐浏览器还能阻止所有跨站第三方跟踪器,帮助用户加强隐私保护。

问题
1. 如果你的个人数据在未经你同意的情况下被出售,你会做何感想?
2. 你认为从社交网站上爬取数据的行为应视为非法的吗?
3. 如何保护你在社交媒体上发布的内容?
4. 你认为可以允许企业从社交媒体网站上爬取数据吗?

做出业务决策

1. WikiBlunders:薄冰报告

据《个人计算机世界》(*PC World*)报道,以下这些谣言都出现在维基百科上。

- 大卫·贝克汉姆在 18 世纪是一名中国守门员。
- 演员保罗·莱泽和辛巴达都去世了。
- 谷歌创始人之一谢尔盖·布林正在和维基百科创始人吉米·威尔士约会,两人都已去世。
- 康沃尔公爵夫人的教名是科·米勒。
- 柯南·奥布莱恩在划独木舟时袭击海龟。

我们知道,人们使用信息技术来处理信息。既然如此,那怎么会出现这类错误呢?如果你决定使用维基百科来为研究论文收集参考文献,会发生什么情况?维基百科能做些什么来防止这类错误?

2. 是的,我创办了互联网

假设你最喜欢的同事玛丽非常勤奋,在工作中表现出色,且绩效考核连续获得优秀。但在两年的努力工作后,玛丽突然被解雇了,你很想知道发生了什么。当你发现玛丽在简历中谎称自己拥有硕士学位时,你会怎么说?你会觉得玛丽是罪有应得,还是管理层应该看在玛丽出色工作的份上忽略这个问题?毕竟,玛丽的工作非常出色。

每个人都应该知道,如果不诚实行为被发现,往往会被解雇,甚至可能因此吃上官司。信息完整性是衡量信息质量的标准。根据《怪诞经济学》(*Freakonomics*)一书的合著者、芝加哥大学著名经济学教授史蒂文·D.莱维特的研究,超过 50% 的人在简历中撒谎。鉴于简历造假给玛丽命运带来的影响,你在简历上撒谎之前一定要三思。简历上信息的完整性直接代表了你的个人诚信。如果你是玛丽的上司,你会如何处理她的情况?

3. 在社交平台上发生的一切将永远留在社交平台上!

你正在寻找最好的职业建议吗?以下就是:切勿在公开网站上发布任何你不愿意向招聘人员或招聘经理展示的内容。这些内容包括不恰当的照片,对工作、教授或他人的负面评论,以及在节日派对上狂饮的图片。未来的雇主会在网上搜索你！

坏消息是：你必须在余生继续保持你的网络形象清白无瑕。公司可以因为你在网上发表不当信息解雇你。有这样一个有趣的故事：两名员工在社交平台上创建了一个有密码保护的私人群组，他们在群组里抱怨自己的工作，发表诋毁上司的言论，并高调展示新的绝密产品信息。令这两人没想到的是，他们的上司精通计算机技术，获得了密码，在查看相关信息后立即解雇了这两人。现在，其中一人以侵犯隐私权为由起诉了他的这位前上司。

你是否同意，如果你在网上发布信息，就等于让全世界都看到了？你认为哪些是绝对不应该发布到网上的不当内容？你可以采取哪些措施来删除朋友在网上发布的、表明你身份的不当内容？在这种情况下，效率和有效性如何体现？社交媒体是上文提到的这两名员工效率最高且最有效的沟通方式吗？为了打赢这场官司，双方各自可能使用的论据是什么？

4. 在旧复印机中发现了警方记录

所有复印机都有一个硬盘驱动器，其上存有复印机扫描、打印、复印过的每一份文件的副本。如果在转售复印机时没有清除该硬盘中的内容，那么复印机内就仍会留下所有数字信息。美国纽约州水牛城警方性犯罪部门最近出售了几台旧复印机，它们都没有清除硬盘上的内容。硬盘中记录了详细的家庭暴力投诉和被通缉的性犯罪者名单。水牛城警方缉毒组的一台复印机中还存有一次重大缉毒行动的目标信息，纽约一家建筑公司曾使用过的一台复印机中存有95页包含姓名、地址和社保卡号的工资单。

你认为谁应该对水牛城警方的信息问题负责？哪些类型的伦理问题和信息安全问题受到了侵犯？企业可以实施哪些类型的电子政策和哪些信息安全措施来确保这些情况不会发生？

5. 监控电子邮件

现在，技术进步允许个人监控他们无法实际访问的计算机。新型软件可以截获个人收发的电子邮件，然后立即将该邮件转发给另一个人。例如，如果你在上班，而你的孩子放学回家，她在下午3:00收到一封来自约翰的电子邮件，那么在下午3:01你就可以收到发送到你邮箱的电子邮件副本。如果她回复了约翰的电子邮件，几秒钟内你就会收到她发给约翰的邮件副本。请描述使用这种软件的两种情况，即合乎伦理的情况和不合乎伦理的情况。

6. 消息来源并非朋友

加拿大广播公司（CBC）发布了一项社交网络政策，要求记者避免在社交网站上将消息源或联系人加为好友。基本规则规定，记者绝不能通过一则消息去检视另一则消息源所说的内容，记者必须确保与消息源的私人对话保持私密性。将消息源添加为好友可能会让好友查看网络中的其他好友，从而影响记者的工作。成为消息源网络中的好友也可能不符合记者的最佳利益。此外，加拿大广播公司也不鼓励在个人档案、公告栏或留言板上发表任何带有政治倾向的评论。

这似乎是个常识，但对于上网时间很有限的员工来说，使用社交网站可能会让他们感到困惑和不知所措。为什么新员工必须研究和评估所有政策，尤其是社交媒体政策？调研你毕业后想为之工作的三家公司，并详细说明每家公司已经实施或应该实施的社交媒体政策类型。

7. 设定边界

即使是最合乎伦理的人，有时也会面临困难的选择。合乎伦理地行事意味着行为要有原则，要尊重他人。这说起来简单，但做起来却不那么容易，因为情况可能模棱两可。伦理对于生活的重要性已得到人们的公认。早在公元前44年，西塞罗就说过，伦理对任何想有一番作为的人来说都是不可或缺的。尽管如此，西塞罗和几个世纪以来一些最伟大的思想家一起，一直在苦苦思索伦理规则应该是怎样的。

人们的伦理植根于历史、文化和宗教，人们的伦理观念可能会随着时间的推移而改变。电子时代带来了伦理辩论的一个新维度——可以收集和储存的个人信息数量，以及获取和处理这些信息的速度。

思考在下列情况下你会如何反应。

（1）一位高级营销经理告诉你，她的一名员工正在考虑换工作，她希望你能让她查看这名员工的电子邮件。

（2）一位销售副总裁告诉你，他与一家战略合作伙伴达成了提供客户信息的协议，他希望你将所有客户信息复制到一个 U 盘中。

（3）你被要求监控员工的电子邮件，以查明他是否对另一名员工进行了性骚扰。

（4）你被要求在办公室安装视频监控系统，以查明员工是否将办公用品带回家。

（5）你在查看共享网络硬盘时发现，你上司的整个硬盘都被复制到了网络上，供所有人查看。你该怎么办？

（6）你无意中收到了首席执行官关于下一轮裁员对象的电子邮件副本。你该怎么办？

8. 因周末吸烟而被解雇

新技术使雇主有可能监控员工工作的许多方面，尤其是电话、计算机终端、电子邮件和语音邮件，以及员工对互联网的使用。这种监控几乎不受监管。因此，除非企业政策另有明确规定，否则雇主可以监听、监控和阅读员工在工作场所的大部分通信内容。

雇主正在进一步加强监控，包括员工及其配偶在家和周末的活动。许多员工因为周末在自家私密空间中吸烟而被解雇。随着医疗成本的不断攀升，雇主们越来越多地寻求规范员工的行为——无论是在家里还是在工作场所。美国密歇根州的一家保险福利管理公司 Weyco 启动了一项计划，要求对员工进行强制性尼古丁呼气测试，测试结果呈阳性的员工将被停薪留职一个月。如果该员工第二次未能通过尼古丁测试，则无论其在公司工作了多长时间，都将被解雇。

Weyco 的禁烟令不仅限于员工。员工家属也必须通过每月的尼古丁检测。如果检测结果呈阳性，则员工必须每月支付 80 美元的费用，直到配偶参加戒烟计划并通过尼古丁检测为止。

你是否同意企业有权要求员工对周末在自己家中的隐私行为负责？如果你是 Weyco 公司的首席执行官，你支持该禁烟政策的理由是什么？你认为 Weyco 的监控做法合乎伦理规范吗？合法吗？

9. 你愿意为自己的生命付出多少代价？

想象一下接到医院电话时的情景。"您好，您母亲的生命维持系统被关闭，我们很遗憾地通知您，您母亲已去世。"如果是系统因感染勒索软件病毒而将机器关闭，你会指望医院支付赎金吗？如果医院能够支付得起赎金，黑客会放弃对该设备的控制吗？这种情况是可怕的，也是可能发生的。

医疗保健行业正在经历破坏性的网络攻击，这让每一位患者感到恐慌。试想植入心脏监护仪并依靠该仪器向远程中心发送有关心律的数据，以分析和监测心脏健康状况。每个物联网设备都有可能成为恶意攻击者的攻击目标。

虽然没有一种解决方案可以减少漏洞，但许多企业都在努力抵御从骚扰到威胁生命等各个层面的攻击。安全专家必须每次都做对，而黑客只需要做对一次。网络安全解决方案需要考虑任何物联网设备所面临的各类风险。查看你正在使用的物联网设备，并评估网络犯罪分子可能窃取你设备上的信息或可能在你的设备上使用勒索软件的三种情况。

管理信息系统的技术基础

模块 2

模块 2 侧重于管理信息系统的技术基础。管理信息系统的力量来自其传输、容纳和支持信息的能力。信息对组织而言意味着力量。本模块强调了这一点,并着力提高人们对信息帮助组织取得成功的重要性的认识。了解管理信息系统基础设施如何支持业务运营、业务专业人员如何访问和分析信息以做出业务决策,以及无线和移动技术如何持续即时地提供信息,对于任何企业的战略管理都非常重要,无论企业规模如何。因此,模块 2 的学习成果主要包含了这些内容。

本模块首先回顾了管理信息系统在支持业务增长、业务运营和业务绩效方面的作用。鉴于当今对绿色环保的关注,我们很快会谈到管理信息系统可持续发展的必要性,然后深入探讨数据库、数据仓库、组网和无线技术——这些都是管理信息系统基础设施的基本组成部分。贯穿本模块的一个主题是,任何企业的生存都离不开对信息的利用和保护。必须保护信息不受滥用和破坏,尤其是在现今人们不断利用、发展和宣传互联网及网络的情况下。

模块 1:
业务驱动型管理信息系统

模块 2:
管理信息系统的技术基础

模块 3:
企业级管理信息系统

模块 2 管理信息系统的技术基础

第 5 章 基础设施:可持续技术
第 6 章 数据:商业情报
第 7 章 网络:移动商务

5 基础设施：可持续技术

本章导读

第一部分 管理信息系统基础设施	第二部分 构建可持续的管理信息系统基础设施
5.1 稳固型管理信息系统基础设施的业务优势 5.2 支持运营：信息型管理信息系统基础设施 5.3 支持变更：敏捷型管理信息系统基础设施	5.4 管理信息系统与环境 5.5 支持环境：可持续的管理信息系统基础设施 5.6 通用计算

IT 对我而言意味着什么？

商科学生为什么需要了解企业所使用的基础技术？大多数人认为，技术性的东西是他们永远都不会亲身接触到的，因此他们不需要了解任何有关管理信息系统基础设施的东西。那么，这些人将会面临商业世界中的挑战。当他们的数据库出现故障时，当他们丢失所有的销售记录时，当他们拿不到奖金时，他们就会切身感受到这些事件带来的影响。当他们的计算机崩溃时，当他们丢失所有机密信息，更不用说电子邮件、日程安排和相关信息时，他们就会明白为什么人人都需要了解管理信息系统基础设施。你永远都不想把备份数据的重要任务留给管理信息系统部门。你要亲自确保信息不仅有备份，而且是安全可恢复的。因此，21 世纪的业务专业人员需要从根本上了解管理信息系统能为企业做什么，不能做什么。无论是初入职场的新人，还是经验丰富的《财富》500 强企业员工，了解管理信息系统如何支持企业的发展、运营、盈利以及可持续发展都至关重要。本章的主要目标之一是在业务专业人员与管理信息系统专家之间创造一个更公平的环境。读完本章后，读者应该掌握许多有助于分析当前甚至未来的一些管理信息系统基础设施，提出必要的流程优化建议，以及评估支持企业发展、运营和盈利的替代方案所需的必要技能。

2030 年愿景：为残疾人改变世界的 17 项目标

开篇案例研究

2015 年，联合国大会通过了《2030 年可持续发展议程》。该议程涉及 17 项可持续发展目标，并侧重采用一种整体方法来为所有人创造可持续的发展。

除多处提到残疾问题外，这些可持续发展目标还强调了教育、保持可持续增长以及改善不平等和无障碍环境等问题。此外，人们还呼吁更好地收集和监测可持续发展目标数据。尽管这些目标中没有直接使用"残疾"一词，但确实适用于残疾人。

新的《2030 年议程》将适用于世界各地的残疾人。这些目标于 2016 年首次实施。《2030 年愿景》的目标之一是使残疾规划成为主流，重点是提高认识，促进利益相关方之间的更多对话，并创建与各项可持续发展目标和残疾相关的网络资源。图 5.1 概述了 17 项可持续发展目标。

目标 1：	**消除贫困**，消除各地的极端贫困。
目标 2：	**消除饥饿**，确保所有人都能获得食物。
目标 3：	**健康与福祉**，降低全球孕产妇死亡率。
目标 4：	**优质教育**，确保所有儿童都能接受免费的优质初等和中等教育。
目标 5：	**性别平等**，消除各地对所有妇女和女童的一切形式歧视。
目标 6：	**安全、清洁的水**，确保为所有人提供水和卫生设施，并对其进行可持续管理。
目标 7：	**清洁能源**，确保人人都能获得负担得起的、可靠的、可持续的现代能源。
目标 8：	**经济增长**，促进包容和可持续的经济增长、充分的生产性就业和人人都有体面的工作。
目标 9：	**工业基础设施**，建设具有适应力的基础设施，促进包容的和可持续的工业化，确保人人都能以负担得起的价格平等地利用这些基础设施。
目标 10：	**减少不平等**，减少国家内部和国家之间的不平等。
目标 11：	**可持续社区**，使城市和人类居住区具有包容性、安全性、适应性和可持续性。
目标 12：	**可持续消费和生产**，确保消费和生产模式的可持续。
目标 13：	**气候行动**，采取紧急行动以应对气候变化及其影响。
目标 14：	**保护海洋和海洋生物**，保护和可持续地利用海洋及海洋资源，促进可持续发展。
目标 15：	**陆地生命**，保护、恢复和促进陆地生态系统的可持续利用，可持续地管理森林，防治荒漠化，制止和扭转土地退化，制止生物多样性的丧失。
目标 16：	**和平、公正和强有力的机构**，促进和平与包容的社会以实现可持续发展，为所有人提供诉诸法律的机会，建立有效、负责和包容的各级机构。
目标 17：	**通过合作伙伴关系实现各项目标**，强化实施手段，振兴全球可持续发展合作伙伴关系。

图 5.1　联合国 17 项可持续发展目标

第一部分 | 管理信息系统基础设施

学习成果

5.1 解释管理信息系统基础设施及其三种主要类型。
5.2 确定与信息管理系统基础设施相关的三个主要领域。
5.3 描述敏捷型管理信息系统基础设施的特点。

5.1 稳固型管理信息系统基础设施的业务优势

管理信息系统在业务战略中发挥着重要作用,影响着业务决策和流程,甚至会改变企业运营的方式。那么,支持所有这些系统并促进业务增长、运营和盈利的基础是什么?是什么在支持当今庞大而复杂的用户和应用需求?是什么在保护系统不发生故障和崩溃?

答案就是**管理信息系统基础设施**,其中包括企业如何构建、部署、使用和共享数据、流程及管理信息系统资产的计划。

稳固型管理信息系统基础设施可以降低成本、提高生产力、优化业务运营、促进增长并提高盈利能力。

- **硬件**:包括与计算机系统相关的物理设备。
- **软件**:硬件为完成特定任务而执行的一组指令。
- **网络**:通过连接两个或多个设备并建立一种标准方法来实现设备间通信的通信系统。
- **客户机**:用于向服务器请求信息的计算机。
- **服务器**:专门用来根据请求提供信息的计算机。

随着越来越多的企业需要共享更多的信息,网络在基础设施中的重要性也越来越大。大多数企业使用一种称为"客户机/服务器网络"的特定形式网络基础设施。通过使用网络浏览器(客户机)访问网站(服务器将响应浏览器请求的网页)来理解这一点不失为一个好方法。任何不熟悉硬件、软件或网络基础知识的读者都应查看本书附录 A "硬件和软件基础知识"和附录 B "网络和通信",以了解更多信息。

在物理世界中,详细的蓝图会显示水、电、燃气等公用设施是如何支持建筑物的基本运转的。管理信息系统基础设施与之类似,因为它详细展示了硬件、软件和网络连接如何支持企业流程。无论规模大小,企业都依赖某种形式的管理信息系统基础设施,几台联网的个人计算机共享一个 Excel 文件是如此,拥有数千名员工的大型跨国企业在世界各地实现互联互通亦是如此。

管理信息系统基础设施具有动态性和灵活性,它会随着业务需求的变化而不断变化。每当一种新的互联网设备(如物联网设备)问世并为大众所使用时,企业的管理信息系统基础设施就必须为了支持该设备而进行改造。这涉及的并不只是硬件方面的创新,还包括新的软件和网络连接。

- **企业架构师**:立足于技术、精通业务并能够在管理信息系统和业务之间架起重要桥梁的人员。

企业聘用企业架构师来帮助管理对管理信息系统基础设施的变更和动态更新。图 5.2 显示了企业架构师在维护企业管理信息系统基础设施时关注的三个主要领域。

(1)**支持运营**:管理信息系统基础设施确定了在何处以及如何维护客户记录等重要信息并

确保其安全。

（2）**支持变更**：**敏捷型管理信息系统基础设施**包括硬件、软件和通信设备，这些设备结合在一起可以为支持组织目标奠定基础。

（3）**支持可持续性**：**可持续管理信息系统基础设施**确定了企业在计算资源增长的同时减少对硬件和能源消耗依赖的方法。

图 5.2　管理信息系统基础设施

5.2　支持运营：信息型管理信息系统基础设施

假设你去房间另一侧的打印机快速打印时，一转身却发现自己的笔记本电脑被偷了。你觉得这种经历有多痛苦？你会丢失哪些类型的信息？恢复这些信息需要多久？你丢失的东西可能包括音乐、电影、电子邮件、照片、作业和保存的密码，更不用说你花了一个多月时间才完成的那篇重要的40页论文。如果这听起来很痛苦，那么你要特别关注这一部分，并学会如何避免这种痛苦。

信息型管理信息系统基础设施确定了在何处以及如何维护重要信息并确保其安全。信息基础设施支持日常业务运营，并为停电、洪水、地震、互联网恶意攻击、窃取和安全漏洞等紧急情况制订计划。管理者必须采取一切预防措施，确保他们的系统全年全天候运行并受到保护。丢失一台笔记本电脑或在某地遭遇恶劣天气，都不应使运行核心业务流程所需的系统瘫痪。过去，窃取企业信息的人不得不使用一摞摞的纸张。而如今，数据存储技术的功能越来越强，存储器也越来越小，一个人只需要揣着存储有企业数据文件的U盘或移动硬盘走出企业大楼。今天的管理者必须尽责地保护他们最宝贵的资产之一——信息。为了支持持续的业务运营，信息基础设施包含了图5.3所示的三个主要构成要素：

- 备份和恢复；
- 灾难恢复；
- 业务连续性计划。

5　基础设施：可持续技术　155

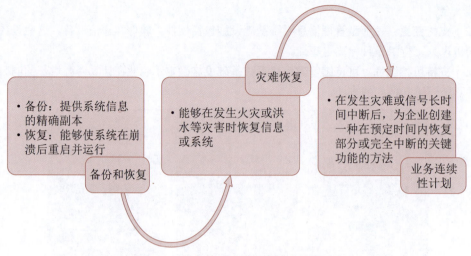

图 5.3　信息基础设施提供的支持领域

5.2.1　备份和恢复计划

企业每年都会因为系统崩溃和故障而损失大量时间及金钱。将系统崩溃造成的损失降至最低的方法之一就是制订备份和恢复策略。

- **备份**：系统信息的精确副本。
- **恢复**：使系统在崩溃或出现故障后重启并运行的能力，包括恢复备份信息。

有多种类型的备份和恢复介质可供选择，例如将相同副本或冗余副本存储到存储服务器、移动硬盘、U 盘或备份到云端并进行维护。这些介质之间的主要区别在于存取速度和使用成本。

容错（fault tolerance）指系统对意外故障或系统崩溃做出反应的能力，因为备份系统会立即自动接管，所以不会造成服务损失。例如，容错可使企业在发生电力故障或洪水时支持业务的持续运营。容错是一种昂贵的备份形式，只针对关键任务应用程序和操作使用。

- 当冗余存储服务器提供实时数据的精确副本时，就会发生一种特定类型的容错——**故障转移**（failover），即如果主服务器崩溃，用户就会被自动引导至从服务器或备份服务器。这是一种高速、高成本的备份和恢复方法。
- 当主服务器接替从服务器恢复运行时，就会发生**故障恢复**（failback）。

移动硬盘、U 盘或云存储数据提供了一种低速且低成本的备份方法。如果采用低成本方法，每周至少备份一次数据这种做法比较可取。这会减轻笔记本电脑被盗或系统崩溃时的痛苦，因为用户仍然可以访问自己的数据，而且是几天前的数据。

决定多长时间备份一次信息以及使用何种介质来备份是一项关键决策。企业应根据自己的目标及运营需求选择备份和恢复策略。如果要处理的关键信息非常多，则企业需要每天甚至每小时通过存储服务器进行备份。如果依赖的只是少量非关键信息，则企业可能只需要每周备份一次到移动硬盘、U 盘或云端。每周备份一次的企业要承担的风险是：如果系统崩溃，可能会丢失一周的工作。如果这种风险可以接受，那每周备份策略就会奏效。如果无法接受，那企业就需要更频繁地备份。

业务驱动的创业

将碳排放转化为能源

总部位于芝加哥的 LanzaTech 公司找到了一种利用工厂排放的碳废物（你可以看到它们的烟囱里冒出滚滚的废气）生产乙醇的方法。在兔子肠道中发现的细菌现在可以帮助汽车以更环保的方式行驶。该方法利用兔子肠道中的细菌来发酵工厂产生的废气，然后产生乙醇。按照 LanzaTech 公司的说法，通过气体发酵来生产乙醇既有助于解决土地问题，又有助于解决污染问题。

这个过程与酿造啤酒类似，只不过是将污染物而不是将糖转化为乙醇。同时，该工艺还能减少废气排放，防止废气变成污染物。生产出的乙醇与汽油的混合物目前可用于汽车，最终还可用作飞机燃料。

据 LanzaTech 公司估计，如果世界上最大的钢铁厂安装其生物反应器，则相当于减少了 5500 万辆汽车的排放量。

LanzaTech 如何帮助航空公司制订化石燃料备用计划？除汽车制造商和航空公司外，还有哪些行业可以从这种技术中受益？

5.2.2 灾难恢复计划

停电、火灾、洪水和飓风等灾难，甚至黑客和病毒等恶意活动，无时无刻不在侵扰企业。灾难可能会对企业及其业务运营造成以下影响。

（1）**中断通信**：大多数企业都依赖语音和数据通信来满足日常运营需求。基础设施直接受损或外部灾难导致使用量突然激增而造成的大面积通信中断对某些企业的破坏不亚于关闭整个企业。

（2）**破坏物理基础设施**：火灾和洪水会直接损坏建筑物、设备和系统，导致建筑物处于不安全状态和系统无法使用。执法人员和消防员可能会禁止业务专业人员进入建筑物，从而限制他们取回文件或设备。

（3）**中断交通**：洪水和飓风等灾害会对交通运输造成严重影响。主要的高速公路、道路、桥梁、铁路和机场受到破坏，会导致业务专业人员无法上班或回家、物资运送缓慢以及产品运输受阻。

（4）**阻碍公用设施运转**：即使在没有对物理基础设施造成直接破坏的事件中，电力、水和天然气供应等公用设施也可能中断数小时或数天。如果公用设施运转不畅，建筑物就往往无法居住，系统也无法运行。

这些影响会导致企业中断运营数小时、数天或更长时间，从而对企业造成毁灭性打击，并有可能因一时无法供应而失去客户。因此，企业可以制订灾难恢复计划来应对这些灾难。

- **灾难恢复计划**：在灾难发生后恢复信息或系统的详细流程。

该计划包括以下因素：哪些文件和系统需要备份及相应的备份频率和方法；在地理上分散的不同地点进行存储的战略位置。一家企业可能会战略性地维持在纽约和旧金山的运营，以确保自然灾害不会对这两个地点都产生影响。此外，灾难恢复计划还会预见计算机设备和员工工作的大楼遭破坏的可能性。

（1）**热备援中心**：独立且设备齐全的设施，企业可以在灾难发生后立即转移至此并恢复业务。

（2）**冷备援中心**：不提供任何计算机设备的独立设施，但员工可以在灾难发生后转移至此。

（3）**暖备援中心**：带有需要安装和配置的计算机设备的独立设施。

图 5.4 概述了支持灾难恢复的这些资源。

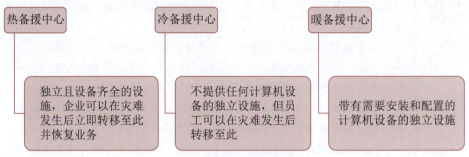

图 5.4　支持灾难恢复的场所

灾难恢复计划通常使用一个灾难恢复成本曲线来提供支持。

- **灾难恢复成本曲线**：由图 5.5 可见①企业因信息和技术不可用而产生的成本；②企业在一段时间内从灾难中恢复产生的成本。

图 5.5 显示了灾难恢复成本曲线，并显示了从成本和时间角度考虑的最佳灾难恢复计划是在两条曲线相交的地方。建立这样一条曲线绝非易事。

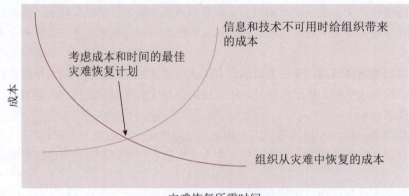

图 5.5　灾难恢复成本曲线

管理者必须考虑各部门或职能领域以及整个企业失去信息和技术的成本。在灾难发生的最初几个小时内，这些成本可能很低，但随着时间的推移，成本会不断攀升。在灾难发生后，企业就必须确定其恢复成本。图 5.6 显示了 TechTarget 的业务灾难恢复策略。

灾难恢复策略	
1. 启用企业从数据中心的备份和恢复设施，将生产转移至该设施	假设从数据中心有足够的资源（如存储容量、服务器硬件）来满足额外的处理要求
2. 启用云服务中的恢复资源，将关键系统故障转移至此并恢复运行	确保服务合同可根据用户需求灵活调整，确保数据安全能得到维护
3. 启用热备援中心的备份系统和数据，将业务转移至此	确保了解热备援中心有哪些可用资源、其申报规则和费用，以及如果同时进行多项申报，有哪些选择
4. 用备用部件更换损坏的设备	尽可能准备好备用系统、电路板和电源、装有系统软件的备份磁盘，以及重要文件的硬拷贝和软拷贝
5. 在备用地点恢复虚拟机，假设虚拟机已更新并与生产虚拟机保持同步	在备用地点创建虚拟机克隆并保持其更新，如果需要，它们可以快速成为生产虚拟机
6. 启用备用网络路由，将故障网络服务中的数据和语音流量重新配置路由	确保网络基础设施具有多样化的本地接入信道路由，以及多样化的大容量回路路由

图 5.6　TechTarget 的业务灾难恢复策略

5.2.3　业务连续性计划

自然灾害和恐怖袭击是认真保护信息资产安全的业务专业人员最不想面对的。

- **紧急情况**：由于健康和安全、环境或财产受到潜在威胁，需要立即采取行动的突发、意外事件。
- **应急准备**：确保企业做好准备，以有组织地、及时地和有效地应对紧急情况。

灾难恢复计划通常只关注系统和数据，而忽略了在紧急情况下可能遭破坏的跨职能和组织内部业务流程。因此，许多企业正在转向更为全面、包罗万象的应急准备计划，即业务连续性计划。

- **业务连续性计划（BCP）**：详细说明企业如何在灾难或长时间中断后恢复关键业务运营和系统。

BCP 包括确定关键系统、业务流程、各部门以及业务在系统无法正常运行的情况下可继续运营的最长时间等因素，如图 5.7 所示。BCP 包含灾难恢复计划和许多其他计划，如业务影响优先级分析、紧急通知计划和技术恢复策略等。

业务连续性策略	
1. 撤离现有建筑，转移至事先安排好的备用工作区	假设已根据恢复时间目标准备好备用地点，或备用地点可迅速投入使用；确保运输可用
2. 居家办公	确保员工在家中有宽带和互联网接入；确保有足够的网络接入点，以适应使用需求的增加
3. 将特定员工转移至热备援中心	假设已实施热备援中心计划，且该中心有供员工使用的空间
4. 在主要领导缺席时，让候补员工担任领导职务，确保他们接受过交叉培训	继任计划是业务连续性的一项关键策略，它能确保在失去高级管理人员或具有特殊专长的人员时，可以在对业务造成最小干扰的情况下进行替换
5. 将员工转移至当地或附近的酒店，并设立临时工作场所	确保提前与酒店达成此类安排，尤其是在发生事故、导致同一地区许多其他企业受到干扰的情况下
6. 将员工转移至企业的另一个办事处	企业可以利用可接入企业网络和工作空间的多个办事处来临时安置员工

图 5.7　TechTarget 的业务连续性策略

业务影响分析确定所有关键业务职能以及特定灾难可能对其造成的影响。业务影响分析主要用于确保企业对恢复的优先顺序和策略做出正确决策。例如，会计系统是否应优先于销售和营销系统恢复运行？为了确保员工之间以及与外部利益相关方（如客户、供应商和合作伙伴）之间的沟通，电子邮件是否应成为首先恢复的系统？业务影响分析是 BCP 的关键部分，因为它详细说明了各职能领域的恢复顺序，并确保优先关注最关键的职能。

业务连续性计划通常包括**紧急通知服务**，即在发生紧急情况时通知人们的基础设施。广播电台对国家紧急警报系统的不定期测试就是非常大规模的紧急通知系统的一个例子。企业会提供紧急通知服务，在发生突发事件时向员工发出警告，并向他们提供有关如何处理的指示。紧急通知服务可以通过企业自身的基础设施部署，也可以由外部服务提供商在企业场所提供，或由外部服务提供商远程托管。这三种方法都可以通过电子邮件、手机语音通知和短信等多种方式提供通知。通知可以发送到所有选定的设备上，这需要人们拥有多种接收关键信息的途径。

企业产生的大量数据对其生存和持续运营至关重要。当发生**技术故障**时，企业的运营能力就会因硬件、软件或数据中断而受损。技术故障可能会破坏大量重要数据，通常会导致服务**意外中断**。这就需要用到技术恢复策略。

- **事件记录**：包含事件的所有详细信息。
- **事件管理**：负责管理如何识别和纠正事件的过程。
- **技术恢复策略**：着重关注整个组织恢复硬件、软件和数据的优先顺序，以最好地满足业务恢复需求。

技术恢复策略详细说明了硬件、软件、数据中心和网络（或连接）恢复顺序的重要性。如果这四个关键要素中的一个无法运行，整个系统就会无法使用，从而导致订单管理和薪资等跨职能业务流程失灵。图 5.8 显示了企业在制定技术恢复策略时应关注的关键领域。

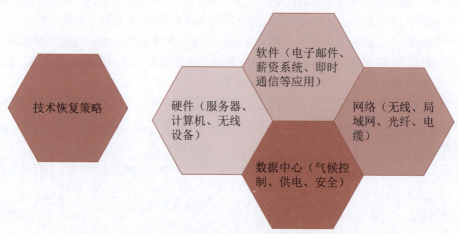

图 5.8　技术恢复策略的关键领域

5.3　支持变更：敏捷型管理信息系统基础设施

敏捷型管理信息系统基础设施包括硬件、软件和通信设备，将这些设备组合在一起能为组织目标的实现奠定基础。如果一家企业的年增长率为 50%，那么其基础设施和系统就必须要能够应对 50% 的增长。如果做不到，企业的发展和运转就会受到严重阻碍。

企业的未来取决于其在任何时间、任何地点满足合作伙伴、供应商和客户需求的能力。假设你拥有一家电子商务公司,互联网上的每个人都在谈论你的经营理念有多棒,你的公司会有多成功。很快,你的网站就在全球吸引了 500 万客户。但遗憾的是,你没料到这么快就会有这么多客户,系统崩溃了。输入公司网址的用户会看到一个提示其"网站不可用,请稍后再试"的空白页面。或更糟糕的是,他们可以打开你的网站,但每次单击按钮都要花 3 分钟重新加载。随着一些精通网络的创新型快速追随者迅速复制你的想法,并创建了一个可以应对大量客户访问的网站,你的经营理念很快就会被湮没。敏捷型管理信息系统基础设施的特点有助于确保系统能够应对任何意外的变更,并能在这些变更中正常运行。图 5.9 列出了敏捷型基础设施的 7 种能力。

图 5.9 敏捷型管理信息系统基础设施特点

5.3.1 可访问性

想象一下学院里访问主要信息系统的人。访问系统的每个人都有不同的需求和要求,例如员工需要访问假期信息和薪资信息,学生需要访问课程信息和收费信息。

■ **可访问性**:指定义用户在使用系统时可以访问、查看或执行的内容的不同级别。

每个系统用户都有一个访问级别,详细说明该用户可以访问和不能访问系统的哪些部分,以及该用户在系统中可以做什么。例如,你不希望学生能够查看员工的薪资信息或教授的个人信息。另外,有些用户只能查看信息,不能创建或删除信息。最高级别的管理信息系统员工需要**管理员权限**,或对整个系统不受限制的访问权限。管理员权限可以执行重置密码、删除账户和关闭整个系统等操作。

万维网联盟(W3C)负责人、万维网发明者蒂姆·伯纳斯-李说:"网络的力量在于它的普遍性。无论残疾与否，每个人都能访问网络，这很重要。"
- **网络无障碍性**：指残疾人也可以使用网络。
- **网络无障碍倡议（WAI）**：汇集了全球各地的行业、残疾人组织、政府和研究实验室的人员，共同开发帮助残疾人（包括有听觉、认知、神经、肢体、语言和视觉残疾的人）无障碍地访问网络的指南和资源。

WAI 的目标是让人们能够充分发挥网络的潜力，使残障人士能够平等参与。例如，苹果公司在其各种移动设备上配备了屏幕放大功能和 VoiceOver，从而使盲人和视障人士能够使用这些设备。

5.3.2 可得性

在全年全天候的电子业务环境中，业务专业人员需要随时随地使用他们的系统。
- **可得性**：指系统可以运行的时间段。
- **不可得**：系统无法运行或不可用。
- **高可得性**：系统在任何时候都能持续运行。

可得性通常是相对于"100% 可运行"或"永不出现故障"来衡量的。系统可得性的一个普遍但难以实现的标准被称为"5 个 9"（99.999%）可得性。为了支持电子业务运营、全球客户和在线供应商，有些企业的系统全天候可得。

有时，系统必须停机进行维护、升级和修复。可得性面临的一个挑战是：如果系统要持续运行，那么何时安排系统停机？在晚上进行维护看似是个好主意，但一个城市的晚上就是世界上其他地方的早晨，如果分散在全球各地的业务专业人员所需的系统不可得，那他们可能就无法履行特定的工作职能。这时，企业就需要部署故障转移系统，以便在主系统停机维护时启动从系统，从而确保持续运行。

5.3.3 可维护性

企业在设计和构建支持敏捷型基础设施的系统时，必须关注当前的和未来的需求。系统必须具有足够应对各类型企业变更、环境变更和业务变更的灵活性。
- **可维护性（或灵活性）**：指系统能以多快的速度进行转换以支持环境变更。

可维护性有助于衡量一个系统在发生故障后如何快速有效地进行变更或修复。例如，在创办一家小企业时，你可能没想到会有全球客户，这个错误很常见。因此，在构建系统时，你可能不会为系统设计多货币和多语言处理功能。如果企业目前没有开展国际业务，这可能是合理的。但不幸的是，当第一份国际订单到来时（这在电子业务中很容易发生），系统将无法处理该请求，因为它不具备针对新语言或新货币轻松重新配置的灵活性。当企业开始发展壮大并拓展海外业务时，为了处理多货币和多语言需求，就需要重新开发该系统，而这并非易事，且成本也不低。

构建和部署灵活的系统可以方便地进行更新、更改和重新配置，以应对预料之外的业务或环境变更。

5.3.4 可移植性

- **可移植性**：指应用程序在不同设备或软件平台（如不同操作系统）上运行的能力。

许多软件开发商都在开发可移植到不同设备、不同操作系统上的程序，从而扩大了它们的目标市场,并希望借此增加收入。

5.3.5 可靠性

从信息输入错误到信息传输过程中的损坏,导致信息不准确的原因有很多。许多人认为百科网站中的信息不可靠。因为这类网站的词条可由任何用户编辑,所以会出现恶意用户不准确更新信息的情况。

- **可靠性(或准确性)**:确保系统正常运行并提供准确的信息。

因此,许多用户会忽略与百科相关的搜索结果。在网站上发布不可靠的信息会使企业面临失去客户、下错供应商订单甚至做出不可靠业务决策的风险。

- **漏洞**:系统弱点,如从不更改密码,或员工去吃午餐时系统仍处于开启状态,这些都会被威胁源利用。可靠的系统可确保将漏洞控制在最低限度,从而降低风险。

5.3.6 可扩展性

估计企业的增长是一项具有挑战性的任务,部分原因是增长可能以多种形式出现——如获得新客户、新产品线或新市场等。

- **可扩展性**:描述系统的扩展能力或适应增长需求的能力。

如果一家企业的增速超预期,那它可能会遇到从存储空间耗尽到完成交易时间延长等各种问题。预测预期的和意料之外的增长是建立可扩展系统来支持发展的关键。

- **性能**:衡量系统执行流程或事务的速度。

性能是可扩展性的关键构成要素,因为无法扩展的系统往往会出现性能问题。试想你所在学校的内容管理系统在按下一个按钮后,突然需要 5 分钟才能返回一个页面。再设想如果这种情况发生在期中考试期间,学生们会因为系统太慢而无法在 2 小时内完成考试。企业遇到的性能问题会对业务造成灾难性影响,导致客户、供应商甚至是服务台员工流失。大多数用户留给网站响应其请求的时间只有几秒钟,超过这个时间他们就会感到沮丧,这时,他们要么会联系客服,要么会转而访问其他网站。

- **容量**:代表系统可提供的最大吞吐量,例如硬盘容量代表硬盘的存储空间大小。
- **容量规划**:确定未来的环境基础设施要求,以确保系统的高质量性能。

如果企业购买的连接软件已经过时或速度太慢,无法满足需求,那员工就会浪费大量时间等待系统响应用户请求。对企业来说,设计和实施增长需求可预期的敏捷型基础设施,要比在系统运行后再更新所有设备的成本更低。如果一家拥有 100 名员工的企业与另一家企业合并,使用系统的人一下子就到了 400 人,那么系统的运行时间无疑会受到影响。计划扩容可以确保系统达到预期性能。等待系统来响应请求是没有效益的。

Web 2.0 极大地推动了容量规划,从而确保敏捷型基础设施能够满足企业的运营需求。为了满足数百万用户在周五和周六晚等高峰期的需求,通过互联网传输视频需要足够的带宽。互联网上的视频传输不能容忍数据包(数据块)丢失,多允许一个用户访问系统就可能会降低所有用户的视频质量。

5.3.7 可用性

无论应用程序制作得有多精良,如果用户不知道如何浏览或使用该应用程序,它就根本卖不出去。

- **可用性**：系统高效、易学和令人满意的程度。

无论系统的易用性如何，都建议提供与其使用有关的提示、小贴士、快捷方式和说明。苹果公司在设计第一代 iPod 时就深知可用性的重要性。点击滚轮的可用性就是 iPod 最初的吸引力之一。只用一个简单高效的按钮就能操作 iPod，这使得该产品老少皆宜。为了确保易用性，苹果公司还相应开发了直观易用的 iTunes 软件。

- **可服务性**：第三方更改系统以确保其满足用户需求和任何合同条款（包括商定的可靠性、可维护性或可用性级别）的速度。

在使用第三方系统时，必须确保为所有用户（包括远程员工）提供适当水平的可服务性。

第二部分 | 构建可持续的管理信息系统基础设施

学习成果

5.4 确定与管理信息系统相关的环境影响。
5.5 解释可持续管理信息系统基础设施的三个组成部分及其给业务带来的好处。

5.4 管理信息系统与环境

管理信息系统的总体趋势是设备越做越小、越做越快、越做越便宜。早在 1965 年，世界上最大的计算机芯片（微处理器）生产商——英特尔公司的创始人之一戈登·摩尔就指出，技术创新的不断进步使得计算机芯片的尺寸不断缩小，而其容量却每两年翻一番。他预测这一趋势将持续下去，这就是著名的摩尔定律（Moore's law）。

- **摩尔定律**：指计算机芯片的单位性能每 18 个月翻一番。

虽然摩尔最初假定的时间是两年，但现在许多资料来源都提到了 18 个月。

摩尔定律对许多企业来说都是件好事，因为它们可以以越来越低的成本获得大量的管理信息系统设备。随着电子业务的不断发展，企业为员工配备了从笔记本电脑、智能手机到平板电脑等多种形式的电子设备。虽然这对支持互联企业来说是件好事，但却带来了意想不到的严重副作用，包括人们对化石燃料的依赖以及对安全处置过时计算机设备的需求增加。出于对这些副作用的担忧，许多企业转而采取了一种称为"可持续管理信息系统"的生态实践。

- **可持续或绿色管理信息系统**：描述以对环境破坏最小的方式生产、管理、使用和处置技术。

可持续管理信息系统包括以下内容。

- **企业社会责任**：企业对社会负有的公认责任。
- **清洁计算**：以对环境负责的方式使用、制造和处置技术产品及计算机设备。虽然可持续管理信息系统指的是计算对环境的整体影响，但清洁计算特别关注环境废物的产生。
- **绿色个人计算机**：使用环保材料制造，旨在节约能源。

对具有社会责任感的企业来说，建立可持续的管理信息系统基础设施是其核心举措和关键成功因素。图 5.10 显示了企业扩大技术使用的三个主要副作用。

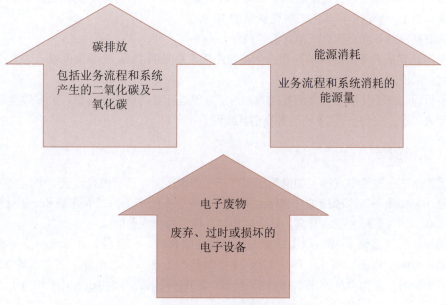

图 5.10　推动可持续管理信息系统基础设施发展的三大压力

5.4.1　电子垃圾增加

摩尔定律的实现使技术设备变得更小、更便宜、更快，从而使更多不同收入水平的用户都能买得起计算机设备。但是，需求的增长也带来了许多环境问题。

- **电子垃圾**：指废弃、过时或损坏的电子设备。

电子垃圾包括 CD、DVD、U 盘、打印机墨盒、手机、移动硬盘、电视机、录像机、DVD 播放机、微波炉等。有人说，人类的 1 年相当于技术进步的 7 年。个人计算机的预期寿命只有 3～5 年，而手机的预期寿命不到 2 年。

- **可持续的管理信息系统处置**：指在管理信息系统资产生命周期结束时对其进行的安全处置。
- **循环利用**：重新利用或翻新电子废物，创造新产品。

循环利用确保了电子垃圾不会被填埋，而填埋会造成环境问题。一台计算机含有 700 多种化学物质，其中一些有毒，如汞、铅和镉等。如果最终以填埋方式来处理计算机，那其中的有毒物质就会渗入土地、水和空气中。回收一台显示器或计算机的费用从 15～50 美元不等，许多企业、公立学校和大学根本无力承担回收费用。

当存放在阁楼、地下室和存储设施中的闲置设备从未到达回收中心时，也会产生电子废物。从这些设备中回收金、银和其他贵重金属，比将其从自然环境中移除更有效，对环境的危害也更小。

以美国为例，目前只有不到 20% 的电子垃圾得到回收利用。然而，即使是回收利用也不能保证设备就一定得到了安全处置。尽管有些回收商会以合乎伦理的方式处理这些材料，但也有一些回收商会将其运往其他环境执法不力的地方。这种做法本身就带来了全球环境问题。

5.4.2 能源消耗增加

技术使用的大幅增长极大地增加了能源消耗。据估计，一台计算机消耗的能源所产生的二氧化碳量相当于一辆汽车产生的二氧化碳量的 10%。

- **能源消耗**：业务流程和系统消耗的能源量。

美国的计算机服务器能源消耗约占全美能源需求总量的 1%。换个角度看，这大致相当于密西西比州的能源消耗。

计算机即使在不使用时也会消耗能源。为了方便进行自动更新和备份，大多数计算机设备从未完全关闭过。它们一天 24 小时都在消耗能源。

5.4.3 碳排放增加

人类产生的主要温室气体（如消耗能源时产生的碳排放）很可能是过去半个世纪以来气温升高的原因。如果不减少**碳排放**（包括业务流程、业务系统产生的二氧化碳和一氧化碳），预计未来 100 年的气温还会继续升高，这会对地球环境造成严重影响。

在美国，煤炭提供了 30% 以上的电力。如果连续开机，一台台式计算机和显示器每小时至少消耗 100W 的电能。要在一年中每天 24 小时都产生这么多的电能，需要大约 324kg 煤。燃烧这些煤炭时，平均会释放出 2.3kg 二氧化硫、2.3kg 氧化氮和 840kg（几乎相当于一吨）二氧化碳。

业务驱动的分析

可持续的分析

企业在改进和报告可持续发展绩效以及加强环境可持续发展措施方面正面临着快速变化的期望。对可持续发展数据进行分析有很多好处。它可以帮助企业找到降低成本和风险的机会，即使这些机会隐藏在海量的大数据中。它还可以揭示哪些可持续发展努力最有可能实现预期目标。对可持续发展数据进行分析包含以下方面：

（1）探讨气候变化、水资源短缺和环境正义等紧迫问题；
（2）阐述如何为社会责任制定业务案例和全球战略；
（3）包括企业和公共政策对可持续性经济学的看法；
（4）涵盖有关可持续性披露和负责任投资的新法规。

领先企业发现，要高效率、高成效地管理可持续性信息，就必须认真管理数据，并采用企业级解决方案来支持包括预测、绩效评估和分析等在内的各种信息需求。同时，这些企业也发现，它们目前的应用程序和管理信息系统基础设施往往不足以收集和分析可持续性数据。可持续性分析程序会跟踪哪些类型的数据？为什么当前的管理信息系统基础设施难以支持可持续性程序？企业如何才能确保跟踪、监控和分析可持续性程序中的数据？

5.5 支持环境：可持续的管理信息系统基础设施

要减少电子垃圾、能源消耗和碳排放，企业就必须重视创建可持续管理信息系统基础设施。可持续管理信息系统基础设施确定了企业在减少对硬件和能源消耗依赖的同时增加计算资源的方法。可持续管理信息系统基础设施的构成要素如图 5.11 所示。

图 5.11　可持续管理信息系统基础设施的构成要素

5.5.1 网格计算

打开电灯时，电网会立即准确地提供所需的电力。现在，计算机和网络也可以通过网格计算以这种方式工作。

- **网格计算**：通过协调通常分散在不同地理位置的一批计算机来解决一个共同的问题。

在网格计算中，问题被分割成若干块并分配给多台机器处理，这使得处理速度比单个系统更快，如图 5.12 所示。计算机通常只使用了不到 25% 的处理能力，剩下 75% 以上的处理能力可用于其他任务。网格计算创新性地利用了这些闲置的处理能力，将全球成千上万台独立计算机连接起来，创建了一台可以处理密集型任务的虚拟超级计算机。网格计算可以更好地利用管理信息系统的资源，实现更高的可扩展性，因为系统可以轻松增长，能够应对需求的波峰和波谷、提高成本效益并解决单台计算机无法解决的问题，如图 5.13 所示。

网格计算的用途非常广泛，如创建动画电影中的场景。梦工厂动画公司（DreamWorks Animation）使用网格计算完成了多部热门电影，包括《蚂蚁雄兵》《怪物史莱克》《马达加斯加》《驯龙高手》等。《怪物史莱克3》的制作耗费了 2000 多万个计算机工时（相比之下，《怪物史莱克1》和《怪物史莱克2》分别耗费了 500 万和 1000 万个计算机工时）。在制作高峰期，梦工厂将 4000 多台计算机专用于《怪物史莱克》网格，这使得该剧制作团队能够在数天或数小时而不是数月内完成场景制作。随着网格计算能力的提高，梦工厂的动画师能够为水、火和魔法场景添加更逼真的动作。三维图像是在图形工作站上创建的。然后，这些图像被分成若干个较小的部分，并且被共享到服务器计算机集群中，接着为每个较小的部分添加细节。再然后，将这些较小的部分汇集在一起进行编辑，以创作最终版本。利用网格计算，企业可以更快或更高效地工作，从而获得潜在竞争优势并节约更多成本。

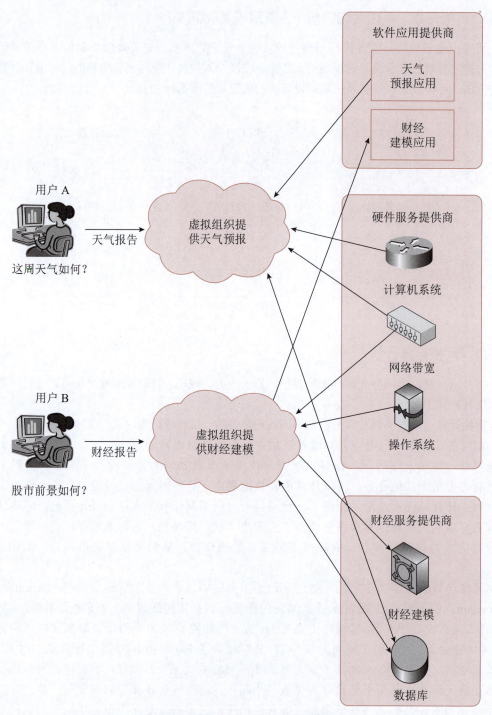

图 5.12 使用网格计算的虚拟组织

用智能电网解决能源问题。智能电网利用双向数字技术输送电力,旨在解决全球电网落后的问题,通过提高远程监控、分析和控制电力传输的能力,使电网更加高效可靠。据说,美国目前的电网已超过其预期寿命多达 30 年。智能电网可为用户提供实时用电监测,使他们能够为非关键或不太紧急的应用或流程选择非高峰时段。

图 5.13　网格计算示例

5.5.2　虚拟计算

虚拟化系统创建虚拟而非实际的计算资源，如操作系统、服务器、存储设备或网络资源，如图 5.14 所示。有了大数据，现在就有可能将数据虚拟化，从而可以高效、低成本地存储数据。网络速度和网络可靠性的提高消除了以可接受的速度来管理海量数据的物理限制。存储和计算机内存成本的下降使得企业能够利用 10 年前无法收集的数据。

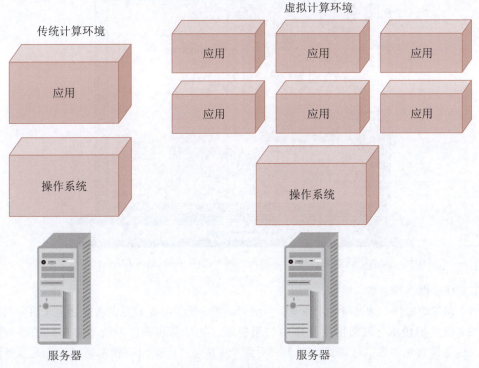

图 5.14　虚拟系统示例

大多数计算机甚至服务器通常只运行一种操作系统（如 Windows 或 macOS）和一种应用程序。当企业投资一个大型系统（如库存管理系统）时，会配备一台专用服务器。这样可以确保系统在高峰期有足够的运行能力，并能根据需求进行扩展。此外，许多系统都有特定的硬件和详细的软件要求，因此很难找到两个具有相同要求的系统共用一台机器。通过使用虚拟化技术，计算机可以同时运行多个操作系统和多个软件应用程序。

■ **虚拟化**：在一台计算设备上创建多个虚拟机。

打印机就是一个很好的例子。过去，人们必须分别购买传真机、复印机、答录机和打印机。这四台机器不仅价格昂贵，而且还需要有足够的能源来运行，还会产生更多的电子废物。如今，人们可以购买一台虚拟计算机打印机，在一台物理机器上同时实现传真机、答录机和复印机的功能，从而可降低成本、减少电力需求和电子垃圾。虚拟化本质上是一种整合形式，可以通过多种方式使可持续的管理信息系统基础设施受益，例如：

（1）根据所使用的硬件，提高应用程序的可得性，从而提高性能；

（2）通过减少运行多个系统或应用程序所需的硬件，提高能效；

（3）通过在一台计算机上运行多个操作系统，提高硬件的可用性。

计算机最初被设计成在单一操作系统下运行单一应用程序。这使得大多数计算机的利用率非常低（如前所述，75% 的计算能力可用于其他任务）。虚拟化可以实现在一台计算机上安装多个虚拟机，这样就可以共享内存和硬盘空间等资源，运行不同的应用程序甚至是不同的操作系统。使用虚拟化软件，mac 计算机可以同时运行苹果操作系统和 Windows 操作系统，如图 5.15 所示。遗憾的是，至少目前还不能使用虚拟化技术让安装 Windows 系统的计算机运行 mac 软件。

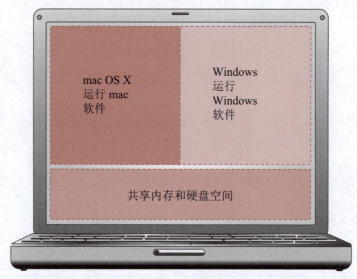

图 5.15　虚拟化使苹果 mac 计算机可以同时运行 macOS X 和 Windows 系统

虚拟化有以下四个基本类别。

（1）**网络虚拟化**：通过将可用带宽拆分成可实时分配给特定设备的独立通道来组合网络。

（2）**服务器虚拟化**：将应用程序中的服务器、处理器和操作系统等物理资源结合起来使用。这是最常见的虚拟化形式，当人们听到"虚拟化"一词时，通常可以认为是服务器虚拟化。

（3）存储虚拟化：将多个网络存储设备组合在一起，使之看起来像是一个存储设备。

（4）系统虚拟化：将单台计算机的资源当作一组独立的计算机（"虚拟机"）来使用的能力，每个虚拟机都有自己的虚拟 CPU、虚拟网络接口、虚拟存储设备和虚拟操作系统。

虚拟化也是最简单、最快捷地实现可持续管理信息系统基础设施的方法之一，因为它降低了能耗，减少了需要制造、维护和日后安全处置的设备。管理者不必再将服务器、存储设备或网络容量永久分配给单个应用程序。相反，他们可以根据需要随时随地分配硬件资源，获得企业发展壮大所需的可得性、灵活性和可扩展性。此外，通过将操作系统和应用程序与硬件分离，在发生灾难或硬件故障时，可以很容易地将虚拟机移植到新的物理机上，从而使企业能够快速恢复。虚拟化的主要用途之一是执行备份、恢复和灾难恢复。利用虚拟服务器或虚拟化服务提供商来托管灾难恢复比单个企业承担冗余物理系统的费用更加可持续。此外，这些提供商的数据中心通常远离大城市，并可抵御自然灾害。虚拟化架构如图 5.16 所示。

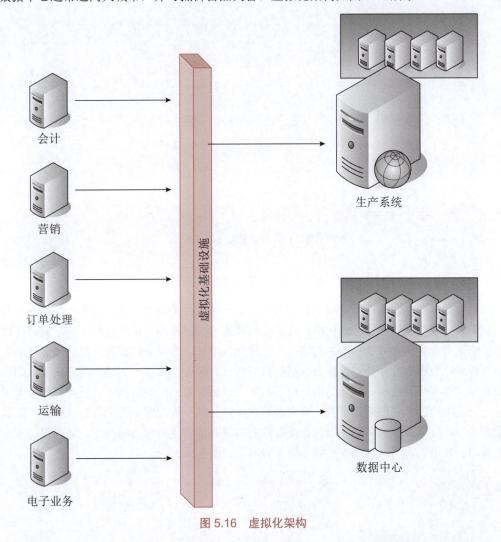

图 5.16　虚拟化架构

虚拟机技术最早于 20 世纪 60 年代在大型机上应用，目的是将昂贵的系统划分为不同的域，以让更多用户能更高效地使用应用程序。在过去十余年中，随着标准 PC 服务器的功能越来越强大，虚拟化技术也被引入台式机和笔记本处理器中，以提供同样的优势。

对于系统内的用户和外部世界来说，虚拟机都是独立的计算机，每台虚拟机都有自己的网络身份、用户授权和验证能力、操作系统版本和配置、应用程序和数据。所有虚拟机的硬件都是一致的。虽然它们的数量或大小可能不同，但所使用的设备都允许虚拟机可移植，且与底层系统的实际硬件类型无关。图 5.17 概要显示了系统虚拟化框架。

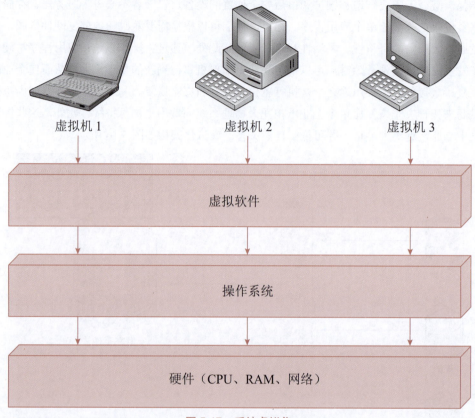

图 5.17　系统虚拟化

虚拟数据中心。**数据中心**是用于容纳管理信息系统及相关组件（如通信和存储系统）的设施。数据中心有时也称为服务器机群，它需要消耗电力、制冷和占用一定的空间，同时还需要在不影响正常业务运营和服务质量的情况下支持业务增长。多年来，随着人们对信息依赖的程度不断提高，数据中心存储的数据量也呈指数级增长。备份、图形、文档、演示文稿、照片以及音视频文件都会导致需要存储的信息量不断扩大。最有效的限制数据中心能耗和制冷要求的方法之一是整合部分物理基础设施，特别是通过虚拟化减少物理服务器的数量。因此，虚拟化对数据中心产生了深远的影响，因为企业运营所需服务器的绝对数量减少了，从而促进了企业的业务增长和绩效，同时也减少了对环境的影响，如图 5.18 所示。

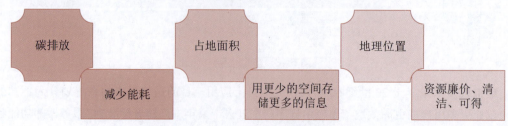

图 5.18　数据中心实现可持续性的几种途径

业务驱动的创新

升级改造你的旧计算机

想象一下,你走进朋友家,看到她的计算机里有活鱼在游来游去。再仔细一看,你会发现她是把旧的台式机改造成了一个创新的"水族馆"。一些年轻的创业者通过将旧的台式机升级改造成鱼缸而赚得盆满钵满。升级改造是对电子垃圾的再利用或翻新,并创造出一种新产品。随着电子垃圾问题变得越来越严重,一种解决办法是对旧技术进行升级再利用,创造出创新的家用产品或个人配件。看看你目前正在使用的设备,你是否可以创造出一种可循环利用的产品?以下有几个好点子供你参考:

- 键盘磁铁;
- 计算机水族箱;
- 键盘日历;
- 电路板钥匙圈;
- RAM 钥匙链;
- 电缆手链;
- 主板时钟;
- 鼠标皮带扣。

谷歌、微软、亚马逊和雅虎都在美国西北部的哥伦比亚河沿岸建立了数据中心。每家公司都能从这一地区廉价的土地、高速的互联网接入、充足的冷却水以及更重要的廉价电力中受益。这些因素对于当今的大型数据中心至关重要,因为这些数据中心的规模和电力需求远远超过了上一代数据中心。位于美国华盛顿州昆西市的微软数据中心比 10 个足球场还要大,完全依靠水力发电,即通过流水而非燃烧煤炭或其他化石燃料提供电力。

如果我们对企业的整体发展采取全面综合的方法,那么整合信息型管理信息系统基础设施、环境型管理信息系统基础设施和可持续型管理信息系统基础设施的好处就显而易见了。例如,企业可以利用云计算在一个或多个地理位置分散的地方轻松备份软件和重要信息。这比在不同地区建立自己的冷、热备援中心要划算得多。在发生安全漏洞时,故障转移可以作为虚拟机部署在云端的某个位置,并在云端其他位置的另一个虚拟机上线时关闭。

5.5.3 云计算

设想一家专门从事特定节日装饰品生产的周期性企业,其销售趋势和订单是如何随一年中的不同时间而变化的。大部分销售发生在节日附近的 2 个月,其余 10 个月的销售和系统使用量相对较小。该企业不希望为了满足特定月份的产能高峰而投资大量昂贵的服务器,因为这些服务器一年当中会有 10 个月处于闲置状态。云计算是该企业的完美解决方案,它使得该企业更容易获得过去只有大型企业才能使用的计算能力。现在,中小型企业不必再为使用与大企业相同的强大系统而进行巨额资本投资。

按美国国家标准与技术研究所的说法,**云计算**通过互联网而不是通过个人计算机或服务器来存储、管理、处理数据和应用程序。云计算提供了存储、访问、处理和分析信息的新方法,并可在全球任何有互联网连接的地方将人和资源连接起来。如图 5.19 所示,用户使用客户端（如网络浏览器）从个人计算机或便携式设备连接到云。对这些个人用户来说，云就像是他们的个人应用程序、设备或文档。这就好像把所有的软件和文档都存储在云中，而人们所需要的只是一个访问云的设备。人们不再需要在物理意义上拥有硬盘驱动器、软件或处理能力等，所有这些都位于云端，并对用户透明。用户不会被绑定在某台计算机或某个网络上，他们可以根据需要随时随地访问自己的程序和文档。试想你的硬盘在云端，无论你在哪里，都可以使用任何设备访问你的信息和程序。最棒的是，即使你的机器崩溃、丢失或被盗，托管在云端的信息也是安全的，并且始终可用。有关云提供商的概述如图 5.20 所示，云计算优势如图 5.21 所示。

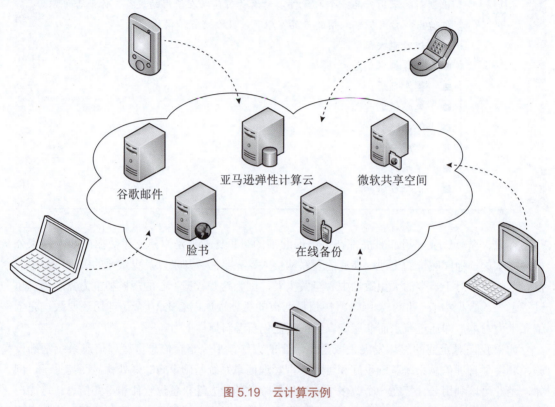

图 5.19　云计算示例

云提供商	
亚马逊：云盘、云播放器、亚马逊 Prime	亚马逊亏本销售 Kindle Fire，以通过亚马逊 Prime 和云播放器推送各类媒体，用户可以通过云播放器播放视频和音乐
苹果公司：iCloud、iWork、iBooks、iTunes	iCloud 可将 iPhone、iPad 和 mac 整合在一起，在苹果设备之间同步数据。iWork 可帮助用户进行协作
谷歌：谷歌应用程序、谷歌云盘、谷歌邮件、谷歌日历	谷歌提供了许多云服务，如谷歌应用程序、谷歌邮件和存储数据的谷歌云盘
微软：Office 365、OneDrive、OneNote、Exchange	OneDrive 和 Office 365 提供了协作及共享数据、照片、电子邮件和文档的多种方式

图 5.20　云提供商概述

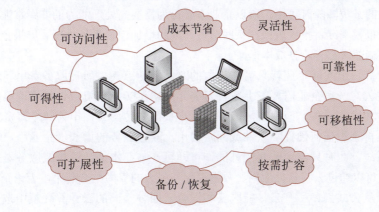

图 5.21 云计算的优势

云计算推动了订阅经济的发展。这些商业模式基于互联网,亚马逊 Prime 每年只需订阅一次,便可享受两天免费送货服务。全球最大的流媒体视频服务商网飞拥有 1.39 亿用户。音乐流媒体服务商 Spotify 拥有 2 亿活跃用户。这些企业每月收取 9～10 美元(合 70 人民币左右)。这种商业模式提供了可靠的收入来源。

- **单租户**:在云端,每个客户或租户都必须购买和维护一个单独的系统。采用单租户云方法,服务提供商必须为每家运行该软件的企业提供系统更新。
- **多租户**:在云端,一个系统实例可为多个客户服务,每个客户称为一个租户,多个租户可以访问同一个系统。因为成本分散到了多个租户身上,所以多租户有助于降低与实施大型系统相关的运营成本。采用多租户云方法,服务提供商只需要在一个地方更新系统。

云是一种多租户环境,这表示一个架构可承载多个客户的应用程序和数据。"噪声邻居"指垄断带宽、服务器、CPU 和其他资源并导致网络性能问题的多租户中的共同租户。当一个租户使用了大部分可用资源并导致共享基础设施上的其他租户出现网络性能问题时,就会产生"噪声邻居"效应。

云为企业提供了更高的可得性和可靠性以及更好的可访问性——所有这些都可以高速访问且价格低廉。出于灵活性、可扩展性和成本效益的考虑,云计算正迅速成为各种规模企业的可行选项。利用云,只需要以低廉的价格购买微软 Office 或 Outlook 等软件的单一许可证,而不必担心在计算机上安装和升级软件的麻烦。人们不用再考虑内存不足无法运行新程序的问题,因为硬件和软件都由云端提供,只需要付费即可访问程序。这就和使用电话服务类似,只需要付费即可使用供应商的服务,而无须为全球范围内的通话设备付费。人们也不必考虑可扩展性,因为系统会自动处理峰值负载,这些负载可以分散到云端的各个系统中。图 5.22 显示了云计算的特点。

按需自助服务 用户可根据需要增加存储和处理能力	广泛的网络访问 所有设备都能访问数据和应用程序	多租户 用户共享计算资源池
快速适应性 存储容量、网络带宽和计算能力可以即时增加或减少,从而实现最佳的可扩展性		服务可衡量 用户可以对事务处理及资源使用情况进行监控和衡量

图 5.22 云计算的特点

由于额外的云资源随时可用,所以企业不必再为需要高处理能力的非经常性计算任务购买系统,例如在报税季准备报税表或在某些节假日期间增加销售事务处理。如果企业需要更多的处理能力,云端随时都有,且成本低廉。

有了云计算,个人或企业就只需在需要的时间和地点支付所需服务费用,就像用电要交电费一样。过去,一家企业需要花上数百万美元来购买实施薪资或销售管理等大型系统所需的硬件、软件和网络设备。而现在,云计算用户只需要访问云,申请一个薪资应用的单一许可即可,无须再承担任何硬件、软件或网络费用。随着业务的增长,企业用户可能需要让更多员工访问系统,此时只需要购买额外的许可即可。与在本地计算机或服务器上运行软件相比,企业现在可以通过云将软件应用、数据存储和强大的算力结合起来。无论企业选择哪种云模式,都可以从公共云、私有云、社区云和混合云四种不同的云计算环境中选择(如图 5.23 所示)。

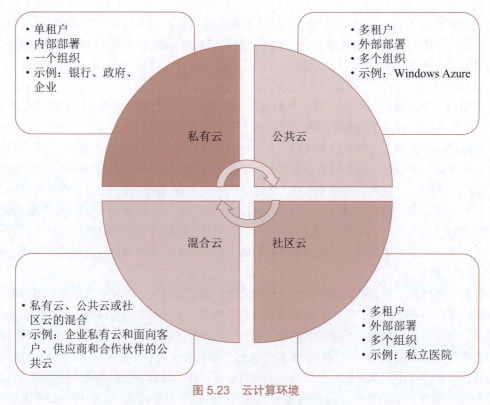

图 5.23 云计算环境

1. 公共云

公共云提倡向公众提供大规模、全球性和全行业的应用。在公共云中,客户无须配置、管理、升级或者更换硬件或软件。公共云的定价是公用事业式的,客户只需要为其使用的资源付费。公共云服务提供商向公众提供免费或付费类型的服务,这些服务是开放的,但通常有诸如密码的标准限制。Windows Azure 就是这样的例子。

2. 私有云

私有云只服务于一个客户或组织,可以位于也可以不位于客户的场地内。对于高度关注数据安全和重视信息隐私的政府等组织来说,私有云是最佳解决方案。但因为其成本不是由多个客户分担,私有云的成本远高于公共云。需要确保数据安全的企业和团体大多使用私有云。私有云的主要缺点是需要投入大量时间和资金来建立。

3. 社区云

社区云服务于具有共同业务模式、安全要求和合规性考虑的特定社区。社区云正在金融服务和制药等受到高度监管的行业中兴起。社区云是私有云，但分布在一个组织内的多个部门，并可专门针对各部门或小组设置云的不同部分。

4. 混合云

混合云包括两个或者两个以上的私有云、公共云或社区云，但每个云都保持独立，仅通过可实现数据和应用程序可移植性的技术进行连接。例如，一家企业可能将私有云用于维护敏感数据的关键应用，而将公共云用于非敏感数据应用。同时使用私有云和公共云即为混合云。即使发生连接故障，混合云也能提供服务，且通常是用来为关键在线服务提供备份。

在云端部署管理信息系统基础设施彻底改变了企业开发、部署、维护管理信息系统的方式。转换到云计算是从物理世界向逻辑世界的根本性转变，这使得应用程序或数据位于哪台服务器上变得无关紧要。因此，企业和管理信息系统部门需要改变对系统的看法，并寻找新的竞争优势。

5.6 通用计算

通用计算提供一种按使用付费的收入模式，类似于燃气或电力等计量服务。许多云计算服务提供商使用通用计算云基础设施。

1. 基础设施即服务

基础设施即服务（IaaS）采用按使用付费的收入模式，并利用云提供硬件组网功能（包括服务器、网络和存储的使用）。通过 IaaS，客户可以租用硬件并提供自己的定制应用。IaaS 客户无须花费大量资金购买昂贵的服务器，从而节省了资金，所以 IaaS 的商业优势十分巨大。这种服务通常按使用量付费，就像电或燃气等基本公用事业服务一样。IaaS 为那些需要根据业务需求变化来增减计算资源的企业提供了一种经济高效的解决方案。这就是所谓的**动态扩展**，即管理信息系统基础设施可以根据需求自动伸缩。

灾难恢复即服务（DRaaS）利用云资源提供备份服务，以保护应用程序和数据免受灾难造成的中断影响。DRaaS 为企业提供全面的系统备份，可在系统发生故障时保证业务连续性，它通常是灾难恢复计划或业务连续性计划的一部分。

2. 软件即服务

软件即服务（SaaS）采用按使用付费的收入模式在云端提供应用程序。在 SaaS 推出之前，企业往往要花费巨额资金实施和定制专门的应用程序，以满足其业务需求。但是，其中许多应用程序不仅难以实施、维护成本高昂，而且使用起来也很困难。可用性是驱动云计算服务提供商进入这一领域并取得成功的最大动力之一。

SaaS 有许多优势，最明显的是可以极大地节约成本。软件按使用计费，没有预付费用，因此企业可以立即获得减少支出的好处。此外，它们还能获得许多额外的优势，如基于租赁来测试新软件的可扩展性和灵活性等。

Salesforce.com 是最受欢迎的 SaaS 供应商之一。它建立并提供了一个适合典型销售人员的销售自动化应用，该应用可自动跟踪销售线索和潜在客户，并进行预测。利用 SaaS 的强大功能，可以访问大规模的、安全的基础设施，并获得所需的任何支持，这对于资金匮乏的初创企业或小企业尤为重要。一些 SaaS 扩展如下。

（1）**数据即服务**：以及时、安全和可负担的方式促进关键业务数据的可访问性。数据即服务所依据的原则是，可以根据需求向用户提供指定的有用数据，无论用户与数据提供者之间是否存在组织或地理上的任何分隔。

（2）**安全即服务**：涉及通过互联网提供的防病毒软件等应用程序，不断更新的病毒定义并不依赖用户的合规性。安全即服务有时也称为云安全。从传统意义上来讲，安全即服务提供的顶级安全专业知识要比组织内部的安全专业知识更好。安全即服务提供商包括思科、McAfee 等。

3. 平台即服务

平台即服务（PaaS）支持采用按使用付费的收入模式部署包括硬件、网络和应用在内的整个系统。PaaS 对企业来说是一个完美的解决方案，因为它将购买、管理和维护网络开发软件的麻烦和挑战转移至了服务提供商。有了 PaaS，开发、部署、管理和维护都完全由 PaaS 提供商在云端进行，这样企业就可以将自己的资源集中在其核心计划上。包括开发服务所需的软件和提供服务所需的硬件在内的方方面面都在云端进行。PaaS 无须前期投资，即可提供以下所有服务，从而可帮助企业最大限度地降低运营成本，提高生产力。

（1）提高安全性。
（2）随时随地访问信息。
（3）集中化的信息管理。
（4）与合作伙伴、供应商和客户轻松协作。
（5）以更低的成本加快产品上市速度。

将基础设施即服务、平台即服务和数据即服务结合起来，就可以得到大数据即服务。**大数据即服务（BDaaS）**提供基于云的大数据服务，帮助企业分析海量数据，解决业务难题。BDaaS 是一个有些模糊的术语，通常用于描述将各种大数据功能外包至云端的诸多情况，例如提供数据、提供用于查询数据的分析工具（通常通过网络仪表板或控制面板）、进行实际分析并提供报告。一些 BDaaS 提供商还在其 BDaaS 软件包中纳入了咨询和顾问服务。

问题回顾

1. 企业应多久备份一次数据？
2. 为什么确保备份有效且可以恢复很重要？
3. 灾难恢复计划与业务持续性计划之间的区别是什么？
4. 解释管理信息系统基础设施的三种形式，它们各能支持什么？
5. 列出敏捷型管理信息系统基础设施的特点，并解释为什么它们对于支持变更都至关重要。
6. 解释容量计划的定义。此类计划是如何帮助企业做好增长准备的？
7. 解释容错与故障转移之间的区别。
8. 比较热备援中心、冷备援中心和暖备援中心之间的区别。
9. 何谓摩尔定律，它是如何影响企业的？
10. 列出网格计算给业务带来的好处。
11. 确定云计算带来的好处和面临的挑战。
12. 何谓数据中心，为什么企业会开发一个数据中心？
13. 列出并描述三种最常用的云计算交付模式。
14. 为什么企业会希望利用虚拟化？
15. 为什么企业现在希望遵循可持续管理信息系统的做法？

总结性案例一：Peloton——健身即服务

Peloton 公司将骑行精品课程引入了高科技家用健身自行车。Peloton 的目标是在个人客厅里复制精品健身课程。售价 2000 美元的 Peloton 自行车，用户只需要支付每月 39 美元的订阅费用，即可按需使用 8000 多个课时，从而创造了"健身即服务"的商业模式。健身是一个价值 310 亿美元的行业，趋势表明，人们每年在健身上花的钱越来越多，但花在健身上的时间却越来越少。因此，精品健身行业应运而生。

Peloton 自称是一家颠覆传统的技术公司，而不是一家一成不变的自行车企业。骑行者与 Peloton 自行车的每次互动都会被作为数据来收集，从而为骑行体验提供数据支持。Peloton 会关注骑行者喜欢哪首歌曲、喜欢哪位教练、倾向于哪种练习方式，以及对每节课的评价。它会利用这些数据来比较骑行者的资料，并推荐更好、更有针对性的内容。在直播课程中，教练和骑手都可以跟踪参与者在排行榜上的进展情况，从而形成一个虚拟的好友社区。

收入模式对活跃客户有利。如果一位 Peloton 客户每年骑行 200 次，那么包括自行车成本和包月费用在内的费用是 2690 美元。而 SoulCycle 自行车课程的费用通常为每节课 35 美元，如果一位客户一年参加 200 节课，那总费用就是 7000 美元。

Peloton 正在推出价值 4000 美元的跑步机，这是 Peloton 的第二款产品。订阅费保持不变，如果已经支付了自行车的费用，就不必再支付跑步机的费用。也就是说，两种产品的费用相同。随着新产品的开发和推出，Peloton 正迅速成长为一家颠覆性技术公司。

问题
1. 列出 Peloton 可能在客户骑车或在跑步机上练习时收集的五类数据。
2. Peloton 可以通过问题 1 中列出的数据来解决哪些类型的业务问题？
3. 除了自行车和跑步机，Peloton 还可以如何利用"健身即服务"？
4. 云计算如何在 Peloton 的订阅模式中发挥作用？

总结性案例二：摩尔定律已经失效

摩尔定律是以英特尔联合创始人戈登·摩尔的名字命名的。他在 1965 年发现，晶体管的"瘦身"速度非常快，每年人们都能在芯片上安装两倍于前的晶体管，1975 年，他将这一速度调整为每两年翻一番。在英特尔公司的引领下，摩尔的预言得以在芯片行业延续。与此同时，计算公司也发现它们可以利用持续供应的更多晶体管做更多事情。

移动应用、视频游戏、电子表格和准确的天气预报等只是过去 50 年来计算机芯片性能可靠、指数级增长所带来的生活改变的一部分。不过，再过几年，科技公司就可能需要付出更多努力，才能为我们呈现先进的计算机新用例。尽管这种不断将更多硅晶体管塞进芯片的做法一直是计算机领域蓬勃创新的源泉，但现在看来，这种做法逐渐式微。过去几年，芯片开发出现了停滞，这对了解气候变化、开发电池和超导体新材料以及改进药物设计等依赖超级计算机的研究项目来说是个坏消息。

英特尔最近推迟了下一代晶体管技术的研发，并决定延长未来几代产品之间的间隔时间。此外，一个由包括全球最大芯片制造商在内的行业组织制定的摩尔定律技术路线图也被废除。世界上最顶级的超级计算机并没有像以前那样不断进步，它们已经感受到了摩尔定律末日的影响。

移动设备由英特尔以外的其他公司生产的芯片驱动，这些公司在晶体管技术方面普遍略显落后。但移动设备能做的许多有用的事情都依赖价值数十亿美元的数据中心，而摩尔定律在数据中心的终结将是个令人头痛的更现实的问题。世界顶尖的科技公司如狼似虎地吞噬着一代代最先进芯片（这些芯片上的晶体管更加密集）的算力。获得更强算力的其他方法包括更努力地改进芯片设计以及使用专门芯片来加速特定关键算法。

晶体管密度即将达到高峰，这将激起超级计算机和数据中心设计人员对重新设计计算机基本架构的更大兴趣。摒弃20世纪40年代的某些设计特征，可以带来巨大的效率提升。然而，要充分利用这些芯片的算力，就必须重新思考许多类型软件的设计，并需要程序员改变他们的习惯。

问题

1. 你是否赞成"摩尔定律正在走向终结"这一说法？
2. 摩尔定律失效会对业务环境产生怎样的影响？
3. 当硬件进展无法推动企业向前迈进时，企业要如何保持竞争力？

做出业务决策

1. 我心底拔凉，但我确信中了病毒

想想看，如果你在凌晨四点完成一篇论文，却发现自己的计算机中了病毒，丢失了整个文档，那将是多么可怕的事情。又或者，你提交了占总成绩50%的期末论文，然后去度假。回来后，你发现自己"挂科"了，于是疯狂地查看电子邮件，想知道发生了什么事。教授发来的信息告诉你，你的文件损坏了，无法打开，你有24小时的时间重新发送文件，而你因为在山坡上滑雪错过了这段时间。

你有过文件损坏的经历吗？如果有，你可以采取哪些措施来恢复？你认为你的老师收到过损坏的文件吗？文件是如何损坏的？如果你提交了损坏的文件，你认为你的老师会产生怀疑吗？

2. 可持续的部门

新闻中每天都在讨论能源价格和全球变暖问题，而电子垃圾对环境的影响才刚刚开始被人们认识。所有管理者都需要高度重视可持续性和企业社会责任，因为每个人都应在保护环境方面发挥积极作用。列出企业的不同部门及其通常遇到的环境问题类型。你认为哪个部门制造的电子垃圾最多？哪个部门用电量最大或碳排放量最大？每个部门可以做些什么来帮助解决环境问题？为什么所有管理者及所有员工都需要了解环境问题以及创建可持续管理信息系统基础设施的方法？

3. 制订业务连续性计划

业务中断很费钱。在发生灾难或紧急情况时，你不仅会损失收入，还会产生额外开支。如果你希望保险能弥补你的损失，那就要小心了：有很多损失是保险无法弥补的，如销售损失、商业情报损失和客户损失。为了降低灾难风险，需要制订详细的业务连续性计划。业务连续性计划（BCP）不仅是一个很好的理念，同时也是企业可以制订的成本最低的计划之一。BCP应详细说明在发生灾难或紧急情况（如火灾或洪水）时，员工要如何相互联系并继续保持业务运作。遗憾的是，许多企业从未花时间制订这样的计划，等到意外发生时却为时已晚。

在网上搜索小型企业或初创企业的BCP样例，并为你选择的一家初创企业制订BCP。请务必考虑数据存储、数据访问、事务处理、员工安全和客户沟通等问题。

4. 电子垃圾与环境

据估计，全球闲置或过时的计算机和显示器可能多达10亿台。在加利福尼亚州，每天就有6000台计算机被闲置不用。如果处理不当，这一可能含有1000多种有毒物质的巨大电子垃圾流会给人类和环境造成危害。电脑主板中含有铍，磁盘中含有铬，电池和显示器中含有铅，碱性电池中含有汞。许多旧笔记本和计算机芯片中都含有镉——这是已知毒性最大的化学物质之一。

在美国和欧洲向其出口部分电子垃圾的较贫穷国家，环境破坏的全面影响很快就会显现出来。这些地区很少使用废弃的电子设备，因此当地的回收商会转售一些部件，然后在非法垃圾场（通常在居民区附近）焚烧其余部件，从而向空气、土地和水中排放有毒和致癌物质。

你是否曾制造过电子垃圾？如何确保安全处置包括电池在内的电子设备？政府如何鼓励企业安全处置电子垃圾？如何保护较贫穷国家免受电子垃圾的侵害？列出安全处理手机、电脑、打印机、墨盒和电池的方法。你能做些什么来告知公众与电子垃圾相关的问题，并教会他们安全处置的方法？

5. 大众汽车尾气排放丑闻

这种装置一直被称为"柴油机欺骗器"。美国环保署（EPA）发现，在美国销售的许多大众汽车的柴油发动机中都安装了一种"失效装置"软件，该软件可以检测到发动机正在接受测试，并会相应地调整汽车的性能参数，以提高测试结果。此后，这家德国汽车巨头承认在美国的排放测试中作弊。尽管美国环保署表示，这些发动机的计算机软件可以通过监测车速、发动机运转、气压甚至方向盘位置来感知测试场景，但有关其如何运作的全部细节尚不清楚。

当汽车在实验室受控条件下运行时（通常是将汽车架于一个固定的测试系统上），该装置似乎会使受测车辆进入一种安全模式，在这种模式下，发动机的运行功率和性能都低于正常水平。一旦上路，发动机就会脱离这种测试模式。结果是，发动机排放的氮氧化物污染物是美国允许排放量的40倍。

为什么在某一国家行驶的所有车辆都必须遵守该国家环保署的测试限制？大众汽车在排放测试中作弊会对环境造成什么影响？环保署应如何制定测试指标，以确保汽车的行驶遵守预期排放标准？应如何处理大众汽车的这桩丑闻？

6. 笔记本？上网本？平板电脑？

多亏了摩尔定律，计算机设备每年都在变得更小、更便宜、更快，这使得创新型企业能够创造出比现有设备更小、功能更强大的新设备。看看台式机、笔记本和平板电脑就知道了。这些不同的设备都能使用户在全球范围内进行连接和计算。摩尔定律准确地指出，计算能力大约每18个月翻一番。你认为摩尔定律在未来20年会继续适用吗？为什么？

7. 管理信息系统的特征排序

回顾支持增长的管理信息系统基础设施特征清单，并按其对企业成功的影响程度排序，用1表示影响最大，用7表示影响最小。

管理信息系统基础设施特征	对企业成功的影响
可访问性	
可得性	
可维护性	
可移植性	
可靠性	
可扩展性	
可用性	

8. 回收你的手机

作为一名急切地想拥有一部新手机的用户，你会如何处理你的旧手机呢？你可以回收你的手机、充电器和电池，为环保出一份力。回收手机有助于节约能源，使可重复使用的材料远离垃圾填埋场。手机由塑料、铜和贵金属制成，这些材料的提取和制造都需要能源。如果你决定回收手机，请务必终止运营商服务，删除任何联系人或存储信息，并取出 SIM 卡。

如果你的旧手机还能使用，可以考虑将它捐给慈善机构。许多慈善机构会接受还能使用的手机，并将其捐赠给有需要的人。与各机构每年更换的计算机设备总数相比，手机只占很小一部分。那些旧笔记本电脑、服务器和显示器该如何处理？将计算机系统扔进垃圾填埋场会对环境造成什么影响？企业如何回收利用计算机设备？如何鼓励企业和个人进行回收？

9. 借口、借口、借口

以下是一些最奇怪、最不寻常的员工误工借口。

- 我被晒伤了。
- 我被锁在一辆废弃汽车的后备厢里。
- 我妈妈昨天写给我一张纸条，说我不能去上班。
- 我今天没心情。
- 我骑摩托车时不小心撞到了一位修女。
- 有人朝我扔了毒藤，现在我脸上起了疹子。
- 我需要待在家里，因为我确信我能发现我的配偶有外遇。
- 我在追一只海鸥时摔倒了，不得不去医院。
- 我因为吃了太多辣椒而偏头痛。

本章重点介绍了管理信息系统的基础设施，即共同控制整个企业的系统的主要构成要素。如果系统无法运行，企业就无法运转，这就像人们的健康状况控制着工作能力一样。当一个企业的系统崩溃、互联网访问中断或无线网络出现故障时，试图与该企业开展业务可能会非常令人沮丧。在发生这类问题时，企业并不希望对外宣称它们遇到技术困难是因为黑客、未支付公用事业账单等原因。

有多少次你给企业打电话，客服代表却说系统故障或今天速度很慢？你有多少次因为互联网服务中断而错过了提交作业的时间？为什么一个企业的系统必须全年全天候可得？为什么企业要隐瞒系统故障的真正原因？如果客户被告知系统是因为黑客攻击而瘫痪，会发生什么情况？企业如何保护其系统的安全？

10. 将你的手机虚拟化

虚拟化是一个较难理解的概念，其正式定义是"在单台计算设备上创建多个虚拟机"。例如，你有三部手机：一部用于你工作的公司，一部用于你自己建立的公司，还有一部用于拨打私人电话。在大多数情况下，这些手机都处于闲置状态，很少同时响铃。由于这些手机大部分时间都处于闲置状态，而你注意到支持闲置就是在浪费时间和资源，尤其是当你要为每部手机支付服务费时。因此，你决定使用虚拟化来解决你的问题。

从本质上讲，这将在一台设备上安装三部虚拟手机。每部虚拟手机的服务和应用程序都将独立存储在这台设备上。但从这台设备的角度来看，它看到的是三部虚拟手机。这样可以节省时间、开支和维护费用。

虚拟化如今成为一个热门话题，因为越来越多的企业开始关注社会责任，并试图找到减少自身碳排放量的方法。创建一个与手机类似的类比来说明虚拟化。虚拟化对环境有哪些潜在影响？虚拟化有哪些商业优势？虚拟化会带来哪些商业风险？

6 数据：商业情报

本章导读

第一部分 数据、信息与数据库	第二部分 数据仓库与区块链
6.1 数据质量 6.2 利用关系数据库管理系统存储数据 6.3 利用关系数据库获得业务优势	6.4 商业情报 6.5 数据仓库 6.6 区块链：分布式计算

IT 对我而言意味着什么？

本章将介绍信息和数据的概念，以及它们对于业务专业人员和企业的相对重要性。本章还将对存储在事务型数据库中的数据和从数据仓库中获取的强大商业情报进行区分。只有了解如何访问、操作、汇总、分类和分析数据以支持决策，才能获得成功。信息具有力量，了解这种力量将有助于读者提升在全球市场上的竞争力。进一步地，本章将简要介绍数据库的基本原理以及高质量数据的相关特征，并将解释如何将多个运营数据库中存储的各种数据转换为汇总信息集中存储在数据仓库中，以便挖掘商业情报。

读者需要了解事务性数据和汇总信息之间的区别，以及可以使用事务性数据库和数据仓库来回答的不同类型问题。读者应该了解在数据库中存储数据的复杂性，以及将运营数据转换为有意义的汇总信息需要做的工作。读者还需要认识到信息的力量，以及数据仓库在促进商业情报方面为企业带来的竞争优势。掌握了信息的力量，读者就能做出明智、知情和有数据支持的管理决策。

开篇案例研究

欢迎来到数据科学领域

存储大量数据并不是什么新鲜事。事实上，过去的几十年间，企业和政府一直在存储大量数据，但如今人们能够快速、低成本地利用这些数据来做一些有意义的事情。数据科学领域是最热门、发展最快的领域之一，其职业前景既令人兴奋又充满挑战。令人惊讶的是，数据科学领域只有大约20年的历史。数据科学作为一门独立学科的现代概念最早是由威廉·S.克利夫兰在2001年提出的，现在已发展到包括记录、存储、分析数据以有效提取有用信息的方法。让我们快速回顾一下导致这一领域诞生的几个重要里程碑，以了解它的发展历程和未来走向。

数据科学的现代历史

- 2001年：威廉·S.克利夫兰提出了"数据科学"这一新领域和术语。在接下来的几年里，这一术语得到了更广泛的使用。
- 2002年：《数据科学》（*Data Science*）期刊创刊。
- 2002年：Torch机器学习库创建。
- 2003年：哥伦比亚大学发行《数据科学》期刊。
- 2004年：MapReduce算法诞生。
- 2006年："网飞奖"创立。
- 2007年：Scikit-learn机器学习库创建。
- 2008年："数据科学家"这一角色的出现要归功于DJ·帕蒂尔和杰夫·汉姆贝彻。数据科学家收集大量数据，将其转换为更可用的格式，并利用数据驱动技术和工具解决与业务相关的问题。
- 2009年：用于计算机视觉研究的大型数据集ImageNet催生了人工智能热潮。
- 2010年：Kaggle机器学习竞赛启动。
- 2010年：《经济学人》（*The Economist*）宣布了"数据科学家"这一新职业。
- 2011年：杰夫·迪恩和吴恩达建立了一个能辨识猫的神经网络，这标志着谷歌大脑项目的启动。
- 2012年：杰弗里·辛顿发布了深度神经网络。
- 2012年：Snowflake推出基于云计算的数据仓库公司。
- 2015年：谷歌开源了其人工智能引擎TensorFlow。
- 2016年：PyTorch发布。
- 2016年：AlphaGo击败人类围棋冠军。
- 2017年：亚马逊网络服务SageMaker发布。
- 2018年：谷歌的雅各布·德夫林及其同事创建BERT语言模型。

虽然上述清单没有穷尽所有数据科学工具，但却概括了迈入数据科学领域应熟悉的技术和技能。

第一部分 | 数据、信息与数据库

学习成果

6.1 解释决定数据价值的四个主要特征。
6.2 描述数据库、数据库管理系统和关系数据库模型。
6.3 确定关系数据库的业务优势。

6.1 数据质量

信息十分强大,它可以描述一个组织当前的运营情况,也可以帮助该组织估计未来的运营情况并制定相应的战略。对任何行业的任何专业人员来说,理解、消化、分析和过滤数据的能力都是成长和成功的关键。切记,当拥有正确的数据且可以将之转换为信息,并最终转换为商业情报时,新的视角和机会就会出现。

数据在企业中无处不在。销售、营销、人力资源和管理部门的管理者需要数据来管理自己的部门并做出日常决策。在处理重大业务问题时,员工必须能够获取并分析所有相关数据,以便做出最佳决策。数据具有不同的层次、格式和粒度。

- **数据粒度**:指数据的详细程度(精细、详细或粗糙、抽象)。

员工在做决策时必须能够将不同层次、格式和粒度的数据联系起来。例如,为了做出重要决策,一家企业可能会从不同的供应商那里收集数据,但却发现所收集数据的层次、格式和粒度各不相同。一个供应商可能会以电子表格形式发送详细数据,而另一个供应商可能会以Word文档格式发送摘要数据,还有一个供应商可能会以电子邮件形式发送数据集。员工需要比较这些不同类型的数据,以了解它们通常都揭示了什么,从而做出战略决策。图6.1 显示了企业数据的不同层次、格式和粒度。

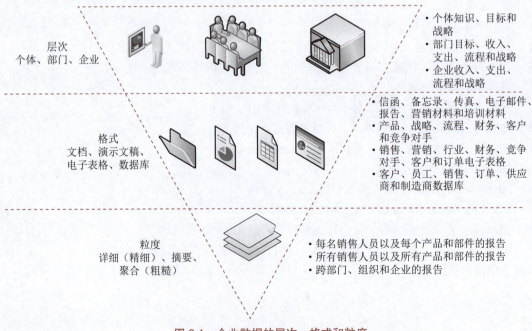

图 6.1 企业数据的层次、格式和粒度

成功地从多个层次、以不同格式和不同粒度收集、汇总、分类并最终分析数据，可以为了解企业绩效提供强大的见解。令人兴奋和意想不到的结果可能包括潜在的新市场、接触客户的新方式甚至新的经营方法。在了解了数据的不同层次、格式和粒度后，管理者接下来要了解的是有助于确定数据价值的四个主要特征，如图 6.2 所示。

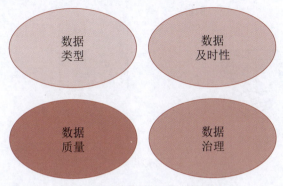

图 6.2　数据价值的四个主要特征

6.1.1　数据类型：事务性数据和分析性数据

事务性数据和分析性数据是两种主要的数据类型。事务性数据包括单个业务流程或工作单元中包含的所有数据，其主要目的是支持日常运营任务。为了执行运营任务和重复性决策（例如分析日销售报表和生产计划来确定库存量），企业需要采集并存储事务性数据。沃尔玛每小时要处理 200 多万笔客户交易，而 Facebook 则要跟踪 8 亿活跃用户及其照片、好友和网络链接。此外，每次收银机记录销售额、ATM 存款或取款、加油机出具收据时，都必须记录和存储事务性数据。

分析性数据包括所有企业数据，其主要目的是为执行管理分析任务提供支持。分析性数据在做出重要决策时非常有用，例如企业是否应建立新的生产工厂或雇用更多的销售人员。分析性数据使得发现商业趋势、预防疾病和打击犯罪等许多以前难以完成的工作成为可能。例如，信用卡公司可以通过分析数十亿条消费交易记录来识别欺诈行为。如果在外国消费或连续购买汽油，则会发出预警，强调可能存在欺诈行为。

沃尔玛利用其海量分析数据发现了许多不寻常的趋势，例如风暴天气和果酱馅饼销量之间的关联。沃尔玛发现，对果酱馅饼的需求在暴风雨季节会增加。有了这一宝贵的商业见解，这家连锁超市就能在顾客到达时储备好随时可以购买的果酱馅饼。图 6.3 展示了不同类型的事务性数据和分析性数据。

6.1.2　数据及时性

数据的及时性取决于具体情况。对某些企业或行业而言，几天或几周前的数据可能依旧适用；而对于其他企业或行业，几分钟前的数据就可能几乎没有价值。有些机构需要即时数据，例如股票交易所和银行；而另一些机构则只需要分析每天甚至每周的数据，如保险公司和建筑公司。

- **实时数据**：即时的、最新的数据。
- **实时系统**：根据要求提供实时数据。

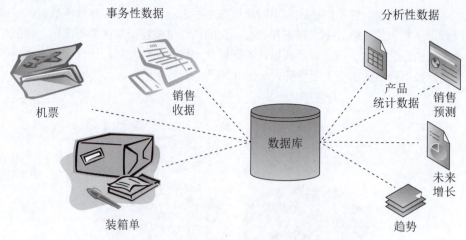

图 6.3 事务性数据与分析性数据

许多企业利用实时系统来揭示关键的企业事务性数据。对实时数据日益增长的需求源于企业需要更快、更有效地做出决策，需要降低库存，需要更高效地运营以及更仔细地跟踪绩效。此外，数据还需要能及时满足员工的需求。如果员工只能按小时或按天吸收数据，就没有必要以较小的增量收集实时数据。

大多数人在请求实时数据时，并不了解"持续变化"这一与实时数据相关的最大隐患。假设有以下场景：三位经理在一天结束时开会讨论一个业务问题。这三位经理都收集了一天当中不同时间段的数据来了解情况。由于时间不同，每位经理所了解的情况也可能不同。又因为他们分析所依据的数据都在不断变化，所以他们对该业务问题的看法可能并不一致。因此，这种方法不但不会加快决策，反而可能会拖慢决策。企业决策者必须评估每项决策所用数据的及时性。企业不希望发现自己利用实时数据更快地做出错误决策。

6.1.3 数据质量

业务决策的好坏取决于决策所用数据的质量。

- **数据不一致**：当相同的数据元素具有不同的值时，就会出现数据不一致。例如，要更新一位修改姓名的客户的数据需要做的工作非常多。仅在少数几个企业系统中更改该项数据会导致数据不一致，使这位客户与两个名字关联。
- **数据完整性问题**：当系统产生不正确、不一致或重复的数据时就会出现这个问题。数据完整性问题会导致管理者认为系统报告无效，并根据其他来源做出决策。

为了确保系统不会出现数据完整性问题，需要了解高质量数据的五个共同特征：准确性、完整性、一致性、及时性和唯一性，如图 6.4 所示。图 6.5 举例说明了与使用低质量数据相关的几个问题。

（1）**完整性**。缺少客户名字。

（2）另一个**完整性**问题。街道地址只包含门牌号，没有街道名称。

（3）**一致性**。由于两位客户的姓名拼写略有不同，因此可能存在数据重复的情况。相似的街道地址和电话号码也可能造成这种情况。

（4）**准确性**。数据可能是不准确的，如果客户的电子邮件地址栏和电话号码是一样的，这就值得怀疑了。

（5）另一个**完整性**问题。数据不完整是因为电话号码中没有包括有效的区号。

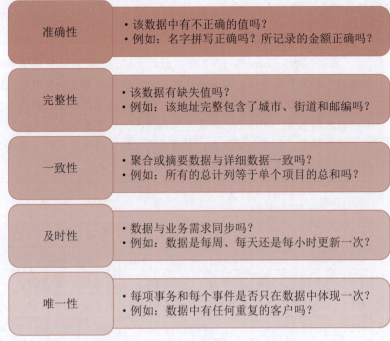

准确性	• 该数据中有不正确的值吗？ • 例如：名字拼写正确吗？所记录的金额正确吗？
完整性	• 该数据有缺失值吗？ • 例如：该地址完整包含了城市、街道和邮编吗？
一致性	• 聚合或摘要数据与详细数据一致吗？ • 例如：所有的总计列等于单个项目的总和吗？
及时性	• 数据与业务需求同步吗？ • 例如：数据是每周、每天还是每小时更新一次？
唯一性	• 每项事务和每个事件是否只在数据中体现一次？ • 例如：数据中有任何重复的客户吗？

图 6.4　高质量数据的五个共同特征

了解低质量数据问题如何发生有助于企业纠正这些问题。解决这些错误将极大地提高企业数据的质量以及从中获取的价值。造成低质量数据的四个主要原因如下。

（1）在线客户故意输入不准确的数据，以保护自己的隐私。

（2）不同的系统有不同的数据输入标准和格式。

（3）数据录入人员为了节省时间输入缩写数据或偶然输入错误数据。

（4）第三方和外部数据存在不一致性、不准确性和错误。

1. 数据缺失（没有名字）　2. 数据不完整（没有街道名）　4. 数据不准确（非法电子邮件地址）

编号	姓	名	街道	城市	州	邮编	电话	电子邮件
113	Smith		123 S.Main	Denver	CO	80210	(303)777-1258	ssmith@aol.com
114	Jones	Jeff	12A	Denver	CO	80224	(303)666-6868	(303)666-6868
115	Roberts	Jenny	1244 Colfax	Denver	CO	85231	759-5654	jr@msn.com
116	Robert	Jenny	1244 Colfax	Denver	CO	85231	759-5654	jr@msn.com

3. 数据可能重复（相似的姓名、相同的地址和电话号码）　　5. 数据不完整（缺失区号）

图 6.5　低质量数据示例

业务驱动的信息系统

确定数据质量问题

《真实人物》(Real People)杂志面向上班族,提供从汽车保养到家庭计划的各种文章和建议。该杂志目前在分发清单方面遇到了问题。30% 以上的杂志因为地址数据有误而被退回,杂志社每个月都会接到许多愤怒的客户打来的电话,抱怨他们还没有收到杂志。以下是《真实人物》杂志的客户数据样本。创建一份报告,详细说明数据中的所有问题、造成这些数据问题的可能原因以及该杂志可以采取的纠正方法。

编号	名字	中间名首字母	姓氏	街道	城市	州	邮编
433	M	J	琼斯	丹佛 13 号	丹佛	科罗拉多	87654
434	玛格丽特	J	琼斯	第一大道 13 号	丹佛	科罗拉多	87654
434	布莱恩	F	胡弗	湖滨大道	哥伦布	俄亥俄	87654
435	尼克	H	史怀彻	苹果巷 65 号	旧金山	俄亥俄	65664
436	理查德	A		第 55 大街 567 号	纽约	加利福尼亚	98763
437	阿兰娜	B	史密斯	特尼大道 121 号	水牛城	纽约	142234
438	特雷弗	D	达里安	弗雷兹德斯蒂尔 90 号	达拉斯	得克萨斯	74532

了解使用低质量数据的代价。使用错误数据会导致管理者做出错误决策。而错误决策反过来又会损耗时间、金钱、声誉。使用低质量数据来做决策会造成以下一些严重的商业后果。

(1) 无法准确跟踪客户。
(2) 难以识别企业的最有价值客户。
(3) 无法识别销售机会。
(4) 失去从向非现有客户进行营销中获得收入的机会。
(5) 发送无法交付邮件的成本。
(6) 因为不准确的发票而难以跟踪收入。
(7) 无法与客户建立强大的关系。

了解使用高质量数据的好处。高质量数据可以显著提高做出良好决策的机会,并可直接提高企业的净利润。

- **数据管理员**:负责确保政策和程序在整个企业内得到执行,并充当管理信息系统部门与业务部门之间的联络人。
- **数据管理**:管理和监督企业的数据资产,以帮助业务用户以一致的方式轻松访问高质量数据。

一家企业发现,尽管美国凤凰城拥有大量高尔夫球场,但这里并不适合销售高尔夫球杆。分析表明,凤凰城的高尔夫球手一般都是游客,他们通常会随身携带自己的球杆。进一步的分析显示,在美国,最适合销售高尔夫球杆的两个地方是纽约州的罗切斯特和密歇根州的底特律。有了这些有价值的信息,该企业就能够战略性地布局其门店并开展营销活动。

高质量数据并不能保证每项决策都是正确的,因为决策最终是由人来做出的,而人并非完美无缺。但是,这些数据可以确保决策依据的准确性。企业的成功取决于认识到及时的和高质量的数据的真正价值并加以充分利用。

6.1.4 数据治理

数据是一种重要的资源,用户需要了解他们用数据能做什么,不能做什么。为确保企业正确管理数据,需要制定专门的政策和程序来规定如何组织、更新、维护和访问数据。数据的目的是提供指导,帮助领导者做出明智的决策。数据本身并不是政策。数据的存在是为了帮助人们了解重新开放、封闭或其他措施是否有效。无论规模大小,每家企业都应制定有关数据管理的政策。

- **数据治理**:对企业数据的可得性、可用性、完整性和安全性进行全面管理。
- **主数据管理(MDM)**:收集数据并确保其统一、准确、一致和完整的做法,涉及客户、供应商、产品、销售、员工等实体,以及其他通常跨企业系统整合的重要实体。MDM通常包含在数据治理中。

支持数据治理计划的企业会制定明确的政策,规定哪些人对数据的哪部分或哪方面负责,如数据的准确性、可访问性、一致性、及时性和完整性。此类政策应明确规定存储、归档、备份和保护数据的流程。此外,该企业还应制定一套确定员工可访问性层级的程序。然后,企业应部署控制措施和程序来执行政府监管措施和遵守法律法规。

必须注意到数据治理与数据管理之间的区别。数据治理侧重于制定企业范围内的政策和程序,而数据管理侧重于战略性地实施这些政策和程序。

数据验证包括测试和评估,如根据数据治理政策确保数据的合规性和正确性。数据验证有助于确保每个数据值都是准确的。在Excel中,可以使用数据验证来控制数据的类型或用户输入单元格的值。例如,人们可能希望将数据输入限制在一定的日期范围内,这时可使用列表限制选择或确保只输入正整数。

6.2 利用关系数据库管理系统存储数据

任何系统(无论规模大小)的核心组成部分都是数据库和数据库管理系统。

- **数据库**:维护与各类物品(库存)、事件(交易)、人员(员工)和地点(仓库)有关的数据。
- **数据库管理系统(DBMS)**:在数据库中创建、读取、更新和删除数据,同时控制访问权限和安全性。

管理者向数据库管理系统发送请求,数据库管理系统对数据库中的数据进行实际操作。企业将数据存储在数据库中,管理者通过访问这些系统来回答运营问题,如"12月份有多少客户购买了A产品"或"各地区的平均销售额是多少"。以下是通过数据库管理系统检索数据的两个主要工具。

- **结构化查询语言(SQL)**:要求用户根据数据库编写代码来回答问题。
- **示例查询(QBE)工具**:帮助用户根据数据库以图形方式设计问题的答案。

业务驱动的辩论

数据清洗辩论

拥有完美的数据是不现实的。数据清洗的成本很高,因此在做出业务决策之前,大多数企业都必须决定它们需要多干净的数据。针对以下各项,请判断使用这些数据进行决策时,你是会感到舒适还是会感到不适。

(1)市场营销:你向现有客户和潜在客户发送了一份与令人兴奋的新产品有关的快速电子调查问卷。该调查不是强制完成的,因此不会跟踪谁完成了调查。结果,你得到了100%的完整调查数据。但是,你不知道谁完成了调查,并且认为数据的准确率约为50%。你是想根据该调查结果推出新产品,还是想重新发布调查并要求对每位参与者的身份进行验证呢?

(2)人力资源:你向全部500名员工发送了一份有关工作满意度的快速电子调查。结果,30%的员工其调查完成率为100%,20%的员工其调查完成率为50%,其余50%的员工选择不完成调查。使用这些结果作为工作满意度的准确预测指标,你会感到舒适吗?

(3)薪资比较:你的一名员工从四个外部来源收集了你的企业每个在招岗位的平均工资数据。该员工最近辞职了,但没有记录数据的来源。你是否愿意使用这些数据来分析你的企业的薪资水平?

管理者通常会与 QBE 工具进行交互,而管理信息系统专业人员则具备编写 SQL 代码所需的技能。图 6.6 显示了数据库、DBMS 和用户之间的关系。MySQL、Microsoft Access 和 SQL Server 是几种比较常见的 DBMS。

图 6.7 显示了在学习数据库时需要熟悉的其他几个术语。

图 6.6 数据库、DBMS 和用户之间的关系

术　语	示　例
数据元素（或数据字段）：数据的最小或基本单位	数据元素可以是客户姓名、地址、电子邮箱、折扣率、首选送货方式、产品名称、订购数量等
数据模型：数据的逻辑结构，通过图形详细说明数据元素之间的关系	每个数据元素（如客户名称）都有一个描述，该描述提供了与数据类型（文本、数字、字母数字组合、日期、图像、二进制值）和可能的预定义值（如某个地区代码）有关的元数据，然后是所定义的数据之间的关系
元数据：提供数据的详细信息	图像的元数据可包括图像大小、分辨率和创建日期。文本文档的元数据可包括文档大小、创建的数据、作者姓名和摘要
数据字典：汇总数据模型中数据元素的所有元数据	通过查看数据模型和数据字典，可以深入了解数据库的功能、目的和业务规则

图 6.7　常见的数据库术语

6.2.1　将数据元素存储在实体和属性中

为了灵活地支持业务运营，管理者需要查询或搜索业务问题的答案，如哪位艺术家在某个月卖出的专辑最多。

- **关系数据库模型**：以逻辑相关的二维表的形式存储数据。
- **关系数据库管理系统**：允许用户在关系数据库中创建、读取、更新和删除数据。关系数据库模型中的关系可帮助管理者提取这些数据。图 6.8 展示了关系数据库模型中的实体、属性、键和关系等主要概念。

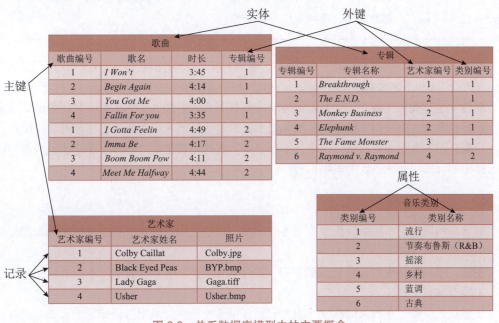

图 6.8　关系数据库模型中的主要概念

业务驱动的分析

更多的谎言：如何用统计数据说谎

现在，我们可以为各种形式和规模的企业收集大量丰富的细粒度数据，这是件好事。但是，了解如何处理这些海量数据可能既困难又代价高昂，而且即使有合适的工具，也仍可能会让人不堪重负。分析以下常见的大数据分析错误，并根据错误对不准确数据分析问题造成的损害由大到小进行排序。

- **分析瘫痪**：收集的数据太多，无法做出决策。
- **缺乏数据管理员**：没有数据管理员，就会缺失数据收集规则，就会出现数据重复、列使用不当、输入不准确等问题。始终要有一个负责数据卫生的角色（或委员会），并授权其保持数据的清洁。
- **数据孤岛**：数据堪比新的石油。因此，无数企业都在尽可能多地收集和存储数据，但由于没有分析需求或方向，只能任其闲置。不要让你的数据束之高阁。数据能够改善运营、提供产品路线图信息并解决长期障碍，但前提是你必须真正使用它。
- **缺乏分析能力**：企业发现自己没有能够分析所收集的海量数据的适当人才或专业知识。例如，传感器等预测性维护工具收集的大量数据有时却得不到分析。关于大数据的一个行之有效的做法是聘用专门负责采取行动的人员——他们不仅要分享从数据中获得的见解，还要推动企业变革。
- **自以为可以控制数据**：任何企业或个人都无法完全控制自己的数据。按照现有的工作方式，每当有新的人员或应用程序要使用数据时，数据都会被复制。这样就会产生成千上万份数据副本，从而使得真正控制任何东西不太可能。你可能拥有世界上最好的安全性，但这也只能保护成千上万份副本中的一份。

- **实体（也称为表）**：存储有关个人、地点、事物、事务或事件的数据。图 6.8 中的实体或表分别是歌曲、专辑、艺术家和音乐类别。请注意，每个实体都存储在不同的二维表（行和列）中。
- **属性（也称列或字段）**：与实体相关联的数据元素。在图 6.8 中，实体歌曲的属性是歌曲编号、歌名、时长和专辑编号。实体艺术家的属性是艺术家编号、艺术家姓名、照片。
- **记录**：相关数据元素的集合（在艺术家表中，这些元素包括"3,Lady Gaga,Gaga.tiff"）。实体中的每条记录在各自的表中占一行。

6.2.2 通过键来建立关系

要管理和组织关系数据库模型中的各种实体，需要使用主键和外键来建立实体间的逻辑关系。下面来分析主键。

- **主键**：唯一标识表中给定记录的字段（或字段组合）。在专辑表中，唯一标识每条记录的字段专辑是主键。

主键是关系数据库的关键部分，因为它们提供了一种区分表中每条记录的方法。例如，假设你要查找一位名叫史蒂夫·史密斯的客户的数据。简单地搜索客户名称并不是查找数据的理想方法，因为可能会有 20 名客户都叫史蒂夫·史密斯。这就是关系数据库模型使用主键来唯一标识每条记录的原因。通过使用史蒂夫·史密斯的唯一 ID，管理者可以搜索数据库，找出与该客户相关的所有数据。人们的大学 ID（学号）、驾照（地区 ID）、社保卡号、身份证号都可以作为主键。如果没有唯一标识个人的方法，就不可能对数据进行跟踪。数据库中的每个项目都必须唯一标识。产品 ID、销售 ID、库存 ID、雇员 ID 和客户 ID——这些实体都有一个唯一的主键来标识其数据（属性）。

在了解了主键之后，下来看数据库中键的第二种形式：外键。

- **外键**：一个表的主键作为属性出现在另一个表中，在两个表之间建立逻辑关系。

外键类似于你的学生 ID 出现在某门课中。该门课有个唯一的主键来标识它。该课程涉及一位教授和多名学生。识别教授的教授 ID（主键）将出现在该课程中，以确保学生知道是谁在教这门课。每个唯一的学生 ID（主键）也都会出现在该课程中，以确保教授能识别所有选修该课程的学生。当一个表中的主键出现在另一个表中时，它就被称为外键，并形成使人们了解数据之间关系的关系。

例如，图 6.8 中的 Black Eyed Peas（黑眼豆豆）是出现在艺术家表中的音乐家之一，他的主键艺术家编号是 2。请注意，艺术家编号也作为一个属性出现在专辑表中。通过匹配这些属性，就可以在艺术家表和专辑表之间建立某种关系，说明 Black Eyed Peas（编号为 2）录制了多首音乐，如 *The E.N.D.*、*Monkey Business* 和 *Elephunk*。实质上，专辑表通过艺术家编号与艺术家表建立了逻辑关系（谁是录制该音乐的艺术家）。建立表之间的逻辑关系可以让管理者搜索数据并将其转换为有用的信息。

6.2.3　可口可乐关系数据库示例

图 6.9 以可口可乐公司的苏打水订单为例说明了关系数据库模型的主要概念。图 6.9 中的示例很好地说明了数据是如何存储在数据库中的。例如，订单号存储在订单表中，每一行项目存储在订单行表中。实体包括客户、订单、订单行、产品和分销商。客户的属性包括客户 ID、客户名称、联系人名称和联系电话。产品的属性包括产品 ID、产品描述和价格。表中的列包含属性。

考虑 Hawkins Shipping，它是分销商表中出现的分销商之一。它的主键分销商 ID 是 DEN8001。分销商 ID 也作为属性出现在订单表中。这证明 Hawkins Shipping（分销商 ID 为 DEN8001）负责将订单 34561 和 34562 交付给相应的客户。因此，订单表中的分销商 ID 在订单表和分销商表之间建立了逻辑关系（谁运送了哪些订单）。

			订单号：34562
可口可乐埃及瓶装公司 销售订单样例			
客户： Dave's Sub Shop		日期： 8/6/2028	
数量	产品	单价	总金额
100	Vanilla Coke	$0.55	$55
		分销商费用	$12.95
		订单总计	$67.95

图 6.9　可口可乐埃及装瓶公司可能的关系数据库

客户

客户 ID	客户名称	联系人名称	联系电话
23	Dave's Sub Shop	David Logan	(555)333-4545
43	Pizza Palace	Debbie Fernandez	(555)345-5432
765	T's Fun Zone	Tom Repicci	(555)565-6655

订单

订单 ID	日期	客户 ID	分销商 ID	分销费用	总收入
34561	7/4/2028	23	DEN8001	$22.00	$145.75
34562	8/6/2028	23	DEN8001	$12.95	$67.95
34563	6/5/2028	765	NY9001	$29.50	$249.50

订单序列

订单 ID	订单数	产品 ID	数量
34561	1	12345AA	75
34561	2	12346BB	50
34561	3	12347CC	100
34562	1	12349EE	100
34563	1	12345AA	100
34563	2	12346BB	100
34563	3	12347CC	50
34563	4	12348DD	50
34563	5	12349EE	100

分销商

分销商 ID	分销商名称
DEN8001	Hawkins Shipping
CHI3001	ABC Trucking
NY9001	Van Distributors

产品

产品 ID	产品描述	价格
12345AA	Coca-Cola	$0.55
12346BB	Diet Coke	$0.55
12347CC	Sprite	$0.55
12348DD	Diet Sprite	$0.55
12349EE	Vanilla Coke	$0.55

图 6.9（续）

业务驱动的伦理与安全性

不合乎伦理的数据挖掘

挖掘大量数据可为企业、社会和政府带来诸多好处，但同时也会产生一些与侵犯隐私或滥用数据有关的伦理问题。最近，Facebook 就因其数据挖掘行为受到抨击。为了确定具有高度情绪化内容的帖子是否更具传染性，Facebook 对 70 万个账户进行了跟踪。

该研究得出结论：就像人的情绪会传染一样，高度情绪化的文本具有传染性。高度情绪化的正面帖子会收到多个正面回复，而高度情绪化的负面帖子则会收到多个负面回复。虽然这项研究看起来相当单纯，但这 70 万个 Facebook 用户却对此感到非常愤怒，他们认为这项研究侵犯了自己的隐私，因为他们对 Facebook 挖掘其帖子一事毫不知情。

你赞成社交平台有权对其用户在网站上发布的数据为所欲为吗？

6.3 利用关系数据库获得业务优势

许多企业管理者都熟悉 Excel 和其他电子表格程序，他们可以用这些工具来存储业务数据。虽然电子表格在支持某些数据分析方面非常出色，但它们在安全性、可访问性和灵活性方面提供的功能却很有限，而且很少能扩展到支持业务增长的程度。从业务角度看，关系数据库要比使用文本文档或电子表格具有更多优势，如图 6.10 所示。

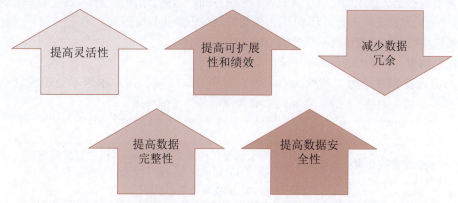

图 6.10　关系数据库的业务优势

1. 提高灵活性

数据库往往反映了业务结构，正如任何业务都需要能够做到的那样，数据库也需要快速、轻松地处理变化。同样重要的是，数据库还需要提供灵活性，以使得每个用户都能以最适合自己的方式访问数据。区分逻辑视图和物理视图对于理解灵活的数据库用户视图非常重要。

- **数据的物理视图**：侧重于数据在存储设备上的物理存储。
- **数据的逻辑视图**：侧重于个人用户为满足其特定业务需求而采用的数据访问逻辑。

例如，在图 6.8 所示的数据库图例中，一个用户可以通过查询来确定哪些歌曲的时长达到或超过 4 分钟。同时，另一个用户可以通过分析来确定不同类别音乐的发行情况。例如，节奏布鲁斯音乐是否比摇滚音乐多，还是它们的发行量相仿？这个例子说明，虽然数据库只有一个物理视图，但它可以轻松支持多个逻辑视图，从而提供灵活性。

再来看一家邮购公司的例子。一位用户可能需要按字母顺序排列的报表，在这种情况下，姓氏应出现在名字之前。而另一个使用目录邮寄系统的用户则希望客户姓名先显示名字再显示姓氏。这两种情况都很容易实现，但却是同一物理数据的不同逻辑视图。

2. 提高可扩展性和绩效

数据库必须具有可扩展性，以处理海量数据，并支持网站的大访问量。此外，数据库还需在负载很大时快速运行。

- **数据时延**：数据存储或检索所需的时间。

有些企业必须能够支持包括员工、合作伙伴、客户和供应商在内的成百上千用户，这些用户都希望以最小的数据时延访问和共享相同的数据。如今，数据库的扩展能力已达到超乎寻常的水平，并允许所有类型的用户和程序执行数据处理和数据搜索任务。

3. 减少数据冗余

冗余的数据会导致存储问题和数据完整性问题，以至于人们难以确定哪个值是最新或最准确的。

- **数据冗余**：数据重复或在多个地方存储相同数据。

面对不正确的数据，员工会感到困惑和沮丧，从而导致业务流程和程序中断。数据库的一个主要目标是减少（甚至消除）数据冗余，只在数据库中的一个位置记录每条数据。这样既可以节省磁盘空间，又可以使数据更新更容易，同时还能提高数据质量。

4. 提高数据完整性（质量）

必须验证并检查输入数据库的数据，以确保数据准确无误，而不仅是将其输入系统。

- **业务规则**：定义企业如何执行其业务的某些方面，通常会给出"是"或"否"的回答。例如，"规定允许在购买商品后10天内退货"就是一条业务规则。
- **数据完整性**：一个衡量数据质量的指标。
- **完整性约束**：有助于确保数据质量的规则。

数据库设计需要考虑完整性约束。数据库和DBMS确保用户永远不会违反这些约束。图6.11显示了两类完整性约束：关系约束和关键业务完整性约束。

术　语	示　例
关系完整性约束：执行基本信息约束的规则	关系完整性约束不允许为不存在的客户创建订单，不允许加价百分比为负值，也不允许从供应商处订购数量为零的原材料
关键业务完整性约束：执行对企业成功至关重要的业务规则，通常比关系完整性约束需要更多的见解和知识	考虑一家为大型食品连锁店提供新鲜农产品的供应商。该供应商可能会实施一项关键业务完整性约束，规定在交货15天后不接受退货。这是有道理的，因为农产品有可能变质。关键业务完整性约束往往反映了一个企业赖以成功的规则

图6.11　关系完整性约束和业务关键完整性约束

业务驱动的全球化

完整信息有限公司

假设你刚刚受聘成为完整信息有限公司的一名顾问，这是一家新成立的商业情报咨询公司。你的第一项工作是协助销售部门争取一个新客户——The Warehouse。The Warehouse 已在美国经营了十多年，其主要业务是批发低价产品。The Warehouse 有意聘请完整信息有限公司清理其在美数据库中的数据。为了确定你的工作有多出色，客户希望你对以下电子表格进行分析。此外，The Warehouse 还有意进行全球扩张，希望收购位于澳大利亚、泰国、中国、日本和英国的几家独立批发店。在 The Warehouse 推进这项业务之前，它希望了解在开始将数据从各全球实体传输到数据仓库时，可能会遇到哪些类型的数据问题。列出一份清单，详细说明 The Warehouse 在将全球数据库合并到单一数据仓库时可能遇到的问题。

客户ID	名字	姓氏	地址	城市	州	邮编	电话	最后订单日期
233620	克里斯托弗	李	奥林匹克大道西12421号	洛杉矶	加利福尼亚	75080-1100	(972)680-7848	4/18/2028
233621	布鲁斯	布兰德文	第44大街西268号	纽约	宾夕法尼亚	10036-3906	(212)471-6077	5/3/2028
233622	吉勒	约翰逊	干溪路东4100号	利特尔顿	科罗拉多	80122-3729	(303)712-5461	5/6/2028
233623	戴夫	欧文斯	商务路466号	斯汤顿	弗吉尼亚	24401-4432	(540)851-0362	3/19/2028
233624	约翰	库尔本	行动街124号	梅纳德	马萨诸塞	1754	(978)987-0100	4/24/2028
233629	丹	加利亚多	联合路2875号	切克托瓦加	纽约	14227-1461	(716)558-8191	5/4/2028
23362	达曼西	艾伦	百老汇路1633号	纽约	纽约	10019-6708	(212)708-1576	
233630	迈克尔	佩雷兹	第45大街东235号	纽约	纽约	10017-3305	(212)210-1340	4/30/2028
233631	乔迪	维德	科学大道440号	麦迪逊	威斯康星	53711-1064	(608)238-9690 X227	3/27/2028
233632	迈克尔	科赫尔	3015 SSE Loop 323	泰勒	得克萨斯	75701	(903)579-3229	4/28/2028
233633	艾琳	尹	卡利隆港3500号	柯克兰	华盛顿	98033-7354	(425)897-7221	3/25/2028
233634	玛德琳	谢弗利	干溪路东4100号	利特尔顿	科罗拉多	80122-3729	(303)486-3949	3/33/2028
233635	史蒂文	康杜伊特	企业大道1332号	西切斯特	宾夕法尼亚	19380-5970	(610)692-5900	4/27/2028
233636	约瑟夫	科瓦奇	企业大道1332号	西切斯特	宾夕法尼亚	19380-5970	(610)692-5900	4/28/2028
233637	理查德	乔丹	1700 N	费城	宾夕法尼亚	19131-4728	(215)581-6770	3/19/2028
233638	斯科特	米科拉奇克	克罗夫顿大道1655号	克罗夫顿	马里兰	21114-1387	(410)729-8155	4/28/2028
233639	苏珊	施拉格	世纪公园东1875号	洛杉矶	加利福尼亚	90067-2501	(310)785-0511	4/29/2028
233640	罗布	庞托	电报路29777号	南菲尔德	密歇根	48034-1303	(810)204-4724	5/5/2028
233642	劳伦	巴特勒	美洲大道1211号	纽约	纽约	10036-8701	(212)852-7494	4/22/2028
233643	克里斯托弗	李	奥林匹克大道西12421号	洛杉矶	加利福尼亚	90064-1022	(310)689-2577	3/25/2028
233644	米歇尔	德克尔	好莱坞大道6922号	好莱坞	加利福尼亚	90028-6117	(323)817-4655	5/8/2028
233647	娜塔莉亚	加莱亚诺	美洲大道1211号	纽约	纽约	10036-8701	(646)728-6911	4/23/2028
233648	波比	奥恰德	美洲大道	夏洛特	北卡罗来纳	28209-4617	(704)557-2444	5/11/2028
233650	本	康菲诺	国会街4201号	贝思佩奇	纽约	11714-3533	(516)803-1406	3/19/2028
233651	莱妮	桑特拉	斯图尔特大道1111号	亚特兰大	佐治亚	30318-KKRR	(404)885-2000	3/22/2028
233652	劳伦	蒙克斯	特克伍德大道西北1050号	贝塞斯达	马里兰	20814-3578	(301)771-4772	3/19/2005
233653	马克	伍利	7700 威斯康星大道	卡尔弗城	加利福尼亚	90232-4026	(310)202-2900	4/20/2028

规范和执行完整性约束可生成更高质量的数据，从而为业务决策提供更好的支持。为制定完整性约束建立了具体程序的企业通常会提高其数据的准确性，而这反过来又会增加业务专业人员对企业数据的使用。

5. 提高数据安全性

管理者必须像保护任何资产一样，保护数据不被未经授权的用户使用或滥用。随着系统变得越来越复杂以及许多设备在互联网上变得越来越可得，安全问题日益突出。数据库提供了许多安全功能，如用于身份验证的口令、用于确定数据的访问级别以及用于确定访客可以访问何种数据类型的访问控制。

例如，客户服务代表可能需要对客户订单数据进行只读访问，以便回答客户订单查询，他们可能不需要更改或删除订单数据的权限。管理者可能需要访问员工档案，但他们只能访问自己员工的档案，而不能访问整个企业的员工档案。数据库的各种安全功能可以确保个人只能访问某些类型的数据。

- **身份管理**：一个广泛的管理领域，涉及识别系统（如国家、网络或企业）中的个人，并通过将用户权限和限制与已建立的身份联系起来，控制用户对系统内资源的访问。

随着越来越多的数据库和 DBMS 向在云端运行的数据中心迁移，安全风险也在不断增加。使用云计算时最大的风险是确保数据库中数据的安全性和隐私性。实施概述数据管理要求的数据治理政策和程序，可以确保云计算的安全可靠。

第二部分 | 数据仓库与区块链

学习成果

6.4 确定利用商业情报为管理决策提供支持的优势。
6.5 描述数据仓库和数据集市在企业中的角色及用途。
6.6 解释区块链及其与中心化关系数据库相比的优势。

6.4 商业情报

如今，许多企业发现它们几乎不可能了解自身的优势和劣势，更不了解其最大竞争对手的优势和劣势，因为除了管理信息系统部门外，其他人根本无法获取大量的企业数据。

- **数据点**：图表上的单个项目。

企业数据远不止数据库中简单的结构化数据元素。除结构化数据外，数据集中还包括语音邮件、客户电话、文本信息和视频剪辑以及众多新型数据（如推文）等非结构化数据。数据分析周期如图 6.12 所示。

《孙子兵法》一书中很早就提到了商业情报。孙子认为，"知己知彼，百战不殆"，即要想在战争中取得成功，既要充分了解自己的长处和短处，又要充分了解敌人的长处和短处。两者缺一都可能导致失败。有学说将商业挑战与战争挑战相提并论，特别是以下方面：

- 收集数据；
- 辨别数据中的模式和意义；
- 对结果数据做出反应。

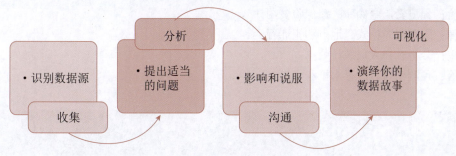

图 6.12　数据分析周期

在 20 世纪末信息时代开始之前，企业有时会从非自动化来源收集数据。当时的企业缺乏适当分析数据的计算资源，而且往往主要凭直觉做出商业决策。

随着企业将越来越多的系统自动化，可用的数据也越来越多。然而，由于缺乏数据交换基础设施或系统之间不兼容，数据收集仍是一项挑战。有时，人们需要几个月才能生成有助于做出知情长期战略决策的报告。然而，短期战术决策仍然依赖直觉。在现代企业中，不断提高的标准、自动化和技术带来了大量可用数据。如今，商业情报已成为一门通过筛选大量数据来提取信息并将所提取信息转化为可操作知识的艺术。

6.4.1　问题：数据丰富，信息匮乏

理想的业务场景是这样的：一位业务经理在与客户会面的途中查看了该客户的历史数据，发现客户的订购量大幅下降。业务经理更进一步研究数据时，注意到该客户在某项产品方面遇到了支持问题。于是，业务经理迅速致电支持团队了解所有数据，并得知有缺陷的零部件可以在 24 小时内发货更换。此外，该业务经理还得知这名客户访问了自己所在企业的网站，并要求提供新产品系列的信息。了解到所有这些信息后，该业务经理就可以与这名客户进行富有成效的会谈了。业务经理现在了解到了这名客户的需求和问题，因而可以满怀信心地应对新的销售机会了。

对于许多企业来说，上述例子简直就是痴人说梦。试图收集所有客户数据实际上需要花费数小时甚至数天的时间。有了如此多的数据，经理们却仍然很难获得一些数据，如库存水平、历史订单或运输细节等。经理们将数据请求发送到管理信息系统部门，由专人负责编制各种报告。在某些情况下，回复可能需要数天时间，到那时数据可能已经过时，机会也就丧失了。许多企业发现自己处于数据丰富而信息匮乏的尴尬境地。即使在当今的电子世界，管理者也仍在努力应对将业务数据转化为商业情报的挑战。

6.4.2　解决方案：数据聚合

员工的决定很多，包括提供服务信息和新产品以及为客户提供支持。
- **数据集**：有组织的数据集合。
- **比较分析**：比较两个或多个数据集，找出其中的模式和趋势。

员工可以根据数据集、经验或知识做出决策，最好是三者相结合。商业情报可以赋予管理者做出更好决策的能力。以下是不同行业如何使用商业情报的几个例子。
- **航空**：通过当前的航班列表分析热门度假地。
- **银行**：了解客户的信用卡使用情况和未还款率。
- **医疗保健**：比较重大疾病患者的人口统计数据。

6　数据：商业情报　　**201**

- **保险**：预测索赔金额和医疗保险费用。
- **法律**：跟踪犯罪模式、地点和犯罪行为。
- **营销**：分析客户人口统计数据。
- **零售**：预测销售、库存水平和经销。

> ### 业务驱动的创新
>
> **大数据用于救援**
>
> - **技术**：预测硬件故障。
>
> 随着硬件存储空间的增加，保存海量数据的能力也随之而生。大数据的出现带来了无法一一列举的诸多业务优势。以下三个优势较为常见。
>
> （1）快速完整地回答问题：过去，回答诸如"谁是我的最强和最弱客户"这样的简单问题可能需要数周或数月时间。而有了大数据，回答问题就变得相对简单，只需要几天、几小时或几分钟便能得出答案。
>
> （2）相信你的数据：根据错误的数据来做决策意味着决策会很糟糕。大数据可以从大量来源收集海量数据，降低数据孤岛的风险。全面了解各职能领域的所有数据有助于验证数据的准确性。
>
> （3）为员工赋能：过去，有限的数据集意味着企业只能提出和回答少数问题。现在，有了大数据分析，企业不仅能更快地回答更多问题，而且还能回答更多关于问题本身的问题。
>
> 通过头脑风暴，提出企业及其员工可从大数据中获得的另外三个好处。

图 6.13 展示了使用商业情报的企业如何通过询问"为什么"来找出许多问题产生的原因。这一过程从分析季度销售报表等开始。管理者会深入洞察报表，以寻找销售额增长或下降的原因。一旦他们了解了某个地区或某种产品销售额增长的原因，就可以分享所获得的信息，并努力提高整个企业的销售额。或者，一旦他们了解了销售额下降的原因，他们就可以采取有效措施解决问题。商业情报可以帮助管理者进行竞争监控。

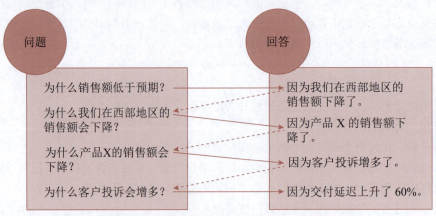

图 6.13 商业情报如何回答棘手的客户问题

- **竞争监控**：当企业使用自动跟踪所有竞争对手网络活动（如折扣和新产品发布）的软件对

其竞争对手的网络活动进行监控时，就会出现这种情况。

以下是管理者如何利用商业情报回答棘手业务问题的几个例子。

- 业务发展到了什么阶段？历史视角为确定趋势和模式提供了重要变量。
- 业务现状如何？了解当前的业务状况可以让管理者采取有效行动，以在问题发展到无法控制的地步前将其解决。
- 业务将如何发展？确定战略方向对于规划和创建稳固的业务战略至关重要。

问一个简单的问题，如"谁是我的最强客户"或"我最不畅销的产品是什么"，你可能会得到和你的员工一样多的答案。数据库、数据仓库和数据集市可以提供单一来源的"可信"数据，能回答有关客户、产品、供应商、生产、财务、欺诈甚至员工的问题。

在计算机发展的早期，挖掘数据以获得信息通常需要一位具有深厚技术背景的专家来进行，因为完成这项任务必须了解数据库和数据仓库的工作方式。而如今，商业情报工具很少需要管理信息系统部门的支持。业务经理可以自定义仪表板来显示他们想要查看的数据，并即时获得定制报告。数据挖掘和可视化方式的改变，让没有技术背景的业务主管也能使用分析工具，做出数据驱动的决策。

数据驱动的决策管理通常会成为获得竞争优势的一种方式。麻省理工学院数字商务中心（MIT Center for Digital Business）的一项研究发现，在基于数据的决策驱动下，企业的生产力可提高4%，利润可提高6%。然而，整合来自不同业务领域的海量数据，并将其结合起来以实时获得可操作的数据，说起来容易做起来难。在这项努力的任何阶段，错误都可能潜入数据分析流程，而一旦出现错误，就会导致严重问题。

6.5 数据仓库

- **源数据**：确定收集数据的主要位置。源数据可以包括发票、电子表格、考勤表、交易和其他数据库等电子来源。
- **原始数据**：未经处理的数据。经过处理后的原始数据有时称为"熟数据"。

虽然原始数据有可能成为"信息"，但它需要有选择性地提取、组织，有时还需要分析和格式化才能呈现。例如，繁忙超市的收银终端每天都会收集大量原始数据，但这些数据在经过处理之前并不会产生多少信息。一旦经过处理，数据就可以显示每位顾客在什么时间以什么价格购买了哪些特定商品。这些信息可用来进一步进行预测性技术分析，以帮助店主规划未来的营销活动。经过处理后，原始数据有时会被存入数据库，从而可以通过多种不同方式对数据做进一步处理和分析。

- **数据聚合**：从不同来源收集数据，用于数据处理。

数据聚合的一个例子是根据年龄、职业或收入等特定变量收集特定群体的数据。企业在日常运营中会收集大量交易数据。营销、销售和其他部门都希望对这些数据进行分析，以便更好地了解自身的运营情况。数据库存储了所有交易（如产品销售）和事件（如招聘新员工）的详细信息。数据仓库存储的是同样的数据，只不过是以更适合支持决策任务的聚合形式来存储的。在这种情况下，聚合可以是总计、计数、平均值等。

关系数据库在支持企业运作不同职能（如营销、会计、财务）所需的业务规则和流程方面非常适合，而这些职能部门往往都有自己的数据库。企业面临的唯一问题是，如何整合所有职能系统中的数据，以获得整体业务视图？运营数据库是专门为各部门的运营设计的，但纵观各部门，我们会发现如图 6.14 所示的许多问题。

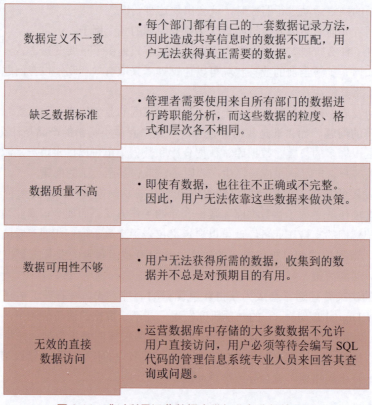

图6.14 难以利用运营数据库进行业务分析的原因

许多大型企业都发现自己的数据不仅分散在多个系统中,而且文件类型也各不相同(如电子表格、数据库甚至是Word文档),这使得几乎所有人都无法使用来自多个来源的数据。使用过时的报表工具来完成跨运营系统的报表请求可能需要花费数天或数周时间,而这对于企业运营毫无意义。基于这一想法,数据仓库应运而生,它可以存储和访问用于战略性查询及报表的相关数据。

- **数据仓库**:从许多不同的运营数据库中收集的数据的逻辑集合,用于为业务分析活动和决策任务提供支持。

数据仓库的主要目的是将整个企业的战略数据整合到一个单一存储库中,以便需要这些数据的人员做出决策和进行业务分析。数据仓库的一个关键理念是将多个系统中的数据汇总到一个使用统一查询工具的共同位置。这样,运营数据库就可以在对业务最有效的地方运行,同时提供一个使用熟悉格式的共同位置来获取战略性或企业全局报表数据。

通过将数据标准化,数据仓库更进了一步。例如,性别可以用多种方式表示(男/女、M/F、1/0),但在数据仓库中,应该用一种通用方式来表示存储性别(M/F)的每个数据元素。数据元素的标准化可以提高数据的准确性、完整性、一致性,以及战略性业务决策所需数据的质量。数据仓库包括以下三个层次。

(1)ETL或集成层:**提取、转换和加载(ETL)**是指从内、外部数据库提取数据,然后使用一套通用的企业定义对数据进行转换,并将其加载到数据仓库的过程。

(2)数据仓库层:该层存储来自每个源系统的长期数据。数据仓库是为了查询和分析设计的,而非为事务处理设计的,它存储来自源系统和外部系统的数据。

(3)数据集市层:**数据集市**包含数据仓库的子数据集。要区分数据仓库和数据集市,可以认为数据仓库更侧重于数据的组织，而数据集市更侧重于数据的功能。假设一位营销代表需要来自生产、销售和天气报表中的数据，但是，他通常不会去访问这些运营系统或源系统。数据仓库可以从源系统中提取数据，对其进行清理并将结果汇总到数据集市中，供营销代表分析。

图 6.15 所示的数据仓库通过提取、转换和加载，从内部数据库及外部数据库中汇总数据。然后，数据仓库将这些数据的一部分（或子集）发送到数据集市。图 6.15 展示了数据仓库及其与内部和外部数据库、ETL 和数据集市的关系。

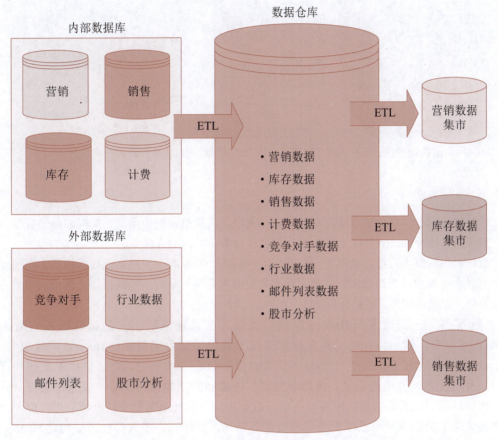

图 6.15　数据仓库模型

6.5.1　数据分析

关系数据库包含一系列二维表格中的数据。而大数据中的数据是多维的，这意味着数据包含的行和列有多层。维度是数据的特定属性。大数据中的每一层都根据其他维度来表示数据。

- **数据立方体**：多维数据表示的通用术语。

图 6.16 的数据立方体 a 表示了商店数据（层）、产品数据（行）和促销数据（列）。

一旦创建了数据立方体，用户就可以通过对立方体进行切分来深入研究数据。图 6.16 中，数据立方体 b 显示的切片代表所有产品在所有商店的第二次促销数据。图 6.16 中的数据立方体 c 只显示产品 B 在商店 2 的第三次促销数据。通过使用多维分析，用户可以多种不同方式并从多个不同维度来分析数据。例如，用户可能希望在当前分析中添加产品类别、地区甚至实际天气预报等数据维度。大数据的真正价值在于它能够提供多维分析，使用户能深入了解数据。

大数据非常适合分担对数据库的部分查询。例如，当第三次促销活动正在进行时，查询数据库以获得产品 B 在商店 2 的平均销量可能会给数据库带来相当大的处理负担，基本上会拖慢另一个人将新销量输入同一数据库所需的时间。如果一家企业对某个数据库（或多个数据库）执行大量查询，那么将这些数据汇总到大数据数据库中可能是有益的。

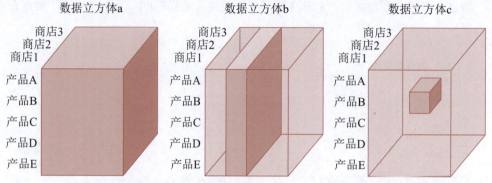

图 6.16　对三家商店的五种产品和四次促销活动进行多维分析的数据立方体

6.5.2　数据湖

传统的数据仓库将数据存储在文件或文件夹中，而数据湖则使用扁平架构来存储数据。
- **数据湖**：以原始格式存储大量原始数据直至业务需要时的存储库。

数据湖中的每个数据元素都有一个唯一的标识符，并标有一组扩展元数据标签。当出现业务问题时，可以通过查询数据湖中的所有相关数据来提供一个较小的数据集，然后对该数据集进行分析，以帮助回答问题。

"数据湖"一词通常与 Hadoop 存储相关联。在这种情况下，企业数据首先被加载到 Hadoop 平台，然后将业务分析和数据挖掘工具应用到数据所在的 Hadoop 计算机集群。Hadoop 数据湖是由一个或多个 Hadoop 集群组成的数据管理平台。它主要用于处理和存储日志文件、互联网点击流记录、传感器数据、图像和社交媒体帖子等非关系型数据。此类系统也可以保存从关系数据库中提取的事务数据，但其设计目的是支持分析应用，而不是处理事务。由于公共云平台已成为常用的数据存储场所，所以许多人都在云端构建 Hadoop 数据湖。

数据湖和数据仓库都用于存储大数据，但每种方法都有自己的用途。通常情况下，数据仓库是存放在企业主机服务器或云端的关系数据库。存储在仓库中的数据是通过各种联机事务处理（OLTP）应用提取的，目的是支持业务分析查询和特定内部业务团队（如销售或库存团队）的数据集市。

当需要随时分析来自运营系统的大量数据时，数据仓库就会派上用场。由于数据湖中的数据可能来自企业运营系统之外的来源，因此数据湖并不适合普通的业务分析用户。

数据湖是一个用途尚未确定的巨大原始数据池。数据仓库则是结构化、已过滤数据（这些数据已经过处理并具有特定用途）的存储库。以下是数据湖和数据仓库的几个主要区别。

> **业务驱动的讨论**
>
> **数据仓库还是数据湖？**
>
> （1）数据存储：在开发数据仓库的过程中，需要花费大量时间来分析数据源、了解业务流程和剖析数据，最后得到为生成报表而专门设计的高度结构化数据模型。数据湖保留所有数据，不仅包括当前正在使用的数据，还包括可能会用到的数据，甚至还包括可能永远不会用到但有一天可能会有价值的数据。
>
> （2）数据类型：数据仓库一般由从事务系统或源系统中提取的数据组成，包括定量指标及描述指标的属性。数据湖以原始形式保存所有数据，不考虑数据来源和结构。
>
> （3）数据用户：数据仓库通过生成关键绩效指标和关键成功因素报表来支持运营和管理用户。这些用户最喜欢的工具是电子表格，他们创建的新报表通常会在整个企业范围内分发。数据仓库是这些用户获取数据的首选来源，但他们往往会超越职能边界。数据湖能为所有这些用户提供同等支持。数据科学家可以进入数据湖，处理他们所需的庞大而多样的数据集，而其他用户则可以利用为他们提供的更为结构化的数据视图。
>
> （4）数据变更：人们对数据仓库的主要抱怨之一是变更数据仓库耗时太长。在开发过程的前期，需要花大量时间来调整仓库结构。一个好的仓库设计可以适应变更，但由于数据加载过程以及为方便分析和生成报表所做工作的复杂性，这些变更必然会耗费一些开发人员的资源和时间。而在数据湖中，由于所有数据都以原始形式存储，需要使用这些数据的人员可以随时访问，因此用户可以超越仓库结构，以新颖的方式探究数据，并按照自己的节奏回答问题。
>
> 思考何时人们会选择使用数据仓库，何时会选择使用数据湖，列出具体的业务示例。

6.5.3 数据清理或擦除

保持数据仓库或数据集市中的数据质量极为重要。据数据仓库研究所估计，低质量数据每年给美国企业造成了 6000 亿美元的损失。这个数字看似很高，但其实不然。如果一家企业正在使用数据仓库或数据集市中的数据来为各种广告策略分配资金，那么低质量的数据肯定会对数据库做出正确决策的能力产生负面影响。

- **脏数据**：错误或有缺陷的数据。

从数据源中完全清除脏数据是不现实的，或者说几乎是不可能的。Gartner 公司认为，脏数据是一个业务问题，而非管理信息系统问题。在未来两年内，《财富》1000 强企业中超过 25% 的关键数据将继续存在缺陷，也就是说，这些数据不准确、不完整或存在重复，如图 6.17 所示。

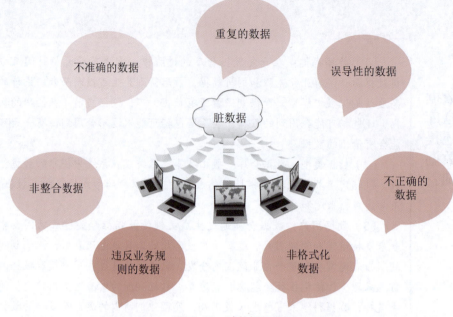

图 6.17 脏数据问题

- **数据清理或擦除**：清除、修复或丢弃不一致、不正确或不完整数据的过程。

显然，保持数据仓库或数据集市中数据的质量极为重要。为了提高数据质量，从而提高决策的有效性，企业必须制定保持数据清洁的策略。

可以使用专门的软件工具并采取复杂的程序来分析、标准化、纠正、匹配和整合数据仓库中的数据。这一步至关重要，因为数据仓库通常包含来自多个数据库的数据，其中一些可能来自企业外部。对数据仓库而言，数据清理首先发生在 ETL 过程中，一旦数据进入数据仓库，就会再次进行清理。理想情况下，清理后的数据是准确的、一致的。

客户数据突出说明了数据清理的必要性。客户数据存在于多个运营系统中。在每个系统中，从客户 ID 到联系人的所有数据细节都可能随用户执行的业务流程变化而变化，如图 6.18 所示。

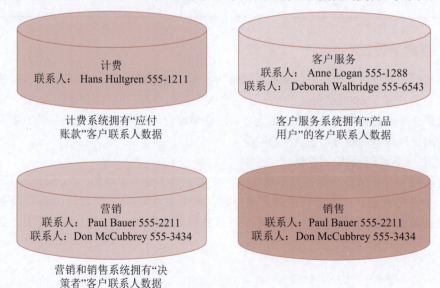

图 6.18 运营系统中的联系人数据

图 6.19 显示了在多个运营系统中输入的不同客户名称。通过数据清理，企业可以解决数据仓库中的这类不一致问题。图 6.20 显示了数据清理过程中发生的典型事件。

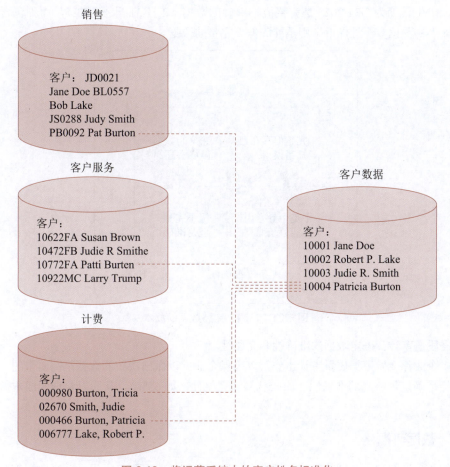

图 6.19 将运营系统中的客户姓名标准化

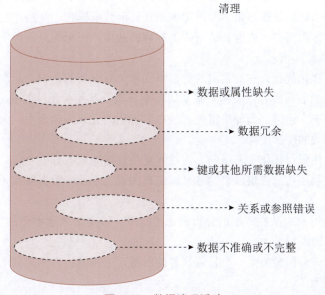

图 6.20 数据清理活动

要获得完美的数据几乎是不可能的。企业越希望数据完整、准确，所产生的成本就越高，如图 6.21 所示。企业也可以用准确性来换完整性。准确的数据是正确的，而完整的数据则没有空白。出生日期为 2/31/2025 是完整但不准确的数据（2 月 31 日不存在），而不包含邮政编码的地址"科罗拉多州丹佛市"则是准确但不完整的数据。

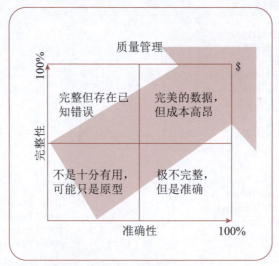

图 6.21 准确、完整数据的成本

- **数据质量审计**：确定数据的准确性和完整性。

许多企业都会做数据质量审计工作，以确保企业据以做出决策的数据是高质量的。这些企业的目标是确定足够高的准确性（如 85%）和完整性（如 65%），从而以合理的成本做出正确的决策。

6.5.4 数据可视化

传统的条形图和饼状图非常枯燥乏味，轻则令人困惑，重则产生误导。当数据库和图形间的冲突越来越多时，人们开始制作以易于理解的图形方式来展示数据的信息图表。

- **信息图表**：展示数据分析结果，即以图表形式显示数据模式、关系和趋势。

信息图表能够令人兴奋，快速传达用户能理解的故事，而无须分析数字、表格和枯燥的图表，如图 6.22 ~ 图 6.24 所示。

出色的数据可视化能让人对数据间的潜在模式和关系有新的认识。元素周期表就是一个很好的例子，如果人们必须查看以表格形式呈现每个元素及其相关属性的 Excel 电子表格，则既难以理解，又容易产生误解。而如果将元素放在可视化的元素周期表中，人们就能很快掌握元素之间的关系及相关的层次结构。

- **数据艺术家**：使用可视化工具帮助人们理解复杂数据的业务分析专家。

数据艺术家是利用信息来讲故事的专家。信息图表之于业务数据就像元素周期表之于化学元素。

- **分析瘫痪**：当用户对某种情况的分析或思考过度，以至于永远不会做出决策或采取行动，从而导致结果瘫痪时发生。

在大数据时代，分析瘫痪是一个日益严重的问题。一种解决方案是利用数据可视化来帮助人们更快地做出决策。

美国农业部
美国农业的韧性——创新、多样性和不断增长的市场

2012年的旱灾是自1988年以来对美国农业影响最严重的一次。以下图例有助于说明美国农业部门的韧性，以及如今它是如何更好地抵御此类自然灾害的。

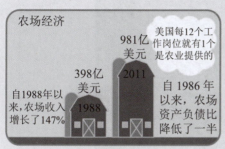

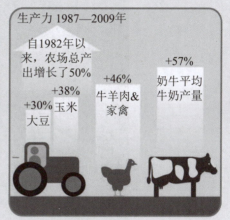

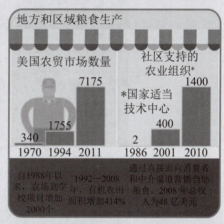

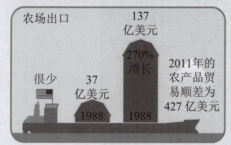

图 6.22　信息图表新闻示例

来源：美国农业部

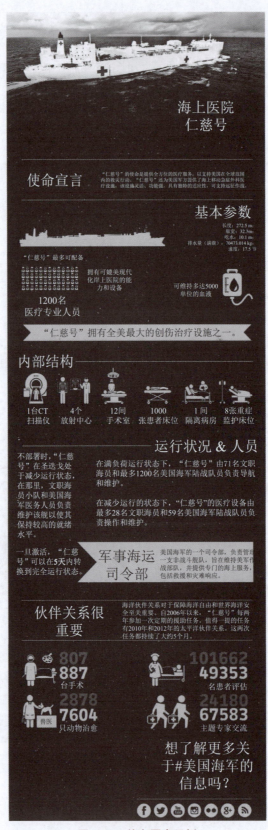

图 6.23 信息图表示例

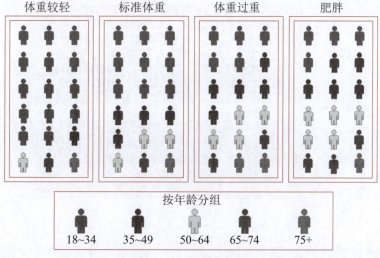

图 6.24 健康信息图表示例

- **数据可视化**：描述允许用户查看数据或将数据可视化，从而将信息转换为业务透视图的技术。数据可视化是简化复杂数据集的一种强大方法，它呈现数据的方式易于掌握和理解，而且要比理解单纯的原始数据快得多。
- **数据可视化工具**：这些工具既包括 Excel 图形和图表，又包括各种控件、数字仪表、地图、时间序列图等复杂的分析技术。数据可视化工具有助于发现用其他方式无法发现的数据关联关系和趋势。
- **商业情报仪表板**：跟踪关键成功因素和关键绩效指标等企业指标，并包含交互式控件等高级功能，允许用户操作数据进行分析。

无论是基本的还是全面的商业情报仪表板，都能快速提供结果。随着它们越来越容易使用，更多的员工可以自己进行分析，而不必向管理信息系统人员提出问题和报表要求。商业情报仪表板使员工能够超越报表，直接利用信息来提高业务绩效。有了商业情报仪表板，员工可以在获得信息后立即做出反应，从而每天都能根据情况适时做出决策、解决问题和调整策略，而不是要等上一个月才能获知消息。商业情报仪表板能提供图 6.25 所示的分析功能。

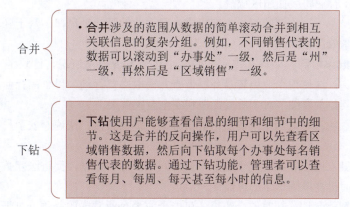

图 6.25 商业情报仪表板的分析功能

切片
- **切片**是一种从不同角度查看信息的能力。某个信息切片可以显示某次促销活动中所有产品的销售情况。另一个切片可以显示单一产品在所有促销活动中的销售情况。切片通常沿时间轴进行，以分析趋势并发现信息中的时间模式。

透视
- **数据透视**（也称旋转）可以旋转数据，以其他表现形式来显示数据。例如，透视可以交换报表的行和列，以不同格式显示数据。

图 6.25 （续）

6.6 区块链：分布式计算

几乎所有行业都在谈论区块链，认为它是一种将会得到广泛应用并改变社会的颠覆性技术。有人说，区块链将像 20 世纪 90 年代中期的互联网那样颠覆全球商业环境。区块链的颠覆潜力及其应用带来了一场革命，将影响金融、新闻媒体、医疗、法律和供应链等不同行业的运作。在深入了解区块链的细节之前，让我们先快速了解分布式计算的工作原理。

- **分布式计算**：在计算环境中通过多台机器处理和控制算法。

大数据和区块链技术的一个关键组成部分是分布式计算环境，此类环境可以共享从内存、网络到存储等各种资源。在分布式计算中，单台计算机跨地理区域联网，并协同执行工作负载或计算流程，就好像它们处于一个单一的计算环境中。例如，你可以将一组程序部署到同一台物理服务器上，并利用消息服务使这些程序相互通信和传递数据。你也可以设置一个分布式计算环境，在这个环境中，许多不同的系统或服务器（每个系统或服务器都有自己的计算内存）协同解决一个共同的问题。图 6.26 显示了一个典型的分布式环境。

区块链成为数据记录标准的速度可能比我们想象的更快。区块链和智能合约平台有望被广泛接受。一个可以安全存储和转移数字资产的点对点不可变数据库是一个可能改变世界的真正颠覆性想法。以下行业将会使用区块链。

（1）**银行业**：基于区块链的解决方案将成为金融业的下一个风口。基于区块链的银行系统会更加安全，成本效益更高。

（2）**假冒和欺诈检测**：如果在供应链的某个环节发现异常情况，区块链系统可以引导人们找到问题的源头，这使得企业更容易开展调查并采取必要行动。以食品行业为例，跟踪原产地、批次数据和其他重要细节对于质量保证和安全至关重要。

（3）**支付**：区块链将成为未来的支付解决方案，提供直接、快速、安全且不会产生交易成本的支付方式。

（4）**医疗保健**：区块链将有助于确保平台之间共享患者数据，促进医疗数据提供者之间更有效地合作，从而提高准确诊断的可能性。

（5）**法律与智能合约**：耗时的合约事务可能会成为企业发展的瓶颈，对于需要持续处理大量通信的企业而言尤其如此。有了智能合约，协议就可以通过区块链体系自动验证、签署和执行。这样就不需要中间人，从而为企业节省了时间和金钱。

（6）**供应链**：区块链给物流网络带来的主要好处是，它可以在整个物流网络中建立共享、安全的数据记录。在供应链管理方面，区块链技术能提供可追溯性和成本效益。简言之，区块链可用于追踪货物的流动、来源、数量等。这为 B2B 生态系统带来了新的透明度——简化了所有权转让、生产流程担保和支付等程序。

（7）**网络投票**：就像供应链管理一样，区块链在投票中的应用前景归根结底是信任。目前，人们正在寻求与网络投票有关的机会，例如在网络投票中测试区块链有效性的倡议。这样做将大幅降低投票舞弊的可能性，尽管电子投票系统已经普及，但舞弊仍是个巨大的问题。

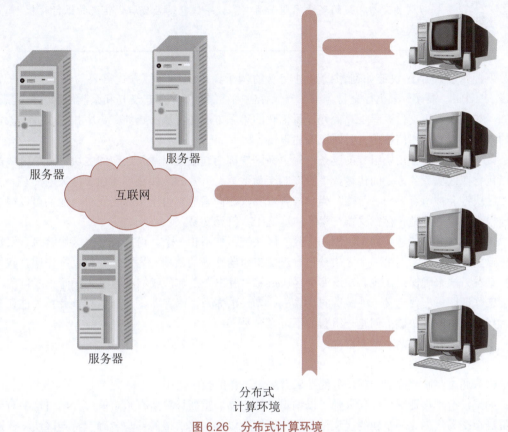

图 6.26　分布式计算环境

6.6.1　区块链的工作原理

无论何时需要建立一个存储不可更改数据记录的去中心化系统，区块链都能满足需求。

- **分类账**：记录分类和交易数据汇总。
- **区块链**：一种由可永久保存且防篡改的交易数据记录数据块组成的分布式账本。

分布式账本允许世界各地的相关各方访问和验证相同的数据。区块链属于分布式计算的一种，其中的去中心化数据库由属于同一个网络的计算机管理。为了防止单点故障，分布式网络中的每台计算机都会维护一份账本副本，且所有副本都会同时更新和验证。由于数据由成千上万甚至上百万台计算机共享并不断协调，因此几乎不可能破坏区块链。

6　数据：商业情报　**215**

业务驱动的辩论

加密货币会破坏环境吗？

加密货币已成为能源消耗的罪魁祸首，2018 年，全球比特币网络的耗电量相当于整个爱尔兰的用电量。比尔·盖茨是一位直言不讳的反对气候变化的倡导者。盖茨认为，比特币在进行交易时要比其他方式消耗更多的电力，从而对环境造成了破坏。还有人认为，包含加密货币的数字钱包将取代传统的银行存款方式。你认为加密货币是否会随着越来越多的人了解与这类交易相关的环境问题而消失？数字钱包是否会取代传统的银行存款方式？

下面来看一个区块链如何帮助金融交易的例子。传统的支付方式需要信任第三方（如 Visa、PayPal、银行）来执行交易。第三方保存自己存储有每个账户交易和余额的私人分类账。例如，如果汉娜想支付索菲 150 美元，受信任的第三方服务将从汉娜的账户中扣款，并记入索菲的账户，双方都相信第三方会做正确的事情。

区块链就是一个由块组成的链条，每个新区块都会通过引用并入之前的区块。每个区块都可以包含在区块或各方之间传输数字资产的交易数据。有效的区块链不能包含冲突的交易。无效的区块链会被所有参与者忽略。当参与者看到汉娜向索菲支付了 150 美元时，他们可以很容易地检查区块链中是否存在汉娜与索菲的这笔 150 美元交易。

仅仅这样并不能解决问题，因为有效的区块链可能不止一个。可能有一个区块链包含汉娜支付给索菲的款项，而另一个区块链包含汉娜支付给路易的款项。为了让系统发挥作用，我们需要某种方法来确保：在我们知道哪个区块链将"胜出"之前，我们不会确认任何一笔付款。

- **工作证明**：需要定义一种昂贵的计算机计算（也称为"挖矿"），只有执行该计算才能在分布式账本或区块链上创建一组新的不可靠交易。

工作证明有以下两个主要目标：

（1）核实交易的合法性，或避免所谓的重复支出；

（2）通过奖励完成前一项任务的挖矿者来创造新的数字货币。

如果没有工作证明，任何人都可以编辑一笔交易，重新计算所有哈希值，并用自己的有效哈希链接交易集创建一个新的区块链。工作证明可以确保区块链的参与者确信特定区块将永远是胜出区块链的一部分。这是通过在区块链上附加数十亿次昂贵计算并奖励挖矿者延长最长的区块链来实现的。以下是一个区块链交易示例。

（1）交易与人们所说的"区块"绑定。

（2）挖矿者验证每个区块内的交易是否合法。

（3）为此，挖矿者需要解决一个数学难题，即工作证明问题。

（4）第一个解决各区块问题的挖矿者将获得奖励（如比特币）。

（5）经过验证的交易存储在公共区块链中。

图 6.27 举例说明了中心化账本（如 Dropbox）和去中心化区块链。前者存储了一个中心副本，所有参与者都可以访问该中心副本；后者则是分布式账本，该网络中的所有节点都可以访问该分布式账本。

中心化账本：Dropbox　　　　　　去中心化账本：区块链

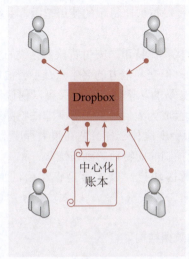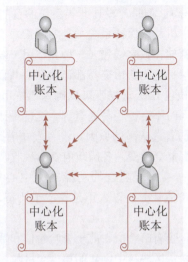

图 6.27　中心化账本与去中心化分布式账本示例

业务驱动的创业

比特币：我丢失了密码和 2 亿美元

比特币的拥有者因为加密货币的飙升而变得很富有。但是，如果你丢失了密码，同时又因为没有核心机构而无处寻求帮助，该怎么办呢？据估计，在现有的 1800 万枚比特币中，约有 20%（目前价值约 1400 亿美元）似乎在没有密码的情况下丢失了。许多人是在十多年前获得比特币的，当时比特币一文不值。你还记得十年前的密码吗？

居住在旧金山的德国程序员斯特凡·托马斯只剩下两次机会来猜测一个价值超过 2.2 亿美元的密码。这个密码可以解锁一个被称为 IronKey 的小硬盘，里面有其数字钱包的私人密钥，钱包里有 7000 枚比特币。问题是托马斯多年前丢失了写有 IronKey 密码的纸条。用户可以猜测 10 次，然后 IronKey 就会失效，并永远加密其内容。此后，他尝试了 8 种最常用的密码，但都没有成功。

去中心化账本有很多优缺点——很显然，在没有任何帮助的情况下丢失密码就是一个缺点。你为什么认为比特币有价值？你会购买比特币吗？使用比特币有哪些利弊？

- **比特币**：一种保存有交易记录的数字货币，并通过计算解决数学问题来生成新的货币单位，其运作独立于中央银行。

比特币是一种新货币，由一位化名为中本聪的不明人士于 2009 年创造。同年，中本聪推出了区块链。比特币交易没有中间商（即没有银行），比特币与任何国家无关，也不受监管。此外，比特币交易也不产生交易费用，且不需要提供真实姓名。比特币是一种设计用于在大型机器（即比特币矿机）网络上运行的系统，地球上的任何人都可以操作其中的一台机器。

这种分布式软件为新货币提供种子，同时创造了少量比特币。从根本上说，比特币只是一个长长的数字地址和余额,它们存储在一个称为区块链的在线账本中(见前述"区块链:分布式计算"部分)。但是,设计此类系统的目的也是慢慢扩大比特币的使用范围,并鼓励人们操作比特币挖矿机,以保持系统本身的增长。

比特币存储在数字钱包(一种允许用户发送或接收比特币、支付货款或存钱的虚拟银行账户)中。虽然每笔比特币交易都记录在公共日志中,但交易双方的名字永远不会被披露,只会显示他们的钱包 ID。这样既可以确保比特币用户交易的私密性,同时又可以使他们在购买或出售任何东西时不会被轻易追查到。这就是比特币会成为人们在网上购买非法物品或从事其他非法活动时的首选货币的原因。没有人知道比特币会变成什么样。它在很大程度上不受监管,但这种情况可能会改变。各国政府都对税收和不受控制的比特币感到担忧。

- **以太坊**:具有智能合约功能的去中心化开源区块链。以太币是该平台的原生加密货币。按市值计算,以太币是仅次于比特币的第二大加密货币。以太坊是使用最活跃的区块链。
- **区块**:包含有哈希值、前一个哈希值和数据的数据结构。
- **创世区块**:区块链中创建的第一个区块。
- **哈希函数**:将字母和数字输入转换成固定长度加密输出的函数,如图 6.28 所示。

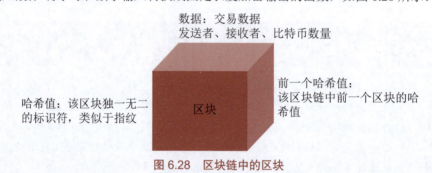

图 6.28 区块链中的区块

哈希值是区块链中的链接。每一笔比特币交易都包含了上一笔交易的哈希值。如果交易数据发生更改,则计算机可以验证该数据是否正确。因此,交易的完整性和交易顺序都得到了保证。哈希值是通过算法来创建的,对区块链管理至关重要。每次发生新的交易时,都会向区块链中添加一个新的区块,其中包含该新区块的新数据、唯一的哈希值和前一个区块的哈希值。经区块链网络验证的每笔交易都带有时间戳,而带上了时间戳的交易会被嵌入一个由哈希运算提供加密保护的数据"区块"中。该区块存储了前一个区块的哈希值,并通过这一哈希值链接到前一个区块,它将作为按时间顺序的下一个更新加入区块链。

计算机利用哈希值来比较不同对象。假设你需要知道两幅图像是否完全相同,一种方法是编写一个程序来逐一检查每个像素并验证它们是否匹配,这将耗费大量时间;另一种方法是计算并比较每幅图像的哈希值,如果它们匹配,则图像完全相同。普通计算机每秒可完成数百万次哈希值的计算和比较。

哈希过程使区块链牢不可破。当数据经过验证并被置于区块链中后,人们就不可能再对其进行篡改或删除。因为如果试图这样做,区块链中的后续区块就会因为其哈希值无效而拒绝此类修改企图。换言之,如果数据被篡改,区块链就会断开,且断开原因很容易查明。传统数据库不具备这种特性,在传统数据库中,数据可以被轻易修改或删除。

区块链本质上是特定时间点的事实分类账。对比特币而言,这些事实涉及不同地址之间的比特币转账数据。图6.29显示了交易数据的校验和是如何作为数据头的一部分添加，而后又是如何对该校验和进行哈希并使之成为整个区块的校验和的。

哈希值：123AB　　　　　　哈希值：456CD　　　　　哈希值：789YZ
前一个哈希值：0000（这是　　前一个哈希值：123AB　　前一个哈希值：456CD
创世区块，没有前一个哈希值）

图6.29　区块链中的区块

- **权益证明**：验证交易和达成分布式共识的一种方式。它仍然是一种算法，目标与工作证明相同，但达成目标的过程却截然不同。

工作证明算法奖励那些以验证交易和创建新区块为目标、解决数学问题的挖矿者。而权益证明与之不同，新区块的创建者是根据其"财富"（又称"权益"），以确定性方式选出的。

6.6.2　区块链的优势

实施区块链技术的三大优势如下。

1. 不可篡改性

区块链在加密方面取得了巨大进步，创建了一个比传统中心化数据库更安全的网络。在传统数据库中，不法员工或黑客有可能利用其对数据的访问级别篡改历史交易数据。

- **不可篡改**：简单来说就是不可更改。
- **不可篡改性**：区块链账本能够永久保持历史交易数据，这些数据不可清除，也不可篡改。

不可篡改性有可能将审计流程转变为一个快速、高效且具有成本效益的程序，并提升企业每天使用和共享的数据的可信度及完整性。不可篡改性被认为是区块链技术的一个关键优势。

传统数据库提供了创建、读取、更新和删除选项。而在区块链中，只有创建和读取选项，因此无法更新或删除任何交易数据。每笔交易数据只创建一次，并永久保存，从而使区块链中的数据不断增长。如果是跨数据中心实施区块链，则需要跨数据中心的大量团队协同工作才能修改历史数据，这就大大降低了数据被篡改的可能性。环境越广泛，篡改数据就越困难。

2. 数字信任

分类账不存储在单一地点，也不由任何特定企业管理。各区块间的加密链接确保了数据的不可篡改性。分类账数据同时由数百万台计算机托管，因而具有公开性和易验证性，任何人都可以维护其副本并验证其正确性。换言之，由全球各地志愿者运行的大量节点替代了服务器和云。这就在没有第三方的情况下提供了灵活性和信任。

3. 物联网集成

无线接入区块链网络的物联网设备能自动更新多路交易的分布式账本，并能将数据传递给内部网络中的其他设备，或者传递给有权根据事先协议或按需访问数据的外部操作者。为支持按需付费访问，物联网网络需要一个内置的支付系统，而分布式账本技术可为该系统提供本地化支持。

业务驱动的创新

你会花6900万美元购买数字艺术品吗？

迈克尔·约瑟夫·温克尔曼是一位美国数字艺术家、平面设计师和动画创作者。在南卡罗来纳州查尔斯顿的家中，他创作了包括短视频和"每天一幅画"在内的各种数字艺术作品。此外，他还利用各种媒介创作滑稽的讽刺作品，在引用流行文化人物的同时也不忘发表社会评论。

以下是一些以这种新型艺术为特色的销售案例。

（1）2021年，拥有225年历史、以前只拍卖实物艺术品的佳士得拍卖行拍卖了温克尔曼的一件表现了5000天中每一天的纯数字化作品。该作品以6934.6250万美元的高价成交，创下了拍卖纪录。

（2）最近，一件价值9.5万美元的艺术作品被烧毁并变为了一个NFT（非同质化代币，相关描述见下文），该NFT以近40万美元价格成交。

（3）最近，一份猫咪备忘录以60万美元的价格售出。

（4）推特联合创始人兼首席执行官杰克·多尔西以超过290万美元的价格将他的第一条推文作为NFT出售。这条推文的内容是："正在设置我的推特"。

基于区块链的智能合约可以在物联网连接的智能设备之间以及物联网与外界的接口之间提供必要的协调。设想这样一种物联网场景：只有在根据智能合约中的条款支付了汽车费用的情况下，汽车锁才能工作。

6.6.3 非同质化代币

非同质化代币（NFT） 是一种以区块链技术为支撑、可证明某物所有权的数字签名。与比特币不同，NFT是唯一的。在某种程度上，NFT提供的是稀缺性。我们可以购买代表实体艺术品的代币，但NFT也支持图片或推文等数字资产。目前的NFT市场大多集中在数字艺术品、体育卡和稀有物品等收藏品方面。与实物货币一样，加密货币也是同质化的（即可以交易或交换）。例如，一枚比特币与另一枚比特币总是具有同等的价值。NFT可用来表示的项目有照片、视频、音频和其他类型的数字文件等，区块链上的这类加密资产具有唯一的识别码和可将它们彼此区分开来的元数据。与加密货币等同质化代币彼此相同并可用作商业交易媒介不同，这些加密资产不能进行交易或等价交换。

NFT使每枚非同质化代币都具有唯一性和不可替代性，从而使一枚非同质化代币不可能等同于另一枚非同质化代币，并因此改变了加密范式。非同质化代币是资产的数字化代表，被比喻为数字护照，因为每枚非同质化代币都包含一个区别于其他非同质化代币的唯一身份，且这种身份不可转让。此外，非同质化代币还具有可扩展性，这意味着人们可以将一枚NFT与另一枚NFT结合起来，"孕育"出第三枚独一无二的NFT。

与比特币一样，为便于识别和在代币持有者之间转让，NFT也包含所有权详细信息。NFT所有者还可以在NFT中添加与该资产相关的元数据或属性。例如，代表咖啡豆的代币可以归为公平交易一类，艺术家可以在元数据中给自己的数字艺术品签名。

分组讨论NFT的价值。你会为一条推文支付数百万美元吗？未来，NFT会如何颠覆艺术界？

问题回顾

1. 为什么企业需要关注数据质量？
2. 为什么企业需要关注数据的及时性？
3. 高质量数据的五个常见特征是什么？
4. 有助于确定数据价值的四个主要特征是什么？
5. 实体与属性之间的区别是什么？
6. 什么是数据仓库，为什么企业需要实施数据仓库？
7. ETL 如何帮助将数据存入数据仓库或从数据仓库读取数据？
8. 数据清理（或擦除）的目的是什么？
9. 产生脏数据的原因是什么？
10. 什么是商业情报，它如何帮助企业取得成功？
11. 为什么企业会出现"数据丰富但信息匮乏"这种现象？
12. 数据库和区块链之间有何关系？

总结性案例一：大数据、大业务、大机会

假设你在工作 10 年后成为一家大型零售企业的首席营销主管，但你发现竞争对手在以每年 20% 的速度蚕食你的市场份额。于是，你迅速决定推出多项在线营销推广活动，同时改进自己的产品。然而，你发现自己的努力毫无成效，竞争对手仍在不断抢走你的客户和利润，同时提高其自身的利润。

当你开始分析竞争对手的业务战略时，你发现，与你侧重销售报表、产品库存分析和其他传统营销工作不同，你的竞争对手通过大规模投资升级了自己的所有管理信息系统。这些新系统能够收集、存储和分析市场上每一家商店、每一种产品和每一位销售代表的数据。事实上，你的竞争对手现在比你更了解你的产品和销售周期。此外，这些新系统不仅收集了竞争对手企业的数据，还收集了全球供应商、零售商和分销商的数据。它们使得你的竞争对手有能力根据日客户流量模式即时调整价格，自动从供应链中的每个实体重新订购，甚至在店内或店与店之间转移商品，从而最大限度地提高销售效率。

你的竞争对手获胜了，但不是因为他拥有更高质量的产品或更好的销售及营销策略，而是因为他发现了管理信息系统的价值，并拥有即时访问企业内外大数据的能力。你旋即意识到，竞争对手的敏捷性无法模仿，这种敏捷性为其提供了巨大的竞争优势。意识到自己的企业因为不了解大数据时代的动态性而陷入困境时，你唏嘘不已。

我们对信息时代以及世界各地的企业在更有效地管理员工、跟踪销售数据和分析客户购买模式方面所取得的进步并不陌生。然而，这类场景正是大数据（过去几年中人类和机器收集的大量数据）改变游戏规则的例子之一。现在，企业收集的数据多达数百 TB，内容涉及从运营和财务到天气模式和股市趋势等的各方面。而且，从产品、机器到商店地板，所有地方都嵌入了能实时收集有关运营和客户数据的传感器。在企业对海量数据进行分析的过程中，全新的定制化、持续的实验和信息驱动的业务模式成为新的竞争标志。数据量呈爆炸式增长，过去两年中产生的数据量超过了人类历史上的总和。《福布斯》（*Forbes*）杂志列出了每位管理者都应了解的以下多项大数据相关事实。

- 数据增长速度比以往任何时候都要快。2021 年，地球上每个人每秒钟产生的新信息就达到了 2MB。
- 人们每秒钟都在产生新数据。例如，人们每秒钟进行的搜索查询就高达 4 万次，每天的总搜索量为 33 亿次，每年的总搜索量为 1.2 万亿次。
- 2021 年，每天有超过 28 亿人在使用 Facebook。
- Facebook 用户平均每分钟发送 3125 万条消息，观看 277 万条视频。
- YouTube 视频网站上，人们每分钟上传的视频时长就高达 300 小时。
- 每年的智能手机出货量多达 30 亿部，所有手机都装有可收集各类数据的传感器，更不用说这些手机用户自己产生的数据。
- 分布式计算（利用云端的计算机网络执行计算任务）是真实存在的。谷歌每天利用约 1000 台计算机提供的分布式计算来回答单一搜索查询，用时不到 1 秒。

问题
1. 列出企业需要以图形或可视化格式来展示信息的原因。
2. 解释低质量数据问题会如何影响大数据。
3. 解释营销部门要如何利用数据可视化工具来帮助发布新产品。
4. 将高质量数据的五个常见特征分类，并按照其对大数据的重要性大小进行排序。
5. 列出营销数据库中一些可能的实体和属性。
6. 评估企业要如何利用几种数据分析技术来了解其运营状况。

总结性案例二：改变你思考数据的方式

自人类诞生以来，人们就一直在使用图像进行交流，从洞穴壁画到象形文字，再到互联网。如今，得益于技术的进步，我们比以往任何时候都更容易绘制一幅值得用千言万语来描述的图像。数据库和数据仓库最主要的优势是可以存储大量数据。提供信息意味着从不同的管理信息系统中获取大量数据。任何使用视觉图像的文章或广告都能显著提高信息的浏览量。这可能是数字时代真正的竞争优势。

仅有好的数据并不能成就一个好的数据故事。无论是教给人们新的知识、给他们新的视角，还是激励他们采取行动，数据只有在创造价值时才有效，才会有故事。数据可视化有助于揭示趋势、模式和异常情况，它能使企业做出更明智、更长远的决策，并更有效地与客户和潜在客户沟通。讲故事的方式决定了信息是否传达到位。好的叙述应引导读者了解数据故事，提供相关背景信息，并帮助他们尽可能有效地归纳总结。

问题

切记，好的数据故事必须提供所有数据的可视化表示，以增加数据的趣味性。回顾示例（见图 6.30 ～图 6.32）并回答下列问题。
1. 可视化表示讲述了完整的故事吗？还有任何问题是仅通过查看可视化表示不能回答的吗？
2. 为了增加可视化表示的趣味性，是否需要在该可视化表示上添加或移除数据元素？
3. 按从最佳数据故事到最差数据故事的顺序对可视化表示结果进行排序。你是采用什么标准来对可视化表示结果进行排序的？
4. 在互联网上找一个数据故事示例，并与你的同伴分享。请务必强调该数据故事的优缺点。

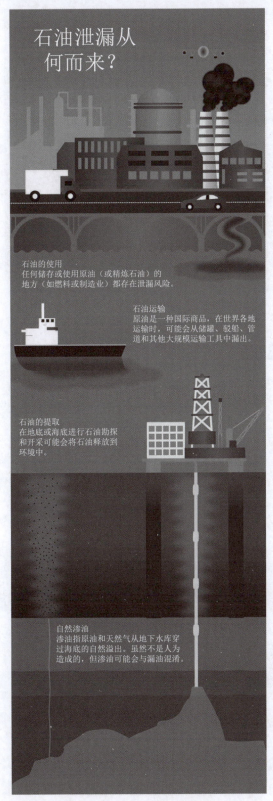

图 6.30　石油泄漏信息图表

来源：美国国家海洋及大气管理局（NOAA）

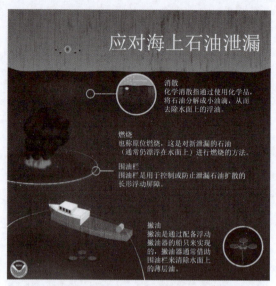

图 6.31 石油泄漏响应信息图表

来源：美国国家海洋及大气管理局（NOAA）

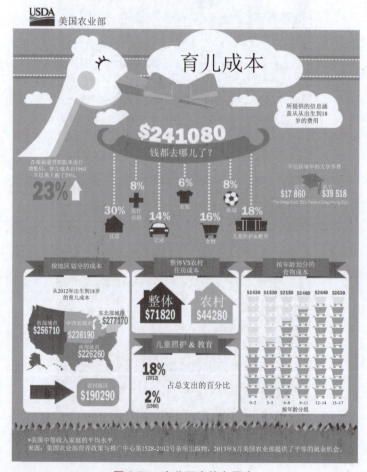

图 6.32 育儿开支信息图表

来源：美国农业部

做出业务决策

1. 提升数据质量

HangUps 公司设计并销售衣柜相关产品，公司运营着订单输入、销售、库存管理、发货和计费五个不同的系统。HangUps 公司存在数据缺失、数据不准确、数据冗余和数据不完整等严重的数据质量问题，它希望实施一个包含来自这五个不同系统数据的数据仓库，以帮助维护单一的客户视图、推动业务决策并进行多维分析。在开始设计和构建该数据仓库时，HangUps 公司要如何才能提高数据质量？

2. 数据即时性

数据即时性是所有企业都要考虑的一个主要问题。企业需要确定数据仓库备份和更新的频率。试描述备份和更新数据仓库的即时性要求。

- 天气跟踪系统
- 汽车经销商库存
- 车辆轮胎销售预测
- 利率
- 餐馆库存
- 杂货店库存

3. 躺在灵柩里的不是我母亲

你根本无法估量掌握正确信息的价值或掌握错误信息的代价。看看澳大利亚维多利亚州克里布角公墓在埋葬瑞安夫人时犯的错误就知道了。瑞安夫人享年 85 岁，她的近 70 个孩子、孙辈和曾孙辈参加了她的葬礼。然而，当在葬礼上打开灵柩时，瑞安夫人的家属震惊地发现，里面躺着的是另一名身着瑞安夫人衣服和珠宝的已故妇女。瑞安夫人的遗体在哪？当天早些时候，穿戴着另一位女逝者衣服、珠宝的瑞安夫人被安葬在了另一处墓穴。究竟是什么样的数据错误会导致一个已故之人身着别人的衣服，被放在别人的灵柩里并被下葬到别人的墓穴中呢？公墓能做些什么来确保逝者被埋葬在正确的地方？为什么数据质量对任何企业都很重要？当企业使用低质量数据进行决策时，会出现什么问题？

4. 跟踪你的生活

有了可穿戴技术，人们可以跟踪自己的整个生活，如体力活动、热量消耗和睡眠模式。你也可以跟踪自己的驾驶模式、刷牙习惯甚至洗衣状况。现在的问题是：如何跟踪所有的跟踪器？

一家名为 Exist 的新公司将跟踪天气数据、音乐选择、网飞收藏夹和推特活动的设备整合进了一个数字仪表板中。Exist 希望了解人们生活的方方面面，并提供人们个人生产力与情绪等因素之间的相关性数据。随着不同类型数据的扩展，Exist 可以指出的相关性范围也会越来越广。例如，当你在家工作时，你会发布更多推文吗？如果是这样，这会提高生产力吗？Exist 希望跟踪人们的所有跟踪器并分析数据，以帮助人们变得更高效。

创建一个数字仪表板来跟踪你的生活。选择你想要跟踪的四方面，并确定衡量每方面的三种方法。例如，如果你跟踪饮食习惯，就需要测量卡路里，并将不可接受的卡路里值用红色标出，将可接受的卡路里值用绿色标出。完成后，确定你能否找到生活中方方面面的相关性。

5. 抱歉，我不是要把你的社保卡号发布到互联网上

安全是任何系统的关键部分。我们必须确保数据的安全。但在美国俄克拉荷马州工作的一些人似乎忘记了这一重要教训，数以万计的俄克拉荷马州居民的敏感数据（包括社保卡号）被发布到了互联网上，供公众访问。你可能听说过类似事件，但你听说过这个错误被忽视了整整 3 年吗？一位程序员报告了这一问题，并解释了他是如何通过改变浏览器定向页面来轻易抓取俄克拉荷马州的整个数据库的。此外，由于编程的原因，恶意用户可以通过更改数据或添加虚

假数据来轻易篡改数据库。如果你还觉得这不是什么大不了的事，那就更糟了。该网站还公布了性犯罪和暴力犯罪人员登记表。是的，公众还可以查看看守所犯人的数据。

试讨论以下问题。
- 为什么确保数据安全很重要？
- 如果有人访问你的客户数据库，会发生什么情况？
- 如果有人篡改了你的客户数据库中的数据并添加了虚假数据，会发生什么情况？
- 谁应为俄克拉荷马州的数据泄露负责？
- 与数据库安全有关的业务风险有哪些？

6. 蝴蝶效应

蝴蝶效应是数学中混沌理论的一个概念，指一个微小事件（如蝴蝶扇动翅膀）会对天气等复杂系统产生重大影响。脏数据对企业的影响与蝴蝶效应相同。企业依赖数据在整个企业内的流动和共享，因此数据质量错误代价高昂且影响深远。此类数据问题往往始于企业某个部门的一个微小错误，但蝴蝶效应会产生灾难性结果，并通过管理信息系统传播到数据仓库和其他企业系统。当脏数据或低质量数据进入企业系统时，一个微小的错误（如拼写错误）就可能导致收益损失、流程效率低下，甚至无法遵守行业和政府监管法规。请解释以下错误会对企业产生何种影响：
- 一连串的拼写错误；
- 不准确的客户记录；
- 不完整的历史购买记录；
- 不准确的邮件地址；
- 不同客户的客户号重复。

7. 为网飞做预测

网飞公司是全球最大的在线电影租赁服务公司，拥有2亿多名用户，提供超过220万分钟的内容，这相当于人们可连续观看近4年。数据和信息对网飞而言非常重要，因此该公司设立了"网飞奖"，公开征集能够根据以往评分来改进电影预测评分数据的人。胜者将获得100万美元的奖金。

搜索、分析和理解数据的能力对任何企业的成功都至关重要，对网飞而言亦是如此，所以它很乐意为提高自身数据质量支付100万美元。

试解释网飞如何使用数据库、数据仓库和数据集市来预测客户推荐的电影。他们会收集哪些资料来确定分析算法？以下是你开始时可能需要分析的几个特征：
- 客户人口统计特征；
- 电影流派、评分、年份、制片人和类型；
- 演员数据；
- 互联网访问量；
- 自定义内容。

8. 推特热门话题

能够预测未来一周的销售情况、决定何时增加库存、何时增加人手的技术工具极有价值。推特不再只是人们用来发推文透露行踪的工具。推特和其他社交媒体网站已成为收集客户商业情报的绝佳工具，例如客户喜欢什么、不喜欢什么、需要什么和想要什么。这类社交媒体很容易使用，企业可以跟踪客户针对特定产品或服务发布的每一条推文。优秀的企业可以将这些有价值的信息转换为情报，从客户的观点中发现趋势和模式。

你认为企业可以通过推特获得商业情报吗？你认为有多少企业了解推特？它们要如何才能利用推特获得商业情报？推特会如何使用数据仓库？企业会如何存储推特数据？企业会如何在数据集市中使用推特数据？企业会如何使用数据立方体来分析推特数据？

9. 分析两万亿行数据？没问题！

eBay 是全球最大的在线交易市场，拥有 9700 万用户，这些用户可向任何人出售任何物品，年交易总额达 620 亿美元，这意味着每秒钟就有超过 2000 美元的交易发生。有了这么高的销售额，eBay 每三天就要收集相当于美国国会图书馆藏书量的数据，必须对这些数据进行即时分析才能成功运营业务。幸运的是，eBay 找到了 Tableau！

Tableau 起源于斯坦福大学，当时计算机科学家克里斯·斯托尔特、奥斯卡获奖者帕特·汉纳罕教授和精明的商业领袖克里斯蒂安·查博特决定解决帮助普通人理解大数据的问题。他们三人创建了 Tableau，在计算机图形学和数据库这两门计算机学科之间架起了一座桥梁。用户不再需要编写代码或理解关系数据库的键及其类别，只需要拖放他们想要分析的图片即可。Tableau 已成为市场上最成功的数据可视化工具之一，并在国际上不断扩展。除了赢得多个奖项外，Tableau 还获得了数百万美元的收入，并催生了许多新发明。

Tableau 正在彻底改变商业分析，而这只是个开始。访问 Tableau 网站，通过观看该网站上的演示视频来熟悉该工具。在充分了解该工具后，试提出 eBay 可能会使用 Tableau 来回答的三个问题，如分析其销售数据以发现模式、业务见解和趋势。

10. 不同的维度

数据仓库的重点是将数据转化为信息。数据仓库提供战略层面的外部集成历史数据，以便企业进行预测、识别趋势和做出关键业务决策。数据仓库收集和存储来自多个运营系统的集成历史数据集，并将其输入一个或多个数据集市。数据仓库还可提供给终端用户访问，以支持整个企业范围内的数据视图。

假设你目前任职于一家大型全球珠宝公司的营销团队。你的老板要求你查看如图 6.33 所示的数据维度，以确定你希望在数据集市中使用哪些维度来进行销售和市场分析。作为一个团队，从 1～5 对不同的维度进行分类和排名，1 表示该维度提供的价值最高，必须放入数据集市中；5 表示该维度提供的值最低，不需要放入数据集市中。

维　度	值（1～5）	维　度	值（1～5）
产品编号		季节	
存储位置		促销	
客户净值		付款方式	
销售人员数		佣金政策	
客户饮食习惯		生产商	
存储时间		流量报告	
销售人员 ID		客户语言	
产品型号		天气	
订单日期		客户性别	
产品数量		当地税收数据	

图 6.33　数据仓库中的数据

发货日期		当地文化人口统计	
当前利率		股市收盘	
产品成本		客户宗教信仰	
客户政治倾向		购买原因	
当地市场分析		员工着装政策	
订购时间		客户年龄	
客户消费习惯		员工休假政策	
产品价格		员工福利	
汇率		当前关税数据	
产品毛利率			

图 6.33 （续）

7 网络：移动商务

本章导读

第一部分
连通性：数字时代的沟通关键

7.1 理解互联的世界
7.2 无线网络的类型
7.3 保护无线网络

第二部分
移动性：无线世界的商业价值

7.4 移动的企业管理
7.5 无线技术在商业中的应用

IT 对我而言意味着什么？

技术变革的速度永远令人惊叹。幼儿园的小朋友现在都开始学习 PowerPoint 了，许多小学生也拥有了自己的手机。过去通过拨号调制解调器连网需要几个小时才能下载的文件，现在通过无线网络连接只需要几秒钟就能从千里之外的计算机传输过来。我们正生活在一个日益无线化的当下，并以越来越快的速度奔向无线化的未来。无处不在的手持无线移动计算爆发点正在迅速到来。

了解网络基础设施和无线技术可以使我们充分发挥可移动劳动力的优势。无论你是新手还是《财富》500 强企业的资深员工，了解移动性的优势和挑战都是企业管理人员的一项重要技能。通过学习本章讨论的各种概念，读者将更好地理解企业如何利用组网技术来分析网络类型、改进无线和移动业务流程以及评估其他组网选项。

开篇案例研究

为什么关注 5G？

相信读者都听说过 5G，因为数字世界到处都在宣传这项新技术。但你知道为什么每个人面对 5G 都如此兴奋吗？让我们从一个较高的角度来了解 4G 是如何发展的，并推断 5G 将如何影响我们的生活。2010 年，第一批 4G 手机出现。然而，许多改变我们所处世界的 4G 应用直到几年后才出现。

- 2010：Facetime（实时视频通信）；
- 2010：网飞流媒体（实时移动视频）；
- 2012：Snapchat（实时跟踪和通信）；
- 2012：Instagram（移动通信）；
- 2012：微软 Xbox Live（实时游戏）；
- 2013：Uber（基于位置的共享乘车服务）。

5G 代表第五代移动技术，它是一种由按地域划分的基站系统组成的蜂窝网络，利用无线电波发送编码数据。基站通过有线或无线骨干网连接。5G 网络非常智能，可以连接成千上万的物联网设备。5G 技术具有以下优势。

（1）**低时延**：能够即时交换小数据包。

（2）**连接速度快**：利用更宽的带宽和先进的天线技术，将数据传输能力提高到当前的 4 倍。

（3）**设备连接数多**：将数以百万计的物联网设备连接在一起。

5G 应用将在未来几年再次定义我们的通信、工作和生活方式，它可以实现以下应用。

（1）**人工智能**：将数据从设备传输到中心云，以训练或完善人工智能模型。

（2）**游戏流**：5G 游戏将不再受限于高计算能力的设备。

（3）**机器学习**：无人驾驶汽车之间能够实现互动。

（4）**机器视觉**：包括无线摄像头在内的智能安防，可自动识别潜在的安全漏洞或未经授权的访客，确保安全设施的安全。

（5）**智慧城市**：自动关联交通灯数据，并在附近的公寓楼综合体启用后实施新的模式。

（6）**智能道路**：道路上的一切都将实现即时通信，以帮助管理交通和提高安全性。

（7）**虚拟现实**：5G 能够提供快速反馈和响应，从而提供逼真体验，因此虚拟现实应用将在市场上大放异彩，例如提供远程物理治疗和检查，以及能追踪伤口愈合情况的智能绷带。

第一部分 | 连通性：数字时代的沟通关键

学习成果

7.1 了解无线网络及其优势。
7.2 描述不同的无线网络类型。
7.3 识别无线网络面临的安全挑战。

7.1 理解互联的世界

"网络"这一概念涵盖了从两台计算机组成的小型网络到互联网这个最大的网络。网络的两个主要优势在于其通信能力和共享能力。当今的企业数字化网络包括局域网、广域网和城域网的组合。

网络连通了人们的设备，确保人们可以与家人甚至与汽车相互通信。有关组网基础技术细节的详细信息，请参阅本书附录B。本章将重点介绍无线网络的应用及其商业价值。图7.1中包括了三种主要的网络类型。

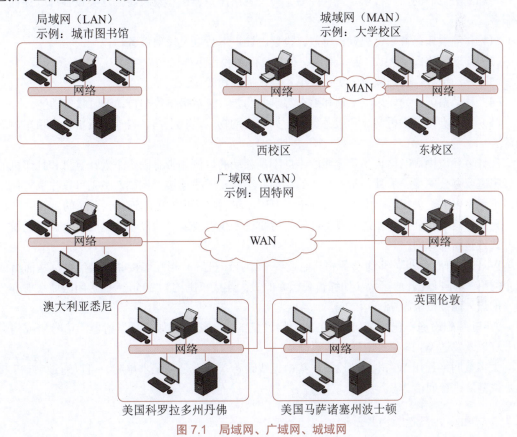

图7.1 局域网、广域网、城域网

- **局域网（LAN）**：将办公楼、学校或家庭中的一组计算机就近连接起来。局域网允许共享文件、打印机、游戏和其他资源。局域网还经常连接到其他局域网和广域网。
- **广域网（WAN）**：跨越一个大的地理区域（如一个州、省或国家），最典型的例子可能就是因特网。广域网对许多企业和政府机构的日常运作至关重要，使其能够跨越城市、地区、国家与世界各地的员工、客户、供应商、业务伙伴及其他机构相互传输和接收信息。广域网通常连接多个局域网或城域网。
- **城域网（MAN）**：通常跨越了一个城市的大型计算机网络。大多数跨越一个园区的大专院校和大型企业都使用由城域网支持的基础设施。

早在1896年，意大利发明家古列尔莫·马可尼就发明了无线电报。1927年，第一个无线电话系统开始在美国和英国之间运行。1947年，汽车移动电话问世。1964年，第一颗通信卫星Telstar发射升空，不久之后，卫星中继电话服务和电视广播相继投入使用。此后，无线网络迅猛发展，更新的技术日趋成熟，使得企业和家庭用户都能享受到有线网络和无线网络带来的好处。

在深入讨论无线网络之前，我们应该先区分"移动"和"无线"，这两个词经常被当作同义词使用，但实际上两者的含义并不相同。
- **移动**：指技术可随用户移动。例如，用户可以将软件、电子邮件信息和网页下载到笔记本电脑或其他移动设备上，以便随身阅读或参考。
- **移动商务**：通过无线互联网设备购买商品和服务的能力。
- **无线**：指不使用硬接线连接完成的任何类型操作。

移动商务背后的新兴技术是一种配备了微型网络浏览器的移动设备，这类设备可以提供以下服务。

（1）移动娱乐：音乐、视频、游戏、投票、铃声下载以及短信服务。

（2）移动销售/营销：广告、活动、折扣、促销和优惠券。

（3）移动银行：管理账户、支付账单、到账提醒和转账。

（4）移动票务：为娱乐、交通和停车等事务购票，包括提供停车自动计时收费功能。

（5）移动支付：支付商品和服务费用，如店内购物、送货上门、自动售货机、出租车、加油等。

在许多环境中，网络设备是无线的，但不是移动的，例如带有固定个人计算机和打印机的无线家庭或办公网络。另外，某些形式的移动并不需要无线连接。例如，员工可以在家里使用有线笔记本电脑，关闭笔记本电脑后开车去上班，然后将笔记本电脑连接到公司的有线网络。
- **无线保真（Wi-Fi）**：便携式设备可以使用通过无线电波发送和接收数据的接入点以无线方式连接到局域网。

Wi-Fi允许计算机、移动设备和其他设备（如打印机等）相互连接并交换信息，从而组成一个网络。Wi-Fi在开放区域（如城市公园）的最大连接范围约为305m，在封闭区域（如办公楼）的最大连接范围为76～122m。
- **Wi-Fi基础设施**：包括Wi-Fi服务或公用设施的内部组件，如信号发射器、信号塔或信号杆以及发送Wi-Fi信号所需的其他设备。

大多数网络使用Wi-Fi基础设施，其中无线设备（通常是笔记本电脑）可以通过Wi-Fi接入点或基站进行通信。

7.1.1 衡量无线网络的性能

性能是所有计算机、计算机系统或网络的终极目标，它直接关系到网络的数据传输速度和处理传输的能力。一个不能提供足够性能的网络根本无法使依靠它的人完成工作。

一般用"带宽"来衡量网络性能。
- **带宽**：在单位时间内能从一点传递到另一点的最大数据量。

带宽的概念可以类比水流通过软管。如果水管口径大，水就能快速通过。但数据与水管的不同之处在于，数据必须传输很远的距离，而且并非网络的所有区域都具有相同的带宽。一个网络中基本上有许多容量不等的"水管"连接在一起，当其中一条"水管"的容量小于其他"水管"时，数据的传输速度就会受到限制。因此，网络的传输速度取决于其最小带宽。

- **比特**（二进制数字的简称）：最小的数据元素。其值为 0 或 1。
- **比特率**（或**数据率**）：单位时间内传输或接收的比特数。

带宽以比特率来衡量（如图 7.2 所示），并常用每秒比特数（缩写为 bps）和每秒字节数（缩写为 Bps）表示。需注意的是，这两个术语不能互换。

带 宽	缩 写	每秒比特数（bps）	示 例
千比特	Kb	1 Kbps = 1000 bps	传统调制解调 = 56 Kbps
兆比特	Mb	1 Mbps = 1000 Kbps	传统以太网 = 10 Mbps 快速以太网 = 100 Mbps
吉比特	Gb	1 Gbps = 1000 Mbps	千兆以太网 = 1000 Mbps

图 7.2　带宽速度

7.1.2　无线网络的优势

你能想象在一个没有网络功能或无线技术的世界里工作吗？你如何找到你的朋友？如何分享照片？如果没有流媒体音乐服务或流媒体电视和电影服务，你的生活将会怎样？Wi-Fi 和蜂窝网络向物联网设备发送数据的技术发明颠覆了世界，改变了人们的通信方式。图 7.3 重点说明了无线网络的优势。

成本
- 无须布线，降低了组网成本。需要经常增加员工或重新配置办公室的公司会立刻受益于无线局域网提供的灵活性。办公桌可以随时移动，新员工也可以随时加入网络，不需要花费精力和成本来铺设线缆。

客户服务
- 从无线网络覆盖范围内的任何位置访问网络设备和应用程序。客户希望快速响应询问和关切。无线网络可将员工与所需信息连接起来，从而改善客户服务。例如，小型医疗机构的医生可以在检查室之间移动时在线访问病人病历，企业管理者可以通过访问数据仓库来更方便地检查和管理库存，为企业实时提供准确的库存数据。

诊断
- 有了更多更及时的数据，你就可以在生产问题发生之前加以避免。当你充分利用无线技术时，你就能在小问题演变成大问题、导致运营放缓或停滞之前，迅速发现并解决问题。企业将受益于效率的提高、停机时间的减少，以及最终利润的增加。

移动性
- 不受限于办公桌或物理位置，员工可以漫游而不会失去连接，这使得他们可以在会议室和休息区工作。想象一下，参加团队会议或小型会议的所有人都能访问网络上的最新消息、所有文件和应用程序。

实时数据
- 无线网络能够轻松访问实时数据或收集后立即交付的数据。这在工业应用中尤其有用，因为质量控制或员工安全等应用对数据的需求比以往任何时候都要快。

图 7.3　无线网络的优势

| 远程工作 | • 无线网络可让员工从生产车间的任何地方进行远程访问。工人们不再需要在控制室、办公桌前或机械现场检查运行情况。现在，在移动中监控运行情况和管理远程工作场所比以往任何时候都更加容易。 |

| 安全性 | • 无线网络可让你的企业为客户或业务合作伙伴等提供安全的无线上网服务。零售商、餐馆、酒店和其他面向公众的企业都可以提供这种独特的增值服务。 |

图 7.3 （续）

7.2 无线网络的类型

如今，在许多网络环境中，用户具有无线和移动双重属性。例如，乘坐火车上下班的移动用户可以在火车上一边保持蜂窝语音通话，一边通过 Wi-Fi 网络查看电子邮件。图 7.4 显示了不同类型的无线网络。

图 7.4 无线网络的类型

7.2.1 个域网

个域网（PAN） 为单个用户拥有和运行的设备提供短距离通信。PAN 适合用于传输文件，如电子邮件、约会日程表、数码照片和音乐等。个域网可在无线耳机和手机之间或者计算机和无线鼠标或键盘之间提供通信。个域网的覆盖范围一般小于 10m。

- **蓝牙**：一种可在手机、计算机和其他设备之间短距离传输信号的无线个域网技术。

"蓝牙"一词源自 1000 多年前的丹麦国王哈拉德·蓝牙（Harald Bluetooth）。蓝牙消除了对电线、基座或支架的需求，也消除了通常伴随个人计算设备的所有特殊附件。蓝牙在 10m 范围内的运行速度高达 1Mbps。就像握手一样，支持蓝牙功能的设备可以直接配对通信，可同时配对的设备最多为 8 台。除了能适用技术设备外，电视机、炉灶和恒温器等一系列提供有蓝牙功能的电器也都可以通过手机进行远程控制。

7.2.2 无线局域网

无线局域网（WLAN） 是一种利用无线电信号在数百米的距离内收发数据的局域网。可以将连接所有智能设备的家庭 Wi-Fi 网络视为 WLAN。以下是几个与 WLAN 相关的关键术语。

- **接入点（AP）**：充当设备与网络之间接口的计算机或网络设备。每台计算机首先连接到接入点，然后再连接到网络上的其他计算机。如图 7.5 所示，接入点通过有线宽带连接向互联网上发送数据。例如，家里的电视机或路由器会通过物理电缆与互联网连接。
- **多入多出（MIMO）技术**：使用多个发射器和接收器，能够发送和接收的数据量比传统组网设备更大。MIMO 系统可实现比传统信道高得多的数据传输速率，是 5G 等新技术的主要推动力。

- **无线接入点（WAP）**：使设备能够连接到无线网络并相互通信，如连接到酒店或餐厅的 Wi-Fi 网络。在 Wi-Fi 网络中，用户的笔记本电脑或其他支持 Wi-Fi 的设备都有一个无线网卡，通过它可将数据转换成无线电信号并传输至无线接入点。无线接入点包含一个通常内置在硬件中的带天线发射器，可接收信号并解码。

接收数据时，无线接入点从互联网获取信息，将其转换成无线电信号，然后发送至计算机的无线网卡。如果同时使用 Wi-Fi 网络的人太多，就会出现干扰或掉线。

- **热点**：可供公众使用的指定 Wi-Fi 接入点位置。

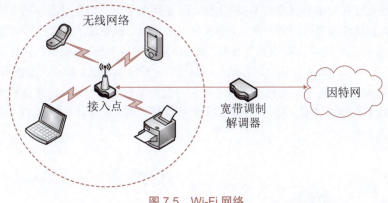

图 7.5　Wi-Fi 网络

业务驱动的管理信息系统

运动传感器

传感器是一种探测或衡量热、光、声或运动等物理特性，并对其进行记录、说明或以其他特定方式做出反应的装置。利用无线应用程序和传感器，许多面向业余爱好者的新型高科技工具可以为各级运动员提供教练级的反馈。

- 网球（索尼）：索尼公司最近推出了一款网球跟踪设备和 App，用户可以借由该 App 收集过去只有专业人士才能获得的比赛数据。
- 高尔夫（Swingbyte）：可夹在球杆上的超轻传感器，能监测击球速度、加速度、弧度和其他统计数据。
- 曲棍球（Fwd Powershot）：安装在球杆手柄端的超轻传感器，可测量挥杆速度、角度和加速度。
- 篮球（94Fifty 智能传感器）：嵌入在标准篮球中的传感器，可跟踪投篮速度、弧线和后旋，以及运球速度和力量。
- 棒球（Zepp）：固定在球棒旋钮上的传感器，可跟踪挥棒的速度和平面以及击球角度。

试着创造一种利用传感器的产品，说明该传感器将测量什么以及如何向用户提供反馈。

用户可以连接到互联网的无线接入点周围区域通常被称为"热点"。热点通常出现在餐厅、机场和酒店等商务人士聚集的地方。对于那些经常出差并需要访问业务应用的商务人士

7　网络：移动商务

来说，热点非常重要。通过在建筑物、校园或城市的关键位置设置热点，网络管理员可以使Wi-Fi用户无论走到哪里，都能持续连接到某个网络或因特网。

7.2.3 无线城域网

无线城域网（WMAN）是一种使用无线电信号收发数据的城域网。迄今为止，WMAN技术尚未取得巨大成功，这主要是因为此类技术还未得到普及，至少在美国是如此。

- **全球微波接入互操作性（WiMAX）**：一种旨在通过城域网提供高速无线数据的通信技术。

WiMAX的运行在许多方面都与Wi-Fi类似，只是距离更远，带宽更高。充当接入点的一座WiMAX塔可以连接到互联网或另一座WiMAX塔。一座WiMAX塔的覆盖范围可达77.7亿平方米，因此只需要几座塔就可以覆盖整个城市。WiMAX可支持70Mbps的数据通信速率。以纽约市为例，与数百个Wi-Fi接入点相比，在城市周围设置一两个WiMAX接入点就能满足大量需求，且成本更低。WiMAX还可覆盖布线有限或者没有布线的偏远或农村地区，在这些地区，为相对较少的用户布线要么成本过高，要么不具有实际可操作性。图7.6显示了WiMAX基础设施。

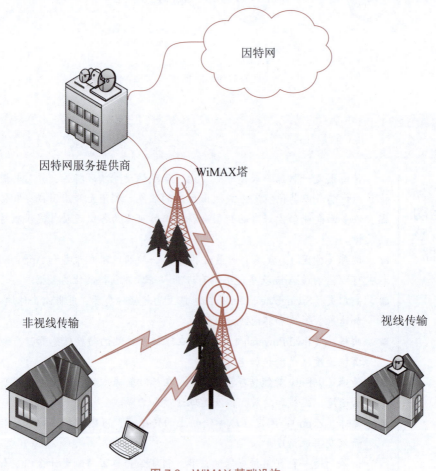

图 7.6　WiMAX 基础设施

7.2.4 无限广域网：蜂窝通信系统

无线广域网（WWAN）是一种使用无线电信号收发数据的广域网。WWAN技术可分为蜂窝通信系统和卫星通信系统两大类。

- **无线电接入网络（RAN）：** 一种通过无线电连接将单个设备与网络中其他部分相连接的技术。

数十年前人们提出的设想是：手持或其他设备可以无线连接到广播数据的主干网或核心网络。无线电接入网络将信号传输至无线接入点，然后再从无线接入点传输出去，这样，这些信号就能通过集思广益构建的网络与其他流量一起传输。RAN 是现代通信的重要组成部分，手机的 3G 和 4G 网络连接就是无线电接入网络的例子。

尽管移动通信经过了几代的发展（如 20 世纪 40 年代的对讲机和 20 世纪 50 年代的移动无线电话），但直到 1983 年，手机才开始商业化。手机是一种语音和数据通信设备，通过一组称为"基站"的固定地面站进行无线通信，每个基站都与最近的相邻基站相连。基站覆盖面积约为 2590 万 m^2，所覆盖区域称为"蜂窝"，如图 7.7 所示。

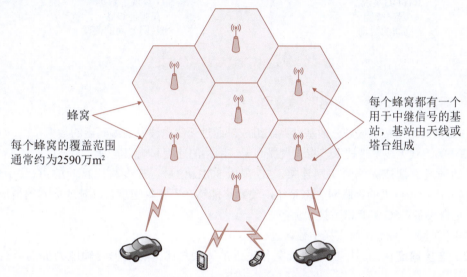

图 7.7 蜂窝电话通信系统概览

1973 年，摩托罗拉公司展示了第一部手机（重约 0.9kg），但该技术直到 10 年后才实现商用。1983 年上市的摩托罗拉 DynaTAC 重 0.45kg，售价约 4000 美元。从那时起，移动通信技术取得了长足的进步。手机如今已演变为智能手机。

- **智能手机：** 能够提供比普通手机更先进的计算能力和连接功能。

智能手机可以浏览网页、发送电子邮件、听音乐、看视频、计算、保存联系人信息、发送短信以及拍摄和发送照片。图 7.8 列出了各代蜂窝电话服务，图 7.9 显示了 3G、4G 和 5G 之间的区别。

	无线通信	速度
1G	最初的模拟手机网络	14.4kbps
2G	数字手机服务	10～144kbps
3G	基于蜂窝网络的宽带互联网服务 新增彩信（多媒体信息服务）或图片信息服务	144kbps～4Mbps
4G	随时随地高速访问任何数字内容（音频、视频和文本）改进视频传输	100Mbps
5G	更高的数据通信速率 有望为可穿戴设备提供人工智能功能	90m 距离内的传输速率为 1.5Gbps

图 7.8 几代蜂窝电话

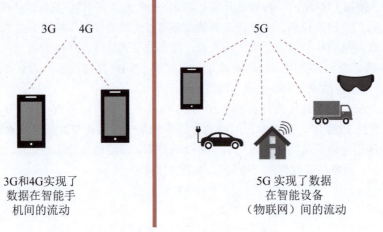

图 7.9　3G、4G 和 5G 蜂窝网络比较

7.2.5　5G 网络：蜂窝网络的颠覆者

5G 蜂窝网络由按地域划分的基站系统组成，通过无线电波发送编码后的数据。

- **5G**：第五代无线宽带技术，将大大提高无线网络的速度和响应能力。

基站通过有线或无线骨干网连接。5G 采用 5GHz 信号，速度将比目前的 4G 快 100 倍。5G 将释放出一个巨大的物联网生态系统，使网络能够在不牺牲速度、时延或成本的情况下连接数十亿台设备。5G 具有以下技术优势。

（1）**低时延**：能够即时交换小数据包。

（2）**连接速度快**：利用更宽的带宽和先进的天线技术，将数据传输能力提高至当前的 4 倍。

（3）**设备连接数多**：将数以百万计的物联网设备连接在一起。

5G 应用将在未来几年再次定义我们的通信、工作和生活方式，它可以实现以下应用。

（1）**人工智能**：将数据从设备传输到中心云，以训练或完善人工智能模型。

（2）**游戏流**：5G 游戏将不再受限于高计算能力的设备。

（3）**机器学习**：无人驾驶汽车之间能够实现互动。

（4）**机器视觉**：包括无线摄像头在内的智能安防，可自动识别潜在的安全漏洞或未经授权的访客，确保安全设施的安全。

（5）**智慧城市**：自动关联交通灯数据，并在附近的公寓楼综合体启用后实施新的模式。

（6）**智能道路**：道路上的一切将实现即时通信，以帮助管理交通和提高安全性。

（7）**虚拟现实**：5G 能够提供快速反馈和响应，从而提供逼真体验，因此虚拟现实应用将在市场上大放异彩，例如提供远程物理治疗和检查，以及能追踪伤口愈合情况的智能绷带。

目前，没有任何科学证据支持 Wi-Fi 辐射有害的说法，正如没有证据证明对讲机使用的无线电波（即对讲机产生的辐射）是危险的一样。

试研究以下问题：你是否赞成"5G 辐射会危害人的健康"这一说法？

5G 网络的最大优势之一是能以实时方式流式传输千兆字节的即时数据。

- **流式传输**：通过互联网发送音频和视频文件的一种方法，用户可以边看边听地传输文件。
- **流数据**：由数以千计的数据源连续生成的数据，这些数据源通常同时发送数据量较小（以千字节为单位）的数据记录。

流数据包括各种各样的数据,如客户使用移动或网络应用程序生成的日志文件、电子商务购物数据、社交网络信息、联网设备和数据中心的金融交易数据。网飞就是流媒体视频的范例。

> **业务驱动的辩论**
>
> **打破神话：5G 安全吗？**
>
> 你也许听说过网上的某种阴谋论,认为从癌症到导致新型冠状病毒快速传播的免疫系统衰弱都是 5G 辐射造成的。目前,这两种说法的证据都是零。要了解这场辩论,首先必须了解两种类型的辐射。
>
> （1）电离辐射（如 X 射线和微波炉中的辐射）：原子释放的一种能量,以电磁波（伽马射线或 X 射线）或粒子（中子、β 粒子或 α 粒子）的形式传播。原子的自发分解称为放射性。
>
> （2）非电离辐射（如调幅和调频收音机以及 Wi-Fi 网络中的辐射）：由以光速传播的振荡电场和磁场组成的一系列能量波。

流式传输并不局限于蜂窝网络,所有无线网络甚至有线网络都可以利用这种方法。该方法最明显的优势是速度,它给移动和无线设备带来了直接的好处,但其速度仍不及有线设备。在此之前,虽然所有智能手机都配备了基于长期演进（LTE）或 4G 宽带的数据传输技术,但它们都无法支持流媒体视频或宽带电话。不过,企业现在可以通过持续分析社交媒体流来跟踪公众对其品牌和产品的情绪变化,并在必要时及时做出反应。以下是流数据的几个例子。

（1）金融机构实时跟踪股票市场的变化,计算风险价值,并根据股票价格走势自动调整投资组合。

（2）一家房地产公司网站从消费者的移动设备中跟踪一个数据子集,并根据消费者的地理位置实时推荐可参观的楼盘。

（3）一家太阳能发电公司必须保持对客户发电量的稳定,否则就要支付罚款。该公司启用了一个流数据应用程序,用于监控现场的所有电池板,并根据监控情况实时安排服务,从而最大限度地减少了每块电池板的低吞吐量时段及相关的罚金支出。

（4）一家媒体出版商通过其在线属性获取了数十亿条点击流记录,并利用用户的人口统计特征信息聚合和丰富数据,从而优化了其网站上的内容布局,为受众提供了相关且更好的体验。

（5）一家在线游戏公司收集了玩家与游戏互动的流数据,并将数据输入其游戏平台。然后,该公司对这些数据进行实时分析,并根据分析结果提供奖励和动态体验来吸引玩家。

（6）运输车辆、工业设备和农用机械中的传感器将数据发送到流式应用程序。此类应用程序可监控性能,提前发现任何潜在的设备缺陷,并自动下达备件订单,以防设备停机。

7.2.6　5G 和 Wi-Fi 6

Wi-Fi 6 将提供更好的体验,以满足各种消费和企业环境对设备及应用的需求。

- **Wi-Fi 6**：预计将以 9.6 Gbps 的速度运行的下一代 Wi-Fi。

无线网络提供了无线环境下的工作能力,大大简化了日常生活的诸多方面。

Wi-Fi 6 和 5G 开启了无线接入的新时代。两者的融合使企业能够在任何地方开展业务，并在同时提高生产力，提供最佳用户体验。

Wi-Fi 6 是室内网络的首选，可提供更高的速度、更低的时延和更大的设备连接密度，例如家庭、大学、体育场馆和会议中心网络都可以选用 Wi-Fi 6。而 5G 将成为户外网络和初创企业的不二选择，例如互联的汽车、无人机和智慧城市都可以选用 5G。

Wi-Fi 6 和 5G 都为通过无线方式可靠地连接更多执行关键任务的物联网设备提供了令人兴奋的机会，到 2025 年，两者每秒处理的互联物联网设备将多达 15.2 万台。此外，Wi-Fi 6 和 5G 还将提供增强型移动宽带，并能通过增强现实和虚拟现实技术提供沉浸式体验。

7.2.7 无线广域网：卫星通信系统

20 世纪 90 年代，卫星系统首次进入人们的视野，当时的目标是提供全球范围内的无线语音和数据覆盖，而不需要移动电话在多家运营商网络之间漫游。但当卫星网络准备投入商用时，却已经被蜂窝系统超越了。

业务驱动的全球化

共享移动数据

T-Mobile 公司从 2021 年第二季度开始与营销和广告公司共享客户搜索及应用数据，除非客户选择退出。该公司表示，此举意在提供更多相关广告。尽管 T-Mobile 公司会屏蔽用户身份，且不会分享用户访问的网站或安装的应用程序，但这一做法仍招致了一些团体的质疑。网络安全研究人员曾在不同情况下通过匿名数据成功地溯源到了个人。

新的数据共享政策不适用于企业或 18 岁以下青少年和儿童。也就是说，会有超过 8000 万用户（包括预付费计划用户）受到新政策的影响，除非他们选择退出。选择退出很简单：只需要打开 T-Mobile 应用程序，单击"更多，广告和分析"选项卡，向下滚动找到"利用我的数据推送更相关的广告"，然后将其切换为"关闭"即可。

你认为移动运营商有权与广告商共享你的搜索和应用程序数据吗？这种政策变化会带来什么问题？谁应从这种形式的数据共享中获益？是 T-Mobile 公司还是用户？

- **卫星**：绕地球运行的空间站，在广阔的区域内接收来自地面站的信号并向地面站发送信号。

卫星通信设备包括手持设备、移动基站、固定碟型卫星接收器等，其峰值数据传输速率从 2.4Kbps 到 2Mbps 不等。对于日常移动专业人员来说，卫星通信可能并不能提供令人信服的优势，但对于身处偏远地区、需要访问语音和数据或保证本地覆盖的人来说，卫星技术不失为一种可行的解决方案。

传统通信卫星在距地面约 35406km 的静止轨道上运行。一种较新的卫星介质（低轨道卫星）距地面更近，并可接收来自微弱发射机的信号。与传统卫星相比，低轨道卫星耗电更少，发射成本更低。有了卫星网络，地球上几乎任何地方的商务人士都能获得包括语音、视频会议和互联网接入等在内的全面通信能力。图 7.10 简要描述了卫星通信系统。

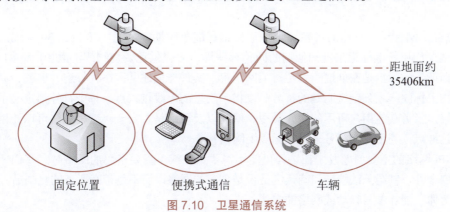

图 7.10　卫星通信系统

7.3　保护无线网络

如果访问代码或密码存储在丢失或被盗的设备上，就可能发生网络入侵。安全套接字层和安全超文本传输协议是对网络通信进行加密的两种方法。

（1）**安全套接字层（SSL）**是一种标准安全技术，用于在网络服务器和浏览器之间建立加密连接，确保两者之间所传递的数据都保持私密性。数以百万计的网站使用了 SSL 来保护与客户的在线交易。要建立 SSL 连接，网络服务器需要 SSL 证书，该证书是一份用于确认网站或服务器的身份并验证公钥属于可信赖个人或公司的电子文件。SSL 证书通常包含域名、公司名称和地址、证书有效期及其他详细信息。Verisign 是颁发 SSL 证书的主要互联网认证机构。当浏览器连接到一个安全站点时，它会检索该网站的 SSL 证书，确保证书没有过期且认证机构已签发该证书。如果该证书未能通过其中任何一项验证，浏览器就会向终端用户发出该网站不安全的警示。如果网站使用了 SSL，用户网络浏览器的右下角会出现一个锁的标记。

（2）**安全超文本传输协议（SHTTP 或 HTTPS）**是 HTTP 和 SSL 的组合，可对互联网服务器进行加密和安全识别。HTTPS 可防止通信被截获，并能通过特殊的加密技术安全可靠地传输信用卡等信息。当用户输入的网址带有"https://"时，浏览器会对信息进行加密。不过，接收信息的服务器也必须配置为接收 HTTPS 信息。总之，每家公司都需要制定网络安全政策，对数据完整性、可得性、保密性或私密性以及责任和授权做出明确规定。通过 SSL 和 SHTTP 等各种安全方法，公司可以保护其最重要的资产——数据。

只要无线网络连接到了有线网络，无线网络就可能成为黑客侵入原本安全的有线网络的通道。如果无线网络本身没有足够的安全性，这种风险就会非常高。人们必须意识到，许多企业正在向新型网络入侵敞开系统后门。因此，企业必须对其网络的无线部分进行安全审计。无论网络中安装了多少防火墙，不适当的无线配置都会让黑客不需要通过任何防火墙就能访问企业网络。

- **沿街扫描**：在驾驶车辆时有意搜索 Wi-Fi 信号。
- **免费上网标记**：在人行道上标记可提供 Wi-Fi 接入位置的做法。

沿街扫描是入侵开放式 Wi-Fi 网络的一种形式。如果配备与笔记本电脑相连的天线，黑客就可以发现 Wi-Fi 信号并显示信号强度经纬度及网络名称。许多参与"沿街扫描"的人只是简单地绘制 Wi-Fi 网络地图。另一些人则怀有更恶意的目的，利用沿街扫描来侵入这些网络。沿街扫描从一开始就是一种有争议的做法，它提高了人们对无线网络安全重要性的认识。

"免费上网标记"一词的灵感源于粉笔标记在战争时期的使用。20世纪30年代，无家可归的流浪汉们用粉笔标记来告知他们的同伴哪些地方可提供免费食物或洗漱场所。如今，"免费上网标记"实际上是在创造一种免费上网语言，其最佳描述是：在人行道、墙壁、立柱和其他建筑物上标注一系列定义明确的符号，以指示附近的无线接入点。每个符号都定义了特定的无线设置，告诉其他用户可用的接入类型、网速以及网络是否安全。这种做法可以让用户前往这些标记地点，利用这些符号来了解无线上网设置。

Wi-Fi 网络的主要问题发生在访问可能不需要认证或不需要密码的网络时。我们无法确定网络的安全性，甚至无法验证和确认它是否是真实的网络，而不是带有恶意的复制品。

- **行为体**：能够参与行动或网络的实体。
- **不良行为体**：怀有不良企图的参与实体。

用户无法确定网络上是否有不良行为体在拦截、读取或篡改数据。此外，如果使用了某公司的网络，那么公司可能会根据请求网络访问时所同意接受的协议内容访问联网者的设备并收集数据。这些数据可能是用户安装的应用程序、位置数据、个人身份信息等。同样的情况也适用于人们安装的应用程序，超市的应用程序等，这些商店也没有法律义务或责任保护用户在其网络上的设备或数据。伦理义务和责任则另当别论，如前所述，合乎伦理的行为和合乎法律的行为之间的界限经常模糊不清。

公共 Wi-Fi 网络并不安全。虽然公共 Wi-Fi 网络的意图可能与零售店不同，但它们同样没有任何法律义务来确保用户设备或数据的安全。同样，用户也无法确定不良行为体是否会拦截、读取和/或篡改其数据。用户应该质疑该网络存在的原因，尤其是在连接免费的情况下——用户很可能就是数据挖掘或广告的"产品"。

在互联网出现之前，黑客通常必须进入办公楼内部才能访问有线网络。现在，无线网络支持成千上万甚至上百万个接入点，这使得黑客可以远距离工作。有几种技术可以确保无线网络免受未经授权的访问，无论是单独访问还是组合访问。一种方法是对 Wi-Fi 接入点进行认证。由于 Wi-Fi 通信是广播式的，任何在监听距离内的人都可以拦截通信。每当有人通过公共 Wi-Fi 接入点访问不安全的网站时，他们的登录名和密码就会通过开放的无线电波发送，因此登录名、密码和信用卡号等很有可能被人窃听或截取。以下两种技术可确保 Wi-Fi 网络安全。

（1）有线等效加密（WEP）：一种用于保护无线传输数据的加密算法。如果用户使用的是 Wi-Fi 连接，WEP 会利用密钥将数据转换为人类不可读的形式来加密数据。WEP 的目的是为无线网络提供与有线网络同等的安全级别。遗憾的是，与更新的协议相比，WEP 背后的技术已被证明相对不安全。

（2）Wi-Fi 保护接入（WPA）：一种保护 Wi-Fi 网络的无线安全协议。它是对最初的 Wi-Fi 安全标准 WEP 的改进，提供更复杂的数据加密和用户身份认证。任何想使用接入点的人都必须知道 WPA 加密密钥才能访问 Wi-Fi 连接。

第二部分 | 移动性：无线世界的商业价值

学习成果

7.4 解释移动的企业管理及其对企业的重要性。
7.5 解释无线技术的三大商业应用。

7.4 移动的企业管理

"**IT 消费化**"指个人和企业对技术设备及应用程序的使用相融合。今天的员工是伴随着互联网成长起来的，他们并不区分企业技术和个人技术，而是希望在办公室使用的技术和在家里使用的技术一样。这种个人和企业所用技术的融合对企业的管理信息系统部门产生了重大影响，因为传统上，管理信息系统部门会为企业选择所有可用的技术。如今，管理信息系统部门必须确定如何保护自己的网络，并管理那些并非由它们授权或推荐的技术。随着普适计算、IT 消费化和无线网络在全球范围内蓬勃发展，企业管理者不仅需要关注数据如何在整个组织内流动，而且还需要关注数据如何在全球范围内流动。

普适计算应用在不断增长，它将计算机功能嵌入日常物品中，使它们之间能有效通信，并在尽可能减少终端用户与计算机交互的情况下执行有用的任务。普适计算设备的例子包括智能手表、智能音箱、智能交通灯和自动驾驶汽车等。普适计算设备是支持互联网的小型设备，始终处于开启或随时可用状态。普适计算的目标是让设备变得"智能"，通过实时收集、处理和发送数据，创建一个能够了解周围环境、改善人类体验和生活品质的网络。智能手表可以告诉用户消耗了多少卡路里、当前的心率，甚至睡眠模式。它始终处于工作状态，并不断收集数据，通过监测用户的身体来改善用户生活。

普适计算的出现助推了移动时代的到来，员工开始随时随地使用自己选择的设备工作。然而，这也带来了严重的问题，大量的企业安全事件都是由于移动设备丢失或移动设备本身的安全漏洞造成的。因此，管理信息系统管理者比以往任何时候都更需要找到安全管理这些设备的方法。"自带设备"（BYOD）这种企业文化充满了安全风险，模糊了个人和专业通信设备之间的界限。管理信息系统管理者必须想方设法为个人设备的使用提供便利，同时还要确保工作数据和个人数据的分离及安全。为了降低这些风险，企业需要制定企业移动性管理策略。

- **企业移动性管理（EMM）**：整个企业范围内的安全策略，用于在执行企业电子政策的同时支持员工使用智能手机和平板电脑等移动设备。

EMM 可防止员工在未经授权的情况下通过移动设备访问企业应用和数据。EMM 的目标是为工作场所内外的远程员工定制设备、应用及信息管理策略。

7.4.1 移动设备管理

移动设备管理有助于执行电子政策，从而在不同平台和不同地理位置维持所需的管理信息系统控制水平。

- **移动设备管理（MDM）**：一种由产品和服务构成的安全策略，这些产品和服务可为智能手机、笔记本电脑和平板电脑等移动设备提供远程支持。

业务驱动的创业

移动性即服务初创企业

你会为了省钱而牺牲自己的隐私吗？这正是保险公司的做法，它们以更低的保险费率来换取一个嵌入你车载计算机的跟踪装置的安装权。该跟踪装置可以看到车载计算机收集的所有数据，并能抓取保险公司设定的任何数据。然后，该装置以无线方式将这些信息传送给保险公司或保险公司雇用的第三方公司，供其对数据进行分析。

你可能会问，这算什么数据？这就是你的保险公司认为与判断你是否是一名"好司机"有关的任何信息。这些数据会反馈给你的保险公司，如果保险公司认为这些数据证明了你是一名"好司机"，就会降低你的保费或给你的汽车赠送保险积分。大多数客户都能理解为什么保险公司希望看到车速数据（开得越快越危险）和距离数据（开得越多风险越大）。

你愿意让保险公司跟踪你的驾驶习惯吗？与汽车保险公司共享你的驾驶数据有哪些潜在风险？为了省点钱而牺牲隐私值得吗？

想象你的销售人员部署在全国或世界各地，而你正试图确保他们使用的每个网络都是安全的，每台设备都受到保护。在实施 MDM 时，大多数管理信息系统部门都会要求在公司设备上设置密码，以确保数据加密，并且在设备丢失时可以远程删除设备上的所有数据。MDM 工具还可以执行策略、跟踪库存以及执行实时监控和报告。管理信息系统部门可以利用 MDM 来执行基本的安全措施，如使用设备密码。

IT 消费化的广泛普及也意味着工作场所会有更多的个人消费计算设备使用企业网络。如果员工用来连接的个人设备没有安装相应的杀毒软件，那么管理信息系统部门要如何确保无线网络的安全？MDM 政策必须纳入 BYOD（自带设备）策略，这样才能为自带设备的员工提供安全的移动解决方案。对某些公司来说，这可能是个大问题，因为它们的 MDM 政策对自带设备的员工来说可能过于死板。员工可能会问，为什么他们丢失手机后，孩子和狗的照片会被删除？为什么 MDM 政策要规定在丢失设备的情况下远程删除所有内容？他们还可能想知道，如果他们很少在个人智能手机上查看公司电子邮件，为什么要在个人设备上设置公司密码？

MDM 的一个重要功能是为企业网络管理员提供远程清除终端用户设备上的企业移动应用的能力。设想一下，当你在度假时，你的手机和笔记本电脑被偷了。如果你的手机上有电子邮件等企业应用，那么公司可从美国访问你的设备并删除你的电子邮件应用，以确保小偷无法访问企业应用。查看图 7.11，了解公司可实施的三种有利于 MDM 的策略。

7.4.2 移动应用管理

移动应用管理软件可协助进行软件交付、许可和维护，并可限制在应用之间共享敏感应用的方式，同时有助于防止企业数据泄露。

- **移动应用管理（MAM）**：一种安全策略，与管理和执行企业移动设备应用电子政策有关。
- **移动应用开发**：为无线设备编写软件时涉及的一系列流程和程序。

移动应用通常是专为利用特定移动设备提供的独特功能而编写的。

```
                    自带设备（BYOD）
              员工使用自己的设备。节省公司开支。对安全性、
                   可靠性和兼容性零控制

                   选择自己的设备（CYOD）
              员工选择公司认可和配置的设备。购买和维护设备的
                费用由公司承担。不允许用于个人目的。
                完全控制安全性、可靠性和兼容性。

                 公司分发、个人启用（COPE）
           为员工提供公司设备。公司承担购买和维护设备的成本。
                对安全性、可靠性和兼容性进行部分控制，
                  因为员工可将设备用于个人目的。
```

图 7.11　MDM 设备政策

MAM 具有以下功能。

（1）**容器化**（应用沙箱），MAM 将企业应用与设备上的个人应用隔离开来。隔离区（称为"容器"）内的数据无法离开该区域，其中的应用也无法与外部应用交互。

（2）**双重角色技术**。MAM 可在同一设备上创建两个完全独立的用户界面，一个用于工作目的，另一个用于个人目的。设备上的两个角色是隔离的，不能相互识别。如果员工突然辞职或丢失了个人手机，管理信息系统部门可以删除该员工手机上的企业应用和数据，而不会影响其上的个人应用或数据。可以针对工作角色实施企业政策，提高数据安全性。

（3）**渐进式网络应用（PWA）**。即一种外观和行为类似移动应用的普通网站。创建 PWA 的目的是利用所有移动设备的优势，而不需要终端用户访问应用商店、购买和下载软件。相反，PWA 可通过浏览器立即访问，不需要为每种可能的设备开发应用。PWA 的内容是逐步下载的，与使用响应式设计的传统网站相比，它能为终端用户提供更好的用户体验。

（4）**加速计**。即可测量重力或运动所产生的加速度的装置。通过加速计，用户可以了解物体周围的环境，判断物体是在上坡、下坡、下落、飞行还是静止不动。例如，智能手机会根据手机的倾斜度在纵向和横向模式之间旋转屏幕。人们还可以利用智能手机的加速计编写游戏应用，或者利用智能手表的温度传感器编写移动健康应用。

在移动应用开发的早期，确保应用在任何特定设备上都能获得最佳性能的唯一方法就是针对特定设备开发专门应用，这意味着必须为每种特定设备的处理器专门编写新的底层代码。而如今，大部分移动应用开发工作都集中于构建可在任何设备上运行的应用上。

7.4.3　移动信息管理

"快速数据"一词通常与商业情报联系在一起，其目标是快速收集和挖掘结构化及非结构化数据，以便采取行动。

- **快速数据**：近乎实时或实时地将大数据分析应用于较小的数据集，以解决问题或创造商业价值。

随着物联网（IoT）中传感器、执行器和机器对机器（M2M）通信所产生的大量数据不断增长，企业比以往任何时候都更有必要确定：哪些数据具有时间敏感性，并应立即采取行动；哪些数据可以放在数据仓库或数据湖中，等到有需要时再对其进行挖掘。

- **移动信息管理（MIM）**：一种包括对敏感数据加密在内的安全策略，只允许经过许可的应用访问或传输这些数据。

MIM 限制了企业数据在应用之间的共享，并确保了移动员工安全信息管理策略的实施。任何 MIM 策略都必须从加密和密码保护开始。抛开移动设备或应用不谈，MIM 实际所做的就是专注于锁定信息本身。

MIM 策略预计到了企业数据资产中的员工流动性，并允许电子政策不仅可以管理企业自身系统内的数据，而且还可以管理移动到防火墙以外的数据。MIM 电子政策允许企业全面管理数据，这包括了解数字资产是如何创建、保存、访问、修改、发送、接收、存储、保留和安排处置的。试想一个应用知道与企业外部的任何人共享内部机密规划文档违反了企业的电子政策，那么 MIM 就会关闭任何使用这些数据的应用中的共享功能。与此同时，如果用户写下了锻炼计划，那么任何使用这个定制锻炼计划文档的应用都会打开共享功能。

信息安全专业人员使用数据状态来确定应加密数据的端点。除加密外，保护使用中数据的一些重要方法还包括各阶段的用户身份验证、强有力的身份管理以及对企业内配置文件进行良好维护的权限。

业务驱动的讨论

航空公司是否应允许在飞行途中拨打手机？

美国联邦通信委员会提议允许乘客在飞行高度超过 3km 时使用包括手机在内的移动无线设备。飞机上的手机不会使用传统的蜂窝网络，因为它们的设计不适合在 10.7km 的高空运行。相反，通话将通过卫星或专门的空对地蜂窝系统分组反射回地面，这迫使航空公司收取比标准运营商费率高得多的每分钟通话费。

支持者称，使用手机不会影响航空安全，而且对于允许使用手机的外国航空公司来说，乘客的通话时间往往很短，不会造成干扰。

批评者认为，允许在飞行中进行语音通话会影响空乘人员在紧急情况下维持秩序的能力，增加机舱噪声和乘客之间的紧张关系，并给飞行安全带来不可接受的风险。他们还指出，大多数旅行者希望继续禁止在飞机上使用手机。你赞成在飞机上使用手机吗？

静态数据不包括正在网络中浏览的数据，也不包括暂时驻留在计算机内存中待读取或更新的数据。

- **静态数据**：计算机存储的所有数据。

静态数据可以是很少更改或从未更改的存档或参考文件，也可以是定期但并非持续更改的数据。例如存储在员工笔记本电脑硬盘上的重要公司文件、外部备份介质上的文件、存储区域网络服务器上的文件，或异地备份服务提供商服务器上的文件。企业、政府机构和其他机构都很担心黑客对静态数据构成的无时无刻的威胁。为了防止未经授权者访问、窃取或篡改静态数据，人们通常会使用数据加密和分级密码保护等安全措施。对于某些类型的数据，法律还规定了需要强制实施的特定安全措施。

- **动态数据（也称传输或飞行数据）**：在计算机系统内或计算机系统之间移动或传输的数据流。

动态数据也可用于描述计算机随机存取存储器（RAM）中随时可以更新、处理、访问和读取的数据。动态数据可以在计算机系统内通过无线或有线连接移动。例如，数据在云存储和本地文件存储之间移动，数据从一个网络传输到另一个网络，或者在 FTP 站点内拖动文件，这些都是动态数据的具体示例。动态数据到达最终目的地后，就变成了静态数据。

- **使用中的数据**：系统正在更新、处理、删除、访问或读取的数据。

这类数据不是被动存储的，而是主动在管理信息系统基础设施中移动的。使用中的数据是数字数据的三种状态之一，如在 RAM、数据库或 CPU 中存储或处理的数据。请求访问银行网站上的历史交易记录和授权用户登录输入都是对这类数据的应用。由于使用中的数据可被一个或多个用户直接访问，因此处于这种状态的数据很容易受到攻击和利用。此外，随着访问权限和设备的增加，数据的安全风险也会越来越大。通常，使用中的数据可能包含数字证书、加密密钥和知识产权，因此企业必须对其进行监控。

7.5 无线技术在商业中的应用

世界上只有一小部分人能够上网，一些过去能够上网的人由于失业或贫困等情况变化而失去了上网的机会。为那些想要或需要网络的人提供网络接入，有助于创造公平的竞争环境，消除数字鸿沟。

- **数字鸿沟**：一种世界范围内的差距，使得有机会获得技术的人赢得优势。

无线技术有助于创造新的应用。有些应用是在现有能力的基础上开发和改进的。例如，物流公司正在将从蓝牙到无线广域网的几种无线网络技术结合起来，并部署扫描仪和可穿戴数据收集终端，以实现其所有配送中心对包裹的自动化、标准化管理和跟踪。利用无线技术的三种商业应用有射频识别（RFID）技术、全球定位系统（GPS）及地理信息系统（GIS）。

7.5.1 射频识别技术

射频识别（RFID）技术利用电子标签和标记，以无线方式识别短距离内的物体。它有望取代条形码等现有识别技术。射频识别技术以无线方式在贴有标签的物体和读写器之间交换信息。

- **RFID 标签**：由芯片和天线组成的电子识别装置。
- **RFID 阅读器**：用于读取区域内 RFID 标签内容的发射器/接收器。

如图 7.12 所示，RFID 系统由一个或多个 RFID 标签、一个或多个 RFID 阅读器、两根或多根天线（一根在标签上，其他在阅读器上）、RFID 应用软件和计算机系统(或服务器)组成。RFID 标签通常比一粒米还小，可以作为不干胶条形码标签的一部分贴在图书或衣物上，也可以包含在身份证或包装标签等物品中。阅读器可以是用于杂货店自助结账等的独立设备，也可以与便携式移动设备集成使用，还可以内置在打印机中。阅读器发出无线请求，该区域内所有经过编程可侦听无线信号的标签都会接收到。标签通过天线接收信号，并通过传输其存储的数据做出响应。标签可存储多种类型的数据，如产品编号、安装说明和活动历史（如物品的发货日期）。阅读器通过天线接收标签发出的信号解读发送的信息，并将数据传输至相关计算机系统或服务器。

业务驱动的分析

神奇的迪士尼移动性

迪士尼公司为所有游览迪士尼乐园的游客提供 MagicBand。MagicBand 是一种带有 RFID 芯片的腕带,其传输距离超过 12m,可在整个乐园内追踪游客位置的实时信息。关于这些数据的神奇之处在于,迪士尼如何通过分析这些数据来帮助游客在乐园内享受到最优质的服务和便利。有了游客及位置数据,乐园员工就可以在餐厅和游乐设施前亲自迎接顾客,提供游客喜欢的产品和表演,告知游客游乐设施的等待时间,甚至可以连接游客的信用卡,这样游客就不需要携带现金了。

使用 MagicBand 时,你会有哪些安全顾虑?当你知道自己的个人数据和位置数据正在被实时跟踪和监控时,你会有哪些伦理方面的顾虑?还有哪些企业能从使用类似迪士尼 MagicBand 的设备中受益?

- **资产追踪**:公司在贵重产品或资产上贴上有源或半无源 RFID 标签,以收集有关物品位置的数据,这个过程几乎不需要人工干预。

资产追踪使企业能够关注其供应链,减少失窃,以及识别资产的最后一个已知用户,并使日常维护工作自动化。有源和半无源标签适用于追踪需要远距离扫描的高价值物品,如轨道上的铁路车辆。有源和半无源 RFID 标签的成本很高,因此低成本物品通常使用无源 RFID 标签。

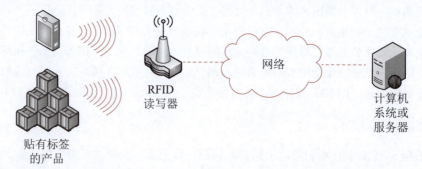

图 7.12 RFID 系统要素

7.5.2 全球定位系统

全球定位系统(GPS)是一种基于卫星的导航系统,可提供极为精确的位置、时间和速度信息。美国国防部于 20 世纪 70 年代初开发并向公众开放了这项技术。GPS 使用了 24 颗绕地运行的全球卫星,向可同时与 3~4 颗卫星通信的接收器发送信号。GPS 接收器可以是一个通过电缆或蓝牙等无线技术连接到移动设备上的单独装置,也可以嵌入在移动电话或车辆导航系统等设备中。

自动车辆定位(AVL)系统使用 GPS 跟踪技术来追踪车辆,该系统利用车载 GPS 接收器与控制中心连接。Garmin 是较受欢迎的 GPS 跟踪系统制造商之一,提供了车辆跟踪,手机和笔记本电脑的 GPS 集成,以及水上和空中徒步旅行者导航。

卫星不断广播信号,接收器测量信号到达它所需的时间。这种测量利用信号的传输速度来确定距离,并通过 3 颗不同的卫星来提供精确的位置信息。时间测量依赖每颗卫星上的大功率时钟，这些时钟必须精确，因为千分之一秒的误差就可能会导致 322km 以上的位置偏差。全球定位系统可以产生非常精确的结果，通常与实际位置的误差为 1.5～15m（军用版本精度更高）。GPS 还提供纬度、经度和海拔信息。

- **地理藏宝**：一款 GPS 技术寻宝游戏，在互联网上发布物品的经纬度位置，供用户寻找。GPS 用户找到藏宝点后，通常会在留言簿上留下大名，或拿走一件物品，再留下另一件物品供下一个寻宝者搜寻。藏宝点通常设置在有趣或具有挑战性的地方。
- **地理钱币**：一种圆形硬币大小的物品，有唯一编号并藏在地理藏宝点中。地理钱币的形状也可以与主题相匹配。地理钱币通常具有装饰性或纪念性，因此具有收藏价值和较高的技术寻宝价值。

如今，几乎每一种汽车都装有 GPS 应用。应急系统使用 GPS 跟踪每辆车，以便调派离事故现场最近的车辆。如果车辆失踪，GPS 定位器可以帮助找到它。

- **预计到达时间（ETA）**：预计到达某一目的地的时间。通常用于导航应用。
- **预计在途时间（ETE）**：按当前速度计算的到达目的地前的剩余时间。通常用于导航应用。

7.5.3 地理信息系统

全球定位系统为地理信息系统奠定了基础。

- **地理信息系统（GIS）**：存储、查看和分析地理数据，创建多维图表或地图。例如，地理信息系统通过测量加拿大、格陵兰岛和南极洲冰川融化的速度来监测全球变暖。
- **制图学**：制作图文并茂的地图或图表的科学和艺术。GIS 允许用户以不同的方法解释、分析和可视化数据，这些方法通过报表、图表和地图等形式揭示模式及趋势。
- **GIS 地图自动化**：将企业资产连接到中心系统，以对这些资产进行长期跟踪和监控。
- **空间数据（地理空间数据或地理信息）**：确定地球上的事物及边界（如自然或人造地标、海洋等）的地理位置。空间数据可以用来绘制地图，并以坐标和拓扑结构形式存储。地理信息系统可以访问、操作和分析空间数据。
- **地理编码**：将数字地图特征分配某个属性的编码过程，该特征可用作唯一的 ID（地块编号、节点编号）或分类（土壤类型、分区类别）。GIS 专业人员都通过了地理编码实践认证，以确保对空间数据的分类符合行业标准。

从事运输的公司结合了地理信息系统、数据库和全球定位系统技术。航空公司和船运公司可以利用有关其所有运输车辆位置的即时信息来规划路线。医院可以利用地理信息系统和接收身份卡传输信息的传感器来确定医务人员的位置。汽车的全球定位系统与地理信息系统地图相连，可在仪表板屏幕上显示汽车的位置和行车路线。例如，通用汽车提供的 OnStar 系统可向 OnStar 中心不断发送有关汽车确切位置的信息流。

一些移动电话运营商将 GPS 和 GIS 功能结合在一起，这样就能在一个网球场大小的地理区域内确定用户位置，以协助报警等紧急服务。此外，农民可以利用地理信息系统绘制和分析田地，从而告诉他们在哪里施用适量的种子、化肥和除草剂。

地理信息系统可以找到最近的加油站或银行，或者确定前往某一特定地点的最佳方式。此外，地理信息系统还善于发现规律，例如根据公司大多数客户的居住和工作地点，找到最可行的会议地点。GIS 能以直观有效的方式展示这些信息。

全球定位系统和地理信息系统都使用了**基于位置的服务（LBS，即利用位置信息提供服务的应用）**。LBS 旨在使移动用户即时访问个性化的本地内容，包括好友查找器（"当我的朋友在 305m 范围内时让我知道"）、游戏（如寻宝）和基于位置的广告（"访问街角的咖啡店，拿铁可优惠 1 元")。许多 LBS 应用都对 GPS 和 GIS 提供了补充，如以下示例：
- 应急服务；
- 现场服务管理；
- 查找服务；
- 绘制地图；
- 导航；
- 跟踪资产；
- 交通信息；
- 车辆位置；
- 天气信息；
- 无线广告。

正如社交媒体推动了 Web 2.0 革命一样，新的移动应用也让人们开始关注基于位置的服务。每种应用都是一种手机服务，可以帮助社交媒体用户找到好友的位置。为了增强其应用的功能，主流社交媒体都提供了基于位置的服务。

问题回顾

1. 移动性和无线之间有何区别？
2. 移动商务有哪些优势？
3. 为什么管理者应关注带宽？如何衡量带宽？
4. Wi-Fi 的工作原理是怎样的？
5. 流数据是如何改变商业的？
6. 沿街扫描和免费上网标记之间有何区别？
7. WEP 和 WPA 之间有何区别？
8. 企业移动性管理的三大领域是什么？
9. 三大 MDM 政策是什么？
10. 容器化是如何为移动应用管理提供支持的？
11. 加速计是如何为移动应用开发提供支持的？
12. 三种不同的数据状态是什么？
13. 什么是 RFID？它是如何帮助跟踪产品的？
14. 无线技术的三大商业应用是什么？
15. 企业如何利用无线技术来构建竞争优势？

总结性案例：解放司机和乘客——优步

2009 年，位于旧金山的一家技术初创公司优步推出了一种新的乘客预约乘车方式：使用智能手机呼叫附近的车，然后使用智能手机跟踪车辆，直到车辆到达目的地。乘车结束后，乘客在其优步应用程序中绑定的信用卡向司机付款。这个过程简单而有效。

优步让司机有能力接载附近的乘客，让乘客可以随时随地叫车。优步的客户对其服务的可靠性、速度和叫车操作的易用性赞不绝口。

优步等初创公司正在颠覆出租车行业，让消费者可以用智能手机做更多事情，如预订出租车。硅谷风险投资为这些公司提供了充足的资金。这些初创公司正在让消费者质疑自己是否需要拥有一辆汽车，尤其是在停车难的大都市。

传统的出租车司机经常抱怨说，由于优步和其他类似公司的存在，他们不再被召唤去富人区接载乘客。在波士顿和芝加哥，出租车运营商甚至起诉所在城市放任优步等不受监管的公司贬低价值百万美元的运营许可。在巴黎，心怀不满的出租车司机堵住了通往主要机场的高速公路出口，导致城市交通一度陷入僵局。

批评者指责优步雇用未经考核的司机是置乘客生命危险于不顾。旧金山出租车司机协会负责人表示，他的个人使命是让优步难以运营。不过，优步首席执行官坚持认为，优步解放了司机和乘客。

问题

1. 优步是如何利用移动技术创造颠覆性商业模式的？
2. 随着 5G 进入市场，你认为优步可以为客户提供哪些新服务？
3. 你想成为优步公司的首席执行官吗？为什么？
4. 无人驾驶汽车将如何影响优步的商业模式？

做出业务决策

1. 遭黑客攻击的汽车

谁会想到汽车也会遭黑客攻击？但美国得克萨斯州奥斯汀市就发生了这样的事。大约有 100 辆汽车被撬开，但并不是采用常见的撬锁或砸窗方式，而是通过 Wi-Fi 连接。所有汽车都是在当地一家汽车经销商处购买的，该经销商在仪表盘下安装了一个支持 Wi-Fi 的黑匣子，如果车主不付款，黑匣子就会使汽车瘫痪并鸣笛。然而，在这起案件中，车主并没有欠款，事情是车行一名刚被解雇的员工所为。这名员工为了报复，利用网络系统将汽车逐一瘫痪。在车行有人发现这些汽车被黑客入侵后，允许访问黑匣子的密码很快就被修改了。

安装黑匣子是个好主意吗？你认为这种做法合乎商业伦理吗？如果你买了一辆装有黑匣子的汽车，你会将其拆除吗？你认为有多少客户会考虑从该经销商处购车？

2. 谷歌错误地收集了公共 Wi-Fi 数据

谷歌承认其利用街景车错误地收集了通过不安全的 Wi-Fi 网络发送的数据。谷歌使用其车队从公共街道拍摄住宅。谷歌表示，它试图收集有关 Wi-Fi 网络的位置、强度和配置的信息，以便提高谷歌地图和行车导航等基于位置的服务的准确性。然而，在这一过程中，这些街景车也在收集未受保护家用无线网络中的电子邮件片段和其他互联网活动。谷歌将此归咎于编程错误，并临时停止了街景数据收集，后又宣布将停止收集所有 Wi-Fi 数据。你认为这是谷歌的失误吗？如果家庭用户不保护自己的无线网络，那有什么能阻止邻居收集同样的信息？到底是谁的错？

3. 确保家庭无线网络的安全

无线网络无处不在，且价格低廉，任何人只需要不到 100 美元的设备就能轻松构建一个无线网络。然而，无线网络就是无线网络，墙壁并不能阻止它们。住在公寓、宿舍或房子里，就意味着你的邻居可以访问你的网络。

让邻居借用糖或咖啡是一回事，但如果让他们借用你的无线网络，问题就来了。以下是几个不共享家庭无线网络的理由。

(1) 降低网络性能。

(2) 他人可能查看你计算机上的文件并传播病毒等危险软件。

(3) 他人可能监控你访问的网站，阅读你通过网络发送的电子邮件和即时信息，并复制你的用户名和密码。

(4) 他人可能利用你的互联网连接发送垃圾邮件或进行非法活动。

确保家庭无线网络的安全，让不速之客难以接入你的无线网络。创建一份文档，详细说明如何确保家庭无线网络的安全。

4. 天气预报机器人

沃伦·杰克逊在宾夕法尼亚大学读研究生时设计了一个装有全球定位系统的机器人。制造这个机器人的目的是将气象气球带回地球，使它们降落在预定地点。美国国家气象局使用气象气球收集大部分信息，气象气球携带的装置可以测量气压、风力和湿度等参数。当气球飞到大约 30.48km 的高空时，气压会使气球爆裂，气球就会掉下来，降落在离发射点很远的地方。气象部门和研究人员有时会寻找这种 200 美元的装置，但在每年升空的 8 万个气球中，有许多无法找回。

杰克逊的想法非常有创意，宾夕法尼亚大学一个鼓励学生创新并将他们的想法推向市场的大学组织——韦斯技术之家（Weiss Tech House）将宾夕法尼亚大学第三届年度发明竞赛（PennVention Contest）的一等奖授予了杰克逊和几位工程系的研究生同学。除了赢得 5000 美元的奖金外，杰克逊还得到了原型设计、法律事务和品牌推广方面的专家指点。

GPS 和 GIS 可用于各行各业的各种设备，具有多种用途。如果你想在明年的宾夕法尼亚大学发明竞赛上角逐并赢得一等奖，请使用 GPS 或 GIS 创造一种目前市场上还没有的产品，并在竞赛中展示。

5. 非洲的免费 Wi-Fi

用免费和低成本 Wi-Fi 覆盖非洲似乎并非明智之举，但这却是旅游搜索引擎 Kayak.com 的联合创始人保罗·英格里希正计划要做的事。英格里希成立了一家探索在非洲建立两级 Wi-Fi 接入的非营利/营利混合公司 JoinAfrica。第一级免费提供基本的电子邮件服务和网页浏览。第二级将是收费的，提供包括音频、视频和高质量图像在内的更多功能。

尽管许多非洲国家都还在为争取适当的饮用水甚至是高效的电力供应而努力，但英格里希和该 JoinAfrica 计划认为，接入互联网对非洲而言同样重要。JoinAfrica 将与非洲的营利性电信公司合作，首先利用村庄中的现有连接为居民提供第一级服务，居民可以付费升级到第二级服务。随着网络的发展，将对流媒体视频等带宽密集型服务进行节流，以确保所有人都能享受到基本服务。

- 列出无线接入可能对非洲偏远村庄造成伤害的 10 种方式。
- JoinAfrica 还需要哪些基础设施来确保该项目取得成功？
- 未来十年的科技变化会如何影响 JoinAfrica 计划？
- JoinAfrica 将面临什么类型的安全与伦理问题？
- 如果给你 100 万美元，你会投资 JoinAfrica 吗？

6. Ding-A-Ling 拿走了我的 400 美元

一位卫星电视客户因接收效果不佳而要求中断服务。中断服务后不久，该客户发现银行直接从卫星服务提供商处扣除了一笔 430 美元的提前终止费。这笔计划外的费用造成了该客户数百美元的透支。更糟的是，一位名叫 Ding-A-Ling 的客户服务代表打电话给该客户，问她是否愿意考虑重新开通服务。

切勿向任何公司提供你的支票账户号码或直接访问你的银行账户的权限。如果你想与一家公司建立良好的关系，就把你的信用卡号告诉它吧。当与供应商的关系变差时，你最不希望的就是该公司能直接进入你的支票账户。

你认为该卫星服务提供商的做法合乎伦理吗？客户在中断服务时可以做些什么来避免这类问题？信用卡公司是否可以随时进入你的银行账户并扣除你所欠的钱？为什么绝不能让供应商直接进入你的企业支票账户？

7. 911 麦乐鸡

蜂窝技术改变了人们开展业务的方式，很难想象没有蜂窝技术的生活会是怎样。虽然使用无线技术会带来许多妙不可言的商业好处，但也存在一些严重的缺陷，比如可能更快地做出错误决定。

美国佛罗里达州一名妇女在麦当劳员工告诉她麦乐鸡卖完后，三次拨打 911 报警。这名妇女认为这属于紧急情况，如果她知道没有麦乐鸡，就不会付钱给麦当劳了。该妇女说，麦当劳给了她一份套餐，但她不想要。这名妇女被控滥用报警电话。

随时随地拿起手机，打一个糟糕的电话是如此容易。你有多少次见过人们在不适当的地点打手机？如果这名妇女不得不排队等候使用公用投币电话，你认为她会有时间冷静下来重新考虑自己的决定吗？随着技术的发展和通信能力的提高，你认为现在比以往任何时候都更容易做出糟糕的决定吗？你能做些什么来确保自己在沟通前先考虑清楚呢？

8. 无线网络与街灯

哈佛大学和 BBN 技术公司的研究人员正在设计 CitySense，这是一个附于市政街灯的无线网络，可以报告马萨诸塞州剑桥市全城的实时数据。CitySense 网络将每个节点安装在市政街灯上，节点从城市电网中获取电力。每个节点都包括一个 Wi-Fi 接口和天气传感器，并能下载和上传数据。

假设你负责在城市周围部署 CitySense 网络。除了监测城市天气和污染外，你对该系统还有什么期待？CitySense 网络还能带来哪些好处？当地企业和市民如何从该网络中受益？在部署该网络之前，你应该了解哪些法律和伦理问题？如何保护网络和城市免受这些问题的影响？

9. 守护者泰迪

两位来自伦敦的创业者正在为患病儿童打造一个可拥抱的物联网，以使每次就诊都更像是一场迪士尼乐园之旅。"守护者泰迪"能在孩子抓它的脚爪、拥抱它时采集心率、体温和血氧水平。所有测量数据都会无线发送到护士和家长的移动设备上。这只可爱的泰迪熊身上布满了能跟踪儿童生命体征的传感器，以帮助快速发现潜在问题。"守护者泰迪"的测量记录时间为 5～7 秒，每小时运行 5 次。未来版本的"守护者泰迪"还将具有互动功能，并利用机器学习找出孩子最喜欢的歌曲或睡前故事，然后播放相关内容，从而使孩子在医院就诊时更加舒心。美国大型制药公司已经下了 50 多万美元的订单，并计划将这些小熊捐赠给医院和诊所。

这个主意显然妙不可言，我们很快就能在许多地方医院和诊所看到"守护者泰迪"了。你还能指出"守护者泰迪"应关注的其他市场吗？你能想到与可拥抱物品有关的任何伦理问题吗？安全问题呢？

10. 你会将 GoPro 用于什么地方？

想象一下，一只美丽的白尾鹰在法国阿尔卑斯山的高空翱翔。现在，你也可以和这只美丽的动物一起翱翔，通过它背部的 GoPro 相机发送的流媒体无线视频，欣赏到真正的鸟瞰图。这段令人难以置信的视频在网上疯传。现在，从初为人父者到奥运选手，每个人都在分享自己的 GoPro 视频。GoPro 的 40 人制作团队负责人威尔·泰德曼表示："我们希望展示这款相机的多种用途，并让用户能够在线编辑和分享视频。目前，该公司平均每分钟就有三段带 GoPro 话题标签的视频被上传到视频网站。

谁在拍摄这些动作镜头？

- 从士兵到石油钻井工人，从事激动人心工作的人都会在工作中使用 GoPro。泰德曼的团队会在网络上搜索可能的热门视频。他发现了一名消防员从着火的大楼中救出一只猫的镜头。结果视频网站上的帖子获得了 1800 万次点击。
- GoPro 为滚石乐队 2013 年的巡演配备了 40 台摄像机。此外，泰德曼的团队还为独立小公司提供帮助，其中一些剪辑为他们赢得了一定程度的声誉。这些都证明了 GoPro 的成功。

以小组为单位，使用 GoPro 为你们最喜爱的一种产品或服务创建相应的营销策略。

企业级管理信息系统

模块 3

企业使用各种类型的信息系统来帮助其管理日常运营。这些系统主要是事务性的,侧重于采购和订单交付等基本业务流程中底层数据项的管理和流动。这些数据通常被汇总到更高层次的决策支持系统中,以帮助企业了解其组织内发生的情况及如何做出最佳反应。为实现无缝、高效的数据处理和知情决策,企业必须确保其企业系统紧密集成,并提供端到端的运营视图。

本模块介绍各种类型的企业信息系统及其在帮助企业达成战略目标方面(如供应链管理、客户关系管理和企业资源规划)的作用。如果企业能够关联并汇总其整个范围内的信息,那它就做好了实现战略性业务目标和超越竞争对手的准备。

然后,本模块将深入探讨如何构建支持全球业务的企业系统和这一过程中的挑战,以及如果按照良好的设计原则、合理的管理实践和灵活性来构建支持不断变化的业务需求的系统,结果会如何。要做到这一点,不仅需要广泛的规划,还需要员工具有精湛的技能。

模块1:
业务驱动型管理信息系统

模块2:
管理信息系统的技术基础

模块3:
企业级管理信息系统

模块 3 企业管理信息系统

第8章 企业应用:业务沟通
第9章 系统开发与项目管理:企业责任

8 企业应用：业务沟通

本章导读

第一部分
供应链管理

8.1 通过集成打造互连的企业
8.2 供应链管理
8.3 再造供应链的技术

第二部分
客户关系管理与企业资源规划

8.4 客户关系管理
8.5 运营型客户关系管理和分析型客户关系管理
8.6 企业资源规划
8.7 用 ERP 实现企业集成

IT 对我而言意味着什么？

本章将介绍企业为获得竞争优势和提高业务效率可以采取的重要战略举措——供应链管理、客户关系管理和企业资源规划。最简单地说，企业实施企业系统是为了提高业务流程的效率和供应链的有效性，以及全面了解客户需求和行为。成功的企业认识到，与员工、客户、供应商和合作伙伴保持健康的关系能够为企业提供竞争优势。这样做会对收益产生直接的积极影响，并大大提高企业的盈利能力。

读者必须了解企业与员工、客户、供应商和合作伙伴之间的重要关系。读者还必须了解如何分析企业数据，以确保达到并超越预期目标。企业拥有前所未有的技术能力，可以用来实现整合、分析和做出明智的业务决策。

区块链颠覆了供应链

开篇案例研究

作为一种不可篡改的数字分类账,区块链可以有效地存储每件产品的记录。每次产品转手时,区块链都会添加记录,存储购买者及购买价格等数据。想象一下,每件产品从生产到包装,再到运输、展示和销售,都会有一个永久的历史记录。例如,当货物从一个地方运到另一个地方,或从企业的一个部门运到另一个部门时,企业都有兴趣使用区块链来跟踪货物的运输情况以及运输过程中的所有数据属性(如天气、温度、供应商等)。

区块链技术有助于让整个供应链可追溯。此外,这种技术还允许制造商、运输商和客户汇总数据、分析趋势并进行预测性监控。

这样做的好处显而易见。分析人员可以找到新的方法来减少延迟和消除人为错误,从而节省时间和资源。数据还可以在全企业范围内共享,使不同部门能够朝着共同的目标更密切地合作。它可以从根本上改变员工的工作方式。

从记录资产转移到跟踪收据、采购订单和其他相关文书,区块链能以多种方式协助供应链管理。区块链还可以存储其他识别数据,例如包装是否需要小心处理或者新鲜农产品是否是有机的。以下是区块链颠覆供应链的几个例子。

(1)**货物运输**:一批从东非运往欧洲的冷藏货物可能会经过大约30个人和组织之手,产生200多次互动。区块链技术有助于确保来源,让整个供应链可追溯。这可以阻止有人从中造假,从而确保货物安全。

(2)**实现可追溯**:由于缺乏数据和可追溯性,交叉污染和食源性疾病的传播以及不必要的浪费带来的经济负担变得愈加严重。确定污染源或产品受污染的点可能需要数周甚至数月。据 Coin Desk 报道,区块链可以缩短确定和消除食源性疾病源头所需的时间。据 IBM 公司称,区块链技术能使企业快速追踪受污染产品的源头,并确保安全地下架商店和餐馆中的这些产品。

(3)**消除欺诈和假冒产品**:区块链的透明度还有助于减少药品欺诈。全球假药市场规模高达2000亿美元,这一数字令人震惊。而区块链的不可篡改性能够为从生产商到最终消费者的药品可追溯性提供基础,并可识别供应链的断点。除了减少损失,区块链还有可能提高消费者的安全,防止每年约100万人死于假药。

第一部分 | 供应链管理

学习成果

8.1 解释集成及其在连通企业中的作用。
8.2 描述供应链管理及其对企业的影响。
8.3 举出正在再造供应链的三项技术。

8.1 通过集成打造互连的企业

20 世纪 90 年代以前，英国国防部和陆军总部的每个部门都有自己的信息系统，且每个系统都有自己的数据库。信息共享非常困难，员工需要多次手动将相同的信息输入不同的系统。通常情况下，管理层甚至无法汇集信息来回答问题、解决问题和做出决策。

为了应对这一挑战，该部对其多个信息系统进行了整合，而且建立了其众多数据库之间的连接。这些连接即称为集成。

- **集成**：允许独立系统直接相互通信，不需要手动为多个系统提供输入。

实现集成后，各数据库之间可以共享信息，同时信息质量也大幅提高。英军现在可以生成详细说明其备战状态和其他重要情报的报告，而这些任务在系统集成之前几乎是不可能完成的。集成主要有以下两种类型。

（1）**应用集成**：企业现有管理信息系统的集成。
（2）**数据集成**：整合多个来源的数据，提供所有数据的统一视图。

不管是应用集成还是数据集成，都涉及两种常用的数据库集成方法。第一种是创建将价值链流程（及其底层数据库）连接起来的前向集成和后向集成。

（1）**前向集成**：将输入特定系统的信息自动发送到所有下游系统和流程。
（2）**后向集成**：将输入特定系统的信息自动发送到所有上游系统和流程。

图 8.1 展示了这种方法如何在销售、订单输入、订单执行和计费等系统或流程中发挥作用。例如，在订单输入系统中，员工可以更新客户信息。通过集成，这些信息会被发送到上游的销售系统和下游的订单执行和计费系统。理想情况下，企业希望同时建立前向集成和后向集成，这样就可以在任何系统中灵活地创建、更新和删除信息。但是，后向集成成本高昂，并且难以构建和维护，因此大多数企业只投资前向集成。

第二种集成方法是为特定类型的信息建立一个通用数据存储库。

- **通用数据存储库**：允许企业各部门实时存储和检索信息，使信息更可靠、更易获取。

通用数据存储库可以是放置多个数据库或文件以通过网络分发的地方，也可以是用户不需要跨网络就能直接访问的位置。图 8.2 举例说明了使用这种方法在某企业的四个系统中集成客户信息的情况。用户只能在中心客户数据库中创建、更新和删除客户信息。当用户执行这些任务时，集成系统会自动将新的和／或更新的客户信息发送到其他系统。其他系统则限制用户以只读方式访问其中存储的客户信息。这两种集成方法都不能完全消除信息冗余，但都能确保多个系统之间的信息一致性。

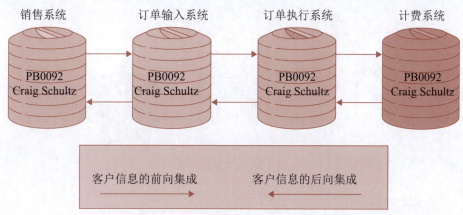

图 8.1 前向和后向客户信息集成示例

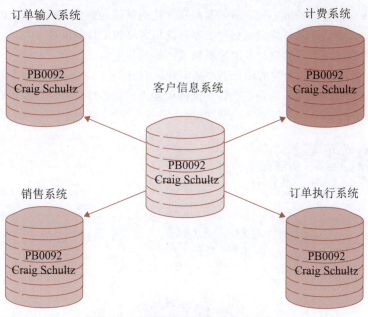

图 8.2 集成各数据库中的客户信息

企业系统为企业的运营和业务流程提供全企业范围内的支持及数据访问。这些系统可以管理整个企业的客户信息，以查看客户从销售到售后服务的所有经历。企业系统通常是一组通用但可高度定制的程序，可用以实现会计、制造和营销等业务功能。一般来说，用于定制系统的开发工具都是需要专业能力的复杂编程工具。

- **企业应用集成（EAI）**：连接旨在整合独立企业系统的计划、方法和工具。

遗留系统指当前或现有系统，它们是升级或与新系统集成的基础。EAI 审核遗留系统如何与新的企业业务流程形态相匹配，并制订方法来有效复用已有系统，同时增加新系统和数据。集成是通过中间件实现的，中间件介于两个或多个软件应用程序之间，并起到了连通这些应用的作用。中间件在不同的系统之间转换信息。

本章余下部分将介绍大多数企业用来整合其不同部门和独立运营系统的三大企业系统：供应链管理系统、客户关系管理系统和企业资源规划系统，如图 8.3 所示。

图 8.3 三大企业系统

8.2 供应链管理

平均而言,企业将近一半的收入用于从供应商处购买原材料来生产产品。许多人认为,关键成功因素集中在以合适的成本将合适的产品在合适的时间送到合适的地点。因此,能够帮助企业采购原材料、制造产品并将成品交付给零售商和客户的工具需求量很大。

- **供应链**:由直接或者间接参与获取原材料或产品的各方组成。

图 8.4 着重说明了企业为制造和分销产品而开展的五项基本供应链活动。为了实现这些关键领域的自动化和复杂决策,企业正在转向能提供需求预测、库存控制以及供应商和客户之间信息流的系统。

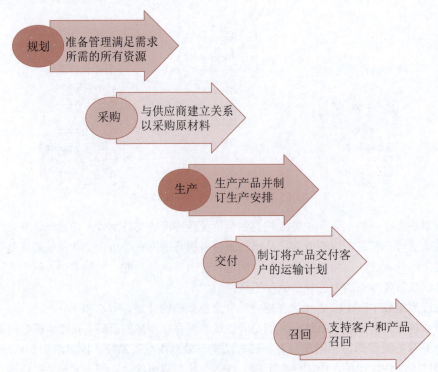

图 8.4 五项基本的供应链活动

- **供应链管理(SCM)**:对供应链活动之间的信息流进行管理,以最大限度地提高供应链的整体效率和企业盈利能力。

过去,生产主要集中在企业内部的质量改进方面。如今,这些工作涉及包括客户、客户的客户、供应商、供应商的供应商在内的整个供应链,现在的供应链是一个通过各种沟通渠道和关系联系在一起的、错综复杂的业务合作伙伴网络。供应链管理系统管理并加强这些关系，其主要目标是创建一个快速、高效、低成本的业务关系网络，其中的关系涉及产品从概念到上市的整个过程。供应链管理系统在所有供应链参与者之间建立整合或紧密的流程及信息联系。供应链管理主要执行如图8.5所示的三项业务流程。

（1）从供应商及其各级上游供应商处采购原材料。

（2）将原材料转换为半成品和成品——企业自身的生产流程。

（3）将产品分销给客户及其各级下游客户。

以某位客户从经销商处购买一辆山地自行车为例。完成这笔交易从头到尾需要几十个步骤：客户向经销商下订单；经销商向制造商订购该型号自行车；制造商从不同的供应商处采购生产该型自行车所需的原材料，如铝合金、橡胶轮胎、刹车、配件和包装；原材料储存在制造商的仓库中，直到有生产订单要求生产该型自行车时，才会将成品交付给经销商，或在某些情况下直接交付给客户。自行车制造商的供应链包含了完成该客户订单所需的所有流程和成员，如图8.6所示。

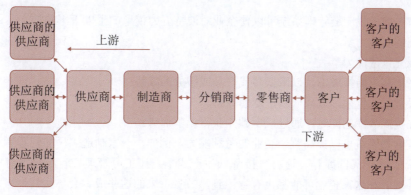

图 8.5　典型供应链

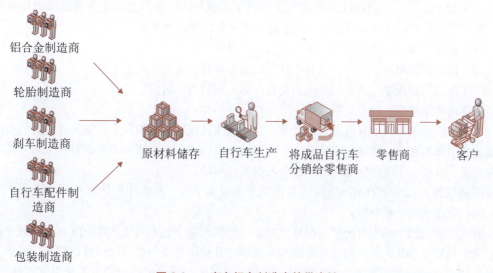

图 8.6　一家自行车制造商的供应链

沃尔玛和宝洁公司（P&G）实施了一套成功的供应链管理系统（如图8.7所示），该系统将沃尔玛的配送中心与宝洁公司的制造中心直接连接起来了。客户通过向沃尔玛购买产品来生成订单信息。沃尔玛将客户订单信息传递给仓库或分销商。仓库或分销商将自身订单信息

8　企业应用：业务沟通　　261

传递给宝洁公司，宝洁公司向门店提供价格和供货信息，并向分销商补货。付款以电子方式进行。

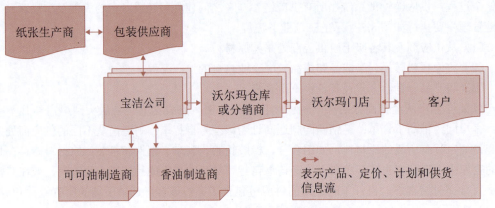

图8.7 在沃尔玛所购产品的供应链

有效和高效的供应链管理系统可以使企业对波特五力模型产生以下影响。

（1）削弱买方力量。

（2）强化供应商力量。

（3）增加买方转换成本，以降低替代产品或服务的威胁。

（4）设置进入壁垒，以降低新进者的威胁。

（5）在提高效率的同时，通过成本领先获得竞争优势。

供应链管理系统可以提高整个企业的盈利能力。例如，一家制造工厂的管理者可能会专注于尽可能降低A产品的库存，这将直接降低生产成本，让工厂管理者看起来很有成就感。但是，工厂管理者和这家企业可能都没有意识到，节省下来的这些成本会导致其他方面的成本增加，例如不得不支付更多的费用来采购满足即时生产需求的原材料，或者因为加急发货服务而导致成本增加。只有端到端视图或集成供应链中才能发现这些问题，使企业能够调整业务战略，从而提高整个企业的盈利能力。以下是一些常见的供应链管理指标。

（1）**延期订单**：因产品缺货而未完成的客户订单。

（2）**库存周转时间**：生产产品并将其交付给零售商所需的时间。

（3）**客户订单周期**：从购买产品到交付产品之间的约定时间。

（4）**库存周转率**：库存更换频率。

供应链的强度取决于其最薄弱的环节。企业使用供应链管理指标来衡量供应链的绩效，以便迅速找出薄弱环节。牛鞭效应就是一个很好的例子，该效应说明如果企业对整个供应链没有清晰的认识或没有正确的衡量标准，就会出现库存问题。

- **牛鞭效应**：当扭曲的产品需求信息在整个供应链中由一个合作伙伴波及下一个合作伙伴时，就会出现牛鞭效应。

有关产品需求小幅上升的错误信息可能会导致供应链中的不同成员囤积库存。这些变化会波及整个供应链，从而放大问题，造成库存过剩，并使所有成员都付出代价。例如，如果一家汽车经销商在销售某一品牌的汽车时遇到困难，它可能会通过提供大幅折扣来尝试转移库存。如果没有这些关键信息，汽车制造商就可能会认为人们对这一特定品牌汽车的需求上升，因而增加生产订单，却没有意识到经销商实际上是面临着销售库存的挑战。

8.3 再造供应链的技术

下一代供应链管理包括数字化供应链。
- **数字化供应链**：充分利用智能设备的连通性、系统集成及信息生成能力。

数字化供应链包括物联网设备、先进机器人技术以及大数据高级分析的应用，例如，安装无所不在的传感器，建立无处不在的网络，使一切都实现自动化，并分析一切，以显著提高绩效和客户满意度。由于这些新技术带来了全球经济影响，供应链管理注定会发生变革。如今，集成供应链为管理者提供了了解供应商和客户供应链的可视性，从而确保供应始终满足需求。

图 8.8 展示了分析供应链的三种不同优化模型。

- 供应链优化：根据企业的运营和资源情况，定义、推荐并制定灵活的供应链战略。结合业务分析和高级建模工具，可以按照企业的服务层次要求优化其供应链基础设施、流程及政策，以帮助提高盈利能力和客户满意度。供应链优化将分析所有物流组成部分（如进出运输设施的位置、产品来源、设施规模和库存），确定当前的成本结构，制定替代方案以改善服务并将成本降至最低，从而创建最佳分销网络。

- 库存优化：提供整个供应链库存水平的可见性。任何库存水平都会对供应链的上游或下游产生影响。库存优化通过内部渠道和节点，对原材料和零部件库存（有时甚至一直延续到零售货架）进行评估，以制订符合业务需求的库存优化计划。库存优化会对整个供应链中的原材料、在制品和成品库存进行战略定位。这样可以提高库存周转率和服务水平，同时释放运营资本，增加现金流。

- 运输和物流优化：通过评估多种运输模式、承运商、路线、运输策略和支持，重点关注通过有效的运输管理来实现产品的高效运输，以找到运输成本最低的组合。运输和物流优化侧重于两个关键领域：成本和服务。服务要求界定不清会让客户失望，或者导致企业为客户既没有要求也不期望的服务水平买单。运输和物流优化可以降低成本，提高客户满意度。

图 8.8　供应链管理优化模型

供应链优化是所有成功企业的一项关键业务流程。想想沃尔玛供应链的复杂性，数十亿件产品被运往世界各地，确保了所有货架都满满当当。采购、物流和物料管理是供应链管理的三个组成部分，企业应重点关注这三部分，以提高效率。

没有恰当的投入，企业就根本无法创造出具有成本效益的产出。例如，如果麦当劳采购不到马铃薯，或者不得不以高价购买马铃薯，就无法生产和销售薯条。事实上，在一些国家，采购到合适大小的马铃薯来生产长薯条是一项挑战，因为当地种植的马铃薯太小了。

- **采购**：为满足供应链需求而购买产品和服务。

    采购流程是一项关键的供应链战略，因为能否以合适的价格购买到原材料直接关系到企业的运营能力。采购可以帮助企业回答以下问题。

    （1）应该采购多少原材料才能尽量减少变质？

    （2）如何保证原材料满足生产需要？

    （3）以什么价格购买原材料才能保证盈利？

    （4）从单一供应商处采购所有产品能否获得额外折扣？

    回顾第 1 章中的价值链分析，企业的主要价值活动包括进货物流和出货物流。

- **物流**：控制材料和人员的分配、维护及更换以支持供应链的流程。物流可以帮助企业解决以下问题。

    （1）向客户交付产品的最快方式是什么？

    （2）在仓库中放置物品以进行分拣和包装的最佳方式是什么？

    （3）获取仓库中物品的最佳路径是什么？

    （4）在交付货物时，应如何安排行车路线？

    （5）卡车应覆盖哪些区域或地区？

- **进货物流**：获取原材料和资源，并根据需要将其分配给生产部门。
- **出货物流**：向客户配送产品和服务。

    物流控制着企业内部（仓储物流）和外部（运输物流）的流程，并侧重于供应链的实际执行部分。物流包括在产品的整个生命周期（从摇篮到坟墓）对流程、信息和沟通进行日益复杂的管理。

- **从摇篮到坟墓**：在整个系统或产品生命周期内提供物流支持。

    物料管理的重点是材料的质量和数量，以及如何规划、获取、使用和处置这些材料。

- **物料管理**：通过供应链管理有形实物材料在供应链中流动的活动，如发货、运输、配送和仓储。

    物料管理可能包括液体、燃料、农产品、植物和其他一些潜在危险物品的处理，其重点是按照监管和处置要求安全、高效地处理所有材料。物料管理可以帮助企业解决以下问题。

    （1）目前的库存水平如何？

    （2）仓库中有哪些物品的库存正在减少？

    （3）仓库中的哪些物品有变质的风险？

    （4）如何处理变质物品？

    （5）储存危险品需要遵守哪些法律？

    （6）哪些物品在储存和运输时必须冷藏？

    （7）储存或运输易碎品有哪些要求？

如图 8.9 所示，与所有其他业务领域一样，供应链的各个环节也在不断部署颠覆性技术，以帮助企业获得竞争优势。

8.3.1　3D 打印支持采购

3D 打印（增材制造）工艺指在增材工艺中通过数字模型逐层构建三维实体。增材工艺制造技术使 3D 打印成为可能，该工艺以逐层方式构建 3D 对象。计算机控制着整个工艺过程，把打印机变成了一种可以制造医疗植入物、鞋子、汽车零件、玩具、汽车、房子等的机器人。

2015年，北卡罗来纳州维克森林大学的研究人员开发了一种称为"骨骼打印机"的3D打印机，可以打印人体器官、组织和骨骼。该打印机使用了水凝胶（一种含有人体细胞的水溶液）作为材料。虽然这项技术仍然属于新技术，但从理论上讲，骨骼打印机将允许医生为患者进行3D打印移植，从而消除对器官捐献者的需求。

使用了3D打印的增材制造工艺与传统制造工艺有着天壤之别。许多消息来源称，3D打印对业务的颠覆性可能远超互联网。这种说法很大胆。人们之所以寄希望于3D打印技术来颠覆业务，是因为它使生产更接近用户，从而省去供应链中类似互联网去中介化的步骤。此外，3D打印还促进了大规模定制、小批量生产和去库存。

在过去，3D打印的相关成本使其仅适用于大型企业。而现在，借助廉价的打印机、扫描仪和应用程序，中小型企业和家庭用户也可以使用这项技术了。随着3D打印技术的发展，采购材料的需求将变得更加容易满足，因为企业只需要打印生产过程所需的零部件即可。毋庸置疑的是，3D打印将影响生产流程和供应链，并带来颠覆性的业务变革。

图8.9 颠覆性的业务技术

要打印3D产品，用户需要建立一个数字模型，并将其切成称为"层"的薄截面。在打印过程中，3D打印机从设计底部开始，逐层添加材料，以完成项目。3D打印采用的两种主要方法如下。

（1）**计算机辅助设计（CAD）**：建筑师、工程师、制图员、艺术家和其他人员用来绘制精密图纸或技术插图的软件。CAD软件可用于创建2D图纸或3D模型。根据所用软件的不同，CAD文件可以简单到展示想用激光切割的图片的光栅图像，也可以复杂到包含多种材料和装配参数的3D模型。

（2）**计算机辅助制造（CAM）**：使用软件和机械来促进制造过程并使其自动化。CAM通常与CAD同时使用。CAM软件能准确计算出生产CAD文件中的形状所需的运动、切割及其他操作序列。CAM还可以实施仿真和优化等先进生产工具。除材料要求外，现代CAM系统还包括实时控制和机器人技术。

例如，用户使用CAD系统进行设计，然后使用CAM系统制造产品。在3D打印机出现之前，创建原型需要熟练的员工和特定的机器，既耗时又昂贵。如今，3D打印技术的进步使得用户不再需要向生产企业发送建模指令，而是可以在办公桌上按需制作原型和产品。在世界各地运送所需零部件已经过时了，因为这些零部件现在可以采用 3D 打印来满足需求。

未来，4D 打印有望给供应链带来变革。

- **4D 打印**：打印出可变形和可自装配物体的增材制造。

使用 3D 打印时，先打印产品，然后手动组装。而在 4D 打印中，打印出来的产品能够在最少人工干预的情况下变形或自装配。4D 打印带来的业务好处包括在家组装产品，这将大大降低运输成本。因此，这可能对未来大大小小的企业在全球范围内的运营和互动方式产生重大影响。

- **创客运动**：一种文化潮流，重视个人作为物品创造者和消费者的能力。
- **创客空间**：为公众提供以其他方式无法获得或负担不起的技术、制造设备及教育机会的社区中心。

在这种文化中，创造物品的人被称为"创客"。创客运动发展迅速，并有望对经济产生颠覆性影响。随着普通人变得更加自给自足，他们将能够自造产品，而不是从零售店购买品牌商品。创客来自各行各业，拥有不同的技能和兴趣。他们的共同点是富有创造力、对设计感兴趣并能够获得生产所需的工具和原材料。

8.3.2　RFID 支持物流

在一则电视广告中，一名身着制服的男子悄无声息地穿梭在一个家庭中。在饥饿的孩子打开橱柜之前，这名男子把空的麦片盒换成了满的；然后，在饥饿的斗牛犬目不转睛地盯着他的情况下，这名男子打开了一袋新的狗粮；最后，他把满满一瓶洗发水递给正在淋浴的男人，因为对方的洗发水刚用完。下一波供应链管理浪潮将是基于家庭的供应链履行。如今，消费者越来越习惯于网购，想什么时候买就什么时候买，想怎么买就怎么买，想以什么价格买就以什么价格买。沃尔格林（Walgreens）正在为每个家庭开发定制网站，让家庭可以通过电子方式订购，然后在方便的时候到其门店设置的专门自助柜台或汽车直通窗口取货。沃尔格林的承诺并不局限于低价和客户服务，还延伸到了家庭。

- **射频识别（RFID）**：利用电子标签和标贴，以无线方式识别短距离内的物体。

RFID 技术有望取代条形码等现有识别技术。同时，RFID 标签也在不断发展之中，其进步将为企业软件提供更精细的信息。在供应链中，RFID 标签通常用于存储产品信息。管理信息系统可以自动读取标签，然后进行处理。既然这样，那为什么不把 RFID 标签用于物流中的智能合约呢？可用纸箱或托盘上的 RFID 标签存储有关交付地点和日期的信息，这样物流合作伙伴可运行应用程序来查询这些标签，并竞标交付合约。提供最优价格和服务的合作伙伴将获得该笔业务。然后，智能合约会跟踪合约的执行状态和最终交付绩效。图 8.10 和图 8.11 说明了供应链中的 RFID 系统工作原理。

当然，RFID 技术还可以与区块链技术结合使用。食品和药品通常有专门的存储需求。而且，企业也看到了共享仓库和配送中心的价值。敏感产品上的传感器可以记录温度、湿度、振动和其他环境条件。这些读数能以防篡改的方式永久存储在区块链上。如果存储条件与商定的条件有偏差，区块链上的每个成员都会看到。这时，智能合约可以触发相应的响应来纠正这种情况。例如，根据偏差大小采取的行动既可以是调整存储，也可以是更改"使用期限"、宣布产品不合格，或予以处罚。

RFID系统的三大组件

标签：包括一个存储数据（这里指表示物品独有的一组数字的电子产品代码，即EPC）的微型芯片和一根用于向阅读器传输数据的天线。
EPC示例：01-0000A77-000136BR5

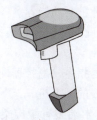

阅读器：阅读器使用无线电波读取标签，并将EPC发送给供应链中的计算机。

计算机网络：供应链上的每台计算机都能识别EPC，并能从制造商维护的服务器上调取与物品相关的信息，如生产和发货日期、价格和使用说明。计算机跟踪物品在整个供应链中的位置。

图 8.10　RFID 组件

零售供应链中的RFID技术
每件产品和装运箱上都贴有RFID标签。在物品运输的每一步，阅读器都会扫描其上的标签，并更新服务器上的信息。

制造商
阅读器在物品出厂时扫描标签

分销中心
卸货区的阅读器扫描到货箱上的标签并更新库存，无须打开包装。

门店
到货时扫描标签以更新库存，如在衬衫入库上架时使用阅读器扫描标签。在收银台，收银员可以用手持式阅读器扫描单件物品。当物品离开门店时，库存也会随之更新。制造商和零售商可以实时观察销售情况，并迅速做出生产、订购和定价决策。

家庭
消费者既可以通过禁用标签来保护个人隐私，也可以通过在衣柜里放置RFID阅读器来追踪衣物。在顾客同意的情况下，门店可以跟踪顾客购买模式并将销售情况告知他们。

图 8.11　供应链中的 RFID 技术

8.3.3 无人机支持物流

达美禾披萨店在一次视频营销活动中使用了无人机送披萨。荷兰工程师亚历克·莫蒙发明了一种可以为心脏病患者提供除颤器的无人机。农业无人机可以让农民快速搜寻肥沃的田地，绘制土壤养分、湿度和作物健康状况图。这些进步不仅节约了时间和成本，而且对节水和低成本粮食生产也具有重要价值。

- **无人机**：一种可以自主飞行的无人驾驶飞机。

无人机主要用于军事侦察或挂载导弹以进行精确打击。无人机的非军事用途包括森林消防、执法、交通管制、电影制作和科学研究等。无人机具有三种主要功能。

（1）**传感器**：无人机能够通过一系列传感器收集大量有关世界的信息。根据型号的不同，这些传感器可包括摄像头、雷达、红外成像、激光等。

（2）**导航**：无人机指挥官通过遥控器上的天线向无人机发送指令，遥控器向空中发送无线电波。GPS 卫星捕捉到无线电波，并将指令反馈给装有接收天线的无人机。

（3）**稳定性**：无人机有各种形状和大小，并使用了一个其末端装有螺旋桨来稳定飞行的水平稳定器。整个无人机机身由坚固但很轻的材料制成。军用无人机的动力来自发动机或太阳能，而民用无人机则靠电池驱动。

亚马逊正在试点无人机投递包裹，它目前在研的小型无人机有朝一日可以在半小时或更短时间内将包裹送达客户。各物流公司也在试验自己的包裹投递无人机。利用 GPS 来帮助协调包裹投递物流的无人机已经出现。无人机面临的问题包括航空管理局的批准以及先进的探测和避障能力。GPS 坐标可以使无人机轻松找到合适的包裹投递位置，但需要探测和避开未包含在 GPS 中的对象，如汽车、狗和儿童。

8.3.4 机器人支持物料管理

"机器人"（robot）一词是捷克剧作家卡尔·卡佩克在其戏剧《罗素姆的全能机器人》（*Rossum's Universal Robots*）中创造的，该剧于 1921 年在布拉格上映。Robota 在捷克语中是"强迫劳动"的意思。

- **机器人学**：专注于制造能够移动并对感官输入做出反应的人工智能设备。

"机器人学"（robotics）一词出自作家艾萨克·阿西莫夫。在其 1950 年出版的科幻小说《我，机器人》（*I, Robot*）中，阿西莫夫提出了机器人学的三大法则。

（1）机器人不应伤害人类，或因不作为而使人类受到伤害。

（2）机器人必须服从人类下达的命令，除非这些命令与第一法则相抵触。

（3）机器人必须保护其自身的存在，只要这种保护不与第一或第二法则相抵触。

许多机器人在工厂里执行高精度任务，在家中用吸尘器清洁地板和泳池，在危险环境中清理有毒废物或拆除炸弹。仅亚马逊公司的仓库里就有超过 1 万台机器人，它们负责分拣、包装和管理材料，以满足客户的订单需求。

这些机器人由亚马逊以 7.75 亿美元收购的 Kiva 系统公司制造。Kiva 称，其机器人的成本在数百万美元到约 2000 万美元不等，并可通过物料管理来简化和降低成本。这些机器人与一个复杂网格相连，该网格可优化仓库中的物品摆放，并允许机器人拣选库存物品，然后送到工人手中进行包装。配备了 Kiva 机器人的订单执行中心令人惊叹：操作人员不需要移动，产品就会送到他们面前。库存吊舱装着由一小队橙色小机器人搬运和转移的物品，不需要使用传统的传送带和分拣器等系统。虽然很难评估机器人与人工的成本及效益，但 Kiva 公司夸口说，在机器人的帮助下，包装工人每小时可以完成 3～4 倍的订单。许多公司都利用了仓库管理的最新创新，如用机器人取代传送带等传统订单执行技术。

- **树莓派（Raspberry Pi）**：一种低成本、信用卡大小的计算机，可插入计算机显示器或电视，并可使用标准键盘和鼠标。

树莓派是一款功能强大的小设备，使各个年龄段的人都能探索计算并学习如何使用 Scratch 和 Python 等语言编程。从浏览互联网和播放高清视频到制作电子表格、进行文字处理和玩游戏，树莓派可以胜任台式计算机能胜任的一切工作。

更重要的是，树莓派能够与外界互动，已被广泛应用于各种数字创客项目中。我们希望看到全世界的孩子都能使用树莓派学习编程，了解计算机的工作原理。

对于全球的机器人爱好者而言，树莓派这样廉价、省电的微控制器的发明带来了诸多好处。有了微控制器和一些基本的编程技能，个人可以制作从闪烁的 LED 手电筒到支持联网功能的厨房用具等任何东西。微控制器具有以下功能。

（1）**读写**：大多数面向业余爱好者销售的微控制器都具有可重写和可擦除内存，但并非所有微控制器都如此。请确保选择最适合你的项目。

（2）**扩展性**：如果项目比较复杂，可以选择内存较大和/或具有外部内存扩展端口的微控制器。

（3）**易用性**：无论新手还是有经验的爱好者，都可以选择带有便于操作的宽间距引脚的大板，并使用所熟悉的编程语言的微控制器。

8.3.5 再造供应链的区块链

区块链技术高级应用的一个主要目标是降低供应链管理的成本，提高供应链管理的效率。事实上，虽然这个领域代表着数十亿美元的企业收益，但却充斥着由风险、欺诈和手工文书延误造成的损失和低效。由于不法经营者没有报告或错误报告其产品的确切原产地、分包商或质量控制流程方面的细节，全球供应链面临着造假风险。供应链质量控制对食品、药品、化妆品甚至对婴儿可能摄入有毒材料的玩具等行业都至关重要。

作为一种不可篡改的数字分类账，区块链可以有效存储每件产品的记录。每次产品转手时，区块链都会添加记录，存储谁购买了产品以及购买价格等数据。想象一下，每件产品从生产到包装、运输、展示和销售，都会有一个永久的历史记录。尽管如此，私有区块链能做的也只有这么多，并且区块链技术的大部分价值都源于它可以将不同的分类账和数据点汇总到一起，从而提供一个集中的信息库。

将区块链技术应用于供应链所带来的生产力的提高堪比从手写文书转变到电子数据库。无纸化贸易将实现文书工作的数字化和自动化。

- **供应链可见性**：实时查看供应链上下游所有区域的能力。

运输信息渠道将提供端到端的供应链可见性，并使参与供应链管理的所有人都能安全、无缝地实时交换信息。

- **电子数据交换（EDI）**：一种供应链参与者之间进行电子信息交换的标准格式。

通过取代目前的 EDI 和纸质系统（这类系统可能使集装箱滞留货场数周），区块链基础设施每年可为全球运输业节省数十亿美元。区块链的优势包括找到减少延迟和消除人为错误的新方法，从而节省时间和资源。区块链可以记录资产转移，跟踪收据、采购订单和其他相关文书。此外，区块链还可以存储其他标识数据，例如包装是否需要小心处理，或者新鲜农产品是否是有机的。数据还可以在整个企业范围内共享，使不同部门能够朝着共同的目标更密切地合作。区块链可以从根本上改变人们的工作方式。图 8.12 展示了区块链给供应链带来的好处。

欺诈和伪造	区块链以其记录的不可篡改性和人们对它的信任来解决欺诈及其他问题。如果文档有任何变动，所有人都能立即看到。
不可篡改性	任何实体都无法篡改分布式账本中的条目。删除比特币交易是不可能的。只有新的交易才能逆转之前的交易。同样，有了区块链，就不可能伪造供应链支付交易或库存记录、仓储条件、交货时间和日期等。
互操作性	区块链数据具有更强的互操作性。企业可以轻松地与制造商、运输商、供应商和销售商共享信息。透明度的提高有助于减少延误和纠纷，还能防止货物被困在荒郊野外。在实时跟踪的情况下，很难丢失物品。
原产地	供应链中的实体知道每项资产的来源。它们还知道之前谁在什么时间拥有这些资产。对比特币来说，资产就是货币。对供应链来说，资产可以是从铁矿石和小麦到现金、机器和版权的一切。
召回	IBM 提出了这样一种设想：如果一个部件有缺陷，需要召回，该怎么办？现状是效率极低。而区块链提供了一种选择。可以将意外情况写入智能合约。例如，如果供应商发现故障，就会触发合同条款，一旦该缺陷被永久记录在区块链上，利益相关方就会立即收到通知。
可扩展性	区块链提供了一个几乎不受限制、可以从世界各地的多个接触点访问的数据库。
安全性	区块链提供了更高的安全标准，并能通过定制来支持更专业的应用。企业甚至可以创建私有区块链，将数据保存在内部，只与获得明确许可的各方共享。私有区块链或"许可"区块链可在企业内部或可信赖的合作伙伴之间创建，并在集中管理的同时保留对网络信息访问权限的控制。
智能合约	供应链非常复杂。生产商与供应商、客户与供应商之间的付款需要数天时间。合约协议需要律师和银行的服务，每个环节都会产生额外的成本和延误。产品和零部件通常很难追溯到供应商，因此很难消除缺陷。
可追溯性	区块链技术有助于实现整个供应链的可追溯性。该技术还允许制造商、运输商和客户汇总数据、分析趋势并进行预测性监测。例如，沃尔玛使用区块链追踪猪肉在某地的销售情况。该系统可让沃尔玛了解到每块肉的来源、供应链中的每个加工和存储步骤以及产品的销售日期。如果发生产品召回，沃尔玛还可以看到哪些批次的产品受到了影响，以及谁购买了这些产品。

图 8.12　区块链给供应链带来的好处

供应链的深入转型不会一蹴而就。不过，供应链的某些运营领域已经可以开始使用区块链了。智能合约可以帮助消除因人工处理文书而产生的代价高昂的延误及浪费。由此开始，更快、更智能、更安全的崭新供应链流程有可能实现。

第二部分 | 客户关系管理与企业资源规划

学习成果

8.4 解释运营型和分析型客户关系管理。
8.5 确定企业资源规划的核心领域和扩展领域。
8.6 讨论企业集成到企业资源规划系统中的现有技术。

8.4 客户关系管理

如今,大多数竞争对手只需要轻点鼠标即可。激烈的市场竞争迫使企业从以销售为中心转向以客户为中心。

- **客户关系管理(CRM)**:涉及客户与企业关系管理的各方面,目的是提高客户忠诚度和留存率,增加企业盈利能力。

客户关系管理使企业能够深入了解客户的购买行为,从而制定和实施相应的企业整体战略。图 8.13 列出了客户关系管理计划的主要参与者。

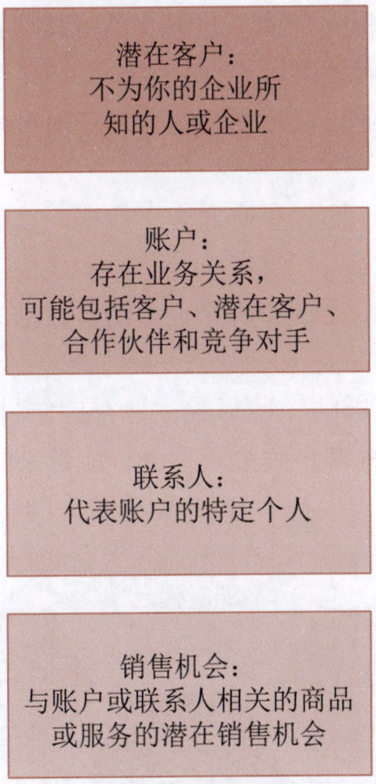

潜在客户:
不为你的企业所知的人或企业

账户:
存在业务关系,可能包括客户、潜在客户、合作伙伴和竞争对手

联系人:
代表账户的特定个人

销售机会:
与账户或联系人相关的商品或服务的潜在销售机会

图 8.13 客户关系管理的主要参与者

客户关系管理包括以下战略目标。

(1)**寻找新的盈利客户**:客户关系管理可能强调,最有利可图的细分市场由 35~45 岁的女性构成,她们驾驶 SUV,居住在距市区不远的地方。这样,企业就能找到定位这些客户的方法,从而获得发送邮件和其他方面的机会。

(2)**超越客户当前的期望**:客户关系管理通过个性化沟通,帮助企业摆脱"亲爱的××先生"之类的典型问候语。例如,如果企业知道客户最喜欢的运动鞋品牌和尺码,就可以通知他有一双对应品牌多功能运动鞋,让他下次到店试穿。

（3）**消除竞争**：客户关系管理可以确定销售趋势，使企业能够为客户提供特别优惠，从而超越竞争对手。例如，一家体育用品商店可能会在竞争对手开始销售之前就确定其户外服装的最强客户，并邀请他们参加私人销售。

客户关系管理系统的复杂之处在于识别客户及其与企业联系的多种沟通渠道，如呼叫中心、网络访问、电子邮件、销售代表和手机等。客户关系管理系统跟踪客户与企业之间的每一次沟通，并为从会计到订单执行等所有业务领域提供连贯的客户信息。了解所有的客户沟通信息可以使企业与每位客户进行有效沟通。无论客户偏好哪种沟通渠道，客户关系管理系统都能让企业详细了解与每位客户有关的产品及服务记录。例如，客户服务代表在向客户提供预期交货日期、补充产品信息以及客户付款等信息时，可以通过客户关系管理系统轻松查看详细的账户信息和历史记录。

一个客户可能会通过许多不同的渠道多次联系企业（见图 8.14）。客户关系管理系统可以帮助收集所有的客户联系点以及销售和财务信息，从而提供每个客户的完整信息（见图 8.15）。

了解客户个性化需求的企业最有可能取得成功。当然，建立成功的客户关系并不是一种新的商业行为。但是，实施客户关系管理系统可以使企业在支持客户需求方面变得更有效和更高效。通过识别客户需求，并针对每种需求设计特定的营销活动，客户关系管理远远超出了技术的范畴。这使得企业能够将客户视为个体，并深入了解其购买偏好和购物行为。善待客户的企业通常会获得更高的利润和客户忠诚度。

通过识别最有价值客户，企业可以确保这些客户获得最优的客户服务以及购买新产品的优先机会。

- **客户分析**：包括收集、分类、比较和研究客户数据，以确定购买趋势、风险客户和未来的潜在机会。
- **销售分析**：包括收集、分类、比较和研究企业销售数据，并据以分析产品周期、销售渠道和竞争情报。
- **提升模型**：营销活动预测分析的一种形式，旨在确定目标市场或可被说服购买产品的人群。所谓"提升"指的是这种客户关系管理分析能带来的销售额增加。

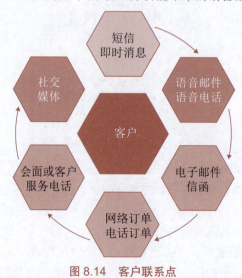

图 8.14　客户联系点

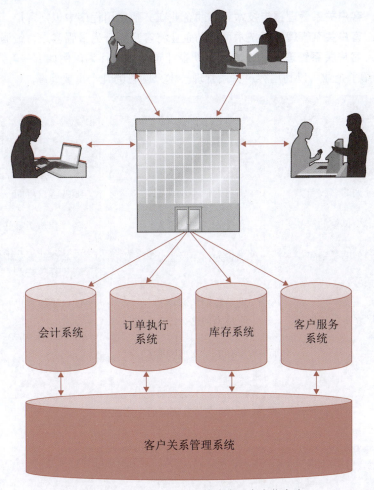

←→ 箭头表示客户信息流

图 8.15　客户关系管理概述

具有高级分析功能的软件可帮助你吸引和留住忠诚且可带来盈利的客户，并为你提供增加收入、提高客户满意度和客户忠诚度所需的见解。客户关系管理分析可以通过使用 RFM（新近度、频率和货币价值）公式来帮助企业识别最有价值的客户，从而建立提升模型。换句话说，企业必须跟踪以下信息：

（1）客户最近购买商品的时间；

（2）客户购买商品的频率；

（3）客户每次购买的货币价值。

在收集了这些初步的客户关系管理信息后，企业就可以对其进行分析，以确定模式，并针对不同的客户群开展营销和促销活动。例如，如果某个客户只在旺季购买，那企业就应在淡季推出特别优惠。如果某个客户群只购买鞋子而从不购买配饰，那企业就可以在该客户群购买一双新鞋的同时提供配饰折扣。如果企业确定其前 20% 的客户贡献了 80% 的收入，那它就可以集中精力确保这些客户始终满意，并获得最优客户服务。

8.4.1　客户关系管理的发展演变

客户关系管理的发展演变经历了三个阶段。

(1) 报告：**客户关系管理报告技术**可帮助企业在其他应用程序中识别客户。
(2) 分析：**客户关系管理分析技术**可帮助企业将客户划分为最强客户、最弱客户等类别。
(3) 预测：**客户关系管理预测技术**可帮助企业预测客户行为，例如哪些客户有可能流失。

图 8.16 重点介绍了企业可以利用客户关系管理技术来回答的几个重要问题。

报告 客户识别：发生了什么	分析 客户细分：发生的原因	预测 客户预测：会发生什么？
按客户分列的总收益如何？ 生产了多少单位的产品？ 按产品分列的总销售如何？ 拥有多少客户？ 当前的库存水平如何？	销售为何不及预期？ 产量为何如此低？ 销售为何不及上一年？ 谁是我们的客户？ 收益为何这么高？ 库存水平为何较低？	哪些客户可能流失？ 客户会购买哪些产品？ 最适合开展营销活动的客户有哪些？ 如何接触客户？ 今年的销售情况会如何？ 需要预订多少库存？

图 8.16 客户关系管理的发展演变

业务驱动的辩论

我的同事是 AI

不用担心！这个回复来自聊天机器人。聊天机器人是一种人工智能程序，通过使用预先计算的关键用户短语和基于听觉或文本的信号来模拟交互式人类对话。以下是聊天机器人的一些常见回复。

你的同事想重新安排会面吗？聊天机器人回答："当然！重新确定时间吗？没问题！"如果你已经选择了邮件智能回复功能，那么对这些交流应该不会感到陌生。

微软也将人工智能整合到了其办公工具套件中。Word 现在能知道你何时在制作待办事项列表，并将这些项目作为待办事项进行跟踪。PowerPoint 利用计算机视觉和机器学习将幻灯片与导入照片的色调进行色彩匹配。Excel 允许你抓拍数据表快照，然后直接导入，便得到一个完全编辑好的表格。

解释客户服务对客户关系管理的重要性。你认为企业能利用人工智能来改善客户服务吗？当我们都在交换人工智能生成的相同信息时，聊天和电子邮件会给人什么样的感觉？如果由人工智能来创建文档，我们所有的文档是否就会开始变得千篇一律？你认为让人工智能来处理琐碎的工作，人们就会有更多时间来发挥创造力吗？

8.4.2 客户的力量

有一条标准商业规则叫作"客户永远是对的"。尽管大多数企业都把这句话作为了其座右铭，但他们其实并没有认真对待客户。然而，随着信息时代的客户力量呈指数级增长，电子商务企业必须遵循这一规则。自媒体时代，各种网站和视频揭示了个人消费者的力量。十年前，如果你要投诉一家企业，你可以打电话或写信。而现在，你可以联系全球成百上千的人，表达你对一家企业或者一件产品的抱怨或愤怒。作为客户，你现在可以直接向数百万人展示你的力量，而企业必须倾听。

使用客户关系管理指标来跟踪和监测绩效是许多企业的最佳做法。图 8.17 显示了管理者可以用来跟踪系统成功与否的几个常用客户关系管理指标。切记，在数以百计的客户关系管理指标中，只需要跟踪 5～7 个指标。

销售指标	客户服务指标	营销指标
潜在客户数量	当天处理完的投诉	营销活动次数
新客户数量	代理人处理的投诉数量	新客户保留率
保留客户数量	服务电话数量	营销活动的响应数量
公开的潜在客户数量	各类服务请求的平均数量	营销活动的购买数量
销售电话数量	平均解决时间	营销活动产生的收益
每个潜在客户的销售电话数量	平均每天服务呼叫次数	营销活动的每次互动成本
新收入金额	遵守服务层面协议的百分比	营销活动获得的新客户数量
经常性收入金额	续订服务的百分比	客户保留率
给出的建议书数量	客户满意度	按产品分列的新潜在客户数量

图 8.17　客户关系管理指标

8.5　运营型客户关系管理和分析型客户关系管理

运营型客户关系管理和分析型客户关系管理是客户关系管理战略的两个主要组成部分。

（1）**运营型客户关系管理**：支持与前台日常运作或直接和客户打交道的系统相关的传统事务处理。

（2）**分析型客户关系管理**：支持后台运作和战略分析，包括所有不直接与客户打交道的系统。

图 8.18 提供了对两者的概述。图 8.19 显示了营销、销售和客户服务部门可用于执行运营型客户关系管理的不同技术。

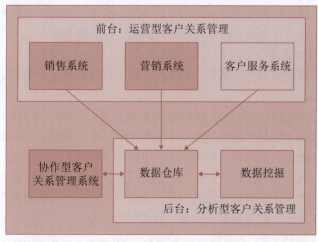

图 8.18　运营型客户关系管理与分析型客户关系管理

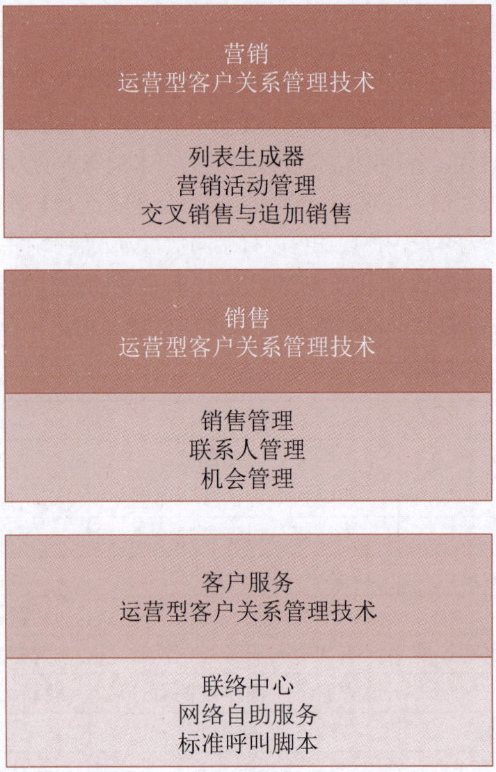

```
         营销
   运营型客户关系管理技术

      列表生成器
     营销活动管理
    交叉销售与追加销售


         销售
   运营型客户关系管理技术

       销售管理
      联系人管理
       机会管理


        客户服务
   运营型客户关系管理技术

       联络中心
      网络自助服务
      标准呼叫脚本
```

图 8.19 运营型客户关系管理技术

8.5.1 营销与运营型客户关系管理

企业不再试图向尽可能多的客户销售一种产品，而是试图向一个客户销售尽可能多的产品。营销部门通过使用客户关系管理技术来适应这种新的业务开展方式，以收集和分析客户信息，从而定制成功的营销活动。事实上，营销活动的成功与否与企业收集和分析恰当的客户信息的能力成正比。营销部门可以采用以下四种主要的运营型客户关系管理技术来提高客户满意度。

（1）**列表生成器**：通过网站访问、问卷、调查、营销邮件等各种来源收集客户信息，并针对不同的营销活动进行客户细分。客户信息收集完成后，可根据家庭收入、性别、受教育程度、政治倾向、年龄或其他因素等标准对客户列表进行筛选。列表生成器为营销部门提供了重要信息，使其了解到必须针对哪类客户开展营销活动才能取得成功。

（2）**营销活动管理系统**：通过执行营销活动定义、计划、日程安排、细分和成功分析等任务，引导用户参与营销活动。这些先进的系统甚至可以计算每次营销活动的盈利能力并跟踪结果。

（3）**交叉销售**：向现有客户销售额外的产品或服务。例如，如果你在亚马逊上购买蒂姆·波顿的电影光碟《爱丽丝梦游仙境》，你还会被问及是否要购买电影原声带或原著。亚马逊正在利用交叉销售的优势，为客户提供图书、电影和系列音乐产品。

（4）**追加销售**：提高销售价值。例如，麦当劳通过询问顾客是否愿意加价购买超大份的餐食来进行追加销售。客户关系管理系统为市场营销部门提供了有关客户和产品的各种信息，这些信息有助于识别追加销售和交叉销售机会，从而增加收入。

8.5.2 销售与运营型客户关系管理

销售部门是最早开始开发客户关系管理系统的部门。他们以电子方式跟踪客户销售信息主要有两个动机。首先，销售代表需要维护和跟踪的客户账户信息实在太多，这令他们疲于应付。其次，管理者发现自己受到了束缚，因为他们的许多重要客户和销售信息仍保留在销售代表的脑海中，即使销售代表从企业离职了也是如此。因此，找到跟踪客户信息的方法就成为许多销售部门取得成功的关键因素。

- **客户服务与支持（CSS）**：运营型客户关系管理的一部分，用于自动处理服务请求、投诉、产品退货和信息请求。

图 8.20 描述了典型的销售流程，该流程始于销售机会产生，终于客户付费。无论是销售电脑、服装、咨询服务还是汽车，销售线索和潜在客户都是所有销售组织的命脉。如何处理销售线索决定了其收益是增加还是减少。

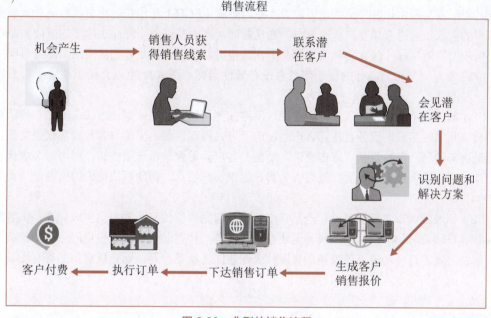

图 8.20　典型的销售流程

销售人员自动化（SFA）自动跟踪销售流程中的所有步骤。SFA 产品侧重于提高客户满意度、建立客户关系和改进产品销售。以下是销售部门可以采用的三种主要运营型客户关系管理技术。

（1）**销售管理型客户关系管理系统**可将销售流程的每个阶段自动化，帮助销售代表协调和组织他们的所有账户。其功能包括日程安排、重要任务提醒、多媒体演示及文档生成。这些系统甚至能提供销售周期分析，以及计算销售代表在销售过程中的表现。

（2）**联系人管理型客户关系管理系统**利用组织结构图、详细的客户备注和补充销售信息等工具维护客户联系信息，并识别未来销售的潜在客户。例如，联系人管理系统可以接收来电号码，并自动显示对方姓名及其完整的历史记录，包括其与企业的所有沟通。这样，销售代表就可以进行个性化的电话交谈，询问诸如"你的新笔记本电脑怎么样"或"你全家去科罗拉多度假怎么样"之类的问题。由于销售代表知道客户的名字，甚至还记得上次谈话的细节，所以客户会感觉自己受到了重视。

8　企业应用：业务沟通

（3）**机会管理型客户关系管理系统**通过寻找新客户或新企业来锁定未来的销售机会。这类系统能识别潜在客户和竞争对手，并确定包括预算和时间表在内的销售事务。较为高级的此类系统甚至还能计算销售概率，这可以为销售代表筛选新客户节省大量时间和开支。联系人管理和机会管理的主要区别在于，前者针对的是现有客户，而后者针对的是新客户或潜在客户。

8.5.3 客户服务与运营型客户关系管理

虽然大多数企业都明白建立稳固的客户关系对于营销和销售很重要，但它们仍需继续努力，建立稳固的售后关系。企业失去客户的一个主要原因是其负面的客户服务体验。提供出色的客户服务具有挑战性，许多客户关系管理技术可以帮助企业完成这项重要工作。此类技术主要有以下三种。

（1）**联络中心或呼叫中心**是客户服务代表回答客户咨询和解决问题的地方，通常通过电子邮件、聊天或电话进行。它是面向客户的企业所能拥有的最佳资产之一，因为保持高水平的客户支持对于获得和留住客户至关重要。**首次呼叫解决（FCR）**是指在客户首次致电时就妥善解决客户的需求，从而避免客户再次致电。通话时间（客服花在每个呼叫上的平均时间）是呼叫中心常用的绩效指标。FCR 意味着在客户首次致电时就能完全满足他们的需求。随着时间的推移，它已成为一个相当流行的管理信息系统有效性指标。图 8.21 重点介绍了联络中心系统提供的一些服务。

（2）**网络自助服务系统**使客户能够通过网络找到问题的答案或解决方法。例如，美国联邦快递公司利用网络自助服务系统让客户通过电子方式跟踪包裹，无须与客户服务代表交谈。网络自助服务的另一个特点是"**点击交谈**"功能，客户只需要单击一个按钮，即可与客服代表在线交谈。这些面向客户的强大功能可以为客户提供实时信息，帮助解决他们的问题，从而为企业增加价值。

（3）**标准呼叫脚本系统**可收集产品详细信息和问题解决信息，并自动生成脚本，供客服代表回答客户问题时使用。这类系统甚至还会生成问题，让客服代表向客户提问，以排除故障并找到解决方案。这一功能不仅能帮助客服代表快速回答疑难问题，而且所提供的答复还具有一致性，从而避免了令客户困惑的答复。

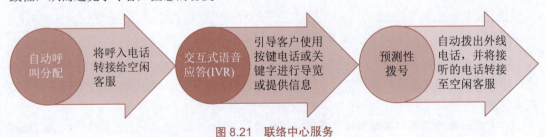

图 8.21 联络中心服务

8.5.4 分析型客户关系管理

客户关系管理分析可以提供人口统计特征、行为和心理方面的分析，因而可以通过这种分析来了解客户对服务、价格变化的满意度以及对营销活动的反应等。分析型客户关系管理可以回答以下问题：我了解客户的家庭成员和办公室成员吗？他们也是我的客户吗？社交媒体影响了我的客户的行为吗？我能衡量宣传对我的忠实客户的影响力吗？

分析型客户关系管理工具可以对大量信息进行切分，创建客户、产品和细分市场的定制视图，凸显交叉销售和追加销售机会。

- **客户细分**：将市场划分为具有相似属性（如年龄、地点、性别、习惯等）的类别。通过将客户细分为不同的群体，可以更容易地创建有针对性的营销和销售活动，确保不会将资源浪费在向不合适的客户推销产品上。

业务驱动的创新

Nice 系统公司的情绪检测软件

由 Nice 系统公司开发的名为 Perform 的新型情绪检测软件可以帮助企业识别出不高兴或失望的来电者，从而改善客户服务。Perform 能确定情绪基准，并能在通话开始的几秒钟内检测出客户的情绪问题。偏离基准的任何变化都会触发警报。当一位老人因医疗费用问题非常苦恼而挂断与保险公司的电话时，Perform 会识别出客户的沮丧情绪，并自动通过电子邮件发送给主管。主管可以回听通话录音，并立即给该客户回电话，给出降低费用的建议。

你认为情绪检测软件将如何影响客户关系？还有哪些部门或业务流程可从该软件的使用中受益？设计一款使用情感检测软件的新产品。你的产品将解决什么业务问题，谁将是你的主要客户？

分析型客户关系管理可提供以往无法获取的客户和产品信息，如应发起何种类型的营销和销售活动，以及应在何时针对哪些客户开展活动。运营型客户关系管理将呼叫中心和销售人员自动化，目的是加强客户服务；而分析型客户关系管理则不同，它是利用商业情报来识别产品销售和客户行为模式。分析型客户关系管理提供了支持重大业务决策的重要客户信息，对企业的成功起着至关重要的作用。

- **客户盈利能力（CP）**：衡量客户在特定时期内的价值。
- **客户终身价值（CLV）**：代表企业从任何特定客户身上获得的净利润总额的指标。

CLV 是一项重要指标，可用于确定企业需付出多大代价来赢得新客户，以及可从某些消费者当中获得多少回头客。CLV 与 CP 的不同之处在于，CLV 指标预测的是未来，而 CP 指标衡量的是过去。如果只看客户的销售记录，就会错误地认为这种关系能带来盈利。实际上，一个服务和管理成本都很高的高价客户可能无利可图。相反，如果一个客户在你这里消费较少，但却能带来盈利，那么你往往可以在不牺牲利润率的情况下吸引他消费更多。因此，在确定客户的整体盈利能力时，客户过去的购买记录并不能说明一切。要确保能准确计算客户的实际价值。

有两种人工智能工具可以帮助提升客户终身价值。

（1）**聊天机器人**：一种人工智能程序，通过使用预先计算的关键用户短语和基于听觉或文本的信号来模拟交互式人类对话。聊天机器人通常用于基本的客户服务和营销系统，这类系统往往使用了社交网络中心和即时消息客户端。此外，它们还常常作为智能虚拟助理嵌入运营系统中。

（2）**智能虚拟代理**：一种与人相似的动画图形聊天机器人，通常显示在网站主页和广告登录页面上。智能虚拟代理嵌入了预定义的脚本和回复，旨在提供客户服务、产品信息、营销、支持、销售、下订单、预订或其他定制服务。

业务驱动的创业

聊天机器人销售

数据科学领域在过去几年里取得了巨大进步。标准统计学习方法和神经网络彻底改变了我们的在线和离线体验。从与人工智能机器人聊天到追踪披萨外卖，技术改变了一切。现在，利用数据来增加销售、锁定特定市场和提高客户满意度已成为一种普遍现象。

聊天机器人甚至可以创建和管理销售渠道。除了可以通过聊天机器人订购商品外，如果聊天机器人还能帮你管理销售和营销，难道不是很棒吗？读者一定遇到过这样的情况：在网上购物，把东西放进购物车，但没有结账。在这种情况下，机器人可能向你发送一封电子邮件，提醒你"你的购物车里有一件商品"。不仅如此，它还可以给你提供令人心动的折扣，让你重新考虑购买该商品。

如果你能在自己的业务中也这样做，会怎么样？如果机器人可以发送一条说明，建议你追加销售或降价销售某种产品，会怎么样？此外，机器人还可以做一些重定向营销。

8.6 企业资源规划

当今的企业领导者需要随时获取大量信息，实时了解其企业的运行情况，以在必要时做出决策，而不需要花费更多时间来跟踪数据和生成报告。

- **企业资源规划（ERP）**：将整个企业的所有部门和职能整合到一个单一的管理信息系统（或一套集成管理信息系统）中，这样员工就可以通过查看全企业范围内所有有关业务运营的信息来做出决策。

要真正理解企业资源规划系统的复杂性，就必须考虑许多不同的业务职能领域及其相关业务流程，以及供应链管理和客户关系管理等跨职能业务流程。在最基本的层面上，ERP 软件将这些不同的业务职能集成到了一个完整的系统中，从而简化了整个企业的业务流程和信息。从本质上讲，ERP 打破了各业务部门之间的壁垒，因而能帮助员工更高效地完成工作。

然而，许多企业无法保持业务运营的一致性。如果某个部门（如销售部门）决定单独实施新系统，而不考虑其他部门，整个企业就会出现不一致的情况。并非所有系统都能相互通信、共享数据，如果市场营销和会计部门无法使用销售部门突然实施的新系统，或者不同系统在处理信息的方式上不一致，那么企业运营就会孤岛化。图 8.22 显示了销售数据库的样本数据，图 8.23 显示了会计数据库的样本数据。注意这些数据在格式、数字和标识符上的不同。将这些数据关联起来非常困难，并且从整个企业的角度来看，不一致的数据会导致报表中出现大量错误。

有两个关键的企业资源规划系统部件有助于解决这些问题，即通用数据存储库和模块化软件设计。

（1）**通用数据存储库**：允许企业各部门实时存储和检索信息，使信息获取更可靠、更容易。

（2）**模块化软件设计**：将系统划分为一组既可独立使用，又可以与其他模块结合使用的功能单元（即模块），以提高业务灵活性。

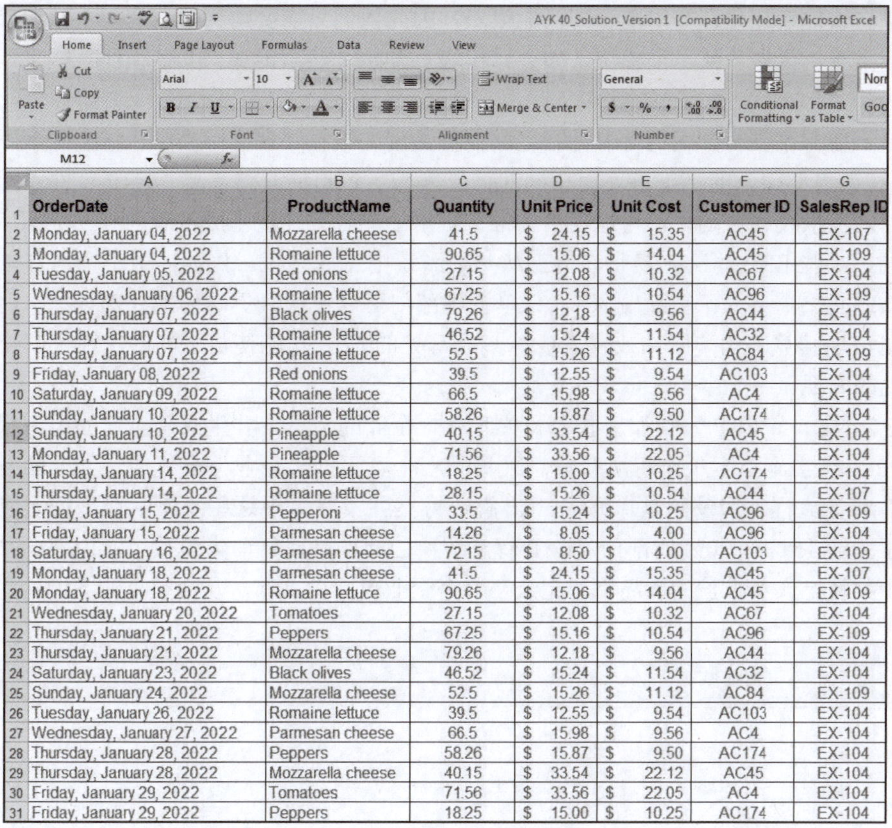

	OrderDate	ProductName	Quantity	Unit Price	Unit Cost	Customer ID	SalesRep ID
2	Monday, January 04, 2022	Mozzarella cheese	41.5	$ 24.15	$ 15.35	AC45	EX-107
3	Monday, January 04, 2022	Romaine lettuce	90.65	$ 15.06	$ 14.04	AC45	EX-109
4	Tuesday, January 05, 2022	Red onions	27.15	$ 12.08	$ 10.32	AC67	EX-104
5	Wednesday, January 06, 2022	Romaine lettuce	67.25	$ 15.16	$ 10.54	AC96	EX-109
6	Thursday, January 07, 2022	Black olives	79.26	$ 12.18	$ 9.56	AC44	EX-104
7	Thursday, January 07, 2022	Romaine lettuce	46.52	$ 15.24	$ 11.54	AC32	EX-104
8	Thursday, January 07, 2022	Romaine lettuce	52.5	$ 15.26	$ 11.12	AC84	EX-109
9	Friday, January 08, 2022	Red onions	39.5	$ 12.55	$ 9.54	AC103	EX-104
10	Saturday, January 09, 2022	Romaine lettuce	66.5	$ 15.98	$ 9.56	AC4	EX-104
11	Sunday, January 10, 2022	Romaine lettuce	58.26	$ 15.87	$ 9.50	AC174	EX-104
12	Sunday, January 10, 2022	Pineapple	40.15	$ 33.54	$ 22.12	AC45	EX-104
13	Monday, January 11, 2022	Pineapple	71.56	$ 33.56	$ 22.05	AC4	EX-104
14	Thursday, January 14, 2022	Romaine lettuce	18.25	$ 15.00	$ 10.25	AC174	EX-104
15	Thursday, January 14, 2022	Romaine lettuce	28.15	$ 15.26	$ 10.54	AC44	EX-107
16	Friday, January 15, 2022	Pepperoni	33.5	$ 15.24	$ 10.25	AC96	EX-109
17	Friday, January 15, 2022	Parmesan cheese	14.26	$ 8.05	$ 4.00	AC96	EX-104
18	Saturday, January 16, 2022	Parmesan cheese	72.15	$ 8.50	$ 4.00	AC103	EX-109
19	Monday, January 18, 2022	Parmesan cheese	41.5	$ 24.15	$ 15.35	AC45	EX-107
20	Monday, January 18, 2022	Romaine lettuce	90.65	$ 15.06	$ 14.04	AC45	EX-109
21	Wednesday, January 20, 2022	Tomatoes	27.15	$ 12.08	$ 10.32	AC67	EX-104
22	Thursday, January 21, 2022	Peppers	67.25	$ 15.16	$ 10.54	AC96	EX-109
23	Thursday, January 21, 2022	Mozzarella cheese	79.26	$ 12.18	$ 9.56	AC44	EX-104
24	Saturday, January 23, 2022	Black olives	46.52	$ 15.24	$ 11.54	AC32	EX-104
25	Sunday, January 24, 2022	Mozzarella cheese	52.5	$ 15.26	$ 11.12	AC84	EX-109
26	Tuesday, January 26, 2022	Romaine lettuce	39.5	$ 12.55	$ 9.54	AC103	EX-104
27	Wednesday, January 27, 2022	Parmesan cheese	66.5	$ 15.98	$ 9.56	AC4	EX-104
28	Thursday, January 28, 2022	Peppers	58.26	$ 15.87	$ 9.50	AC174	EX-104
29	Thursday, January 28, 2022	Mozzarella cheese	40.15	$ 33.54	$ 22.12	AC45	EX-104
30	Friday, January 29, 2022	Tomatoes	71.56	$ 33.56	$ 22.05	AC4	EX-104
31	Friday, January 29, 2022	Peppers	18.25	$ 15.00	$ 10.25	AC174	EX-104

图 8.22　销售信息样本

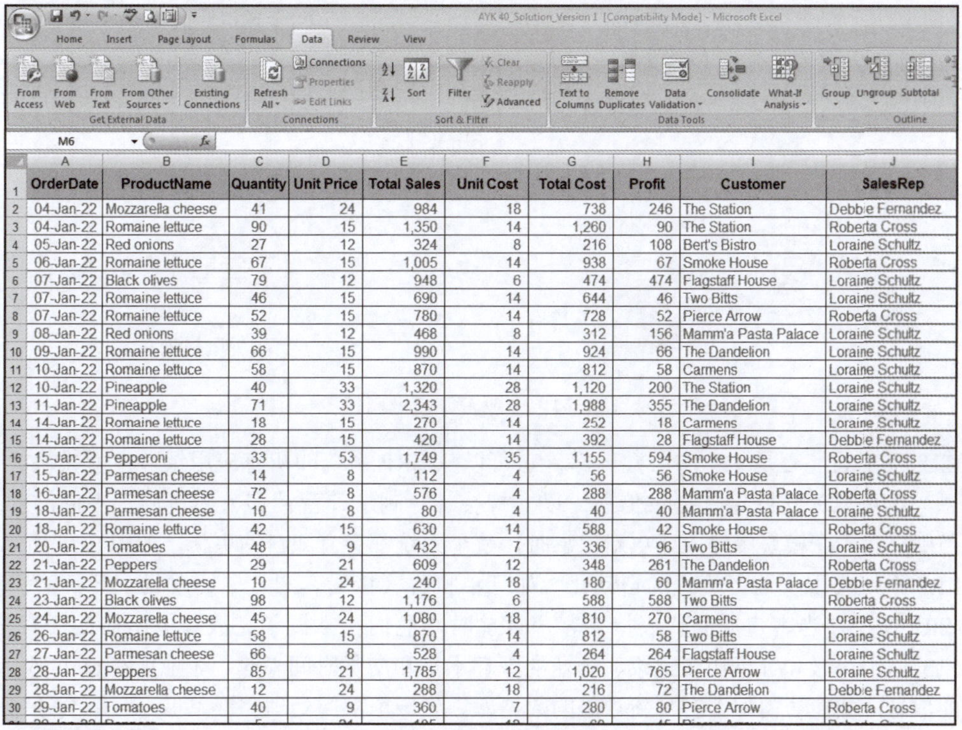

	OrderDate	ProductName	Quantity	Unit Price	Total Sales	Unit Cost	Total Cost	Profit	Customer	SalesRep
2	04-Jan-22	Mozzarella cheese	41	24	984	18	738	246	The Station	Debbie Fernandez
3	04-Jan-22	Romaine lettuce	90	15	1,350	14	1,260	90	The Station	Roberta Cross
4	05-Jan-22	Red onions	27	12	324	8	216	108	Bert's Bistro	Loraine Schultz
5	06-Jan-22	Romaine lettuce	67	15	1,005	14	938	67	Smoke House	Roberta Cross
6	07-Jan-22	Black olives	79	12	948	6	474	474	Flagstaff House	Loraine Schultz
7	07-Jan-22	Romaine lettuce	46	15	690	14	644	46	Two Bitts	Loraine Schultz
8	07-Jan-22	Romaine lettuce	52	15	780	14	728	52	Pierce Arrow	Roberta Cross
9	08-Jan-22	Red onions	39	12	468	8	312	156	Mamm'a Pasta Palace	Loraine Schultz
10	09-Jan-22	Romaine lettuce	66	15	990	14	924	66	The Dandelion	Loraine Schultz
11	10-Jan-22	Romaine lettuce	58	15	870	14	812	58	Carmens	Loraine Schultz
12	10-Jan-22	Pineapple	40	33	1,320	28	1,120	200	The Station	Loraine Schultz
13	11-Jan-22	Pineapple	71	33	2,343	28	1,988	355	The Dandelion	Loraine Schultz
14	14-Jan-22	Romaine lettuce	18	15	270	14	252	18	Carmens	Loraine Schultz
15	14-Jan-22	Romaine lettuce	28	15	420	14	392	28	Flagstaff House	Debbie Fernandez
16	15-Jan-22	Pepperoni	33	53	1,749	35	1,155	594	Smoke House	Roberta Cross
17	15-Jan-22	Parmesan cheese	14	8	112	4	56	56	Smoke House	Loraine Schultz
18	16-Jan-22	Parmesan cheese	72	8	576	4	288	288	Mamm'a Pasta Palace	Roberta Cross
19	18-Jan-22	Parmesan cheese	10	8	80	4	40	40	Mamm'a Pasta Palace	Loraine Schultz
20	18-Jan-22	Romaine lettuce	42	15	630	14	588	42	Smoke House	Roberta Cross
21	20-Jan-22	Tomatoes	48	9	432	7	336	96	Two Bitts	Loraine Schultz
22	21-Jan-22	Peppers	29	21	609	12	348	261	The Dandelion	Roberta Cross
23	21-Jan-22	Mozzarella cheese	10	24	240	18	180	60	Mamm'a Pasta Palace	Debbie Fernandez
24	23-Jan-22	Black olives	98	12	1,176	6	588	588	Two Bitts	Roberta Cross
25	24-Jan-22	Mozzarella cheese	45	24	1,080	18	810	270	Carmens	Loraine Schultz
26	26-Jan-22	Romaine lettuce	58	15	870	14	812	58	Two Bitts	Loraine Schultz
27	27-Jan-22	Parmesan cheese	66	8	528	4	264	264	Flagstaff House	Loraine Schultz
28	28-Jan-22	Peppers	85	21	1,785	12	1,020	765	Pierce Arrow	Loraine Schultz
29	28-Jan-22	Mozzarella cheese	12	24	288	18	216	72	The Dandelion	Debbie Fernandez
30	29-Jan-22	Tomatoes	40	9	360	7	280	80	Pierce Arrow	Roberta Cross

图 8.23　会计信息样本

模块化软件设计允许客户混合和匹配模块,因此他们只需要购买所需的模块。如果企业想逐步实施系统,可先从某一个模块(如会计模块)开始,然后再加入其他模块,如采购和日程安排模块。

ERP系统共享支持部门内部和部门之间业务流程的数据。在实际当中,这意味着不同部门(如会计和销售部门)的员工可使用相同的信息来满足各自的具体需要。ERP软件还提供了一定程度的同步报表和自动化。与迫使员工维护必须手动合并才能生成报表的独立数据库和电子表格不同,一些ERP解决方案允许员工从一个系统中生成报表。例如,由于销售订单自动输入财务系统(不需要人工重新输入),订单管理部门可以更快、更准确地处理订单,财务部门也可以更快地结算。门户网站或仪表板等其他常见的ERP功能使员工能够快速了解企业在关键指标上的表现。

图8.24显示了ERP系统如何整合和关联整个企业的数据,并生成全企业的组织报表。最初的ERP系统实施方案承诺将所有信息采集到一个真正的"企业"系统中,并能触发企业内部的所有业务流程。遗憾的是,许多ERP解决方案并没有兑现这些承诺,典型的实施方案只渗透到了企业15%～20%的部门。ERP有意解决的问题是:目前大多数企业内部的知识都存在于由少数特定人员维护的孤岛中,无法在整个企业范围内共享,从而整个业务运营呈现不一致性。

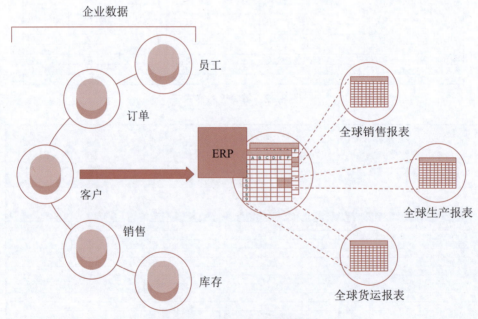

图8.24 企业资源规划概述

ERP系统的核心是一个中心数据库,它可以从ERP系统的所有应用组件(即模块)中收集信息,也可以为这些组件提供信息,以支持会计、制造、营销和人力资源等不同的业务职能。当用户在一个模块中输入或更新信息时,整个系统都会立即自动更新,如图8.25所示。

ERP系统实现了业务流程的自动化,如订单执行(接受客户订单、发货、开具计费单)。有了ERP系统,当客户服务代表接受客户订单时,他们就掌握了完成订单所需的所有信息,如客户的信用等级和订单历史记录、企业的库存水平和交货时间表等。企业所有员工都能看到相同的信息,并能访问保存客户新订单的数据库。当一个部门处理完订单后,订单会通过ERP系统自动传递给下一个部门。如图8.26所示,用户只需要登录ERP系统并进行跟踪,即可随时了解订单的执行情况。

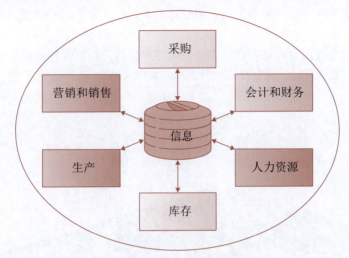

图 8.25　ERP 集成数据流

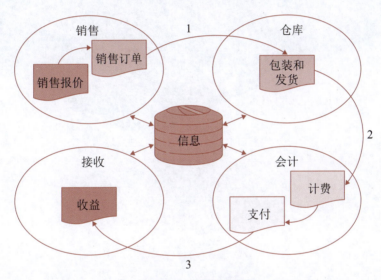

图 8.26　ERP 流程流

在大多数企业中，无论是单一数据库中的信息、文件柜中的资料还是员工个人计算机中的数据，信息传统上都只对特定部门可见。但是，ERP 使整个企业的员工都能通过一个单一的中心数据库共享信息，这具有以下优势。

（1）**全企业集成**。跨部门和业务单位的业务流程实现了端到端的集成。例如，新订单会自动触发信用检查、产品可得性查询及配送计划更新。一旦订单发货，就会发送发票。

（2）**实时（或接近实时）操作**。由于上述示例中的流程是在收到订单后数秒内完成的，因此能迅速发现问题，从而使销售商有更多时间纠正错误。

（3）**通用数据库**。通用数据库是 ERP 系统最初的优势之一。它允许为企业一次性定义数据，随后各部门都采用这一相同的定义。现在，各部门必须遵循已通过的数据标准和编辑规则。一些 ERP 系统继续依赖单一数据库，而另一些则为了提高性能而对物理数据库进行了拆分。

（4）**统一的外观和风格**。早期的 ERP 系统供应商意识到，具有统一用户界面的软件可以降低培训成本，并显得更加专业。但当 ERP 系统供应商收购其他软件开发商时，为了加快上市速度，有时会放弃统一的外观和风格。随着新版本上市，大多数 ERP 系统供应商又恢复了统一的用户界面。

通过扩展门户功能，企业还可以让供应商和客户参与工作流流程，从而使 ERP 系统渗透到了整个价值链，而这有助于企业提高运营效率，如图 8.27 所示。

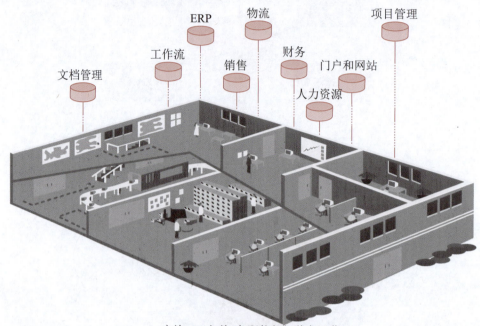

实施ERP之前，各职能部门独立运营

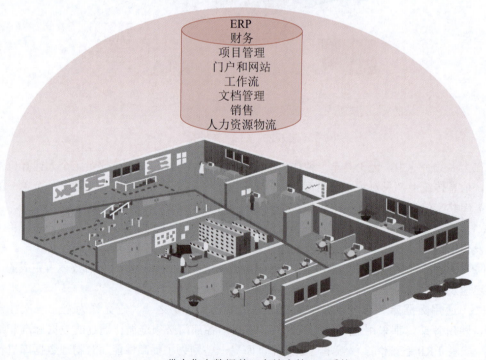

带有集中数据单一存储库的ERP系统

图 8.27　实施 ERP 前后的企业运营

8.6.1 ERP 的发展演变

开发 ERP 解决方案的最初目的是实现企业多个部门之间的自动化,以帮助促进生产流程,并解决原材料、库存、订单输入和分销等问题。然而,ERP 仍无法扩展至企业的其他职能领域,如销售、营销和运输。ERP 系统无法与任何可使企业获取特定客户信息的客户关系管理功能相结合,也无法与用于客户服务或订单执行的网站或门户配合使用。呼叫中心或质保人员无法使用 ERP 解决方案,ERP 也无法处理合同和采购订单编目等文件管理事务。

多年来,ERP 系统已发展成扩展型企业的一部分。ERP 已从最初的物料规划工具扩展至了仓储、分销和订单处理,进一步的发展将使 ERP 扩展至包括客户关系管理在内的前台事务。现在,行政、销售、市场和人力资源部门的员工可以共享一个真正面向整个企业的工具。如今,要想在职能层面上竞争,企业就必须采用企业级的 ERP 方法,利用互联网连通价值链的各方面。图 8.28 显示了 ERP 如何发展以适应整个企业的需求。

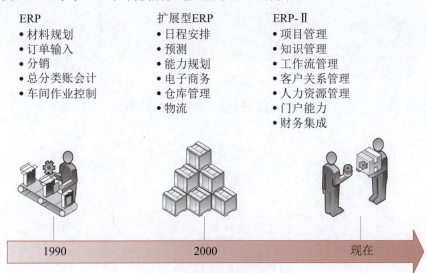

图 8.28 ERP 的发展演变

供应链管理(SCM)、客户关系管理(CRM)和企业资源规划(ERP)等应用是电子业务的支柱。这些应用的集成是许多企业成功的关键。通过集成,可以随时随地为任何用户提供信息。

由于没有一家供应商能满足其所有需求,所以大多数企业都别无选择,不得不采取从多家供应商采购的方式来拼凑它们的 SCM、CRM、ERP 应用系统,这带来了系统整合的难题。例如,一家企业可能会从 SalesForce.com 选择客户关系管理组件,从 SAP 选择供应链管理组件,从 Oracle 选择财务组件和人力资源管理组件。图 8.29 显示了必须集成的这些应用的一般用户及用途。

最新一代的企业资源规划(ERP-Ⅱ)系统由核心组件和扩展组件这两个主要部分组成。

(1)ERP 核心组件:大多数 ERP 系统所包含的传统组件,主要侧重于内部运营。

(2)ERP 扩展组件:满足核心组件未覆盖的企业需求的其他组件,主要侧重于外部运营。

图 8.30 举例说明了 ERP 系统及其核心和扩展组件。

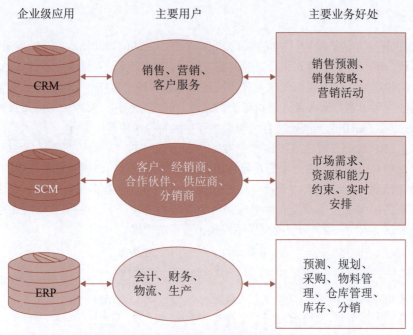

图 8.29 战略计划的主要用户和业务好处

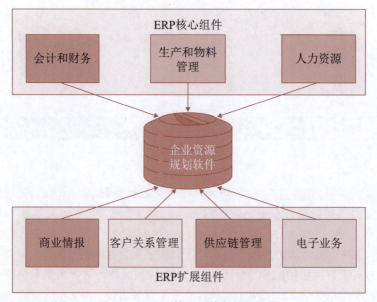

图 8.30 ERP 核心组件和扩展组件

8.6.2 ERP 核心组件

以下是 ERP 系统中最常见的三个以内部运营为重点的核心组件。

（1）**会计和财务组件**通过总分类账、应付账款、应收账款、预算编制和资产管理等功能来管理企业内部的会计数据及财务流程。ERP 系统会计和财务组件最有用的功能之一是信用管理。大多数企业都通过设定信用额度或客户的一次欠款限额来管理与客户的关系。通过将客户订单与其账户余额关联在一起，ERP 财务系统能确定信贷额度。此外，这些系统还采用了各种先进的盈利能力建模技术。

（2）**生产和物料管理组件**可处理生产规划和执行任务，如需求预测、生产安排、作业成本核算及质量控制。需求预测有助于确定生产安排和物料采购。自产产品企业需要编制详细的生产安排，而购买产品用于转售的企业则需要制订物料需求计划。

（3）**人力资源组件**可确保合法跟踪包括薪资、福利、报酬和绩效评估在内的员工信息。这些系统甚至还允许企业进行详细的员工分析，例如确定哪些员工在没有提供额外补偿或福利的情况下可能从企业离职，以及最能干的员工是否在能使他们发挥最大作用的岗位上工作。人力资源部门还可以确定哪些员工正在使用哪些资源，如在线培训和手机服务。

8.6.3 ERP 扩展组件

每家企业都需要管理员工、采购产品和服务、销售（或赠送）物品以及核算资金。虽然处理每项活动的方式可能各不相同，但每家企业都会执行这些基本职能。大多数情况下，通过一个集成软件平台来处理这些流程要比通过多个从未设计用于协同工作的应用来处理更为有效，而这正是 ERP 系统的用武之地。

虽然 ERP 最初是为制造业企业设计的，但它们已经扩展到了服务业、高等教育、酒店业、医疗保健、金融服务和政府。每个行业都有自己的特点。例如，政府 ERP 采用的是合同生命周期管理（CLM）而不是传统的采购系统，并且遵循的是政府会计规则而非通用会计准则（GAAP）。银行有后台结算流程来核对支票、信用卡、借记卡和其他票据。

ERP 扩展组件可满足核心组件未覆盖的企业需求，主要侧重于外部运营。许多组件都支持互联网，并需要与企业外部的客户、供应商和业务伙伴进行互动。以下是 4 种最常见的 ERP 扩展组件。

（1）**商业情报**：许多企业发现，如果增加功能强大的商业情报组件，则 ERP 工具可以产生更大的价值。ERP 系统的商业情报组件通常收集整个企业使用的信息（包括许多其他 ERP 组件中使用的数据），并对其进行梳理，同时应用分析工具协助管理者做出决策。数据仓库是最受欢迎的 ERP 系统扩展之一。

（2）**客户关系管理（CRM）**：ERP 系统供应商现在增加了一些功能，提供以前只有 CRM 系统才有的服务。ERP 系统中的 CRM 组件包括联络中心、销售人员自动化和高级营销功能，其目标是提供综合的客户数据视图，使企业能通过响应客户需求和要求来有效管理客户关系，同时识别最有价值和最没有价值的客户，从而更有效地分配营销资源。

（3）**供应链管理（SCM）**：ERP 系统供应商正在扩展其系统，以纳入 SCM 功能，从而管理供应链各阶段之间的信息流，并最大限度地提高供应链的整体效益和盈利能力。SCM 组件允许企业对从原材料采购到客户接收成品的供应链各阶段进行监测。

（4）**电子业务**：ERP 系统的最新扩展组件是电子业务组件，它允许企业通过互联网开展业务并执行在线订单。许多企业常犯的一个错误是，它们并没有利用 ERP 系统来适当整合整个企业，就贸然开展在线业务。例如，一家大型玩具制造商在离节日不到一周的时候宣布它无法履行所有在线订单。实际上，该制造商仓库里存在这些玩具，但就是无法组织起基本的订单处理职能，因而无法将玩具按时交付给消费者。

8.6.4 衡量 ERP 的成功

没有任何东西能确保 ERP 系统取得成功。因为一个系统可能横跨整个企业，并涉及全球成千上万的员工，所以很难衡量 ERP 系统的成功与否。ERP 系统关注的是企业内部的运作方式，而优化这些运作方式需要耗费大量的时间和精力。

导致 ERP 系统失败的两个主要原因是软件定制和 ERP 系统成本。

- **软件定制**：应企业或用户要求修改现有软件。

由于 ERP 系统必须适合业务流程，因此，许多企业为了确保满足其业务和用户需求而选择定制 ERP 系统。图 8.31 显示了企业为确保成功实施 ERP 系统而进行的不同形式的软件定制。大量定制导致代码变得非常复杂，必须不断维护和升级。值得注意的是，定制 ERP 系统既昂贵又复杂，故只有在具有特定业务优势的情况下才可进行。据 Meta 公司称，一般企业需要 8～18 个月才能从 ERP 系统中获益。实施 ERP 系统的主要风险包括图 8.32 所示的相关成本。

软件定制	
业务流程或工作流	可对软件进行定制，以支持各项业务或各个部门独有的业务流程工作流需求
修改代码	最昂贵的定制发生在修改应用程序代码时，只有在修改代码能带来特定竞争优势的情况下才可进行
集成	数据集成是跨职能领域和遗留系统支持业务流程的关键
报表、文档、表单	报表、文档和表单的定制可以是简单的布局或设计更改，也可以是针对特定业务要求的复杂逻辑编程规则
修改用户界面	可以对 ERP 系统进行定制，以确保每个用户都能以最高效、最有效的方式查看应用程序

图 8.31　软件定制示例

ERP 成本	
软件成本	购买软件，大型企业可能需要花费数百万美元
咨询费	聘请外部专家来帮助正确实施系统，可能需要花费数百万美元
流程重组	重新定义流程，确保企业采用最高效、最有效的流程
定制	如果软件包不能满足企业的所有需求，则需要定制软件
集成	确保包括不属于 ERP 系统的不同系统在内的所有软件产品都能协同工作或实现集成
测试	测试所有功能是否正常运行，同时测试所有集成
培训	培训所有新用户并编制用户培训手册
数据仓库集成与数据转换	将数据从旧系统移入新的 ERP 系统

图 8.32　ERP 成本

8.7　用 ERP 实现企业集成

ERP 的目标是将所有企业系统整合为一个功能齐全的高性能系统，能满足所有业务需求和用户要求。传统的 ERP 系统通常是通过客户所在地或办公室的计算机访问的。未来的 ERP 系统将提高企业应用上下文背景来决策的能力，以更轻松地适应不断变化的情况。未来的 ERP 系统将注重可用性、普遍性、可访问性和移动性，以下是其具有的众多优势中的一些：

（1）成本效益更高；

(2) 进入市场更快；
(3) 更有效地启用移动员工；
(4) 更有效地利用数据来提供见解；
(5) 新产品开发。

当然，未来的 ERP 系统会面临数据和源记录管理、集成和支持活动协调等诸多挑战。图 8.33 显示了推动下一代业务运营的三个主要 ERP 实施选项。

本地部署ERP
拥有所有硬件和软件
大量资本投资
完全拥有

云ERP
所有硬件和软件均由云供
应商拥有和远程托管

混合ERP
拥有硬件和软件组件
由云供应商托管硬件和软件组件

图 8.33　ERP 实施选项

8.7.1　本地部署 ERP

十多年前，几乎所有的 ERP 系统都是在本地部署安装的。

- **本地部署系统**：包括位于实际地点的服务器，内部访问使用内网，远程用户访问使用防火墙。

为防止未经授权的访问，远程用户必须通过防火墙访问 ERP 系统。这些系统称为本地部署系统，至今仍在广泛使用。本地运行的 ERP、SCM 和 CRM 系统称为遗留系统。

- **遗留系统**：在企业内部使用，即将或已经超过其寿命的旧系统。

8.7.2　云端 ERP

云技术改变了传统的 ERP 实施模式。

- 根据美国国家标准与技术研究所（NIST）的定义，云计算通过互联网而不是个人计算机或服务器来存储、管理和处理数据及应用。

云计算提供了存储、访问、处理和分析信息的新方法，并能在世界上任何可接入互联网的地方将人和资源连接起来。如图 8.34 所示，用户使用客户端（如网络浏览器）从个人计算机或便携式设备连接到云。对这些个人用户来说，云就像是他们的个人应用程序、设备或文档。这就如同把所有的软件和文档都存储在云端，而用户只需要一台云访问设备，不再需要硬盘、软件或处理能力——所有这些都位于云端，并对用户透明。用户不会被实际绑定在某台计算机或某个网络中，他们可随时随地访问自己的程序和文档。试想一下，你的硬盘在云端，无论在哪里都可以使用任何设备访问其上的信息和程序。即使你的机器崩溃、丢失或被盗，托管在云端的信息也是安全的，且始终可用。

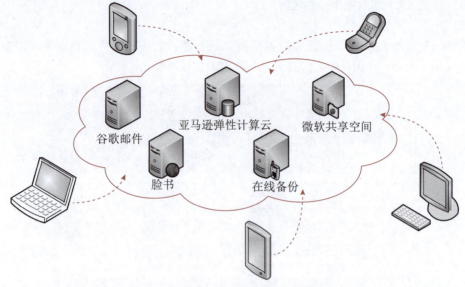

图 8.34　云计算示例

软件即服务（SaaS）采用按使用付费的收入模式在云端提供应用。在 SaaS 推出之前，企业往往需要斥巨资来实施和定制满足其业务需求的专门应用。其中许多应用不仅维护成本极高，而且使用起来也很困难，因而难以实施。可用性是云计算服务提供商产生兴趣并取得成功的最大驱动力之一。利用云平台的 SaaS ERP 不仅能使企业围绕业务流程联合起来，而且还能通过供应商网络和供应链收集云数据，以提高生产计划的效率。向 SaaS ERP 的转变吸引了许多中小型企业，因为它们根本无法承担实施传统大型 ERP 的相关成本。

SaaS 有许多优势，最明显的是可以大大节省成本。软件按使用量定价，没有预付费用，因此企业可立即获得减少资本支出的好处。此外，它们还能以租用方式测试新软件，从而获得可扩展性和灵活性的额外好处。图 8.35 显示了 SaaS 实施的诸多优势。

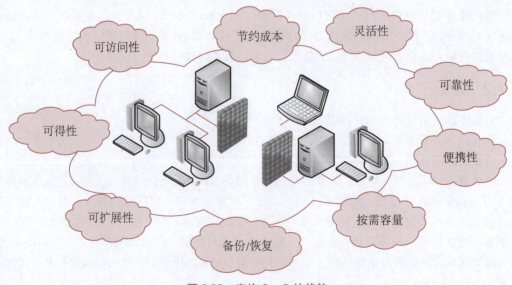

图 8.35　实施 SaaS 的优势

云 ERP 在各行业中的起步较慢，这是因为许多人起初对将敏感数据放在云端感到不安。随着云应用和 SaaS 在节约成本方面的巨大优势越来越明显，人们对云 ERP 的怀疑也逐渐消散。

大型企业往往难以适应云计算解决方案，原因很简单，它们希望能对企业应用进行最大程度的控制。而规模较小、复杂程度较低且没有高水平管理信息系统部门的企业则更倾向于使用云计算，因为它们很容易调整业务流程来适应软件。SaaS ERP 不仅可为企业提供本地部署软件的灵活性，而且还可提供由供应商为企业远程维护和安装应用的额外好处。对云 ERP 解决方案感兴趣的企业最担心的问题是数据安全和可能导致业务中断的供应商故障。如果没有本地部署的管理信息系统部门，企业在任何系统中断期间都将真正任由供应商摆布，而对于 ERP 等关键企业系统而言，这可能是无法承受之重。

8.7.3 混合 ERP

传统观点认为，多元化股票投资组合是对冲投资风险的有效手段。出于同样的原因，对于那些不愿意全盘接受 ERP 云计算所带来的风险和/或因而失去控制权，但又想探索这种不断发展的基础设施的企业来说，混合 ERP 方法不失为一种较理想的解决方案。所谓混合 ERP 方法，是指大部分应用于部署在本地，另有一些精心挑选的应用托管在云端。

传统上，建立一个包罗万象的 ERP 系统往往会以代价高昂的失败而告终。许多知名企业曾因实施 ERP 系统失败而损失超过 1 亿美元。基于避免代价高昂失败的需要以及云计算的出现，企业现在可以采用混合 ERP 架构。

- **混合 ERP**：将 ERP 功能划分为本地部署的 ERP 系统和在云端以软件即服务方式实现的一种或多种功能。

通常，本地部署遗留应用在企业总部运行，而基于云的特定应用则支持移动性和网络功能等业务需求。这种方式越来越流行。事实上，许多分析师预测，混合 ERP 将在未来几年内成为 ERP 市场的主流。

通常情况下，当遗留系统变得非常庞大，并且定制、维护和升级成本高昂时，或者当兼并和收购使企业拥有多个 ERP 解决方案而无法整合为单一 ERP 系统时，企业就会实施混合 ERP 系统。混合 ERP 架构还可支持在多个地理位置开展多项业务的企业。以下场景在使用混合 ERP 架构的企业中很常见。

（1）专注于本地（一个国家或地区内的单一地点或多个地点）的业务。
（2）运营主要面向特定行业的业务，而该业务在企业总部的地位并不突出。
（3）新并购的业务有多个过时的、不兼容的 ERP 系统。
（4）没有正式 ERP 系统的小型子公司。

对整个企业的数据进行管理是部署混合 ERP 架构的企业最关心的问题之一。就企业而言，保证两个 ERP 系统之间绝对没有重复工作至关重要。任何混合应用都需要保持一致性，以确保会计、财务、客户服务、生产和其他业务领域始终只从单一来源获取信息。提供最佳 ERP 系统应用或垂直市场解决方案的 ERP 系统供应商有数百家，这些应用或解决方案的目标是满足特定行业（如制造、分销、零售等）的独特要求。图 8.36 显示了推动 ERP 未来发展的重要因素。

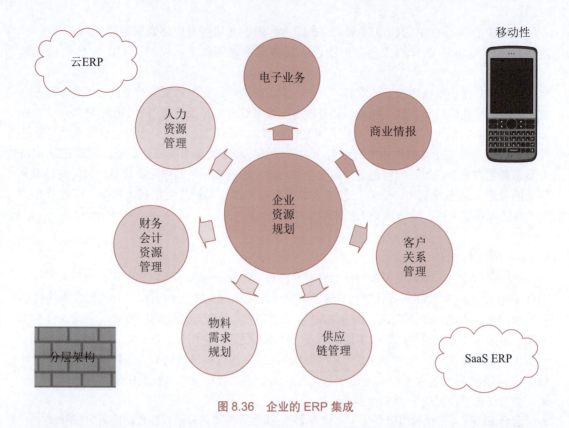

图 8.36 企业的 ERP 集成

业务驱动的讨论

Bean 集成

在一些高级咖啡店，顾客得到的不仅是一杯味道醇厚的咖啡，还可能接触到音乐、艺术、文学和小镇活动。这些咖啡店可以提供以下服务。

- 音乐中心：提供该地区所有现场音乐活动信息，每周两晚为当地音乐家提供开放式演出机会。
- 艺术画廊：店内陈列当地艺术家的优秀作品。
- 书友会：让顾客聚在一起讨论当代经典文学作品。
- 咖啡试饮：免费品尝，专业人士在其中展示来自世界各地的咖啡。
- 社区日历：每周会议，帮助顾客找到更多参与社区的方法。
- 酿造课程：使用店内出售的设备（从传统的压榨机到数字式浓缩咖啡机），教授咖啡酿造、研磨和混合的细节。还包括由酿造专家编写的故障排除指南。

咖啡店所有者希望利用企业系统的优势来改进公司的运营方式，他们聘请你作为集成专家。他们还希望更好地了解所举办的不同活动对不同业务领域的影响。例如，他们是否应增加开放式演出之夜，而减少书友会活动？抑或相反？目前，他们无法判断哪些活动会带来更高的销售额。试制订集成策略，帮助 Flavors 在整个公司范围内利用 CRM、SCM 和 ERP。

问题回顾

1. 集成是如何连通企业的?
2. 前向集成与后向集成之间有何区别?
3. 供应链有哪五大活动?
4. 什么是牛鞭效应?牛鞭效应会如何影响供应链和企业的盈利能力?
5. 为什么客户关系对企业很重要?如果要在信息时代生存,你是否认为每家企业都应重视客户?
6. 运营型客户关系管理与分析型客户关系管理之间有何区别?
7. 销售部门如何利用客户关系管理来改善运营?
8. 营销部门如何利用客户关系管理来改善运营?
9. 什么是企业资源规划系统?
10. ERP 核心组件和扩展组件主要有哪些?

总结性案例:梦想、设计、3D 打印

你能想象用 3D 打印你的画吗?好吧,实际上没必要想象这一点,因为现在仅需 300 美元就可以做到。想想拥有自己的 3D 打印机就能解决的所有问题。你最近丢了车顶行李架的钥匙吗?不用担心,只需下载规格并打印即可。你忘了你女朋友的生日了吗?不用担心,只需下载并定制一个带有她名字首字母的银手镯,不到 30 分钟,你就可以在她的手腕上佩戴一件美丽的定制珠宝,而无须离开你的公寓。

欢迎来到奇妙的 3D 打印世界。近 30 年来,大型制造企业一直在使用 3D 打印技术制造从定制零件到工作原型的各种产品。医疗行业使用 3D 打印技术定制助听器、假肢和支架,艺术设计师和建筑师使用 3D 打印机制作雕像和建筑的模型及原型。在过去,只有大型企业和能够为复杂设备编码的工程师才能使用 3D 打印技术。而现在,第一代消费级 3D 打印机正以低廉的价格和儿童也能轻松使用的软件叩开市场。

当然,3D 打印领域出现的颠覆性应用可以归因于摩尔定律,因为该技术的容量和处理能力在不断提高,而尺寸和成本却在不断降低。现在,你只需要花 300 ~ 5000 美元就能购买一台自己的 3D 打印机,并且只需要将其连接到 Wi-Fi 网络,然后开始下载文件,就能创建自己的 3D 物体。目前的 3D 打印机提供多种颜色和材料,包括塑料、金属、玻璃甚至巧克力质地。没错,你可以定制打印自己的情人节巧克力!3D 打印的唯一障碍是用于控制打印机的软件对普通人来说有些难掌握,但我们可以期待这种情况会有所改变,因为 Autodesk 等软件供应商正在迅速发布新的、用户友好的应用程序。Autodesk 发布的 123D 是一套免费的应用程序,普通人可以在个人计算机甚至 iPad 上使用该应用来设计和定制物体,然后将结果发送到 3D 打印机。

3D 打印机的工作原理是首先创建一个计算机辅助设计(CAD)数字文件,该文件用 3D 建模程序生成或用 3D 扫描仪扫描到 3D 建模程序中。为了将该数字文件转换成 3D 打印机能够理解的指令,3D 打印软件随后会将设计切成数百或数千个水平层。通常情况下,3D 打印机使用熔融沉积建模打印机(将材料微小地层化)或激光烧结工艺(用激光将材料熔合在一起)。3DSystems、Afinia 和 MakerBot 等公司生产的 3D 打印机价格仅为几千美元,消费者和

小型企业都能用得起。

问题

1. 解释3D打印，阐释它将如何影响企业。
2. 解释客户关系管理以及3D打印可能会如何影响客户关系。
3. 解释供应链管理以及3D打印可能会如何影响供应链。
4. 你赞成"3D打印对商业的颠覆性将超过互联网"这种说法吗？

做出业务决策

1. 客户关系管理战略

平均而言，企业的新客户销售成本是老客户销售成本的6倍。作为一家中型运动器材分销商的共同所有者，你最近接到通知，公司过去3个月的销售额平均下降了20%。销售额下降的原因很多，包括经济不景气和针对企业产品线缺陷的一些负面报道。以小组为单位，解释实施客户关系管理系统会如何帮助你理解和应对销售额的下降。请务必说明为什么客户关系管理系统对你的企业及其未来发展很重要。

同时，在互联网上搜索至少一篇近期发表的对客户关系管理系统进行比较或排名的权威文章。从排名中选择两种客户关系管理系统，并比较你找到的文章中以及这两种系统的官网上对其功能和特点的描述。从使用这两种系统的企业报告其体验（包括好的和不好的）的文献中查找线索，并参考你能找到的任何其他比较。比较这两种系统的优缺点，并说明你更喜欢哪一种及其原因。

2. 利用忠诚度提高或降低利润

蝴蝶咖啡馆位于旧金山市中心，提供特色咖啡、茶和有机蔬果。为了吸引顾客，该咖啡馆举办了形式多样的活动，如现场音乐会、诗歌朗诵会、书友会、慈善活动和当地艺术家之夜等。咖啡馆的数据库中记录了每次活动所有参与者的名单。

咖啡馆将这些信息用于营销活动，并向参加多次活动的顾客提供额外折扣。一家名为InTheKnow的营销数据库公司想通过向蝴蝶咖啡馆支付一笔可观的费用来获得其客户数据库，然后将数据库出售给当地的其他企业。蝴蝶咖啡馆的老板向你寻求建议。她不确定顾客会对她出售他们的个人信息作何反应，也不确定这会对她的生意造成什么影响。不过，InTheKnow提供的资金足够她在咖啡馆后面新建一个露台。InTheKnow承诺这次出售将完全保密。蝴蝶咖啡馆应该怎么办呢？

3. 支持客户

Creative.com是一家通过互联网销售工艺材料和用品的电子商务公司。假设你刚任职该公司的客户服务副总裁，并领导着一支由45名客户服务代表组成的团队。目前，唯一的客户服务方式是拨打免费电话，公司接到了大量有关产品、订单和发货信息的来电。客户等候与客户服务代表通话的时间平均为35分钟。由于客户服务不尽如人意，所以不断有订单被取消，Creative.com的业务也不断流失。试制订一项客服中心改造战略，以使公司重回正轨。

4. 实施ERP系统

Blue Dog公司是高端太阳镜行业的领先制造商，曾创下了年收入超过2.5亿美元的历史最高收入水平。Blue Dog公司目前正在考虑是否实施ERP系统来帮助降低生产成本和加强库存控制。由于ERP系统的成功率较低，该公司许多高管对于在ERP系统上进行如此大规模的投资感到不安。作为 Blue Dog 公司的高级经理，你被要求整理出一份清单，列出实施 ERP 系统的潜在好处和风险，并就公司可以采取哪些措施来确保成功实施 ERP 系统提出建议。同时，务必解释 ERP 系统为什么包括客户关系管理组件和供应链管理组件，以及公司可以通过实施连通企业的所有组件赢得哪些优势。

5. Ruby 公司的接待员

卓越的客户体验和互动推动着伟大的企业。Ruby 是一家在俄勒冈州波特兰市运营的公司，它拥有一支机敏、开朗的虚拟接待员团队，你可以聘请他们为你提供远程客户互动服务。Ruby 公司的目标是为所有来电客户提供友好、富有感染力、积极和专业的完美服务。最重要的是，客户相信 Ruby 公司接待员就在你的办公室中工作，而不是远在俄勒冈州的波特兰。Ruby 公司承诺让每一位客户对自己的每次致电都感到满意，从而重新找回失去的人际交往艺术。

解释客户服务对客户关系管理的重要性。你认为一家公司通过聘用 Ruby 公司的接待员可以改善客户服务吗？如果你是拥有一家小企业，你愿意聘用 Ruby 公司的接待员吗？

6. 杂货店买一送一

美国各地的杂货店都使用优惠券来争夺顾客，并以此来保持顾客的高忠诚度。大型超市 Safeway 根据顾客购物车中的商品按需制作优惠券。Kroger 则分析了几年来收集的顾客忠诚度数据。由于知道大多数顾客会把垃圾邮件扔进垃圾箱，所以 Kroger 公司利用分析技术对顾客忠诚度计划数据进行了挖掘，以确保根据每个家庭的具体情况设计优惠券，并只针对他们过去购买过的商品。Kroger 公司每季度邮寄的优惠券超过 1500 万张。

Safeway 公司和 Kroger 公司在供应链的不同节点收集数据。Safeway 公司不收集顾客数据，只分析顾客购物车中的当前商品，并每天向所有顾客实时发放优惠券。Kroger 公司收集了几年里的顾客数据，并根据历史数据只向忠诚顾客邮寄优惠券。使用这两种不同策略提供优惠券有何利弊？如果可以选择，你会采用哪种方法，为什么？

7. 不同寻常的经历

当客户遇到不愉快的客户体验时，企业担心的不再是他们会告诉少数几个亲朋好友，企业现在要担心的是他们会告诉所有人。互联网服务提供商为沮丧的消费者提供了另一种反击手段。免费或低价的互联网网站服务器空间使消费者不仅有能力告诉他们的朋友，而且有能力告诉全世界他们所受到的待遇。以下是互联网上一些不满的客户故事。

- 一名游客骑自行车时被狗咬伤腿部，需要缝针。该旅行社被禁止出租自行车，反过来，该旅行社又禁止了该游客今后参加其组织的任何旅行团。
- 一名顾客在离开百思买（Best Buy）时拒绝主动向门口的保安出示小票。百思买的员工试图抢走顾客的购物车，后又决定用一辆车堵住顾客车子的退路。
- Rent-A-Car 公司的业务压力很大，客户经常发现该公司不履行预订、没有准备好预订的汽车、出租的汽车油箱是空的，以及向公司账户持有人收取更高的费用。

无处不在的互联网增强了客户的力量，使企业从以产品为中心转变为以客户为中心。解释以产品为中心的企业与以客户为中心的企业之间的区别，以及客户关系管理比以往任何时候都更加重要的原因。

8. YouTube 上的捷蓝航空

捷蓝航空公司（JetBlue）采取了一种不同寻常而又很有意思的客户关系管理方法——利用 YouTube 向客户道歉。捷蓝航空曾经历过梦魇般的一周：由于暴风雪，1100 个航班被取消，导致成千上万的乘客滞留在全美各地的机场。该公司创始人、前首席执行官大卫·尼勒曼通过视频网站向客户进行了道歉，尼勒曼在视频网站上未经排练、不加修饰、真诚的道歉让客户了解了事情原委，并接受了道歉。

假设你是一家大型宠物食品制造公司创始人兼首席执行官。最近，至少有16起宠物死亡事件与有毒宠物食品有关，幸运的是，这些有毒宠物食品并非来自你的公司。

由于召回可能致命的宠物食品，狗和猫的主人开始关注他们的宠物，哪怕是最轻微的疾病征兆也不放过，全美各地的兽医都接到了有关宠物症状咨询的电话。参考上述捷蓝航空公司的例子，请制订一项策略，在客户担心宠物生命安全时，将视频网站作为与客户沟通的工具。请务必强调使用视频网站作为客户沟通工具的利弊。是否有比视频网站更有效的其他新技术可用作客户沟通工具？随着技术的不断进步，接触客户的方式也越来越多，你认为使用视频网站是明智之举吗？你还能做些什么来帮助重新赢得客户信任？

9. 查询电话

想象一下，如果能通过查询客户电话数据库来找出特定的客户要求，或者能通过对客户的数字化投诉记录进行分类来找出客户服务代表与客户之间互动出现问题的确切时间点，那将是多么美妙的事情。一款名为 Find It 的新工具可以像使用搜索引擎筛选文件一样轻松地对数字语音记录进行分类。随着企业开始了解如何利用这项技术帮助员工搜索语音邮件或通话录音中的关键字和短语，Find It 将带来无限商机。

假设你最近成立了自己的营销公司，你想利用 Find It 的强大功能帮助你的客户查询他们所有的独特数据记录，如数字语音记录。现在你需要做的就是准备发送给潜在客户的营销材料。制作一份营销宣传资料，向客户详细介绍他们购买 Find It 后可能发现的商机。营销宣传可以是一页纸的文档、一首朗朗上口的歌曲、一段视频或一份 PowerPoint 演示文稿。

10. Sharptooth 公司

史蒂芬·科恩是 Sharptooth 公司的创始人兼首席执行官，这是一家向全美各地的杂志和报纸购买和销售连环漫画的小公司。Sharptooth 的一些艺术家已经成名，其作品被数百家杂志和报纸联合刊登过，而另一些则是行业新手。科恩最初是以艺术家的身份入行的，当他意识到自己有推广和营销漫画材料的天赋时，就开始与其他艺术家签约。他的艺术背景非常适合发掘有才华的年轻艺术家，但他在经营业务方面却不太擅长。

科恩最近开始向博客、网站和其他在线工具等新媒体销售漫画。他聘请你为他建立一个跟踪所有在线漫画销售情况的新系统。你很快注意到，科恩为他的每项业务都建立了独立的系统，包括报纸来源、杂志来源、广告牌来源以及现在的在线来源。每个系统都独立完成销售信息的建立、更新和维护工作，但你想知道科恩是如何将他的业务作为一个整体来运营的。如果科恩继续使用四个系统执行相同的操作，他会遇到哪些问题？如果他不能将每个系统的细节关联起来，他会遇到怎样的业务问题？务必强调系统独立运行可能导致的至少10个问题。

11. 就餐

玛丽·莱弗利在同一家公司工作了20多年，当她和约900名同事突遭解雇时，她感到非常震惊。莱弗利花了几周时间才回过神来，然后她终于开始集中精力寻找新工作。莱弗利相信，凭借自己忠诚的工作经历和过硬的技能，她很快就能找到一份新工作；然而，几个月的工作找下来，她仍然一无所获。随着应急资金迅速耗尽，莱弗利知道她必须尽快找到一份新工作，否则她就需要开始变卖资产或动用退休储蓄了。

有这么多空闲时间的一个好处是，莱弗利可以专注于自己真正的爱好：烹饪。她开始为当地企业和邻居承办午餐和晚餐，赚点小钱。有一天，莱弗利无意中听一位邻居说起自己正在筹备一个大型聚会，但苦于没有足够的时间准备餐食。莱弗利几乎是开玩笑地问她愿意为一次就餐活动支付多少钱。很快，莱弗利就开始为许多邻居和小企业提供餐饮服务，她知道自己必须做出决定，是自己创业还是继续寻找其他工作。

从事餐饮业一年后，莱弗利赚得盆满钵满，并建立了良好的声誉。她开始承办包括婚礼在内的各种活动，生意非常好，以至于她雇用了几名员工来帮助拓展业务。在莱弗利开始计划扩大业务时，她请求你帮助回答以下问题。

（1）客户忠诚度对莱弗利的业务有多重要？她该如何确保客户保持忠诚？一名满腹牢骚的顾客会对业务产生哪些不利影响？她该如何应对这一挑战？

（2）研究餐饮点评类企业。他们提供了哪些服务？小企业认为餐饮点评类企业是机遇还是威胁？客户在使用相关应用时应注意哪些利弊？

（3）莱弗利的职责包括预测、库存控制、制订计划和确保高品质产品。她需要做出哪些类型的预测来开展业务？她应该跟踪哪些类型的库存？如果她的库存跟踪工具误差达到50%，会发生什么情况？莱弗利需要制订哪些类型的计划？哪些事情可能会打乱计划并导致她重新制订计划？供应链管理系统如何帮助她运营业务？

（4）莱弗利希望打造一家顾客和员工都很忠诚的企业。她为员工提供奖励，鼓励他们提出新创意、新食谱或推荐新业务。提供这些奖励会给莱弗利带来哪些风险？她实施的一个员工点子为她的企业带来了竞争优势。然而，该员工已经离职，现在为竞争对手工作。莱弗利还应奖励这名前员工吗？她应该如何确保与员工建立牢固的关系？

（5）莱弗利无意中听到她的一位客户在谈论CRM、SCM和ERP等企业系统，但她认为只有资金雄厚的大企业才有条件使用这些系统。她在互联网上搜索并找到了适用于小规模企业的企业系统实例。你认为她应该投资这些系统来运营她的企业吗？为什么？

系统开发与项目管理：企业责任

本章导读

第一部分
开发企业级应用

- 9.1 系统开发生命周期
- 9.2 软件开发方法：瀑布模型
- 9.3 敏捷软件开发方法

第二部分
项目管理

- 9.4 运用项目管理以交付成功的项目
- 9.5 主要项目规划图
- 9.6 外包项目

IT 对我而言意味着什么？

本章对企业如何构建信息系统做了概述。读者需要了解这一过程，因为信息系统是企业运营的基础。了解信息系统的构建原理将使你变得更有价值。你将能够及早发现问题所在，并在设计过程中提出建议，从而打磨出让你和你的企业都满意的更好用的信息系统项目。

构建信息系统就像盖房子。你可以袖手旁观，让开发人员完成所有的设计、编码及测试工作，并希望最终产品能满足你的需求。然而，实际参与到这一过程中有助于确保你的需求被倾听，并能得到满足。让用户直接参与指导最终产品的开发是一种良好的业务实践。对系统开发过程足够了解将使你能够参与其中，并确保你正在构建既支持当前业务需求又支持未来业务需求的灵活企业架构。

让我的员工去冲浪：一个不情愿商人的告诫

开篇案例研究

在《让我的员工去冲浪》（*Let My People Go Surfing*）一书中，Patagonia 公司创始人、传奇登山家、商人和环保主义者伊冯·乔伊纳德分享了他在创建该公司时的观点。乔伊纳德解释了他的商业和环保理念是如何在几十年间随着全球经济衰退、环境危机加剧和自然界深受威胁而不断演变的。乔伊纳德的信念很简单：长期的成功意味着在顾及净利润的同时做正确的事，尽量减少对地球的伤害，减少碳排放，并恢复赋予地球生命的土壤。乔伊纳德是一位商业英雄，他为 Patagonia 公司带来了前所未有的成功，使其销售额接近 10 亿美元，同时他还不断向员工提出挑战并赋予他们权力。《让我的员工去冲浪》一书描绘了从分析到设计、从开发到实施全方位打造负责任企业的蓝图。

从年轻时作为一个法裔加拿大铁匠儿子的经历到后来惊险刺激、雄心勃勃的登山探险，这些经历都激发了乔伊纳德对极限运动装备的创新设计灵感，《让我的员工去冲浪》讲述的是一个人将行善和伟大冒险融入公司及员工心中的故事——这项任务对任何人来说都非常艰巨。

Patagonia 公司已经开始在再生农业方面投入巨资，一方面是为了支持这一运动的前沿实践者，另一方面是为了扭转人类以对地球造成破坏的方式获取食物和天然纤维。正如乔伊纳德所写的那样，"除非我们能成为该问题解决方案的一部分，否则我们在促使 Patagonia 为成为一家更负责任的公司方面所做的一切努力都是白费力气。"在过去的十年中，乔伊纳德的理念已经深植于 Patagonia 公司的商业模式中，而这种理念促使 Patagonia 公司采取了许多举措，如以植物为原料生产潜水衣、成立新的食品企业、制定改善全球供应链上员工生活的创新标准、创立旨在支持志同道合的年轻公司的风险基金。以下是乔伊纳德的 4 句至理名言。

（1）为了寻找适合我们的经营理念，我阅读了海量商业书籍。我对其他国家管理风格的书籍特别感兴趣，因为我知道，美国的经营方式只是众多可能途径中的一种。

（2）我们的理念不是教条，而是准则。它们是我们处理任何项目的基石，尽管这些理念是"一成不变"的，但实际应用它们时却并非如此。对一家长期存在的企业来讲，开展业务的方法可能会不断变化，但其价值观、文化和理念是不变的。

（3）企业真正要对谁负责？客户吗？股东吗？还是员工？我们认为，以上都不是。从根本上说，企业要对其资源基础负责。没有健康的环境，就不可能有股东、员工、客户和企业。

（4）切记，工作必须充满乐趣。我们重视生活丰富多彩的员工。我们的工作场所非常灵活，从我们公司还是一家铁匠铺时就一直如此，每当海浪超过 1.8m、水温较高且海水光亮透明时，铁匠铺就会打烊。我们的政策一直允许员工采用弹性工作制，只要能完成工作且不对他人造成负面影响即可。一个认真的冲浪者不会计划下周二两点钟去冲浪。只有在潮汐和风向合适时，你才会去冲浪。

9　系统开发与项目管理：企业责任

第一部分 | 开发企业级应用

学习成果

9.1 描述系统开发生命周期的七个阶段。
9.2 总结不同的软件开发方法。

9.1 系统开发生命周期

耐克公司耗资数百万美元的供应链管理系统失败是一个著名事件。耐克公司首席执行官菲利普·奈特曾说过一句名言："这就是我们砸下 4 亿美元获得的回报吗？"耐克公司与 i2 公司合作实施的供应链管理系统从未取得成功。i2 公司将实施失败归咎于耐克公司没有采用供应商提供的实施方法和模板，而耐克公司则将失败归咎于软件故障。

如果一个企业的系统不能正常运行，那企业就很难运转。在信息时代，软件的成功与否可能直接决定了业务的成败。企业依靠软件来推动业务运营，并确保企业整个工作流程能够顺利实施。越来越多的企业运作都依赖软件来推进，软件是否成功决定了与业务相关的后果。

成功实施软件的潜在优势为企业管理软件开发风险提供了巨大动力。然而，软件开发项目延期或超出预算的数量高得惊人，而且成功的项目所实现的功能和特性往往不及预期。了解软件开发或系统开发生命周期的基本知识，有助于企业规避潜在的软件开发陷阱，确保软件开发工作取得成功。在开始软件开发之前，需要先了解如下几个关键术语。

（1）**转换**：将信息从遗留系统迁移至新系统的过程。
（2）**遗留系统**：企业内部即将或已经超过其使用寿命的旧系统。
（3）**现成的应用软件**：支持一般业务流程，且不需要进行任何特定的软件定制来满足企业需求。
（4）**软件定制**：修改软件以满足特定的用户或业务需求。

系统开发生命周期（SDLC）是所有系统开发方法的基础，每个阶段都涉及数以百计的相关活动。这些活动通常包括确定预算、收集系统需求和编写详细的用户文档。

- **系统开发生命周期**：从规划和分析到实施和维护的整个信息系统开发过程。

系统开发生命周期以业务需求为起点，然后是评估系统为满足需求而必须实现的功能，最后在系统效益不再大于其维护成本时结束。这就是人们称之为生命周期的原因。系统开发生命周期由七个不同阶段组成：规划、分析、设计、开发、测试、实施和维护，如图 9.1 所示。

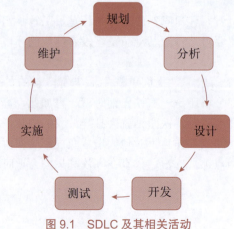

图 9.1 SDLC 及其相关活动

阶　段	相关活动
规划	■ 围绕问题集思广益，为企业识别机会。 ■ 确定开发项目的优先级并进行选择。 ■ 设置项目范围。 ■ 制订项目计划。
分析	■ 收集系统的业务需求。 ■ 定义与系统相关的任何约束。
设计	■ 设计支持系统所需的技术架构。 ■ 设计系统模型。
开发	■ 搭建技术架构。 ■ 建立数据库。 ■ 编写应用程序。
测试	■ 编写测试条件。 ■ 执行系统测试。
实施	■ 编写详细的用户文档。 ■ 为系统用户提供培训。
维护	■ 建立一个支持系统用户的服务台。 ■ 提供一个支持系统变更的环境。

图9.1（续）

1. 规划

规划阶段为预期项目制订高层次计划，并确定项目目标。无论是开发一个允许客户在线订购产品的系统，还是确定全球各地仓库的最佳物流体系，抑或是与其他企业建立战略信息联盟，规划都是系统开发工作的第一阶段，也是最关键的阶段。企业必须认真规划并确定为什么需要这些活动，才能取得成功。

■ **头脑风暴**：这种方法鼓励参与者在短时间内提出尽可能多的想法，而不作深入分析，直至所有想法都被穷尽。很多时候，新的商业机会就是在头脑风暴过程中发现的。

■ **变更代理**：推动系统实施重大变更以满足业务变化的人或事件。

美国项目管理学会（PMI）制定了支持项目管理专业所需的程序和概念。PMI定义了以下关键术语。

（1）**项目**：企业为创造独特产品、服务或成果而开展的临时活动。

（2）**项目管理**：为满足项目要求，在项目活动中应用知识、技能、工具和技术。

（3）**项目计划**：经批准的、用于管理和控制整个项目的正式文件。

（4）**项目经理**：项目规划和管理方面的专家，负责定义和制订项目计划，并跟踪计划实施，以确保项目能按时、按预算完成。项目经理负责执行整个项目，并确定将该项目与企业整体业务目标联系起来的项目范围。

（5）**项目范围**：描述业务需求（项目要解决的问题）以及实施项目的理由、要求和当前边界。明确项目范围至关重要，因为它规定了项目包含哪些内容以及不包含哪些内容。

2. 分析

在**分析阶段**，企业分析其终端用户的业务需求，并将项目目标细化为明确预期的系统功能和操作。

- **业务需求**：系统要取得成功必须满足的具体业务要求。业务需求是推动整个系统开发工作的动力，所以分析阶段至关重要。

一个业务需求样例可能会这样描述——"客户关系管理系统必须按产品、地区和销售代表跟踪所有客户咨询"。业务需求应说明系统必须完成哪些任务才能被认为是成功的。如果系统没有满足业务需求，那这样一个项目将会被认为是失败的。因此，企业必须花费尽可能多的时间、精力和资源来收集准确、详细的业务需求。图9.2显示了收集业务需求的方法。

收集业务需求的方法
召开联合应用开发（JAD）会议，员工们会聚在一起（有时长达数天），以确定或审核系统业务需求。
与个人面谈，以确定当前的运营情况及问题。
编制员工调查问卷并进行调查，以发现问题。
观察并确定当前的运营方式。
查看业务文件，了解报表、政策以及整个企业对信息的使用方式。

图 9.2　收集业务需求的方法

项目通常是动态变化的，要想成功完成项目，就必须预期项目实施过程中会有变化并预料到会有哪些变化。

- **需求管理**：对整个项目实施过程中的业务需求变更进行管理的过程。
- **需求定义文件**：根据其对企业的重要性程度来确定所有业务需求的优先级。
- **签核**：用户的实际签名，表示他们认可了所有业务需求。

一旦业务分析师详细了解了企业的运转方式及其流程，就可以提出建议来改进这些流程，使它们更加有效和高效。

- **流程模型**：包括以图形方式表示采集、操作、存储和分发系统与其环境之间信息的流程。
- **数据流图（DFD）**：说明外部实体与系统内流程和数据存储之间的信息流动，如图9.3所示。流程模型和数据流图确立了系统规范。
- **计算机辅助软件工程（CASE）**：自动进行系统分析、设计和开发的软件套件工具。如果使用CASE工具来开发流程模型和数据流图，则它们就能为系统的自动生成奠定基础。

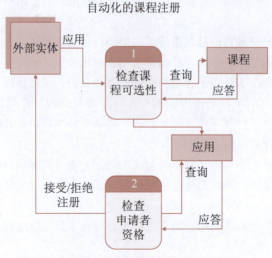

图 9.3　数据流图样例

3. 设计

设计阶段对系统的预期功能和操作进行描述,包括界面布局、业务规则、流程图、伪代码和其他文档。在分析阶段,终端用户和管理信息系统专家一起从逻辑视角收集拟议项目的详细业务需求。也就是说,在分析阶段,业务需求的记录并不考虑支持系统的技术或技术基础设施。进入设计阶段后,项目重点将转向物理或技术视角,并确定系统的支持技术架构,如数据模型、界面设计、报表布局和数据库模型,如图 9.4 所示。

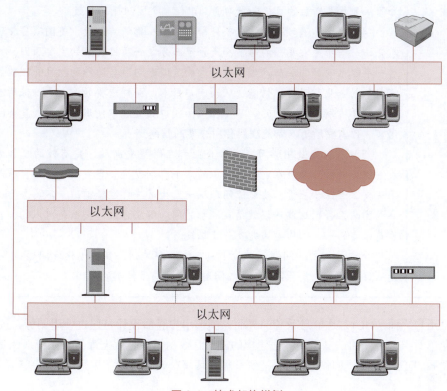

图 9.4 技术架构样例

业务驱动的辩论

挑选好项目

一个项目可以简单到测试不同电子邮件主题行的回复率,或者了解客户对企业网站上一个小改动的反应。项目还使你能够在投资全面实施之前测试创新想法。但是,为了确保项目能产生你想要的结果,并值得你花费精力和财力,你需要提前仔细考虑目标和期望。以下是启动新项目前需要考虑的几个问题。

(1)不能识别问题。如果你不知道项目要解决什么问题,那你的项目就永远不会成功。你会吃惊地发现,有许多项目最终变成了空中楼阁,永远看不到曙光,也无法为企业提供支持。

(2)缺乏项目管理。缺乏项目管理或规划是灾难的根源。每个项目在开始之前都需要有明确的目标和量化的衡量标准。你要明确项目的主要问题,确定具体的必要要求,并清楚项目的所有部分和实施步骤。不要含糊

9 系统开发与项目管理:企业责任

其辞。如果你不在前期投入时间进行合理规划，那么注定会失败。所以，制订项目管理计划吧。

（3）忽略范围蠕变。制定标准、可重复的流程是项目管理的一个重要方面。然而，灵活应变同样重要。即使你已经成功定义了要解决的问题，创建一个正式的变更流程仍然重要。试着创建一个变更管理流程，对新的需求进行记录、审核和批准。检查为什么需要变更，重新评估需要哪些新资源，并就更新后的目标进行沟通，以使整个团队保持一致。

（4）缺乏沟通。成功完成项目需要所有人都保持一致。美国项目管理学会的一项研究表明，沟通不畅是导致三分之一项目失败的主要原因，并对一半以上项目的成功产生了负面影响。促进沟通与协作的项目管理软件可以帮助企业及时传递信息，从而回归根本。同样重要的是，要确保所有信息都是清晰的和详细的。不要在书面或口头交流中使用技术性或复杂的语言。你需要所有人都能理解你所分享的信息。

（5）不从失败中学习。每个企业都在寻找更新的、更有效的工作方式。但失败很可能会在这个过程中的某个时刻发生。当失败发生时，有些团队要么专注于指责，要么像问题从未发生过一样继续前进。不要成为这样的团队，否则这些错误就是在浪费时间。解决方法：失败是可以的，甚至是必要的——但你要从失败中汲取教训。

分组讨论上述问题，并按 1~5 的顺序排列，其中 1 代表问题最多，是项目失败的主要原因；5 代表问题最少，易于控制的原因。

图形用户界面（GUI）是信息系统的界面。图形用户界面设计是通过使用图标、按钮、菜单和子菜单对整个企业的信息系统界面建模的能力。数据模型是数据库管理系统（DBMS）表达数据关系的正式方式。实体关系图描述了数据库环境中实体之间的关系，如图9.5所示。

4. 开发

开发阶段将设计阶段形成的所有详细设计文档转化为实际系统。在这一阶段，项目从初步设计过渡到实际实施。在开发过程中，企业会购买和部署支持系统架构所需要的设备。

- **软件工程**：通过使用通用方法、技术或工具来构建信息系统的规范方法。
- **编程语言**：用于组织执行计算机命令的程序指令，包括一组独特的关键字（即该编程语言能理解的单词）和一组特殊的语法。
- **程序员**：编写操作计算机的程序的人。
- **第四代编程语言（4GL）**：类似于人类语言的编程语言。例如，一条典型的4GL命令可能是"FIND ALL RECORDS WHERE NAME IS 'SMITH'"（找出名字为'史密斯'的全部记录）。图9.6显示了几代编程语言。

在开发过程中，开发团队要确定用于构建系统的编程语言。可供选择的编程语言种类繁多，每种语言都可用于不同的目的。以下是最常见的编程语言。

（1）C：一种主要用于操作硬件的强大编程语言。
（2）C++：一种基于C的面向对象编程语言。
（3）Ada：一种用于控制航天器、卫星和飞机的编程语言。
（4）Java：一种用于计算机、手机和平板电脑的编程语言。
（5）MATLAB：：一种非常适合于数学计算的编程语言。

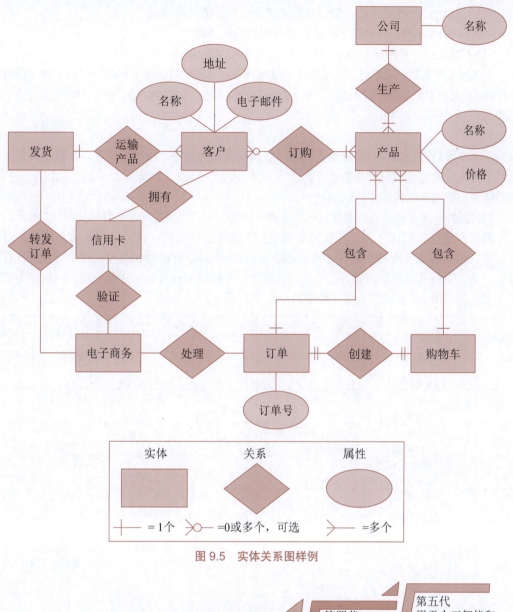

图 9.5 实体关系图样例

图 9.6 编程语言的发展

（6）PHP：一种用于创建动态网站的编程语言。
（7）Python：一种基于文本的、可用于构建计算机程序的编程语言。
（8）Scratch：一种非常适合学习编程的可视化编程语言。
（9）Spark：一种用于流数据分析的编程语言。
（10）R：一种用于统计计算和图形的编程语言。

9　系统开发与项目管理：企业责任　305

（11）Ruby：一种用于将大量信息自动转换成网页的编程语言。
（12）JavaScript：一种用于创建动态网站的编程语言。
（13）XML：一种用于处理 Excel 文档和工作簿的编程语言。

外包技术开发时，最好进行技术评审。**技术评审**（或称同行评审）是指一个独立的专家团队举行会议，对项目结果进行深入分析，以确保团队成员准确、完整地完成工作，并达到合适的质量标准。

5. 测试

测试阶段将项目的所有部分整合到一个特殊的测试环境中，以消除错误，并验证系统是否满足了分析阶段定义的所有业务要求。

- **错误**：信息系统代码中的缺陷。
- **测试条件**：详细说明系统必须执行的步骤以及每一步的预期结果，其样例如图9.7所示。

测试人员执行测试条件，将预期结果与实际结果进行比较，以验证系统功能运行是否正常。每当实际结果与预期结果不一致时，都会生成一个错误，必须在开发过程中对系统进行修复。一项典型的系统开发有成百上千个测试条件，必须根据业务需求进行验证，以确保系统实现预期功能。图9.8显示了系统开发中通常包含的不同类型测试。

测试条件编号	测试日期	测试人员	测试条件	预期结果	实际结果	通过/不通过
1	1/1/29	Ellie Durikins	单击系统"开始"按钮	出现主菜单	与预期结果相同	通过
2	1/1/29	Ellie Durikins	单击主菜单中的"登录"按钮	出现登录界面，要求输入用户名和密码	与预期结果相同	通过
3	1/1/29	Ellie Durikins	在用户名框中输入Emily Durikins	Ellie Durikins 出现在用户名框中	与预期结果相同	通过
4	1/1/29	Ellie Durikins	在密码框中输入X@$#7ABC!!!	密码框显示 X@$#7ABC!!!	与预期结果相同	通过
5	1/1/29	Ellie Durikins	单击"确定"按钮	用户登录请求被发送到数据库，对用户名和密码进行验证	与预期结果相同	通过
6	1/1/29	Ellie Durikins	单击"开始"按钮	用户名和密码被接收，系统主菜单出现	界面显示登录失败，用户名和密码不正确	不通过

图9.7 测试条件样例

阿尔法测试
评估整个系统是否符合用户的设计要求

开发测试
测试系统以确保没有错误

集成测试
验证不同的系统能否协同工作并正确地互传数据

系统测试
验证代码功能单元或片段在集成时是否运行正常

用户验收测试（UAT）
确定系统是否满足用户和业务需求

单元测试
测试系统代码的单个单元或片段

图9.8 不同形式的系统测试

业务驱动的分析

无处不在的错误

错误报告是软件开发的重要组成部分。所有错误都必须记录、修复和测试。程序员在构建系统时会遇到三种常见的错误。

（1）**语法错误**：程序中的拼写或符号错误。

（2）**运行时错误**：导致程序崩溃的错误，如被0除或将两个字符串相加。

（3）**逻辑错误**：导致程序输出错误的错误，如将加法写成减法，或在等式中使用错误数据。

按最易识别和最难识别对这三种类型的错误进行排序。如果不跟踪错误识别和修复指标，会发生什么情况？如果在开发过程中没有发现错误，而在运行过程中发现了错误，又会发生什么情况？

设想以下场景：测试人员为一个已识别为错误的问题创建了一份新的错误报告，但该错误未被重复检测到。这时项目会发生什么情况？这是大型复杂系统开发中非常常见的问题。如何减少不同用户重复报告同一系统的相同错误或问题这种情况？

6. 实施

在**实施阶段**，企业将系统投入运行，以使用户能启用系统来执行实际的业务运营。图9.9显示了企业为确保系统成功可选择的不同实施方法。

在这一阶段，可以通过在线培训或研习班等不同形式的培训为用户提供支持。

（1）**在线培训**：通过互联网进行，员工根据自己的时间和节奏完成培训。

（2）**研习班培训**：在教室环境中进行，由一名教师主持。

（3）**服务台**：由一组员工回答用户问题。

（4）**用户文档**：为用户创建的、重点介绍如何使用系统和排除系统故障或问题的文档。

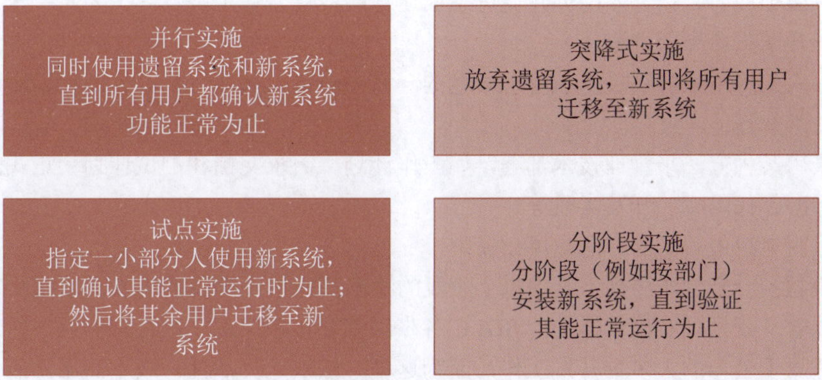

并行实施
同时使用遗留系统和新系统，直到所有用户都确认新系统功能正常为止

突降式实施
放弃遗留系统，立即将所有用户迁移至新系统

试点实施
指定一小部分人使用新系统，直到确认其能正常运行时为止；然后将其余用户迁移至新系统

分阶段实施
分阶段（例如按部门）安装新系统，直到验证其能正常运行为止

图9.9 系统实施方法

7. 维护

系统维护是所有系统开发的最后一个阶段。在**维护阶段**，企业要对系统进行变更、错误修复、新增功能和升级等操作，以确保系统持续满足业务目标。这一阶段贯穿系统的整个生命周期，因为系统必须随着业务的发展和需求的变化而变化，这就意味着要进行持续监控，通过频

繁的小幅变更（如新的报告或信息采集）来支持新系统，并对系统进行审核，以确保它能推动企业实现其战略目标。在维护阶段，系统将生成帮助用户和管理信息系统专家确保系统正常运行的报告，如图 9.10 所示。

- **修复性维护**：对系统进行改造，以修复系统的设计缺陷、编码错误或实施问题。
- **预防性维护**：对系统进行改造，以减少系统未来发生故障的概率。

报　告	示　例
内部报告	提供在企业内部分发、供企业内部员工使用的数据，内部报告通常为基于日常运营监控的管理决策提供支持
详细的内部报告	只提供很少或者不提供过滤或限制数据的信息
内部汇总报告	对数据进行整理和分类，供管理人员阅读，例如按产品汇总每月总销售额的报告。汇总报告的数据通常经过分类和汇总，以揭示趋势和潜在问题
异常报告	强调超出某一条件或标准正常运行范围的情况。这些内部报告只包括异常情况，可能会突出显示未支付或拖欠的账目，或确定库存不足的物品
信息系统控制报告	确保信息的可靠性，包括政策及其实际执行情况、访问限制或者行动和事务记录保存
信息系统审计报告	评估企业的信息系统，以确定必要的变更，并帮助确保信息系统的可得性、保密性和完整性
实施后报告	在项目启动和投入运行后提交正式报告或审计报告

图 9.10　系统报告示例

9.2　软件开发方法：瀑布模型

如今，系统变得异常庞大和复杂，以至于由架构师、分析师、开发人员、测试人员和用户组成的团队必须通力合作，才能创建促进企业运营的数百万行定制代码。为此，开发人员创造了许多系统开发生命周期方法。

- **方法**：人们应用来解决技术和管理难题的一系列政策、程序、标准、流程、实践方法、工具、技术和任务。

企业采用某种方法来管理技术部署，如工作计划、需求文档和测试计划。正式的方法可以包括编码标准、代码库、开发实践等。

其中最古老也最著名的方法是瀑布模型。

- **瀑布模型**：一个阶段序列，其中每个阶段的输出都是下一阶段的输入，如图 9.11 所示。

这意味着从规划到实施和维护的 SDLC 各步骤都要按顺序逐一进行。然而，传统的瀑布模型已不再适用于当今的大多数开发工作，因为这种方法缺乏灵活性，成本高昂，而且需要严格遵循步骤顺序，其成功率仅为 1/10。图 9.12 解释了与瀑布模型相关的一些问题。

尽管当今的商业环境十分恶劣，但人们超越竞争对手的愿望和需求依然强烈。在这种成功动力的驱使下，企业领导者正推动内部开发团队和外部供应商以更快的速度和更低的成本交付商定的系统，以尽早实现收益。即便如此，系统仍然庞大而复杂。在大多数情况下，传统的瀑布模型已不再适合用于开发系统。由于这种开发环境已成为常态而非个例，因此开发团队通常采用新的替代开发方法来实现业务目标。
- **原型设计**：一种现代设计方法，设计人员和系统用户采用迭代方法来构建系统。

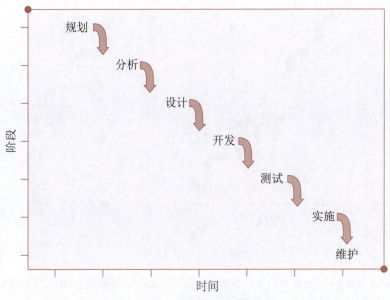

图 9.11　传统的瀑布模型

与瀑布模型相关的问题	
业务问题	在根据业务用户的实际需求准确定义和阐述业务问题方面存在的任何缺陷都会延续到下一阶段。
规划	在瀑布流中，管理成本、资源和时间限制非常困难。如果程序员离职，进度会怎样？特定阶段的进度延误会如何影响该项目的总成本？此外，意料之外的突发事件也可能会破坏规划。
解决方案	瀑布模型的问题在于，它假定用户可以事先明确所有业务需求。确定灵活、可扩展和可靠的适当 IT 基础设施是一项挑战。最终的 IT 基础设施解决方案要满足时间、成本、可行性和灵活性方面的当前及未来需求。在利用瀑布模型进行开发的过程中，视野会不可避免地受到限制。

图 9.12　瀑布模型的缺陷

9.3　敏捷软件开发方法

众所周知，项目越小，成功率越高。迭代开发方法最终将大型项目转化为了小型项目。
- **迭代开发**：由一系列微项目组成。它已成为许多敏捷方法的基础。图 9.13 展示了一种迭代方法。

就像其名字一样，敏捷方法具有快速、高效、低成本、实现功能少等特点。
- **敏捷方法**：通过迭代过程来开发满足最低要求的有用软件组件，并尽早、持续地交付这些组件，其目的是让客户满意。

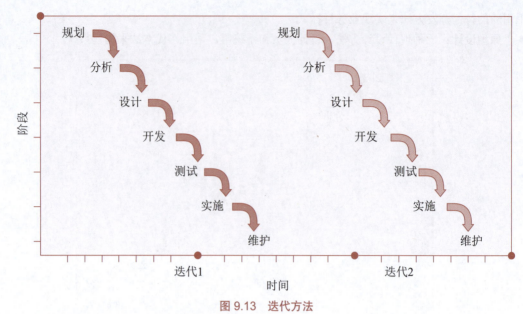

图 9.13 迭代方法

使用敏捷方法有助于完善可行性，并能在引入功能的同时获得快速反馈。开发人员可以边开发边调整，更好地澄清不明确的需求。

成功交付产品或系统的关键之一是尽快为用户提供价值——即尽早为用户提供他们想要和喜欢的东西，以创造认同感，激发热情，并最终缩小开发范围。使用敏捷方法有助于保持责任感，建立反映终端用户满意度的晴雨表。如果终端用户不满意，那么按时按预算完成任务也无济于事。以下是敏捷方法的几种主要形式：

（1）快速原型或快速应用开发方法；

（2）极限编程方法；

（3）统一软件开发过程方法；

（4）Scrum 方法。

重要的是，不要纠结于这些方法的名称——有些是专有名称，有些则是公认的名称。更重要的是，要了解这些替代方法在当今商业环境中的应用以及它们能带来的益处。

9.3.1 快速应用开发方法

为适应更快的业务节奏，快速应用开发已成为加速系统开发的主流途径之一。

- **快速应用开发（RAD）方法**（也称快速原型开发）：强调用户广泛参与系统工作原型的快速、渐进构建，以加速系统开发过程。图 9.14 显示了 RAD 基础知识。

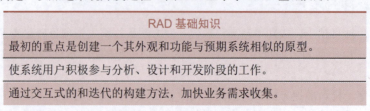

图 9.14 RAD 基础知识

业务驱动的伦理与安全性

应对困境

项目经理对项目中对错的判断往往会受到质疑。一种好的做法是，尽量使问题和风险在合理的范围内尽早暴露出来，并提供缓解计划。忽视问题并不能消除问题。项目经理必须以诚信、专业、合乎伦理和负责任的态度行事。你会如何处理以下问题？

（1）你知道自己管理的项目进度延误了10%，已处于"红色警戒区"。你是会向利益相关方发出预警，还是会静观团队能否重回正轨？

（2）行政团队的一名成员要求你隐瞒一个事实：收集到的某项业务需求不准确，导致了20万美元的修复费用。这位高管认为这是客户的错，因为他们已经签署了业务需求。

（3）有几名员工在项目中不尽职尽责，并且早退和错过任务最后期限。如果你将这些问题通知人力资源部门，其中一名员工就会被解雇。

9.3.2 极限编程方法

与其他敏捷方法一样，**极限编程（XP）方法**将项目开发分为了四个阶段，开发人员在上一阶段完成之前不能继续下一阶段。支持XP的交付策略是：反馈越快，结果越完善。XP方法的四个基本阶段是：规划、设计、编码和测试。在规划阶段，可以与用户访谈、举行会议和举办小型发布会。在设计阶段，只有需要时才添加功能。在编码阶段，开发人员协同工作，不断征求用户的反馈意见，消除开发人员和客户之间通常存在的沟通障碍。在测试阶段，测试要求会在开发代码之前生成。通过不断审核、修改有效需求和无效需求，极限编程节省了时间，取得了项目的成功。

客户满意是XP取得成功的主要原因，因为即使在生命周期的后期，开发人员也能快速响应不断变化的业务需求。XP鼓励管理者、客户和开发人员作为一个团队共同努力，确保交付高质量的系统。XP类似于有许多小块的拼图，单个拼块意义不大，但拼在一起就能创建一个新系统。

9.3.3 统一软件开发过程方法

统一软件开发过程（RUP）方法由IBM公司提出，该方法提供了一个将软件开发分解为四个阶段的框架。每个阶段都由开发中软件的可执行迭代组成。利益相关方需要对停留在某个阶段的项目进行分析，然后项目要么进入下一个阶段，要么被取消。以下列出了这四个阶段。

（1）**阶段一**：启动。这一阶段确保所有利益相关方对拟议系统及其功能形成共识。

（2）**阶段二**：阐述。这一阶段对已达成共识的系统细节进行扩展，包括提供架构来支持和构建系统的能力。

（3）**阶段三**：构建。这一阶段包括构建和开发产品。

（4）**阶段四**：过渡。这一阶段回答的主要问题涉及系统的所有权和关键人员的培训。

RUP是一种迭代方法，用户可以拒绝接受产品，并迫使开发人员回到第一个阶段。RUP有助于开发人员避免重复开发，使其能专注于快速添加或删除可解决常见问题的可复用流程模块。

9.3.4　Scrum 方法

Scrum 方法是另一种敏捷开发方法，该方法指小型团队通过小步快跑（或以 30 天为周期）来开发小型软件模块，以实现指定目标。在橄榄球比赛中，Scrum 指团队中的每个人都齐心协力将球运到场上。Scrum 方法每天都以一次监督和控制开发工作的独立会议结束或开始。

第二部分　项目管理

学习成果

9.3　解释项目管理并识别导致项目失败的主要原因。
9.4　说明主要的项目规划图。

9.4　运用项目管理以交付成功的项目

没有人会考虑在缺乏统一蓝图或对建成后的建筑缺少一致看法的情况下，通过让 100 个建筑队建 100 个房间来盖一座办公大楼。然而，这正是许多大型企业在管理信息技术项目时遇到的情况。企业通常会过度安排它们的资源（包括人力和其他资源）来开发冗余项目，这些对无益于盈利的非战略性项目的投资往往会损害企业的盈利能力。企业领导者面临的是一个瞬息万变、残酷无情的全球市场，这迫使他们要利用一切可能的工具来保持竞争力，项目管理就是其中一种。因此，业务人员应该预计到他们会在自己的职业生涯中参与某种形式的项目管理。图 9.15 例举了企业会遇到的不同类型项目。

图 9.15　企业项目类型

管理者最难做的决策之一就是确定要投入时间、精力和资源的项目。企业必须选择要做什么（明确说明要做什么、这样做的理由并列出预期结果）以及如何做（如项目预算、进度安排和项目风险分析）。

- **有形好处**：易于量化，通常用于衡量项目的成败。
- **无形好处**：难以量化或衡量。
  有形好处和无形好处的常见例子如图 9.16 所示。
- **可行性**：信息系统有形和无形好处的衡量标准。图 9.17 列出了业务分析师可用于确定最符合业务目标的项目的几种可行性研究。

当今的企业必须通过不断创新产品和服务来快速应对瞬息万变的商业环境。有效的项目管理提出了一种可控的方法来应对不断变化的市场环境、促进全球沟通以及确定关键指标，从而促进管理决策。在预算范围内按时开发项目具有挑战性,借助扎实的项目管理技能,管理者可以避免造成项目失败的主要原因。

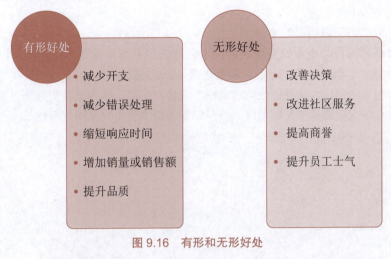

图 9.16 有形和无形好处

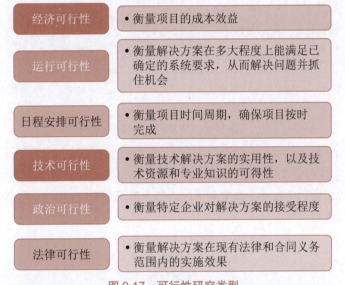

图 9.17 可行性研究类型

1. 业务需求不明晰或缺失

系统失败的最常见原因是在分析阶段没有收集业务需求或错误地收集了业务需求。业务需求是整个系统开发的驱动力。如果业务需求不准确或不完整,系统就不会成功。

2. 跳过多个 SDLC 阶段

当项目进度落后时,人们会做的第一件事往往是开始跳过多个 SDLC 阶段。例如,如果一个项目在开发阶段落后了 3 周,项目经理就可能会决定将测试时间从 6 周缩短到 3 周。显然,在一半的时间内完成所有测试是不可能的。而如果不对系统进行测试,就会出现无法发现的错误,系统失败的可能性就会很大。对企业而言,在每个项目中执行所有 SDLC 阶段至关重要。跳过其中任何一个阶段都必然会导致系统失败。

3. 技术变更

现实世界中的许多项目都有数以百计的业务需求,需要数年时间、耗资数百万美元才能完成。正如摩尔定律所指出的，技术的变化速度快得令人难以置信。因此，在项目推进过程中，有可能因为技术变化而需要修改整个项目计划。技术变化如此之快，想要不经历变更之苦就交付信息系统几乎是不可能的。

4. 找出 SDLC 各阶段错误的成本

讨论 SDLC 各阶段与企业修复错误的成本之间的关系非常重要。在分析和设计阶段发现的错误，其修复成本相对较低，通常只需要修改 Word 文档即可。但是，如果在测试或实施阶段发现了完全相同的错误，企业面临的修复成本就会非常高，因为必须实际变更系统。图 9.18 表明，在 SDLC 中发现错误的时间越晚，修复错误的成本就愈发呈指数级增长。

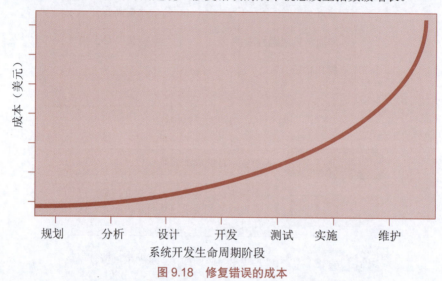

图 9.18　修复错误的成本

5. 三重约束的平衡

图 9.19 显示了任何项目中三个主要的相互依存变量（时间、成本和范围）之间的关系。所有项目都或多或少受到了这三个约束条件的限制。美国项目管理学会将评估这些竞争性需求的框架称为"三重约束"。

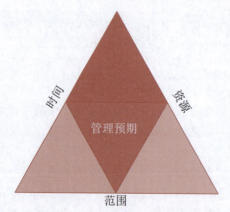

图 9.19　三重约束：改变其中一个意味着改变另外两个

这三个变量之间的关系是，如果其中一个变量发生变化，那么这种变化至少会影响到另一个变量。例如，将项目完成日期提前可能意味着因雇用更多员工而导致成本增加，或者因缩小项目范围而导致一些功能被取消。为了适应变化，通过扩大项目范围来满足更多客户需求可能会延长项目的完成时间或增加项目成本，或两者兼而有之。项目经理平衡这些竞争性需求的能力会影响到项目质量。高质量的项目能够按时、按预算交付商定的产品或服务。项目管理是一门在时间、成本和范围之间做出明智权衡的科学。"没有准备，就等于准备失败"——本杰明·富兰克林这句永恒不变的忠告适用于当今许多软件开发项目。

美国项目管理学会创建了用于项目经理培训和认证的项目管理知识体系（PMBOK）。图 9.20 概述了 PMBOK 中项目规划的关键要素。

工具	描述
沟通规划	确定向利益相关方提供项目信息的方式、内容、时间和对象，是管理预期的关键。
执行赞助方	为项目提供资金的个人或团体。
项目前提	在没有证据或证明的情况下被认为是真实的、实际的或确定的因素，如每周工作小时数或一年中的工作时间。
项目限制	可能限制选择的特定因素，如预算、交付日期、可用技术资源和企业政策。
项目可交付成果	为完成整个项目或部分项目而产生的任何可衡量、有形、可验证的结果、成果或物品。项目可交付成果包括设计文档、测试脚本和需求文档。
项目管理办公室（PMO）	负责监督企业所有项目的内部部门。该部门必须实现项目管理知识和领导能力的正规化及专业化。项目管理办公室的主要任务之一是向企业普及成功运作项目所需的技术和程序。
项目里程碑	代表必须完成某组活动的关键日期。例如，完成规划阶段可能是一个项目里程碑。如果错过某个项目里程碑，那么项目就有可能出现问题。
项目目标	项目成功必须达到的可量化标准。
项目需求文档	确定项目产品／产出的规范，是管理预期、控制范围和完成其他规划工作的关键。
项目范围说明	将项目与企业的总体业务目标联系起来。项目范围说明描述了业务需求（项目要解决的问题）以及实施该项目的理由、要求和当前边界。此外，它还确定了为提供具有指定特征和功能的产品而必须完成的工作，并包括约束条件、前提和要求——这些都是制定准确成本估算所必需的。
项目利益相关方	积极参与项目或者其利益可能因项目执行或项目完成而受到影响的个人和企业。
责任矩阵	定义所有项目角色，并说明每个角色的相关职责。
状态报告	定期评估项目实际表现与预期表现。

图 9.20　PMBOK 中项目规划的关键要素

9.5 主要项目规划图

项目规划是一个详细规划的过程,它能回答常见的运营问题,如"我们为什么要做这个项目"或"这个项目将为企业带来什么"。以下是项目规划可以帮助人们回答的一些关键问题。

- 可交付成果是如何产生的?
- 需要完成哪些活动或任务才能产生可交付成果?
- 谁负责执行这些任务?
- 执行这些任务需要什么资源?
- 何时执行这些任务?
- 执行每项任务需要多长时间?
- 是否有任何任务依赖其他任务的完成才能开始?
- 每项任务的成本是多大?
- 执行每项任务需要什么技能和经验?
- 如何衡量任务的绩效,如质量?
- 如何跟踪问题?
- 如何应对变化?
- 沟通是如何以及何时发生的?
- 与每项任务关联的风险都有哪些?

项目目标是需要确定的最重要内容之一,因为它们本质上是项目的主要构成要素。当企业实现了项目目标,它就在项目范围得到满足的同时成功完成了项目。项目目标必须包括衡量项目成功与否的衡量标准,如成本、进度和质量衡量标准。图 9.21 列出了 SMART 标准——关于如何确保项目创建可理解和可衡量目标的有用提示。**项目章程**是对项目预期工作的简明书面描述。项目章程可能包含赞助商名称、项目对企业的益处、目标描述、预期时间周期和预算。

图 9.21 目标创建成功与否的 SMART 标准

业务驱动的管理信息系统

时间管理应用

时间管理是成败的关键。浪费时间绝对是最糟糕的，没有人喜欢浪费时间。创建优先任务列表和规划项目细节是成功执行工作流的关键。以下是一些小技巧，可以帮助你在开始实施项目时节省时间，并保持任务的连续性。

（1）每天安排时间来规划项目和任务，可以在前一天的晚上，也可以在早上上班前。不要等到上班后才安排任务并确定其优先次序。

（2）把最困难的任务安排在早上，因为此时你的头脑还很清醒，精力充沛。

（3）最后期限至关重要，以 8 小时为限。如果是别人给你设定了截止日期，那么请尝试在正式截止日期之前设定自己的截止日期，以确保你有足够的时间完成任务。例如，假设你通常需要 3 小时才能完成一项任务。给自己设定一个 90 分钟的最后期限。你会惊讶地发现，你通常会在截止时间内完成任务。

（4）跟踪一周内所做的每件事，然后进行审计，确定你低估或高估了哪些任务，以确保更好地预测未来。

（5）使用时间管理应用。

为了给你的生命赋能，夺回你的时间，请研究一下常见的时间管理应用，看看其中是否有一款能帮你更高效、更有效地利用时间。从今天开始，你会使用哪一个，为什么？你认为这款应用能帮你夺回多少时间？如果你可以创建自己的时间跟踪/项目管理应用，那该应用能够做什么，会如何做？

项目计划是一份用于管理和控制项目执行的获批正式文件。项目计划应包括对项目范围、活动清单、进度安排、时间估算、成本估算、风险因素、资源、分配和责任的描述。除去这些基本组成部分以外，大多数项目专业人员还将应急计划、评估和沟通策略以及**"死亡开关"**（使项目经理在项目完成前结束项目的触发器）包含在了项目计划中。

一个好的项目计划应包括对收益和战略需要的估计、衡量和报告方法以及高层领导如何参与项目的细节。此外，它还应向利益相关方告知项目的好处，并说明项目投资、承诺和风险的合理性，因为这关系到企业的整体使命。

管理者需要持续监控项目，以衡量其成功与否。如果衡量结果表明项目将会失败，项目经理就必须取消该项目，为企业节省更多的项目成本。取消项目并不一定意味着失败，而是成功的资源管理，因为这样可以将资源腾出来用于对企业更有价值的其他项目。

项目计划最重要的部分是沟通。项目经理必须将计划传达给项目团队中的所有成员以及任何关键利益相关方和高管。项目计划必须包括任何项目前提，并详细到足以指导项目的执行。在所有关键利益相关方之间达成共识并获得其支持是项目成功的关键。通过让主要利益相关方参与制订项目计划，项目经理可以使自己掌握计划的主导权。这通常会转换为更坚定的承诺，进而提高积极性和生产力。PERT 图和甘特图是项目计划中最常用的两个主要图表。

- **依赖关系**：项目任务之间或项目任务与里程碑之间存在的逻辑关系。
- **PERT（计划评审技术）图**：描述项目任务及其相互关系的图形网络模型。PERT 图在安排项目任务之前就定义了它们之间的依赖关系。
- **关键路径**：关键路径是决定项目最早完成时间的一系列活动。换言之，关键路径代表了项目中的最长路径以及完成项目所需的最长时间。
- **关键路径分析**：用于预测项目总工期的项目图表法。这一重要工具将有助于确保人们在预算范围内按时完成项目。
- **松弛度**：在不耽误后续活动或项目完成日期的情况下，某项活动可以延迟的时间量。
- **范围蠕变**：允许超出项目范围的变更的倾向，可能会对进度、工作质量和预算造成严重破坏。

关键路径的松弛度最小。在项目中，通常会有多项任务并行执行，并且大多数项目都会有多条完成路径。只有完成所有任务，项目才算完成。整个项目的完成日期取决于最长路径或包含关键任务的路径。图 9.22 显示了某个项目的关键路径。

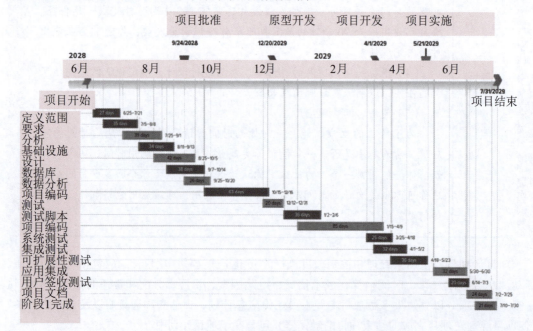

图 9.22 关键路径示例

甘特图是一种简单的条形图，它在纵向列出项目任务，横向列出项目时间周期。甘特图既可以很好地表示项目进度，又可以根据计划工期显示任务的实际进度。图 9.23 使用甘特图描述了一个软件开发项目。

工作分解结构（WBS）是一种将项目目标分解为实现目标所需的众多可交付成果的计划。WBS 将复杂的活动细分到最易于管理的单元，并询问"完成 X 需要做哪些工作"，要继续询问这个问题，直到不能再问这个问题为止。这时，你就知道自己已将工作分解成了最小的任务。分配任务后，就可以估算完成这些任务所需的时间和资金。WBS 定义了项目的"内容"。项目中需要完成的所有工作都显示在一张简单易懂的图表中。该图表的目的是将复杂的活动分解成更小、更易于管理的任务。制订工作分解结构可确保你不会忽略复杂活动的重要部分，或低估完成工作所需的时间和资金（见图 9.24）。以下是在项目中创建工作分解结构的几个原因。

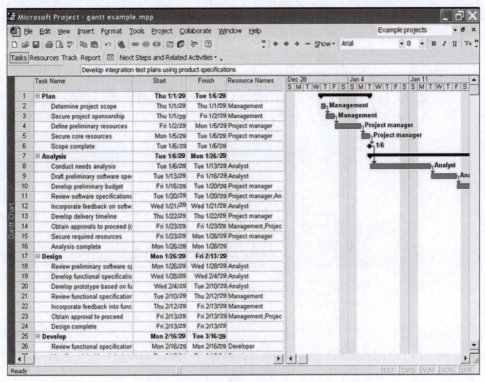

图 9.23 甘特图示例

（1）提供准确、可读的项目组织结构。
（2）允许将责任准确分配给项目团队。
（3）指示项目里程碑和控制点。
（4）有助于估计成本、时间和风险。
（5）说明项目范围，使利益相关方对项目范围有更好的一致了解。

业务驱动的创新

工作分解结构

想象一下，你已经算出了一个小时的时间值多少钱。是 10 美元、40 美元还是 150 美元？记录你一天中完成的每项任务，然后问问自己，哪些任务不值得花时间去做，或者不应该去做。例如，假设你为自己的时间设定的价值是每小时 300 美元。如果你每天花一个小时来处理电子邮件，这是对时间的最佳利用吗？也许你可以将电子邮件管理外包出去。经营企业或团队最难的部分就是完成工作。这听起来总是很容易，但即便有一个出色的项目经理和项目计划，这依然是一项挑战。你最好的资产就是你的团队：雇用最优秀的人，你就能获得最好的结果。但最难的部分是放开控制。优秀的领导者要学会授权。以下是一些有效授权指南。

（1）认可团队成员的能力。
（2）相信你的团队有能力完成工作。
（3）关注结果，放手让自己参与任务的完成。

（4）考虑将授权作为培养团队技能的一种方式。
（5）将权力下放到尽可能低的层级，以充分利用人力资源。
（6）明确解释任务，并提供顺利完成任务所需的资源。

你向同事或同学委派过任务吗？你遇到过什么样的问题？你委派的工作完成得令你满意吗？你有没有发现自己是小组项目中完成所有工作的学生？分组讨论委派工作的利弊。怎样才能确保自己能够自如地委派工作？

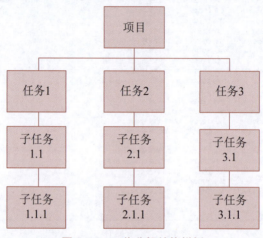

图 9.24　工作分解结构样例

业务驱动的全球化

全球工作分解结构

世界是全球化的。你有没有想过在全球化团队中工作有多难？也许你没有考虑过全球化工作的许多挑战，但只要想想一个团队的成员来自世界各地，你就知道了。你能想象安排会议时的噩梦吗？语言障碍和工作流程问题就更不用说了。以小组为单位讨论，找出在以下几方面可能遇到的三个问题及其解决方案：

- 地理边界；
- 文化差异；
- 经济问题；
- 技术差异。

9.6　外包项目

在高速发展的全球商业环境中，企业需要增加利润、扩大市场份额和降低成本。希望开发和维护信息系统的企业有内包或外包两个基本选项。

- 内包（内部开发）：利用企业内部的专业知识来开发和维护信息技术系统。内包既有助于创造可行的管理信息系统专业人员供应，也有助于培养一支技术和业务技能兼备的高素质员工队伍。

- **外包**：一家企业为另一家企业提供一项或多项服务，而另一家企业选择不在其内部提供这些服务的一种安排。

在某些情况下，包括规划和业务分析以及设备和项目的设计、开发及维护在内，整个管理信息系统部门都被外包出去了。外包既可以是签订大型合同（如由 IBM 等公司为另一家公司管理所有的管理信息系统服务），也可以是以个人身份聘用承包商和临时员工。以下是企业外包的几个常见原因。

（1）**核心竞争力**。许多企业最近开始考虑将外包作为一种以低成本获取最佳实践和高技能技术资源相关业务流程专业知识的方式。技术发展日新月异，企业往往缺乏与时俱进所需的技术资源。

（2）**节省资金**。在一些国家或地区雇人要比在美国本土支付类似劳动力的工资少得多。

（3）**快速增长**。企业必须迅速将产品推向市场，并能对市场变化做出反应。利用外包，企业可以获得加快运营或扩大规模以满足新需求水平所需的资源。

（4）**互联网与全球化**。互联网的普及使越来越多的国家成为虚拟邻居，也使更多人乐于将工作外包至国外。

业务驱动的讨论

死亡行军

爱德华·尤尔登在其《死亡行军》（Death March）一书中介绍了软件开发人员在"不可能完成的任务"项目中生存下来的完整指南。管理信息系统项目极具挑战性，而项目经理则要在面对不可能完成的挑战时，成功完成一个不可能完成的项目。在书中，尤尔登介绍了他的项目分类法，如下所示。他根据痛苦程度和成功的机会大小来衡量项目。

（1）不可能任务项目：这种项目成功的概率很大，你的辛勤付出会得到回报，因为你会在工作中得到幸福和快乐。例如，在这种项目中，你可以没日没夜地工作一年，在完成不可能完成的任务时成为项目英雄，并获得巨大的晋升作为回报。

（2）令人不快的项目：虽然这种项目成功的概率很高，但却令人非常痛苦，几乎没有快乐可言。例如，你夜以继日地安装新的会计系统，虽然成功了，但你讨厌会计，不喜欢该公司及其产品。

（3）神风项目：这是一种成功机会渺茫的项目，但你对项目内容充满热情，并在项目中找到了极大的快乐。例如，你被要求建立一个支持癌症基金会的网站，这是你的心愿，但该公司是非营利性的，没有任何资金来帮助你购买让一切运转起来所需的软件。为了让系统正常运行，你需要拼凑起系统，并实施许多人工变通方法。

（4）自杀式项目：这种项目没有成功的可能，它给你带来的只有痛苦。这相当于你最可怕的噩梦般项目。要避免自杀式项目！

分析你在学校和工作中的项目，找出符合每种类型的项目。在你的自杀式项目中，你可以采取哪些不同的做法来确保项目成功？怎样才能避免被安排参与自杀式项目？如果可以选择，你会选择哪种类型的项目，为什么？

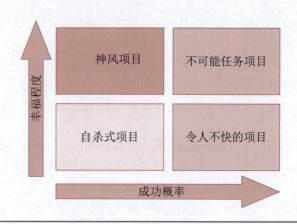

问题回顾

1. 项目管理在系统开发中扮演什么角色？
2. 项目经理在决定项目成功方面扮演什么角色？
3. 为什么项目需要有执行赞助商？
4. 系统开发生命周期中的哪个阶段最重要？
5. 如果你必须在系统开发过程中跳过一个阶段，会是哪个阶段，为什么？
6. 系统开发生命周期的哪个阶段风险最大？说明理由。
7. 你会选择哪种项目管理方法来实施你的软件开发项目？
8. 如果你启动了一个新的软件开发项目，并且该项目计划使用瀑布模型，你会继续参与这个项目吗？你能做些什么来更好地为该项目的成功做好准备呢？
9. 解释项目经理可以用来确定项目重要性优先顺序的不同类型可行性研究。
10. 为什么终端用户要参与系统开发工作？
11. 项目经理为什么要使用甘特图和PERT图？
12. 为什么收集业务需求对大多数项目来说都是一项挑战？
13. 一个项目有哪些不同类型的外包？
14. 外包有哪些风险？
15. 解释美国项目管理学会的目标，并确定与PMBOK相关的三个关键术语。

总结性案例一：玩家之乐

梦想成真就是既能做自己喜欢的事情，又能赚取丰厚的薪水，而这正是发生在游戏行业中的事。令游戏玩家欣喜的是，拥有设计、开发和编程技能的人可以找到高薪职业。视频程序员在技术公司、营销公司、广告公司和视频游戏开发公司都能获得成功。据路透社报道，事实上，视频游戏在美国是一个价值300亿美元的产业，尤其是当越来越多的人在手机上玩游戏时。全球各地的公司都在为应用程序员、开发人员、设计师的技能和能力支付令人咂舌的薪水。

1. 视频游戏程序员

视频游戏程序员是为游戏机或掌上视频游戏系统制作游戏的软件工程师。除了了解计算机语言和结构外,他们还必须熟悉游戏运行的特定目标系统以及用于创建游戏的开发平台。

专门从事网络或图形引擎开发的视频游戏编程专家的起薪高达每年 10 万美元。视频游戏行业的一大优势是几乎不受经济衰退或经济不景气的影响。没有任何行业经验的应届大学毕业生年薪可达 6 万美元。

2. 技术总监

游戏开发公司的技术总监即使是刚入职也能获得高薪。据说,经验最少的人平均年薪为 6 万美元,而拥有 3 年以上专业技能的人年薪会增加到 7 万美元以上。该职位的最高年薪为 19.55 万美元。

3. 视频游戏设计师

视频游戏设计师与开发和设计视频游戏的团队一起工作。游戏设计师是由设计师和开发人员组成的综合团队的重要组成部分,他们负责协调创建新视频游戏的复杂任务。游戏设计师的职责包括设计角色、关卡、谜题、美术和动画。此外,根据其专业职责,他们还可能使用各种计算机编程语言编写代码、负责项目管理任务和测试视频游戏的早期版本。

无论其知识是来自经验还是正规教育,视频游戏设计师的报酬都相对较高。工作经验少于 3 年的设计师,起薪通常为每年 5 万美元,第三年后会增至 7.5 万美元。创意总监或首席设计师在获得丰富的行业经验后,年薪可达 18 万美元。

4. 视频游戏制作人

视频游戏制作人负责监督视频游戏制作的各个环节,以及从头至尾的决策和各相关部门的协调,以确保在截止日期前完成任务,并将项目预算控制在范围内。制作人的最低年薪为 6.2 万美元,而拥有 6 年以上工作经验的制作人年薪可达 18 万美元。

5. 视频游戏美工和动画师

视频游戏开发公司的美工和动画师平均年薪为 5 万美元。高级首席美工的年薪从 8 万美元到 21.5 万美元不等。如果你受过良好教育,拥有丰富的经验、决断力和创造力,那在视频游戏行业获取高收入是很容易的。

问题

1. 影响项目管理的三个相互依存的变量是什么?为什么这些变量对视频游戏软件开发项目很重要?
2. 如果你为一家想要开发智能手机视频游戏的企业提供咨询,你会推荐哪种开发方法,为什么?
3. 说明制作新游戏时三重约束的作用。为什么在开发和设计视频游戏时,发现错误的成本对企业很重要?
4. 在开发视频游戏时,SDLC 中的哪个阶段最重要?哪个阶段最不重要?
5. 外包视频游戏开发会有哪些伦理和安全问题?

总结性案例二:减少业务需求中的模糊性

项目失败的主要原因是业务需求很不明确。而需求之所以会不明确,是因为在分析和设计过程中存在含糊不清或终端用户参与不足的问题。

如果所有各方对某项需求的理解一致，那么该需求就是明确的。不同参与者的不同理解通常会导预期无法满足。下面是一个需求不明确和一个需求明确的例子。

需求不明确：财务报告必须以当地货币和美国货币显示利润。

需求明确：财务报告必须使用《华尔街日报》（*The Wall Street Journal*）公布的本报告期最后一个营业日的汇率，以当地货币和美国货币显示利润。

模糊性并不能完全避免，因为它是被自然地引入需求的。

- 需求可能包含对 IT 开发人员来说显而易见、但对客户来说并不明显的技术含义。
- 需求可能包含对客户来说显而易见、但对 IT 开发人员来说并不明显的业务影响。
- 需求可能包含一些日常用语，其含义对每个人都显而易见，但又存在差异。
- 需求是详细解释的反映，可能涉及多个事件、多个角度、口头重述、情绪、反复推敲、选择性强调和肢体语言——这些都没有在书面陈述中体现出来。

在审核业务需求时，一定要注意以下用词，以帮助大幅减少歧义。

（1）"和"与"或"有明确的含义，应该是完全明确的，但人们往往只是非正式地理解它们，对它们的解释也不一致。例如，"按下按钮 T 和按下按钮 F，警报必须响起"这句话的本意可能是指"要使警报响起，必须同时按下两个按钮"，也可能是指"按下任何一个按钮都可以"。这样的表述绝对不能出现在需求描述中，因为产生误解的可能性太大了。更可取的做法是非常明确地予以描述。例如，"如果同时按下按钮 T 和 F，警报必须响起。在其他任何情况下，警报都不应响起"。

（2）"总是"的真正意思可能是"大多数情况下"，在这种情况下，需求描述应更加明确。例如，对于"我们总是同时提供报告 A 和 B"的说法，可以提出这样的质疑："换言之，在任何情况下，你都不会在没有 B 的情况下提供 A，也不会在没有 A 的情况下提供 B？"如果你建立的系统有"总是"这样的需求，那么实际上该系统就永远不会在没有报告 B 的情况下提供报告 A。而如果用户突然希望在没有报告 A 的情况下提供报告 B，那你就需要对系统进行重大改动。

（3）"从不"的意思可能是"很少"，在这种情况下，需求描述应更加明确。例如，对于"我们从不在同一个月内提供报告 A 和 B"的说法，可以提出这样的质疑："那就是说，如果我看到 A 已被提供，我就可以绝对肯定，没有人会想提供 B"。同样，如果你建立的系统支持"从不"这样的需求，那么系统用户可能从不会执行该需求。因为无论在什么情况下，系统都不允许用户在同一个月内提供报告 A 和 B。

（4）边界条件是关于"真"与"假"、"做"与"不做"之间界限的陈述。这些声明可能包含边界，也可能不包含边界。例如，"我们希望在最多有 10 页时使用方法 X，否则使用方法 Y"。如果你正在构建这个系统，你会将第 10 页包含在方法 X 中还是方法 Y 中？这个问题的答案会有所不同，从而导致业务需求含糊不清。

问题

1. 为什么模糊的业务需求是系统开发失败的主要原因？
2. 为什么"和"与"或"这两个词容易导致需求含糊不清？
3. 研究网络，确定导致业务需求不明确的其他原因。
4. 判断下面的业务需求是否有问题："系统必须支持员工生日，因为每个员工每年'总是'过生日。"

> **做出业务决策**

1. 方法学背后的方法

Signatures Inc. 专门生产印有公司徽标的咖啡杯和钢笔等个性化产品。该公司年收入超过4000万美元,拥有300多名员工。目前,它正在实施一个耗资数百万美元的大型供应链管理项目,并且聘请了你所在项目管理外包公司接管项目管理工作。

接手第一天,你的团队就被告知以下原因导致了该项目失败。

(1) 该项目开发采用了传统的瀑布模型。

(2) 没有遵循SDLC,开发人员做出了跳过测试阶段的决定。

(3) 虽然在分析阶段制订了项目计划,但前任项目经理从未更新或遵循该计划。

确定让项目重回正轨需要先采取哪些步骤?

2. 系统开发生命周期中的某些阶段缺失

Hello Inc. 是芝加哥、旧金山和纽约的一家大型行政人员礼宾服务公司。该公司提供从遛狗到机场接送的各种服务。你的经理希望跳过公司财务ERP实施过程中的测试阶段。他认为,既然系统是供应商提供的,那就应该能正常运行。起草一份备忘录,解释遵循SDLC的重要性,以及如果不对财务系统进行测试会对公司造成什么影响。

3. 拒绝签核

你是一个大型外联网开发项目的主要客户。在仔细审核了需求定义文档后,你确信其中存在缺失、模糊、不准确和不清晰的需求。项目经理催促你签核,因为你的五位同事已经签核了。如果你不签核这些需求文档,整个项目就会面临风险,因为时间不等人。你会怎么做?为什么?

4. 挽救濒临失败的系统

Crik 蜡烛公司为餐馆生产低端蜡烛。公司年收入超过4000万美元,拥有300多名员工。你正在实施一个耗资数百万美元的大型供应链管理项目。你的项目经理刚告诉你,由于以下原因,该项目可能会失败。

(1) 有几项业务需求不正确,需要将范围扩大一倍。

(2) 三名开发人员最近离职了。

(3) 截止日期提前了一个月。

制订一份公司可以遵循的方案清单,以确保该项目能在预算范围内如期完成。

5. 解释项目管理

Prime Time 公司是一家大型咨询公司,专门从事具有项目管理能力和技能的人员外包业务。你正在面试 Prime Time 的一份工作。负责面试的经理要求你解释为什么项目计划管理对项目的成功至关重要。该经理还希望你解释范围蠕变和功能蠕变,以及你在项目中管理它们的策略。最后,该经理希望你详细说明成功交付项目和降低风险的策略。试创建一份文档来回答这些重要问题。

6. 为意外情况做好准备

意外情况时有发生,在开发软件时,针对意外情况的规划越细致,你的准备就越充分。你的员工可能会遭遇意外事故、感染疾病,还会遇到其他生活问题。所有这些情况都可能导致计划外缺勤,从而使项目计划实施陷入困境。如果关键员工突然离职或被迫短期休病假,项目会发生什么情况?在评估所有不同的SDLC方法时,哪种方法能为员工的意外停工提供最大的灵活性？如果你可以选择员工缺勤的时间，那么 SDLC 中的哪个阶段对项目的继续和成功最安全？如何确保为项目计划实施过程中的意外缺勤做好准备？

7. Scratch 编程语言

Scratch 是一种可视化编程语言，非常适合任何学习编程的人。Scratch 通过拖曳图形用户界面连接代码块来创建程序，用户不需要键入程序语句。用户只需选择彩色代码块，并将它们连接起来，就能创建一个脚本或一组计算机指令，从而让人和动物等物体动起来并对话。用户只需单击按钮，就能创建互动故事、游戏和动画。

Scratch 是麻省理工学院媒体实验室终身幼儿园小组创建的一个免费项目，目前拥有 800 多万用户。Scratch 的目标是帮助年轻人学习创造性思维、系统性推理和协作性工作——这些都是 21 世纪必不可少的技能。

Scratch 使用了哪种系统开发方法？青少年可以从创建 Scratch 程序中学到哪些技能？

8. 拒绝咖啡

业务需求是一系列详细的业务要求，任何新系统要取得成功都必须满足这些要求。"系统必须按产品、地区和销售代表跟踪所有客户的销售情况"这样一个业务需求从业务角度说明了系统必须做什么，但没有提供系统如何满足这一要求的细节或信息。

你受雇为一家新开的咖啡店建立员工薪资系统。审核以下业务需求，并指出其中可能存在的问题。

（1）所有员工都必须有一个唯一的员工 ID。
（2）系统必须根据员工的姓名跟踪员工的工作时间。
（3）必须安排员工每天至少工作 8 小时。
（4）员工工资的计算方法是员工工作时间乘以 7.25 美元。
（5）必须安排管理人员上早班。
（6）不能安排员工每天工作 8 小时以上。
（7）不能安排服务员上早班、下午班或晚班。
（8）系统必须允许管理人员更改或删除员工。

9. 挑选项目

你代表了一家项目管理承包商，试图签下一家大型电信公司的相关业务。你与该公司 IT 高级副总裁的面谈进行得很顺利。在她做出最终签约决定之前，她最想从你这里看到的是以下项目优先清单。如果副总裁对你的回答感到满意，那你肯定会得到这份合同。

编写一份报告，对以下项目进行优先排序，并确保从业务角度给出这样排序的理由。

（1）升级会计系统。
（2）开发员工假期跟踪系统。
（3）强化员工内联网。
（4）清理和擦除数据仓库信息。
（5）对所有硬件进行性能测试，以确保实现 20% 的可扩展性增长。
（6）变更员工福利系统。
（7）制定备份和恢复策略。
（8）实施供应链管理系统。
（9）升级客户关系管理系统。
（10）为首席执行官建立执行信息系统。

10. GEM 运动中心

第一信息公司是一家专门从事系统分析和设计的大型咨询公司，拥有 2000 多名员工，其一季度的收入高达 1500 万美元。让该公司引以为豪的是，它的所有项目实施成功率都保持在 85%。项目成功率如此高的主要原因是该公司能够定义准确、完整和高质量的业务需求。

GEM 运动中心有意实施一套新的薪资系统。目前的工资发放流程是手工操作，每月需要 3 名员工花 2 天时间才能完成。GEM 运动中心没有 IT 部门，因此将新薪资系统的采购、定制和安装全部外包给了第一信息公司。

你为第一信息公司工作才一个多月。你所在的团队刚被分配到 GEM 运动中心项目，你的第一项任务是为开发新的薪资系统确定初步的业务需求。

（1）评估 GEM 运动中心三位现任会计员工的陈述，他们详细介绍了当前的薪资流程，以及他们对新系统的愿望清单。图 9.25 列出了吉姆·普洛斯、玛吉·克里弗和安妮·洛根的陈述。

（2）回顾总结性案例二"减少业务需求中的模糊性"，并强调你可以用来制订可靠业务需求的几种技巧。

（3）在仔细分析后，编写一份详细说明新系统业务需求的报告。请务必在该报告中提出任何假设、问题或疑问。

吉姆·普洛斯，销售总监

每周我都要审核俱乐部售出的所有新会员数据。我的 7 位销售代表每人都能从每笔会员出售业务中收取 50 美元的入会费。此外，他们还能从会员出售中获得 10% 的佣金。会员类型有以下几种。

- 成人会员，450 美元 / 月
- 年轻会员，300 美元 / 月
- 家庭会员，750 美元 / 月
- 高级会员，300 美元 / 月

每位销售代表的时薪为 4.50 美元，加班和节假日工作可获得 25% 的奖金。如果销售代表的销售额超过预期销售额的 200%，他们还可额外获得相当于其佣金 25% 的奖金。如果会员资格是在促销期间售出的，佣金率会相应降低。薪资部门使用考勤表来跟踪我的销售代表的小时工资。薪资部门完成所有考勤表后，我必须在上面签字。我会检查销售代表的日程安排，以验证员工考勤表上的时间。然后，我必须单独提交一份清单，清单上会列出每位员工及其获得的相应入会费和会员销售佣金。我跟踪所有销售代表的休假和病假时间，如果出现超时，我会让他们签署一份声明：如果离职的话，他们将要为所超出的假期或病假时间买单。

我想有一个可以自动计算佣金的系统，能够处理销售预测并能对我的销售代表的佣金率进行"假设"分析。我希望能够通过这个系统告诉我的销售代表，如果他们再多卖出去四个家庭会员和一个成人会员，他们就能拿到奖金。我还希望能够为我们最好的客户设计促销活动。这些类型的东西将真正有助于提高我们俱乐部的销售额。

图 9.25 员工陈述

玛吉·克里弗，薪资经理

我每周做的第一件事就是收集考勤表。我审核每张考勤表，以确保员工打卡正确无误。如果员工忘记打卡，我会联系该员工的主管，找出员工应该打卡的时间。然后，我会计算所有正常工时、加班工时和节假日工时，并在考勤表上汇总。我还会跟踪病假和休假时间，然后在考勤表上统计。完成后，我会将考勤表发给各部门主管审批。

收到签好字的考勤表后，我就开始计算工资。首先，我依次计算正常工时工资、加班工时工资和节假日工时工资。然后，我再根据从销售主管那里拿到的佣金数据把销售代表的佣金加上。接下来，我会根据从健身协调员那里得到的健美操课程表计算健美操教练的薪酬，因为他们是按课时而不是按小时支付薪酬的。再然后，我会计算出全部工资，并将一张包含付款金额的表发给我的同事安妮，由她计算税金。这之后，我会计算所有病假和休假时间，并在另一份文档中进行跟踪。最后，我会打印写有员工姓名、所在部门和发薪周期的标签并将其贴在新的考勤表上，然后将考勤表返回员工打卡机。

我想要一个能自动跟踪员工病假和休假时间的系统。我还想要一个能自动计算正常工时工资、加班工时工资和节假日工时工资的系统。我不知道是否有能验证员工考勤表的系统，如果有的话，那就太好了。

安妮·洛根，税务经理

我从玛吉那里收到工资金额表。首先，我会计算所有的市税、州税和联邦税，并从中扣除医疗福利和退休计划福利。其次，我要向员工开具支票，并将相应的税款上缴政府。我手动计算年度工资汇总报表（W2）和所有季度税款，同时还负责地址变更等个人信息更正。如果开出的支票金额有误，我还要予以更正。此外，我还跟踪病假或休假时间超时的员工所欠的金额，并为所有领薪员工开具支票。我的工作中耗时最长的部分是核对所有支票的现金借记总额和计算总额。令人惊讶的是，有很多次这两个数字都不一致，这表明支票金额开错了。

我希望系统能自动确定税额，并提供季度报税报表。我还想要一个能进行审计的系统。

图 9.25 （续）

附录

A 硬件与软件基础

附录

学习成果

A.1 描述六大硬件类型并举例说明。
A.2 说明不同的计算机类型及其可能的商业用途。
A.3 说明两类主要的软件。

  管理者需要确定哪些类型的软硬件能够满足他们当前和未来的业务需求，何时是添置设备的恰当时机，以及如何保护他们的投资。但是，这并不意味着管理者需要成为所有技术领域的专家，而是意味着对软硬件有一定的基本了解可以帮助他们做出正确的投资选择。

  信息技术是企业成功和创新的重要推动力。信息技术可以由互联网、个人计算机、能上网的手机、个人数字助理或演示软件组成。所有这些技术都有助于执行特定的信息处理任务。信息技术包括两类：硬件和软件。**硬件**包括与计算机系统相关的物理设备。**软件**则是硬件为完成特定任务而执行的指令集。软件（如微软的 Excel）与各种硬件设备（如键盘和显示器）交互，可以创建电子表格或图表等。附录 A 介绍了计算机硬件和软件的基础知识，包括相关术语、软硬件特性以及构建稳固企业架构的相关管理责任。

A.1 硬件基础

  在许多行业，获得竞争优势的关键在于对计算机硬件的利用。例如，Frito-Lay 公司通过使用手持设备跟踪便利店内商品的策略性摆放及销售情况，获得了竞争优势。销售代表可以通过手持设备跟踪销售价格、竞争对手信息、售出商品数量以及商品在店内的位置。

  计算机是一种由存储于其自身存储器中的指令控制运行的电子设备，能够读取、处理和存储数据。图 A.1 显示了计算机的两个主要组成部分——硬件和软件。计算机系统包括六大硬件组件（如图 A.2 所示）。图 A.3 展示了这些组件如何共同构成计算机系统。

硬件 与计算机系统关联的物理设备	中央处理器 CPU：计算机的"大脑" RAM：与CPU协同工作的集成电路		软件 硬件为完成特定任务而执行的指令集	系统软件 控制各种工具如何与应用软件协同工作
	输入设备 如键盘、鼠标、扫描仪等			操作系统软件 如Windows、macOS、Linux等
	输出设备 如显示器、打印机、耳机等			工具软件 如软件、屏幕保护程序、数据恢复软件等
	存储设备 如DVD、记忆棒、硬盘等			应用软件 执行特定的信息处理
	通信设备 如调制解调器、无线网卡等			文字处理软件 如微软Word等
	连接设备 如电缆、USB端口等			电子表格软件 如微软Excel等

图 A.1　硬件与软件概述

A.1.1　中央处理器（CPU）

目前，CPU 的主要生产商有英特尔公司（拥有用于个人计算机的赛扬和奔腾系列 CPU）和超微半导体公司（AMD，拥有速龙系列 CPU）。

中央处理器（CPU，又称微处理器）是解释和执行程序（软件）指令并协调所有其他硬件设备协同工作的实际硬件。中央处理器构建于一小块硅片上，可以容纳相当于数百万个晶体管的元件。中央处理器无疑是 20 世纪最伟大的技术进步之一。

中央处理器包括两个主要部分：控制单元和算术/逻辑单元。**控制单元**解释软件指令，并根据软件指令告诉其他硬件设备该做什么。**算术/逻辑单元（ALU）**执行所有算术运算（如加减法）和所有逻辑运算（如数字排序和比较）。控制单元和 ALU 执行不同的功能。控制单元获取并解释软件指令，然后据以确定其他设备需要执行哪些任务，最后告诉每个设备执行任务。ALU 响应控制单元的指令，执行算术或逻辑运算。

CPU 每秒的周期数决定了 CPU 执行软件指令的速度。每秒周期数越多，意味着处理速度越快，速度快的 CPU 比速度慢的 CPU 成本高。CPU 速度通常以兆赫兹和千兆赫兹为单位。**兆赫兹（MHz）**指 CPU 每秒钟的周期数达数百万个。**千兆赫兹（GHz）**指 CPU 每秒钟的周期数达数十亿个。图 A.4 显示了决定 CPU 速度的因素。

芯片制造商正在为中央处理器技术注入更多功能。大多数中央处理器都采用了**复杂指令集计算机（CISC）芯片**，这是一种能识别多达 100 条或更多指令的中央处理器，足以直接执行大多数计算。**精简指令集计算机（RISC）芯片**限制了 CPU 可执行的指令数量，以提高其处理速度。RISC 的理念是将指令数量降至最低，强调对使用时间最长的指令进行优化，以使其执行速度尽可能快。RISC 处理器比 CISC 处理器运行速度更快。

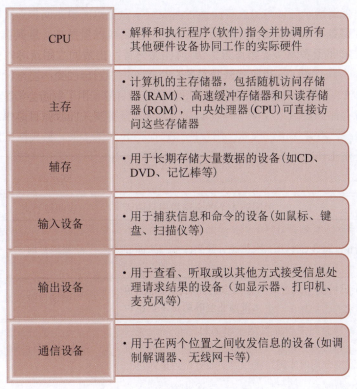

图 A.2　计算机系统的硬件组件

A.1.2　主存

主存是计算机的主存储器，由 CPU 可直接访问的随机访问存储器（RAM）、高速缓冲存储器和只读存储器（ROM）组成。

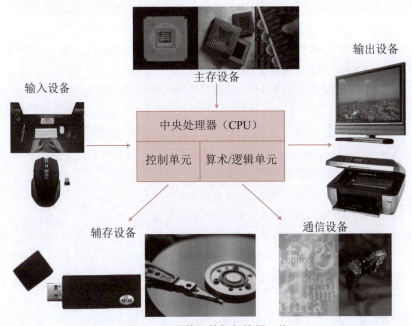

图 A.3　硬件组件如何协同工作

1. 随机访问存储器

随机访问存储器（RAM）是计算机的主要工作存储器，程序指令和数据都存储在其中，以便 CPU 通过它的高速外部数据总线直接访问。

RAM 通常称为读/写存储器。CPU 可以向 RAM 写入数据，也可以从中读取数据。大多数程序都会预留一部分 RAM 作为数据的临时工作区，以便根据需要修改或重写数据，直到数据可以输出或者存储到硬盘或存储卡等辅助存储介质上。在关闭计算机时，RAM 中的所有内容都会被清除干净，不会保留。因此，用户应频繁保存其工作结果。**易失性**指设备在有无电源的情况下都能正常工作的能力。RAM 是易失的，这意味着它必须有持续的供电才能工作，如果计算机的供电出现故障，它的内容就会丢失。

决定 CPU 处理速度的因素
时钟频率： CPU 内部时钟的频率，它决定了计算机内部处理电路的运行速度。
字长： CPU 每次可处理的比特（0 和 1）数。计算机使用具有"开"和"关"两种状态的电脉冲，以比特和字节为单位工作。
总线带宽： 从计算机的一个部分向另一个部分发送信号的内部电路的宽度。总线越宽，传输的数据越多，处理速度也就越快。
芯片线宽： 芯片上晶体管之间的距离。芯片线宽越小，芯片的处理速度就越快，因为芯片上可以放置更多的晶体管，数据和指令在处理过程中的传输距离就越短。

图 A.4　决定 CPU 处理速度的因素

2. 高速缓冲存储器

高速缓冲存储器是一种小型的超快内存单元，用于存储最近访问或频繁访问的数据，这样 CPU 就不必从 RAM 等较慢的内存电路中检索这些数据。直接内置在 CPU 电路中的高速缓存称为一级高速缓存。包含在外部电路中的高速缓存称为二级高速缓存。

3. 只读存储器

只读存储器（ROM）是计算机主存的一部分，在关闭电源时其内容不会丢失。ROM 是**非易失性**的，这意味着它不需要持续供电即可运行。ROM 包含用户和计算机都无法删除的基本系统程序。由于计算机的内存储器在启动时是空的，因此除非得到启动指令，否则计算机无法执行任何功能，而这些指令就存储在 ROM 中。

闪存是一种特殊的可重写只读存储器，体积小巧，便于携带。**存储卡**包含大容量存储器，可存储图像、音乐或文本文件等数据。存储卡是可拆卸的，当一张卡存储满时，用户可以插入另一张卡。随后，数据可从存储卡下载到计算机，之后可以擦除存储卡并重新使用。存储卡通常用于数码设备，如相机、手机和个人数字助理（PDA）。**记忆棒**为计算机、数码相机、MP3 播放器和 PDA 等一系列便携式设备提供非易失性存储。

A.1.3　辅存

存储是商业中的一个热门领域，因为企业都在努力应对数据量的爆炸式增长。**辅助存储**包含了用于长期存储大量数据的设备。辅助存储设备是非易失性的，不会在计算机关机时丢失内容。硬盘等一些辅助存储设备具有易于更新和存储容量大的特点，光盘等其他存储设备虽然更新能力有限，但存储容量大。

存储容量以字节为单位，最常见的是兆字节。**一兆字节（MB）**约为 100 万字节。因此，一台拥有 256MB RAM 的计算机的 RAM 大约可以容纳 2.56 亿个字符的数据和软件指令。**千兆**

字节（GB）约为 10 亿字节。**太字节（TB）**约为 1 万亿字节（如图 A.5 所示）。

术　　语	大　　　　小
千字节（KB）	1024 字节
兆字节（MB）	1024 KB（1048576 字节）
千兆字节（GB）	1024 MB（10^9 字节）
太字节（TB）	1024 GB（10^{12} 字节） 印刷 1 TB 的数据需要使用 50000 棵树来造纸
拍字节（PB）	1,024 TB（10^{15} 字节） 200 PB = 1995 年数字磁带的全部产量
艾字节（EB）	1024 PB（10^{18} 字节） 2 EB = 全世界每年产生的信息总量 5 EB = 人类曾经说过的所有话语

图 A.5　二进制术语

一页典型的两倍行距纯文本大约有 2000 个字符。因此，40GB（40 千兆字节或 400 亿字符）的硬盘可容纳约 2000 万页的文本。

常见的存储设备分为磁性介质和光学介质。

1. 磁性介质

磁性介质是一种辅助存储介质，它利用磁性技术在涂有磁敏材料的磁盘或磁带上存储和检索数据。如蜡纸上的铁屑一样，当磁场经过时，它们会重新定向。在写入操作过程中，读/写磁头会产生磁场，使磁盘或磁带上的磁性材料定向，以表示编码数据。在读取操作过程中，读/写磁头会感应介质上存储的编码数据。

磁带是最早开发的磁性介质形式之一，它使用涂有磁敏记录介质的薄塑料条，是一种较早的辅助存储介质。最流行的磁性介质类型是硬盘。**硬盘**也是一种辅助存储介质，它使用几块涂有磁敏材料的硬质盘片，并与记录磁头一起封装在一个密封装置中。可从访问时间、寻道时间、转速和数据传输速率几方面来衡量硬盘性能。

固态硬盘是一种可以替代传统机械硬盘的全电子存储设备。固态硬盘的读/写时延为零（不需要移动读/写磁头），它不像传统机械硬盘那样以磁性方式存储数据，而是使用闪存存储数据，并且没有移动部件，故它在睡眠状态下不需要"旋转"，也不需要将磁头移动到硬盘的不同部分来访问数据。因此，固态硬盘访问数据的速度比传统硬盘更快，而且更加坚固可靠，可在恶劣环境中提供更好的保护。

2. 光学介质

光学介质是另一种用于计算机的辅助存储介质，其上的信息以微小凹坑的形式高密度存储。凹坑的有无可以通过紧密聚焦激光束读取。光学介质类型包括以下几种。

（1）**光盘只读存储（CD-ROM）驱动器**：一种用于读取 CD-ROM 上的编码数据并将数据传输至计算机的光驱。

（2）**光盘读写（CD-RW）驱动器**：一种允许用户擦除现有数据并将新数据重复写入 CD-RW 的光驱。

（3）**数字视频光盘（DVD）**：一种最大可存储 17GB 数据（足以存放一部长篇电影）的 CD-ROM 格式光盘。

（4）**DVD-ROM 驱动器**：一种用于读取 DVD 上的编码数据并将数据传输至计算机的只读光驱。

（5）数字视频光盘读/写（DVD-RW）：一种 DVD 光盘和播放器/刻录机机制标准，使用户能够以 DVD 格式进行刻录。

CD-ROM 和 DVD 为存储数据及程序提供了越来越经济的介质。辅助存储的总体趋势是：更多地采用直接访问方法；以更低的成本实现更大的容量；提高便携性。

A.1.4 输入设备

输入设备是用来获取信息和命令的设备。例如，键盘用于输入信息，鼠标用于点击按钮和图标。手写笔是一种类似笔的设备，可以触击屏幕输入命令。许多环境都可以使用多种输入设备（如图 A.6 所示），其中有些设备的应用更适合个人环境而非商务环境。键盘、鼠标和扫描仪是最常见的输入设备。

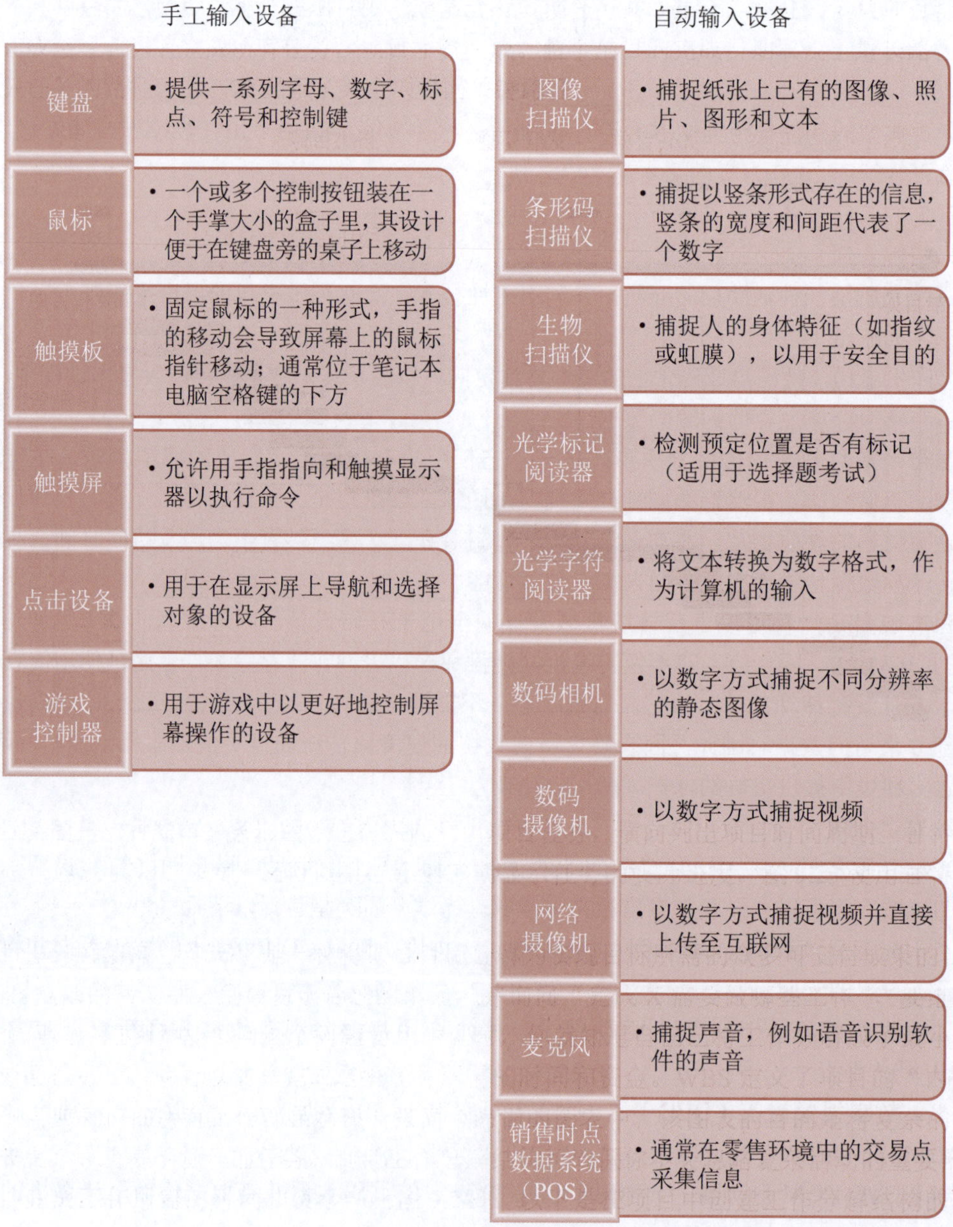

手工输入设备		自动输入设备	
键盘	提供一系列字母、数字、标点、符号和控制键	图像扫描仪	捕捉纸张上已有的图像、照片、图形和文本
鼠标	一个或多个控制按钮装在一个手掌大小的盒子里，其设计便于在键盘旁的桌子上移动	条形码扫描仪	捕捉以竖条形式存在的信息，竖条的宽度和间距代表了一个数字
触摸板	固定鼠标的一种形式，手指的移动会导致屏幕上的鼠标指针移动；通常位于笔记本电脑空格键的下方	生物扫描仪	捕捉人的身体特征（如指纹或虹膜），以用于安全目的
触摸屏	允许用手指指向和触摸显示器以执行命令	光学标记阅读器	检测预定位置是否有标记（适用于选择题考试）
点击设备	用于在显示屏上导航和选择对象的设备	光学字符阅读器	将文本转换为数字格式，作为计算机的输入
游戏控制器	用于游戏中以更好地控制屏幕操作的设备	数码相机	以数字方式捕捉不同分辨率的静态图像
		数码摄像机	以数字方式捕捉视频
		网络摄像机	以数字方式捕捉视频并直接上传至互联网
		麦克风	捕捉声音，例如语音识别软件的声音
		销售时点数据系统（POS）	通常在零售环境中的交易点采集信息

图 A.6　输入设备

有一种新型输入设备可以让人们在锻炼身体的同时玩电子游戏。Powergrid Fitness 公司推出的 Kilowatt Sport 可以使人们将力量训练与其喜爱的视频游戏结合起来。玩家可以选择任何使用操纵杆控制椭圆训练机的 PlayStation 或 Xbox 游戏。加载游戏后，参与者站在一个平台上，同时向各个方向推拉阻力杆，以控制游戏中发生的事情。各种动作可使胸部、手臂、肩部、腹部和背部的肌肉群得到锻炼。该训练机的显示屏会显示举起的重量和当前的阻力水平等信息，玩家可以通过一键调节来改变难度。**自适应计算机设备**是专为有不同类型特殊需求的人设计的特殊应用输入设备，例如，带有触觉表面的键盘可供视障人士使用。

另一种新型输入设备是固定自行车。麻省理工学院一个由研究生和本科生组成的计算机设计团队制作了集视频游戏和自行车骑行于一体的 Cyclescore。这些学生测试了目前市面上的此类游戏，但发现用户会停止蹬车而专注于游戏。为了吸引用户，该团队正在设计与运动体验本身互动的游戏，例如监测心率并根据用户的骑行能力调整游戏难度。在游戏中，玩家必须踩着踏板让热气球飞越高山，同时收集硬币并向随机目标射击。

A.1.5 输出设备

输出设备是用来查看、听取或以其他方式接受信息处理请求结果的设备。最常见的输出设备有打印机和显示器，不过扬声器和绘图仪（在页面上绘制输出结果的特殊打印机）也得到了广泛使用，如图 A.7 所示。此外，输出设备还负责将计算机存储的信息转换成人们可以理解的形式。

显示器

打印机

显示器类型	说明	打印机类型	说明
阴极射线管（CRT）	使用电子枪（阴极）发射电子束的真空管，当电子束反复扫过显示屏时，可照亮屏幕上的荧光粉。	喷墨打印机	通过喷嘴强制墨滴打印图像的打印机
液晶显示器（LCD）	笔记本电脑中使用的低功率显示器，当电流流过时，棒状晶体分子会改变方向	激光打印机	利用静电过程形成图像的打印机，与复印机的工作原理相同
发光二极管（LED）	用于背光的微型灯泡，可以改善屏幕上的图像	多功能打印机	集扫描、复印、传真和打印功能于一体的打印机
有机发光二极管（OLED）	显示器使用多层有机材料发出可见光，因此无需背光源	绘图仪	使用计算机引导的笔来制作高质量图像、蓝图、示意图等的打印机。
		3D打印机	可打印实体三维物体的打印机

图 A.7 输出设备

一种基于传感器技术的新型输出设备旨在将美国手语转换为语音，使数百万使用美国手语的人能够更好地与不懂该快速手语系统的人交流。AcceleGlove 是一种内衬有环形嵌入传感器的手套，这些传感器称为加速度计，可以测量加速度并对手指和手的动作进行分类及转换。另外，肘部和肩部的互联附件还能捕捉整个手臂运动时做出的手势。当用户戴着手套打手势时，手套软件中的算法会将手势转换为单词。转换结果既可以通过语音合成器转发，也可以在很小的屏幕上阅读。发明者何塞·L·埃尔南德斯-雷波拉尔最初使用的是一只只能转换手语中字母的手套。现在，该设备采用了两只词汇量为 1000 个单词的手套。

其他新型输出设备每天都在开发中。一家名为 NeedAPresent 的英国公司开发了一种可插入计算机 USB 端口的振动按摩球，在编写软件或撰写论文的漫长夜晚，该按摩球能为酸痛的身体部位提供温暖的按摩。NeedAPresent 公司还生产了一种可插入 USB 端口的咖啡杯加热器。

A.1.6　通信设备

通信设备是用于在两个位置之间收发信息的设备。电话调制解调器将计算机连接到电话线上，以访问另一台计算机。计算机使用数字信号，而标准电话线使用模拟信号。每个数字信号代表一个比特（0 或 1）。调制解调器必须将计算机的数字信号转换为模拟信号，以通过电话线发送。在接收端，另一部调制解调器将模拟信号转换为数字信号，以供接收信号的计算机使用。图 A.8 显示了不同类型的调制解调器。

载波技术	描述	速度	注释
拨号接入	使用调制解调器和普通电话线（POT）按需访问	2400bps～56kbps	■ 便宜，但速度较慢
有线	需要专用电缆调制解调器和电缆线路	512kbps～20Mbps	■ 该地区必须已有线缆接入。 ■ 带宽共享
DSL（数字用户线路）	这种技术利用普通铜缆电话线中未使用的数字部分来传输和接收信息。需要专用的调制解调器和适配卡	128kbps～8Mbps	■ 不影响电话的正常使用。 ■ 独享带宽。 ■ 必须位于电话公司交换机 5km 范围内
无线（LCMS）	通过无线发射器/接收器连接到类似于蜂窝式本地多点通信系统（LMCS）的高速网络，即可实现接入	30Mbps 或以上	■ 可用于高速数据、广播电视和无线电话服务
卫星	新版本具有双向卫星接入功能，不需要电话线	6Mbps 或以上	■ 带宽不共享。 ■ 某些连接需要现有的互联网服务账户。 ■ 安装费 500～1000 美元不等

图 A.8　调制解调器比较

A.2　计算机类型

如今，超级计算机（见图 A.9）的处理能力已远远超过每秒 200 万亿次浮点运算——相当于地球上每个人每秒进行 35000 次计算。在过去 20 年里,美国联邦政府资助的超级计算机研究催生了计算机行业一些最重要的技术突破。

- 计算机集群使企业能够将数千台个人计算机连接起来,构建大规模市场系统。
- 并行处理提供同时运行两项或更多项任务的能力,被视为芯片业的未来。
- Mosaic 浏览器(后演变为网景浏览器)使网络家喻户晓。

图 A.9　超级计算机

美国联邦政府资助的超级计算机还推动了美国一些最具活力的行业,如先进制造业、生命科学中的基因研究和实时金融市场建模。

计算机有不同的形状、大小和颜色,它们能满足各种需求。有些计算机**设备**专用于单一功能,如计算器、电脑游戏机和电子书(电子版图书)阅读器。**电子书**也可在通用计算机上阅读。有些计算机小到可以随身携带,有些则有电话亭那么大,但大小并不总是与功率、速度和价格相关。常见的计算机类型如图 A.10 所示。

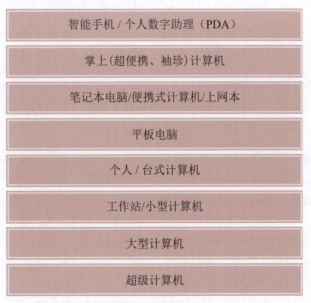

图 A.10　计算机类型

附录A　硬件与软件基础

计算机类型	描述
智能手机	带有键盘的移动电话,可运行程序、播放音乐、存储和拍摄照片以及收发电子邮件等,并具有 PDA 的许多功能
个人数字助理(PDA)	一种小型掌上计算机,可执行简单的任务,如记笔记、安排约会、维护地址簿和日程。PDA 的屏幕是触摸式的,用户可以直接在屏幕上书写,并捕获所书写的内容
掌上(超便携、袖珍)计算机	可放在钱包或口袋里的便携式计算机,有自己的电源或电池。
笔记本电脑(便携式计算机、上网本)	可放在膝上或包里的便携式计算机,有自己的电源或电池。笔记本电脑配备了个人台式计算机所拥有的所有技术,但重量可以不到 1kg
平板电脑	使用鼠标或指尖代替键盘输入。与 PDA 类似,平板电脑使用书写笔或触控笔在屏幕上书写笔记,并触摸屏幕执行相应的功能,如单击链接访问网站
个人计算机(微型计算机)	由单个用户操作的计算机,用户可以根据个人喜好定制功能
台式计算机	放在用户桌子上、桌子旁或桌子下的计算机,因体积太大而无法随身携带。计算机机箱内有 CPU、RAM 和存储设备,机箱上放有一台显示器。机箱也可以是一个垂直系统箱(称为"塔"),通常放置于工作区地板上
工作站计算机	与台式计算机类似,但其数学和图形处理能力更为强大,能在更短时间内完成更复杂的任务。通常可用于软件开发、网络开发、工程设计和电子业务
小型计算机(服务器)	旨在满足中小型企业环境中多人同时计算的需求。服务器是一种常见的小型计算机,用于管理企业内部应用、网络和网站
大型计算机	旨在满足大型企业环境中数百人的计算需求。与小型计算机相比,大型计算机在尺寸、功率、功能和成本方面都更进一步
超级计算机	速度最快、功能最强大、价格最昂贵的计算机类型。美国国家航空航天局(NASA)等主要从事研究和数字运算的机构都采用超级计算机,因为超级计算机处理信息的速度非常快。其他以客户为导向的大型企业(如通用汽车公司和美国电话电报公司)使用超级计算机来处理客户信息和交易

图 A.10 (续)

麻省理工学院媒体实验室正在开发一种笔记本电脑,并计划以每台 100 美元的价格出售给世界各地的政府机构,再由这些机构分发给数百万贫困学童。通过采用简化的销售模式并对该款笔记本进行重新设计,麻省理工学院将其价位控制在了 100 美元。目前,市场营销、销售、分销成本和利润占了一台笔记本电脑价格的近一半。在其他成本中,显示面板和背光源约占一半,其余则是操作系统。麻省理工学院的这款低成本笔记本电脑将使用低于 25 美元的显示系统、AMD 500MHz 处理器、无线局域网连接、1GB 存储空间和 Linux 操作系统,它可以自动与其他机器连接。麻省理工学院的目标是每年生产约 1.5 亿台。

A.3 软件基础

硬件价值的体现取决于控制其运行的软件。多年来，硬件成本不断降低，而软件的复杂性和成本却不断增加。一些大型应用软件（如客户关系管理系统）包含数百万行代码，开发周期长达数年，且耗资数百万美元。软件包括系统软件和应用软件两大类型。

A.3.1 系统软件

系统软件控制着各种技术工具与应用软件协同工作的方式。系统软件包括操作系统软件和工具软件。

1. 操作系统软件

芬兰程序员莱纳斯·托瓦尔兹（Linus Torvalds）似乎不太可能成为一名世界顶级经理人。然而，他在大学期间创建的软件项目 Linux 现在已成为对计算机世界影响最大的系统之一。Linux 是一个由志愿者创建并免费发布的操作系统，是微软 Windows 系统的主要竞争对手之一。托瓦尔兹与数十名志愿者助手以及分布在全球各地的 1000 多名程序员一起协调 Linux 的开发工作。他们为 Linux 的内核或核心部分贡献代码。此外，托瓦尔兹还为数十家支持 Linux 的科技公司制定规则，其中包括 IBM、戴尔、惠普和英特尔。

尽管 Linux 的基本版本是免费提供的，但 Linux 正在产生重大的经济影响。

操作系统软件控制着应用软件的运行以及硬件设备的协同工作方式。在使用 Excel 创建和打印图表时，操作系统软件会控制整个过程，确保打印机已连接且不缺纸，并将图表连同打印说明一起发送至打印机。有些计算机配置两个操作系统，因此可以**双启动**，用户可在开机时选择启动哪个操作系统。**嵌入式操作系统**用于具有单一用途的计算机设备和特殊应用，如汽车、自动取款机或媒体播放器等。iPod 使用的就是单一用途的嵌入式操作系统。

操作系统软件还支持各种有用的功能，其中之一就是多任务处理。**多任务处理**使得多个软件同时运行成为可能。例如，在 Excel 中创建图表的同时打印 Word 文档就会用到多任务处理。用于个人环境和用于企业环境的操作系统软件类型不同（如图 A.11 所示）。

操作系统软件	
Linux	一种为高端工作站和网络服务器提供了丰富环境的开源操作系统。"开源"指任何程序的源代码都可以供用户或其他开发人员使用或修改
mac OS X	苹果计算机的操作系统
Microsoft Windows	Microsoft Windows 系列中各种操作系统的统称，包括 Microsoft Windows CE、Microsoft Windows、Microsoft Windows ME、Microsoft Windows XP、Microsoft Windows NT 和 Microsoft Windows Server
MS-DOS	IBM 和 IBM 兼容机的标准单用户操作系统，于 1981 年推出。MS-DOS 是一种命令行操作系统，要求用户输入符合语法的命令、参数
UNIX	一种 32 位多任务和多用户操作系统，源于美国电话电报公司的贝尔实验室，目前已广泛应用于从大型机到 PDA 的各种计算机

图 A.11 操作系统软件

2. 工具软件

工具软件为操作系统提供附加功能，如杀毒软件、屏幕保护程序和反垃圾邮件软件等。利用**控制面板**可实现对操作系统的定制，控制面板是 Windows 系统提供的一项功能，可用来设置 Windows 操作系统的默认选项。例如，**系统时钟**的工作原理与手表类似，在计算机关闭时使用安装在主板上的电池供电。如果用户搬到了不同的时区，则可以在控制面板中调整系统时钟。如果系统出现故障，**安全模式**将仅加载操作系统中最重要的部分，而不会启动许多在后台运行的工具软件。**系统恢复**可以使用户返回到之前配置的操作系统。图 A.12 列出了几种可用的工具软件。

工具软件类型	
防崩溃	在计算机崩溃时帮助保存信息
用于数据恢复的磁盘镜像	在硬盘崩溃或损坏无法恢复的情况下，减轻重新安装应用程序的负担
磁盘优化	以最有效的方式整理硬盘上的信息
加密数据	保护机密信息不被未经授权的人看到
文件和数据恢复	找回误删的照片或文档
卸载程序	删除不再需要的软件

图 A.12　工具软件

A.3.2　应用软件

应用软件用于满足特定的信息处理需求，如薪资、客户关系管理、项目管理、培训等。应用软件还用于解决特定问题或执行特定任务。薪资软件、群件中的视频会议等协作软件和库存管理软件都是企业应用软件（如图 A.13 所示）。**个人信息管理（PIM）软件**可处理联系人信息、约会、任务列表和电子邮件。**课程管理软件**包含教学大纲和作业等课程信息，并提供测验和家庭作业投件箱以及成绩册。

应用软件类型	
浏览器	使用户能够浏览万维网
通信	将计算机变为终端，通过电话系统向远处的计算机传输数据，或从远处的计算机接收数据
数据管理	提供检索、修改、删除和插入数据的工具
桌面出版	将计算机变为桌面出版工作站
电子邮件	为计算机用户提供电子邮件服务，包括收发邮件和存储信息
群件	提高小组同事的合作水平和协同工作效率
演示图形	创建和改进图表，使其具有视觉吸引力并易于被受众理解
编程	拥有由固定关键字和一系列规则（称为语法）组成的人工语言，程序员利用它们来编写计算机程序
电子表格	在屏幕上模拟会计工作表，允许用户嵌入隐藏公式，对可见数据进行计算
文字处理	将计算机转化为创建、编辑、校对、排版和打印文档的工具

图 A.13　应用软件

为用户部署软件后,经常会发现有缺陷或其他错误需要修复。为了修复问题或增强功能,软件供应商会发布**软件更新(软件补丁)**。软件供应商还会通过对软件进行重大修改来**升级软件**,并发布新版软件。发布应用软件可采用以下方法之一。

(1)**单用户许可**。一次仅限一名用户使用软件。

(2)**网络用户许可**。允许网络上的任何人安装和使用软件。

(3)**站点许可**。允许企业内任何合格用户安装软件,无论计算机是否连接在网络上。有些员工可能会在家用计算机上安装软件,以便远程工作。

(4)**应用服务提供商许可**。按许可证、每次使用或使用量付费的专业软件。

做出业务决策

1. 定制一台计算机

戴尔公司被认为是全球发展最快的公司,专门从事计算机定制业务。登录戴尔公司网站(www.dell.com),进入网站中允许你定制笔记本电脑或台式计算机的页面。首先,选择一个已准备好的系统,并注意该系统的价格及其 CPU 速度、内存大小、显示器质量和硬盘存储容量。接下来,对该系统进行定制,提高 CPU 速度,增加内存和硬盘存储容量,增大显示器尺寸并提高显示器质量。两者之间的价格差多少?哪个系统更符合你的价格范围?哪个系统的速度和容量更符合你的需求?

2. 小企业用计算机

小企业可以使用多种类型的计算机。使用互联网查找三家适合小企业使用的笔记本电脑供应商。找出这些供应商提供的最贵和最便宜的计算机,并编制一份从以下方面比较不同计算机的表格:

- CPU;
- 内存;
- 硬盘;
- 光驱;
- 操作系统;
- 工具软件;
- 应用软件;
- 支持计划。

如果有小企业正在寻找廉价笔记本电脑,你会推荐哪一款?如果有小企业正在寻找昂贵的笔记本电脑,你又会推荐哪一款?

附录 B 网络与通信

学习成果

B.1 比较局域网、广域网和城域网。
B.2 比较两类网络架构。
B.3 解释拓扑结构和不同的网络拓扑结构类型。
B.4 描述协议以及 TCP/IP 的重要性。
B.5 识别网络中的不同介质类型。

信息技术领域的变化无处不在，但变化最明显、最剧烈的莫过于网络和通信领域。如今，大多数管理信息系统都依靠数字网络以数据、图形、视频和语音的形式传递信息。全世界大大小小的公司都在利用网络和互联网寻找供应商和买家，与他们洽谈合同，并提供比以往更广泛、更好、更快的服务。**通信系统**可通过公共或私人网络传输数据。**网络**是一种通信系统，它将两台或更多设备连接起来，并建立一种标准的通信方法。世界上最大、使用最广泛的网络是互联网。互联网是一个全球网络，它使用通用标准连接世界各地的数百万个网络。通信系统和网络历来复杂，且效率低下。然而，当今的网络基础设施可为员工和客户提供可靠的全球服务，企业也可从中受益。

B.1 网络基础

网络包括从两台计算机组成的小型网络到最大的网络——互联网。网络有两个主要优势：通信能力和共享能力。

当今的企业数字网络包括局域网、广域网和城域网的组合。**局域网（LAN）**的设计目的是将办公楼、学校或家庭等邻近地区的一组计算机连接起来，实现文件、打印机、游戏或其他应用程序等资源的共享。局域网通常又与其他局域网、互联网或广域网相连接。**广域网（WAN）**通常跨越较大的地理区域（如省或国家）并连接多个较小的网络（如局域网或城域网）。世界上最流行的广域网是互联网。**城域网（MAN）**通常是指横跨一个城市的大型计算机网络。大多数跨越园区的大学和大企业都使用城域网支持的基础设施。图 B.1 展示了每种网络类型。

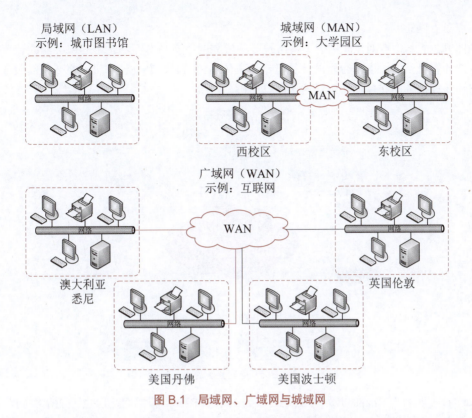

图 B.1 局域网、广域网与城域网

企业与其供应商或客户（或两者兼有）之间的直接数据通信连接成功地为它们带来了战略优势。依赖网络通信的 SABRE 机票预订系统就是战略管理信息系统的一个典型例子。SABRE 航空解决方案在收益管理、定价、航班调度、货运、航班运营和机组人员调度等领域开创了行业技术进步的先河。除了有助于打造旅游业的电子商务外，SABRE 还声称其拥有定义并不断革新旅游和运输市场的渐进式解决方案。

除计算机本身以外，网络通常包括四部分。

（1）**协议**：一套通信规则，确保所有各方都以相同的方式沟通。

（2）**网络接口卡（NIC）**：一种插在计算机背面（或侧面）的卡，可使该计算机接收来自其他计算机的信息或向其他计算机发送信息。

（3）**线缆**：连接所有计算机的介质。

（4）**集线器（交换机或路由器）**：执行流量控制的硬件。

接下来的章节将继续定义这些术语和概念。

可以从以下方面区分网络。

（1）架构：点对点网络、客户机/服务器网络。

（2）拓扑结构：总线、星形、环形、混合形、无线网络。

（3）协议：以太网、传输控制协议/互联网协议（TCP/IP）。

（4）介质：同轴电缆、双绞线、光纤。

B.2 架构

点对点网络和客户/服务器网络是两种主要的网络架构。

1. 点对点网络

如图 B.2 所示，**点对点（P2P）网络**是一种依靠网络参与者而不是中心服务器的计算能力和带宽的计算机网络。当每台联网计算机作为工作站使用时，其他计算机不需要借助服务器即可访问该计算机上的文件和使用已连接的打印机。

图 B.2　点对点网络

Napster（现名为 Rhapsody）可能是最广为人知的 P2P 实施案例，但也可能是实施范围最小的案例之一，因为 Napster 模式只利用了 P2P 众多功能中的文件共享。P2P 技术具有更广泛的功能，如共享处理、内存和存储以及支持大量分布式计算机之间的协作，如第 5 章所述的网格计算。点对点计算可实现人与计算机系统之间的即时互动。

2. 客户机/服务器网络

客户机是用来向服务器请求信息的计算机。**服务器**是专门用于根据请求提供信息的计算机。**客户机/服务器网络**是一种应用模式，其中大部分后端处理（如对数据库进行物理搜索）在服务器上进行，而涉及与用户通信的前端处理则由客户机处理（如图 B.3 所示）。**网络操作系统（NOS）**负责运行网络，引导计算机之间的信息流动，以及管理安全和用户。客户机/服务器模式已成为网络计算的核心理念之一。目前大多数商业应用程序都采用客户机/服务器模式。

客户机/服务器架构的一个基本组成部分是数据包交换。当发送端计算机将信息分解成包含目标计算机地址的若干有效大小数据单元（称为数据包）时，就会发生**数据包交换**。一种智能连接设备——**路由器**会截获在网络上发送的每个数据包，并对其进行检查，然后决定从哪条路径将它发送至目的地。数据包到达预定目的地后，接收端计算机会将数据包组装起来，并将信息发送给相应的应用程序。

B.3　拓扑结构

网络是按照一定规则组建的。例如，线缆必须有一定的长度，每股线缆只能支持一定的网络流量。**网络拓扑结构**是网络中计算机及其他网络设备实际物理组织结构的几何排列。拓扑结构因成本和功能而异。图 B.4 重点介绍了五种常用的网络拓扑结构，图 B.5 展示了其中每一种。

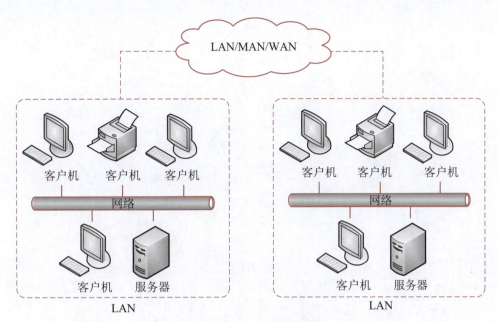

图 B.3　客户机 / 服务器网络

网络拓扑结构	
总线形	所有设备都连接到一条称为总线或主干线的中心线缆上。总线网络相对便宜，易于安装，适合小型网络。
星形	所有设备都连接到一个称为集线器的中心设备。星形网络的安装和管理相对简单，但由于所有数据都必须通过集线器，因而可能会产生瓶颈。
环形	所有设备都以闭合环路的形式相互连接，因此每台设备都直接与两侧的另外两台设备相连。环形拓扑结构成本相对较高，安装困难，但速度快，距离跨度大。
混合形	星形配置的工作站群与线性总线主干线缆相连，结合了总线形拓扑结构和星形拓扑结构的特点。
无线	在有限的范围内，设备通过接入点和无线发射器之间的信号进行连接。

图 B.4　五种网络拓扑结构

B.4　协议

协议是一种标准，这种标准规定了数据格式以及传输数据时应遵循的规则。简单来说，一台计算机（或一个计算机程序）要与另一台计算机（或另一个计算机程序）对话，双方都必须使用同一种语言，这种语言就是协议。

协议的基础是一个协商一致的既定标准。这样，所有使用该协议的硬件和软件制造商都能以类似的方式实现互操作性。**互操作性**是两个或多个计算机系统共享数据和资源的能力，即使它们是由不同的制造商制造的。最常用的网络协议是以太网协议和传输控制协议 / 互联网协议

（TCP/IP）。

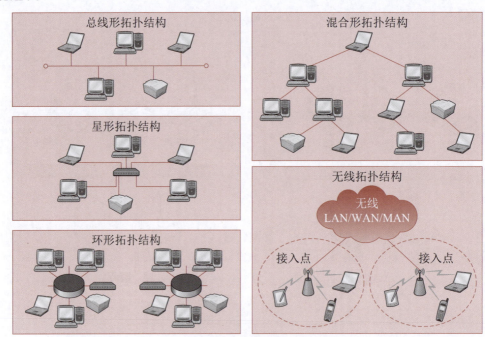

图 B.5　网络拓扑结构

1. 以太网

以太网技术是局域网联网的物理层和数据层技术（如图 B.6 所示），是使用最广泛的局域网接入方法，最初由施乐公司开发。之后，施乐公司、数字设备公司和英特尔公司对以太网技术做了进一步开发。20 世纪 80 年代，以太网开始广泛应用，其最大理论数据传输速率为每秒 10 兆比特（Mbps）。最近，快速以太网将传统以太网技术的每秒数据传输速率峰值扩展到了 100Mbps，而千兆以太网技术则将该峰值扩展到了 1000Mbps。

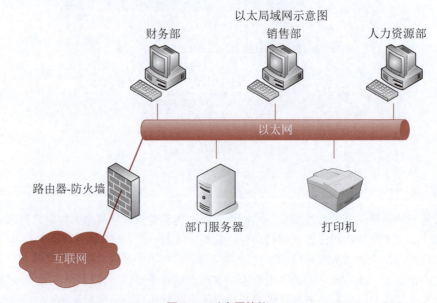

图 B.6　以太网协议

因以下原因，以太网技术成为最流行的局域网技术之一。

（1）易于实施、管理和维护。

（2）可低成本实施网络。

（3）为网络安装提供了广泛的灵活性。

（4）保证了标准化产品之间的互操作性，无论其制造商是谁。

2. 传输控制协议/互联网协议

最常见的通信协议是传输控制协议/互联网协议（TCP/IP），该协议最初是由美国国防部开发，用于连接后来被称为互联网的计算机网络系统。**传输控制协议/互联网协议（TCP/IP）**为公共互联网以及大量专用网络提供了技术基础。TCP/IP 的主要成就在于它在低层协议方面的灵活性。TCP/IP 使用一种特殊的传输方法，这种方法能最大限度地传输数据，并能自动适应网络中速度较慢的设备和遇到的其他时延。尽管整个 TCP/IP 协议族由 100 多个协议组成，但其中最重要的两个协议是 TCP 和 IP。TCP 提供传输功能，确保接收的数据量与传输的数据量相同。IP 则提供寻址和路由机制，该机制发挥了邮政局长的作用。图 B.7 显示了 TCP/IP 的四层参考模型。

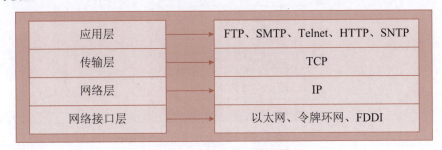

图 B.7　TCP/IP 四层参考模型

（1）应用层：作为用户和应用进程访问网络服务的窗口。

（2）传输层：处理端到端的数据包传输。

（3）网络层：将数据格式化为数据包，添加包含数据包序列和接收设备地址的报头，并指定所需的网络服务。

（4）网络接口层：将数据包放到网络上进行传输。

计算机要与互联网上的其他计算机和网络服务器通信，就必须拥有一个唯一的数字 IP 地址。IP 地址是一个唯一的 32 位（IPv4）数字，用于标识计算机在网络中的位置，其作用类似街道地址——可以使人们准确找到要将信息投递到哪里。

IP 地址刚问世时，所有人都认为这些地址足以满足任何需求。理论上，可以拥有 4294967296 个唯一地址。但是，实际可用地址数要少一些（32 亿～ 33 亿），这是因为 IP 地址是按类别划分的，有些地址预留给了多播、测试或其他特殊用途。

随着互联网的爆炸式增长以及家庭网络和企业网络的增加，可用 IP 地址数已捉襟见肘。显然，解决办法就是重新设计地址格式，以容纳更多可能的地址。IPv6 是下一代协议，旨在取代当前的 IPv4。IPv6 的主要变化是地址空间更大、地址分配更具灵活性。IPv6 采用 128 位寻址方案，可产生 $3.4×10^{38}$ 个地址。

TCP/IP 应用族包括五个协议——文件传输协议、简单邮件传输协议、远程登录协议、超文本传输协议和简单网络管理协议（见图 B.8 和 B.9）。

TCP/IP 应用族	
文件传输协议（FTP）	允许从网络下载或向网络上传包含文本、程序、图形、数字数据等内容的文件
简单邮件传输协议（SMTP）	TCP/IP 自带的电子邮件消息传送系统
远程登录协议（Telnet）	提供终端仿真，允许个人计算机或工作站充当服务器的终端或访问设备
超文本传输协议（HTTP）	允许在网络浏览器和服务器之间收发网页
简单网络管理协议（SNMP）	允许从单点管理网络节点

图 B.8　TCP/IP 应用族

OSI 参考模型
7. 应用层
6. 表示层
5. 会话层
4. 传输层
3. 网络层
2. 数据链路层
1. 物理层

图 B.9　OSI 参考模型

B.5　介质

网络传输介质是指用来在计算机之间传输信号的各类介质。当信息通过网络发送时，会被转换成以电磁波（模拟信号）或电压脉冲序列（数字信号）形式产生的电信号。而要将信号从一个位置发送至另一个位置，就必须沿某条物理路径传输。用来在信号发射器和信号接收器之间传输信号的这条物理路径称为传输介质。传输介质分为有线（有引导）和无线（无引导）两种。

1. 有线介质

有线介质是一种传输材料，制造它们的目的是将信号限制在一条狭窄的路径上，并使信号行为具有可预测性。双绞线、同轴电缆和光纤是三种最常用的有线介质（见图 B.10）。

（1）**双绞线**。双绞线是一种由四根（或多根）铜线在塑料护套内相互缠绕而成的电缆。将电线缠绕在一起是为了减少外界的电气干扰。双绞线分为屏蔽和非屏蔽两种。屏蔽型双绞线有一个包裹电线的金属屏蔽层，作为电磁干扰的接地。非屏蔽型双绞线（UTP）最受欢迎，通常是局域网的最佳选择。从电话线到高速电缆，UTP 的质量各不相同。UTP 的电缆护套内有四对电线，每对电线以每英寸不同的绞合数绞合，这样做的目的是消除相邻线对和其他电气设备的干扰。双绞线上的连接器（称为 RF-45）与大型电话连接器类似。

（2）**同轴电缆**。同轴电缆是一种能以低信号损耗传输多种频率信号的电缆。这种电缆由金属屏蔽层和沿屏蔽层中心放置并通过绝缘体与屏蔽层隔离的单根电线组成，它与有线电视电缆类似。这种电缆之所以被称为同轴电缆，是因为它包含一根传输信号的铜线（或物理数据通道），这根铜线被另一条由金属丝网组成的同心物理通道包裹。外层通道作为电气干扰的接地。由于具有这种接地功能，所以可在一根导管或一个护套内放置多根同轴电缆，而不会导致数据完整性严重损失。

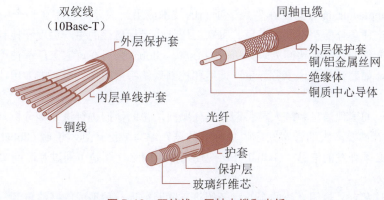

图 B.10　双绞线、同轴电缆和光纤

（3）光纤。**光纤传输**是沿玻璃丝或光纤以光脉冲的形式传输信息的相关技术。光纤与大多数电话公司用于远距离服务的电缆类型相同。光纤可远距离传输数据，且几乎不会造成数据完整性的损失。此外，由于数据是以光脉冲的形式传输的，因此光纤不会受到干扰。光脉冲通过包裹在绝缘护套中的玻璃丝或光纤传输。

增加光纤的最大有效传输距离是有代价的。光纤比电线更脆弱，难以拆分，安装起来也很费力。由于这些原因，光纤主要用于远距离传输数据。在这种情况下，使用较便宜的介质转发数据信号所需的硬件成本会超过光纤的安装成本。光纤还可用于需定期传输大量数据的场合。

2. 无线介质

无线介质是地球环境的自然组成部分，可用作传输电信号的物理路径。大气层和外层空间就是通常用来传输这些信号的无线介质。如今，无线数据传输技术包括微波传输、通信卫星（见图 B.11）、移动电话、个人数字助理（PDA）、个人计算机（包括笔记本电脑）和移动数据网络。

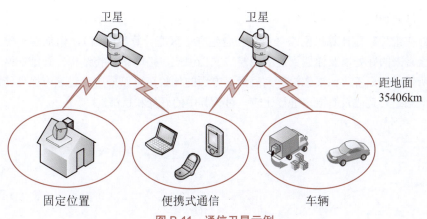

图 B.11　通信卫星示例

网络信号作为一种波形在所有介质中传输。通过电线电缆传输时，信号是一种电波。通过光纤传输时，信号是光波，即可见光或红外光。通过地球大气层传输时，信号可以是无线电频谱中的波形，如微波、红外线或可见光。

做出业务决策

1. 网络分析

Global Manufacturing 公司正在考虑一项新的技术应用。该公司希望在一个中心点处理订单,然后将生产任务分配至不同的工厂。每家工厂都将运行自己的生产调度和控制系统。在制品和已完成装配件的数据将传回处理订单的中心点。Global 公司在每家工厂都使用个人计算机处理日常事务,如薪资和会计事务。生产调度和控制系统将采用在一台新的专用计算机上运行的软件包。

Global 公司的管理信息系统人员聘请你担任顾问,帮助他们进行进一步分析。什么样的网络配置最合适?需要多大的带宽?应收集哪些数据?编写一份计划,说明 Global 公司为建立该网络系统而必须开发的信息。Global 公司应使用专用网络,还是可通过互联网实现其目标?

2. 安全接入

传统上保持私有、封闭系统的企业已开始将互联网视为一种现成的网络资源。互联网成本较低且遍布全球,每个电话线插孔都有可能成为接入点。然而,互联网缺乏安全性。要实现安全的网络连接,企业必须克服哪些障碍?

3. 通信选项

研究目前可供你从居住地接入互联网的通信选项。准备一份基于其来比较不同技术的标准清单,内容包括价格(是否根据速度和下载量分级定价?)、启动成本(是否需要购买专用调制解调器或是否需要安装费?)、最大数据传输速率等。将你的回答与其他人的回答进行比较,然后总结你确定的所有通信选项,包括标准和根据这些标准进行的分组比较。

4. 烧坏大脑?

无线电波、微波和红外线都属于电磁辐射频谱。这些术语指出了我们每天在无线网络环境中使用的辐射频率范围。然而,"辐射"一词却让许多人感到恐惧。在高速公路两旁的田野里,手机信号塔如雨后春笋般拔地而起。在城市里,高高的屋顶上还藏着许多基站。数以百万计的手机用户每次打电话时,都会把微波发射器 / 接收器靠在大脑边。面对如此多的辐射,我们应该担心吗?

5. 家庭网络体验

如果你在维护家庭计算机网络(或过去曾建立过家庭计算机网络),请创建一份文档,介绍家庭网络带来的好处以及你遇到过的困难。文档中应包括网络拓扑结构、详细的网络类型描述以及你所使用的设备。如果你没有家庭网络方面的体验,可以采访有过这方面体验的人并记下他们的意见。与其他人的结论进行比较,讨论其中的好处和挑战。

附录 C 设计数据库

学习成果

C.1 确定关系数据库模型的基本组成部分。
C.2 解释记录实体关系图的重要性。
C.3 解释数据库管理系统中实体关系图的必要性。

企业依赖数据库获取准确的最新信息。如果不能访问关键任务数据，大多数企业就无法正常运转，更不用说创建有助于做出战略决策的查询和报表了。要使这些决策有用，数据库就必须拥有准确、完整、一致、及时和唯一的数据。如果没有良好的基础数据库设计，决策就会不准确、不稳定。

数据库维护有关各类对象（如库存）、事件（如交易）、人员（如员工）和地点（如仓库）的信息。**数据库管理系统（DBMS）**提供在数据库中创建、更新、删除、存储和检索数据的方法，同时控制数据库的访问权限和安全性。

数据模型提供了一种正确设计数据库的方法，有助于满足 DBMS 环境中用户的需求。

C.1 关系数据库模型

业务环境中的许多元素都需要存储数据，而这些元素之间的关系是多种多样的。事实上，除了必须包含数据外，数据库还必须包含有关这些数据项之间关系的信息。正确设计数据库是为业务决策奠定坚实基础的根本。要做到这一点，就必须使用**数据模型**，或使用以图形或图表方式详细说明数据元素之间关系的逻辑数据结构。**关系数据库模型**以逻辑相关的二维表形式存储信息。二维表或实体的正式名称将在后文讨论。

在通过开发关系数据库模型来设计数据库时，会用到实体关系图。**实体关系图（E-R 图）**是一种记录数据库环境中实体和关系的技术。在介绍用于绘制 E-R 图的符号之前，首先需要了解什么是实体和属性。

1. 实体和属性

实体存储了关于个人、地点、事物、交易或事件等的信息。"客户"是一个实体，"产品"和"预约"也是一个实体。**属性**是与实体相关联的数据元素。例如，Mega-Video 是一家销售电影 DVD 的实体店和在线零售店，它需要通过创建一个名为 CUSTOMER（客户）的实体来存储客户信息（尤其是在线购买客户），该实体包含许多属性，如客户编号、姓、名、街道、城市、省、邮政编码、电话号码和电子邮件（如图 C.1 所示）。

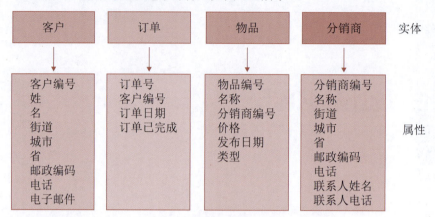

图 C.1 实体和属性示例

2. 属性类型

属性有以下几种类型。

（1）**简单属性与组合属性**。简单属性不能分解为更小的组成部分。例如，客户的姓和名就是简单属性。组合属性可分为更小的组成部分，这些更小的组成部分代表了更基本的属性，各有各的含义。组合属性的一个常见例子是地址（如图 C.2 所示）。地址可细分为多个子部分，如街道、城市、省和邮政编码。

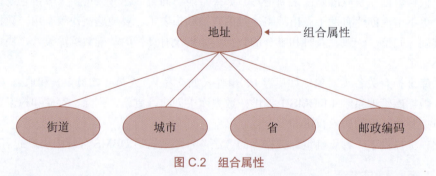

图 C.2 组合属性

（2）**单值属性与多值属性**。创建关系数据库时，数据模型中的属性必须是单值属性。**单值属性**指实体的每个属性只有一个值。一个人的年龄就是单值属性，因为一个人不可能有多个年龄。**多值属性**指一个属性有可能包含多个值，一个人的学历就是多值属性，因为一个人可以拥有不止一个学位。关系数据库中的实体不能具有多值属性，多值属性必须通过创建另一个实体来处理。因此，在为前面给出的示例设计数据库时，会有两个实体，一个名为 PERSON（或类似实体），另一个名为 DEGREE。如果确定了多值属性，这通常意味着需要有另一个实体。

（3）**存储属性与派生属性**。如果一个属性的值可由另一个属性的值计算得到，则称该属性为派生属性。用于计算该派生属性值的属性称为存储属性。派生属性没有存储在文件中，而是可以在需要时从存储属性中派生出来。派生属性和存储属性的一个例子是人的年龄。如果数据库中有一个存储属性（如"出生日期"），那么就可以通过由当前日期（从数据库管理系统中获取）减去出生日期来创建一个名为"年龄"的派生属性。

（4）**空值（Null）属性**。有时，一个属性可能没有适用的属性值。在这种情况下，就会创建空值属性。当没有其他适用值或值未知时,就会为该属性分配**空值属性**。如果一个人没有手机,那么他的"手机号码"属性值就会被存储为空值。当属性值未知时,也可以使用空值,例如"头发颜色"属性。每个人都有自己的发色,但相关信息可能缺失。

3. 业务规则

特定业务的"正确"设计取决于业务规则。对一个企业来说正确的设计,对另一个企业来说未必正确。**业务规则**是对某一业务方面定义的描述,它旨在传达业务的行为和规则。以下是 Mega-Video 公司可能采用的业务规则示例。

- 一位顾客可以购买多张 DVD。
- 许多顾客都可以购买 DVD。
- 一张 DVD 可以有多个名称。

一家典型的企业可能有数百条业务规则。每条业务规则都对应有一个实体,有时甚至会在描述中包含属性。例如,在上述示例中,根据业务规则,CUSTOMER 和 DVD 将是实体。确定业务规则有助于创建更准确、更完整的数据库设计。此外,业务规则还有助于确定实体之间的关系,这对创建 E-R 图非常有用。

C.2 记录实体关系(E-R)图

一旦确定了实体、属性和业务规则,就可以记录 E-R 图了。最常用的两种 E-R 图记录模型是陈模型和信息工程模型,前者是以实体关系建模的鼻祖彼得·陈博士的名字命名,后者则由詹姆斯·马丁和克莱夫·芬克尔斯坦的研究成果发展而来。只要使用 E-R 图的每个人都能理解其中的符号,那么使用哪种符号就不重要了。为简单起见,这里只介绍陈模型。

陈模型使用非常具体的符号来表示实体和属性。矩形表示实体。每个实体的名称都出现在矩形中,用单数表示并大写,如 CUSTOMER。最初,属性并不是陈模型的一部分,但许多数据库设计者扩展了陈模型,将属性包含在椭圆符号中,如图 C.3 所示。

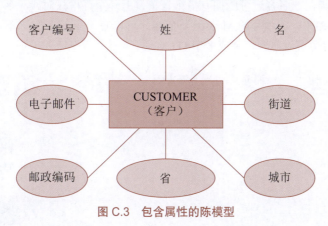

图 C.3 包含属性的陈模型

C.2.1 基本的实体关系

之所以创建 E-R 图,主要是为了识别并表示实体之间的关系。如果 Mega-Video 公司的业务规则允许一位顾客订购多个视频(多件物品),则需要在 CUSTOMER、ORDER(订单)和 ITEM(物品)之间创建关系。这纯粹是数据库外在的概念表示,与数据的物理存储完全无关。同样,E-R 图所要做的就是创建一个据以设计数据库的模型。

陈模型用菱形表示实体间的关系,用线条连接实体间的关系。图 C.4 使用这种符号显示了与 Mega-Video 公司有关的实体 CUSTOMER 和 ORDER 之间的关系。关系中使用的词语在一定程度上表明了关系的含义。

一旦定义了基本实体及其属性，接下来的任务就是确定这些实体之间的关系。有三种基本关系：一对一、一对多、多对多。

图 C.4　包含关系的陈模型

1. 一对一关系

一对一关系（1∶1）指两个实体之间的关系，其中一个实体的实例只能与相关实体的一个实例建立联系。例如，Mega-Video 公司有许多门店，每家门店都有数名员工和一名经理。根据该公司的业务规则，作为员工的经理只能管理一家门店。这样，员工和门店之间的关系就变成了 1∶1。使用陈模型符号（如图 C.5 所示），这两个实例之间的关系可以表述为"一名员工可以管理一家门店，一家门店有一名经理"。

图 C.5　一对一关系

实体 EMPLOYEE 和 STORE 旁的数字 1 表示只有一名员工管理一家门店。

2. 一对多关系

大多数关系数据库都是由一对多关系构建的。**一对多关系（1∶M）**是指两个实体之间的关系，其中一个实体的实例可以与相关实体的多个实例建立联系。例如，如图 C.6 所示，Mega-Video 公司从一家 DISTRIBUTOR（分销商）处接收多件 ITEM，而每家分销商可能提供多件 ITEM。同样，一名客户可能拥有多个订单，但一个订单只对应一名客户。这都是一对多关系的例子。ORDER 实体旁的 M 表示一个客户可以有一个或多个订单。这个符号也用于 ITEM，因为一个订单可以包含一个或多个 ITEM。

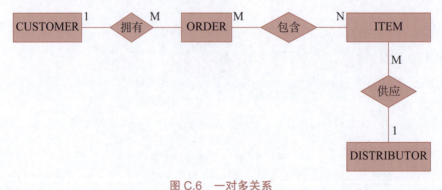

图 C.6　一对多关系

3. 多对多关系

识别和删除多对多关系有助于创建准确和一致的数据库。**多对多关系（M∶N）**是指两个实体之间的关系，其中一个实体的一个实例与另一个实体的多个实例相关，而另一个实体的一个实例又与第一个实体的多个实例相关。Mega-Video 公司的实体 ORDER 和 ITEM 之间就存在多对多的关系（如图 C.6 所示）。一个 ORDER 可以包含多个 ITEM，而每个 ITEM 可以在多个

ORDER 中出现。图 C.6 中 ITEM 旁的字母 N 表示 ORDER 和 ITEM 之间是多对多关系。

然而，多对多关系存在一些问题。首先，关系数据模型不是为处理多对多关系而设计的。这意味着要在关系 DBMS 中使用多对多关系，就必须用一对多关系来替代多对多关系。其次，多对多关系会造成存储数据冗余，而这会对数据库所需的准确性和一致性产生负面影响。为了更好地理解这个问题，试考虑 ITEM 和 ORDER 之间的关系。ORDER 和 ITEM 之间是多对多的关系，因为每个 ORDER 可以包含多件 ITEM，而且随着时间的推移，每件 ITEM 又会出现在多个 ORDER 中。每当客户下订单购买商品时，ITEM 的数量都会发生变化，这取决于客户要购买多少张 DVD。要分解多对多关系，就需要一个组合实体。

表示其他两个实体之间关系的实体称为**组合实体**。上述示例需要另一个实体来分解 ORDER 和 ITEM 之间的多对多关系。图 C.7 显示了这种新关系。

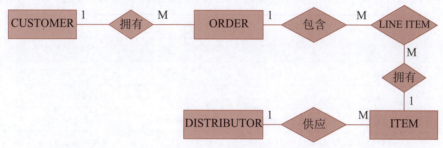

图 C.7　组合实体

创建一个名为 LINE ITEM 的组合实体（可将之想象成发票单据上的一个行项目），就可以分解 ORDER 和 ITEM 之间的多对多关系，从而消除在删除或更新信息时产生的冗余和其他异常情况。陈模型采用了矩形和菱形相结合的方式来记录组合实体。

根据图 C.7 中的新 E-R 图，每个 ORDER 可以包含多个 LINE ITEM，但一个 LINE ITEM 只能属于一个 ORDER。因此，ORDER 和 LINE ITEM 之间的关系是一对多，即一个 ORDER 有一个或多个 LINE ITEM；而 ITEM 和 LINE ITEM 之间的关系是一对多，即一个 ITEM 可以包含在多个 LINE ITEM 中。该组合实体删除了原来的多对多关系，将其转变为了两个一对多关系。

C.2.2　关系基数

基数表示相应实体实例的具体数量。在陈模型中，基数是通过在实体旁标注数字来表示的，格式为（x,y），其中 x 表示最小值，y 表示最大值。

在客户下订单之前，Mega-Video 公司可以在其数据库中存储有关客户的数据。CUSTOMER 实体的实例不必与任何 ORDER 实体的实例相关，这意味着基数是可选的。

但是，Mega-Video 公司的数据库情况并非如此。订单必须与客户相关。没有客户，订单就不可能存在。CUSTOMER 实体的实例可以与 0 个、1 个或多个 ORDER 相关，使用的基数符号为（0,N）。ORDER 实体的实例必须与一个且只能与一个 CUSTOMER 相关，其基数符号为（1,1）。ORDER 和 CUSTOMER 实例之间的关系是强制关系。图 C.8 举例说明了这些基数。

图 C.8　基数示例

C.3 关系数据模型与数据库

一旦完成 E-R 图，就可以将其从概念逻辑模型转化为 DBMS 所需的正式数据模型。关系数据模型是数学家埃德加·科德的研究成果。20 世纪 60 年代，科德博士在研究现有数据模型时发现，数据关系的效率非常低。他利用自己在数学方面的知识和经验，创建了关系数据模型。大多数数据库（如 Access 和 SQL Server）都基于关系数据模型。

1. 从实体到表

在为概念模型创建 E-R 图时，重点是确定实体和属性。而逻辑关系数据模型的重点是表和字段。使用 E-R 图，实体变成了表，属性变成了字段。**表**由表示实体的行和列组成。**字段**是表的一项特征。**记录**是相关数据元素的集合。表定义中的列代表字段，行代表记录。

乍一看，表格以及字段和记录都很像电子表格中的信息，如图 C.9 中的 CUSTOMER 表。

CUSTOMER			
客户编号	名	姓	电话号码
0001	Bill	Miller	777-777-7777
0505	Jane	Cook	444-444-4444
1111	Sam	Smith	555-555-5555
1212	John	Doe	666-666-6666

图 C.9 客户表样例

字段。图 C.9 有四个字段：客户编号、名、姓、电话号码。同一关系数据模型中的两个或多个表可以有相同名称的字段，但单个表中的字段名称必须唯一。使用关系数据模型符号时，表名大写（如 CUSTOMER），所有列均使用首字母大写（如 Customer Number），即 CUSTOMER（Customer Number, First Name, Last Name, Phone Number）。

记录。表中的每条记录都具有以下性质。

（1）表不能有多值属性（如前所述），因此，字段和记录的相交处只允许有一个值。

（2）每条记录都必须是唯一的，表中没有重复的记录。

（3）记录必须有一个实体标识符或**主键**，它是一个（或一组）字段，在表中唯一标识给定记录。

主键。主键可以唯一标识表中的每条记录。主键对于从数据库中准确检索数据非常重要。

使用客户编号作为主键，意味着不会有两个客户拥有相同的编号。主键将用于识别与之相关的记录。例如，如果有人要在 Mega-Video 公司的数据库中搜索一个客户编号为 112299 的客户购买的所有物品，那么他只能检索到相应记录，而不会检索到与其他客户相关的记录。

除了唯一性，主键还不能包含空值。请注意，空值是一个表示"未知"的特殊值，但它与字段为空或设置为零值不同。如果一条记录的主键为空，那该数据结构并不违规。但一旦另一条记录出现第二个空值，主键的唯一性就会丧失。因此，在创建主键时禁止使用空值。

在记录主键时，正确的符号是用下画线表示，例如：CUSTOMER（<u>Customer Number</u>, First Name, Last Name, Phone Number）。

2. 表之间的逻辑关系

一旦定义了主键，就可以在各表之间建立逻辑关联了。图 C.10 中的每个表都直接类似于图 C.8 中 E-R 图的同名实体，但不包括 DISTRIBUTOR 表。CUSTOMER 表由客户编号（随机生成的唯一主键）标识。ORDER 表由订单编号标识，这是另一个任意指定的唯一主键。

ORDER LINE 表描述了 ORDER 表中包含哪些 ITEM。这个表需要一个连接主键（即将两个字段连接为一个主键），因为多件物品可能出现在多个订单中。然而，选择这个连接主键的意义不仅仅在于识别每条记录，它还代表了 ORDER LINE 表、包含这两个连接字段的 ORDER 表和所订购 ITEM 表之间的关系。ITEM 表的主键由物品编号标识。

ORDER LINE 表中的物品编号字段与 ITEM 表中的主键相同。这表明这两个表之间是一对多的关系。同样，ORDER 和 ORDER LINE 表之间也存在一对多的关系，因为 ORDER LINE 表中的 Order Number 字段与 ORDER 表的主键相同。

当一个表包含的字段与另一个表的主键相同时，则该字段就称为外键。**外键**是指一个表的主键作为属性出现在另一个表中，从而建立起两个表之间的逻辑关系。外键与主键的匹配代表了关系数据库中的数据关系。

外键可以是连接主键的一部分，如图 C.10 中的 ORDER LINE 表。将 ORDER LINE 表中的 Order Number 和 Item Number 作为外键连接或组合后，它们就变成了主键。然而，大多数外键并不是表主键的一部分，如图 C.10 中的 CUSTOMER 表和 ORDER 表之间的关系。ORDER 表中的 Customer Number 字段是与 CUSTOMER 表的主键相匹配的外键。它表示 CUSTOMER 和 ORDER 之间的一对多关系。但是，Customer Number 并不是 ORDER 表主键的一部分；它只是用来创建 CUSTOMER 和 ORDER 这两个表之间的关系。

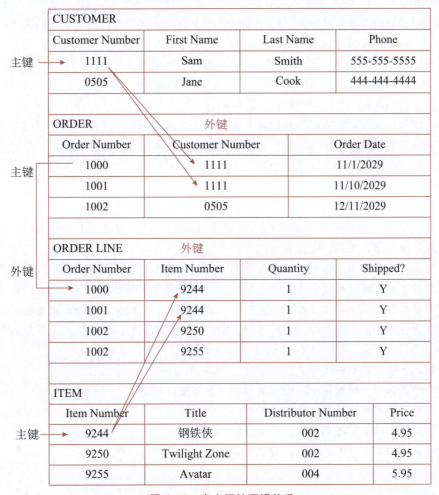

图 C.10　表之间的逻辑关系

关系数据库使用主键和外键之间的匹配数据来表示关系。假设 Mega-Video 公司的一名员工想查看 Order Number 为 1002 的 Title。首先，数据库会找出 ORDER LINE 表中包含 Order Number 为 1002 的记录。然后，将这些记录与 ITEM 表中的 Item Number 进行匹配。结果是与每个表中的记录相匹配的记录。

做出业务决策

1. SportTech Events 公司

SportTech Events 公司为当地高中运动员举办体育赛事。该公司需要一个用于跟踪赛事赞助商和赛事主办地的数据库。每项赛事都需要有赛事说明、主办日期和主办费用。每项赛事的费用都要单独协商。该公司还希望有一份潜在赞助商名单，其中包括每个赞助商的联系人信息，如姓名、电话号码和地址。

每项赛事只有一个赞助商，但某个赞助商可以赞助多项赛事。每项赛事主办地都需要一个 ID、联系人和电话号码。一项特定的赛事只能使用一个主办地，但一个地点可以用于举办多项赛事。SportTech Events 要求你根据上述信息创建 E-R 图。

2. 课程和学生安排表

丹佛大学信息技术系主任保罗·鲍尔想创建一个数据库来跟踪该系开设的所有课程。除了课程信息外，鲍尔还希望数据库能包括每位教师的基本联系信息，如教工号、姓名、办公地点和电话号码。目前，该系有 9 名教师（7 名全职教师和 2 名兼职教师）。鲍尔希望跟踪每门课程的 ID、名称和学时数。开课时，课程部分会有一个 ID 编号，系里会根据这个编号跟踪是哪位教师在讲授这门课程。每门课程只有一名教师。

最后，鲍尔还需要能够跟踪信息技术专业的学生，并了解每个学生都选修了哪些课程。他想知道每个学生的信息，如学号、姓名和电话号码及其在每门课程中的成绩。

根据上述信息使用陈模型创建 E-R 图。

3. 斜坡滑雪租赁公司

美国科罗拉多州韦尔的韦尔度假村是国际知名的北美最佳滑雪胜地之一。自 1973 年以来，租赁斜坡滑雪装备一直是该地区的传统。斜坡滑雪租赁公司为顾客提供了最多的雪橇、滑雪靴、滑雪板、滑雪服、头盔、眼镜和其他各种滑雪所需装备。

在过去的三个冬天里，你一直受雇于这家公司。最近，该公司业务量激增，公司老板需要一种更准确的方法来管理租赁业务。你决定创建一个数据库，帮助公司老板记录滑雪装备租赁情况、客户身份、支付金额以及滑雪装备在租赁过程中的损坏情况。雪橇和滑雪板的类型、尺寸和固定装置各不相同。顾客在租赁设备时需留下自己的驾照号，并提供家庭住址、电话和信用卡号。

你了解以下的一些业务规则。

（1）一位顾客可同时租用一块或多块雪橇或滑雪板。

（2）雪橇和滑雪板可被多位顾客租用。

（3）一块雪橇或滑雪板不需要出租给任何顾客。

你的任务是根据上述业务规则开发 E-R 图。

连通性：网络化世界的商业价值

附录 D

学习成果

D.1 解释创建互联世界的五大网络要素。
D.2 识别互联世界带来的益处和挑战。

D.1 互联世界概述

计算机网络在全球范围内持续运行，支持着我们 365 天不间断保持网络连接的生活方式。你现在可能正在不知不觉中使用多个网络。例如，你可能正在使用校园网与老师交流，使用手机网络与朋友交流，使用有线电视网络看电视或听广播。网络使通信或信息（包括文本、数据、音频、视频）交换成为可能。通信行业已从政府管制的垄断行业转变为了放松管制的市场，许多供应商在这个市场中激烈竞争。相互竞争的企业提供本地和全球电话服务、卫星服务、移动无线电服务、有线电视服务、蜂窝电话服务和互联网接入服务（本附录将详细介绍所有这些服务）。各地企业越来越多地使用网络与客户、合作伙伴、供应商、员工进行沟通和协作。如今的管理者也面临许多通信选择，本附录的重点是让读者初步了解需要选择的不同网络元素，如图 D.1 所示。

1. 网络类型

网络的总体理念是让多台设备以最高速度进行通信，且最重要的是要降低连接成本。特定网络实现这些目标的方式部分取决于其物理结构和连接方式。根据地理跨度，网络可分为局域网、广域网和城域网。当今的商业网络是这三种网络的组合。

局域网（LAN）将办公楼、学校或家庭等邻近区域的一组计算机连接起来，允许共享文件、打印机、游戏和其他资源，且常常与其他局域网和广域网相连接。**广域网（WAN）**跨越省或国家等广大地理区域，最典型的广域网例子就是因特网。广域网对许多企业和政府组织的日常运作至关重要，使它们能够跨城市、跨地区、跨国家和世界各地的员工、客户、供应商、业务合作伙伴及其他组织相互收发信息。在网络中，**衰减**指网络信号强度（单位为分贝，dB）的损失，发生这种情况的原因是传输距离较远，或者无线电或墙壁等物理障碍物的干扰会使信号强度逐渐减弱。**中继器**接收并转发信号，以减少信号衰减并扩大信号覆盖范围。

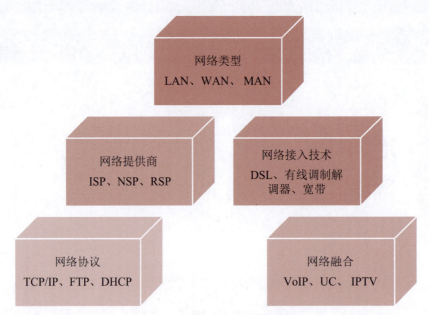

图 D.1　创建互联世界的网络要素

广域网通常连接多个较小的网络，如局域网或城域网。**城域网（MAN）**是一种大型计算机网络，通常横跨一个城市。大多数跨园区的大专院校和大型企业都使用城域网支持的基础设施。图 D.2 显示了局域网、广域网和城域网之间的关系和一些区别。云图通常代表互联网或某类大型网络环境。

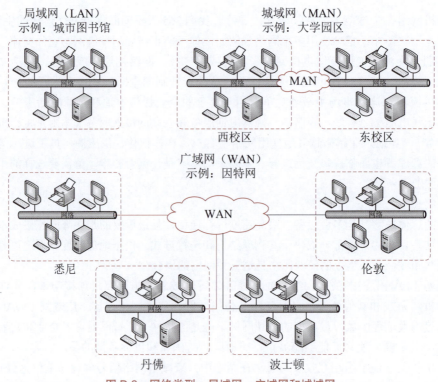

图 D.2　网络类型：局域网、广域网和城域网

尽管局域网、广域网和城域网都能为用户提供可访问的可靠网络基础设施，但它们在许多

方面存在差异,其中最重要的两个方面是成本和性能。在一个房间或一栋楼宇内的两台计算机之间建立网络很容易,但如果这两台计算机位于不同的城市,甚至不同的国家,则建立网络要困难得多。这就意味着,如果要建立或支持广域网,要么需要付出更高的成本,要么获得的性能可能很低,或者两者兼有。以太网是最常见的有线网络连接类型,其速度从 10Mbps 一直到 10000Mbps(10Gb)。以太网联网最常用的线缆是 5 类线,所用的 RJ45 连接头比电话使用的 RJ11 连接头稍大,但形状相同。

2. 网络提供商

最大、最重要的网络——因特网,已发展为一条全球信息高速公路。可以将因特网想象成一个由数百万个小型网络组成的网络,每个网络都能独立运行,或与其他网络协调运行。保持因特网的正常运行并非易事。虽然没有人拥有或管理它,但因特网确实有一个组织良好的网络拓扑结构。

因特网是一个分级结构,连接着不同层级的服务提供商,这些服务提供商拥有的数以百万计设备、局域网、广域网和城域网提供所有的互联。网络接入点(NAP)是在连接 NSP 的因特网层次结构中提供路由服务的流量交换点。它们通常覆盖区域或全国范围,只连接少数几个 NSP。因此,NAP 需要通过与之连接的其中一个 NSP 来确定流量路由,才能到达全球因特网的大部分区域。

地区服务提供商是该层次结构的下一级。**地区服务提供商(RSP)** 通过连接 NSP 来提供因特网服务,但它们也可以直接相互连接。再向下一级是**因特网服务提供商(ISP)**,专门提供网络管理、支持和维护。ISP 提供的服务和可用带宽速率各不相同。ISP 与 RSP 相连,如果地理位置较近,还可与其他 ISP 相连。此外,有些 ISP 还绕过层级与 NSP 直接连接。个人和企业使用本地 ISP 连接因特网,大企业则倾向于直接使用 RSP 连接。层级越高,连接速度越快,带宽越大。虽然图 D.3 所示的主干网已大大简化,但它说明了"基本的全球互联是由 NSP、RSP 和 ISP 提供的"这一概念。

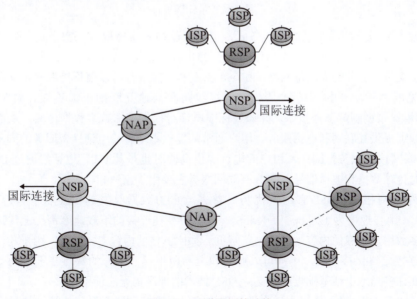

图 D.3　互联网拓扑结构

3. 网络接入技术

高性能是任何计算机、计算机系统或网络的终极目标。网络性能与网络的数据传输速度及其数据传输处理能力直接相关。一个不能提供足够性能的网络根本无助于依赖它的人完成工作。幸运的是，如果网络性能不足，可以对其进行升级和扩展。

我们用**带宽**来衡量网络性能，即在单位时间内能从一个节点传输至另一节点的最大数据量。带宽类似于水流通过软管。如果软管大，水就能快速通过。数据与软管的不同之处在于，数据必须传输很远的距离（尤其是在广域网上），而且并非所有网络区域的带宽都一样。从根本上讲，一个网络有许多容量不等的"软管"连接在一起，当其中一条"软管"比其他"软管"小时，数据流就会受到限制。因此，网络的传输速度取决于其最小带宽的速度。

比特（二进制数字的简称）是最小数据元素，其值为 0 或 1。带宽用**比特率**（或**数据率**）来衡量，即单位时间内传输或接收的比特数。图 D.4 以比特率表示带宽速度。带宽通常以每秒比特数（缩写为 bps）和每秒字节数（缩写为 Bps）表示。要注意的是，这两个术语不能互换。

调制解调器是一种能使计算机收发数据的设备。20 世纪 90 年代，大多数家庭用户都是使用传统的电话线和调制解调器上网，这种方式称为拨号接入。如今，一些欠发达国家和某些国家农村地区的许多用户仍在使用拨号上网。它有两个缺点。第一，速度慢，最大传输速率仅为 56kbps。在该速率下，下载一首时长为 3 分钟的歌曲需要 8 分钟，下载一部时长两小时的电影需要一天多的时间。其次，拨号调制解调器接入会占用电话线，因此用户在上网时不能接听或拨打电话。好消息是，这个问题已经不像以前那么严重了，因为许多人都有手机，打电话不再需要占用电话线。

带宽	缩写	每秒比特数（bps）	示例
千比特	kbps	1kbps = 1000bps	传统调制解调器 = 56kbps
兆比特	Mbps	1Mbps = 1000kbps	传统以太网 = 10Mbps 快速以太网 = 100Mbps
千兆比特	Gbps	1 Gbps = 1000Mbps	千兆比特以太网 = 1000Mbps

图 D.4　带宽速度

拨号接入曾是全球最常见的连接方式，但很快就被宽带所取代。**宽带**是一种始终在线的高速互联网连接。这里的"高速"指任何大于 2Mbps 的带宽。在早期，使用宽带的成本较高，宽带仅用于支持大企业的大流量网络。如今，家庭和小企业都可以廉价接入宽带互联网。

最常见的两种宽带接入方式是数字用户线路和高速互联网电缆连接。**数字用户线路（DSL）**利用宽带调制解调器技术，并通过标准电话线提供高速数字数据传输，从而可以在同一条电话线上提供互联网和电话服务。用户通常从提供本地有线电话接入服务的同一家公司获得 DSL 互联网接入服务。因此，用户的电话提供商同时也是其 ISP，电话线通过 DSL 调制解调器可同时传输数据和电话信号。DSL 互联网服务主要用于家庭和小企业。

与拨号上网相比，DSL 有两大优势。首先，它的数据收发速度更快——下载速度为 1～2Mbps，上传速度为 128kbps～1Mbps。大多数高速连接的下载速度都比上传速度快，这是因为大多数用户下载的内容（包括浏览网页）都比上传的内容多。其次，由于与互联网服务提供商的连接始终保持在线，用户可以通话和上网两不误。DSL 的缺点在于它的工作距离有限，并且在许多当地电话基础设施不支持 DSL 技术的地区仍无法使用。

拨号接入和 DSL 接入使用本地电话基础设施，而**高速有线互联网连接**则使用有线电视公司的基础设施和专用电缆调制解调器提供互联网接入。**电缆调制解调器（或宽带调制解调器）**是高速有线互联网服务中使用的一种数字调制解调器。电缆调制解调器将家用计算机（或家用计算机网络）连接到家庭有线电视服务，DSL 调制解调器连接到家庭公共电话服务。ISP 通常提供电缆调制解调器和 DSL 调制解调器。一般情况下，宽带或高速互联网服务的平均传输速率比传统拨号服务快 10 倍。**远程办公（虚拟劳动力）**允许用户通过高速互联网远程（如在家中或酒店）访问业务应用和数据，以进行工作。

与 DSL 不同，高速电缆互联网是一种共享服务，这意味着在一定范围（如一个社区）内的所有人都共享可用带宽。因此，如果多个用户同时下载一个视频文件，那每个人的实际传输速率会比只有一个人下载时低得多。使用电缆的可用带宽范围平均为：下载 512kbps～50Mbps，上传 786kbps。

另一种替代 DSL 或高速有线互联网的选择是从提供商处租用专用通信线路。最常见的是 T1 线路，这是一种能以 1.544Mbps 的速度传输数字信号的数据链路。虽然这一速度并没有给人留下深刻印象，而且 T1 线路比 DSL 或高速有线互联网线路昂贵，但其可靠性却要高得多，因为每条线路由 24 个信道组成，通过一条线路可建立 24 个连接。如果一家企业拥有三个数据流量很大的工厂，那么租用线路以保证服务的可靠性可能是一个合理选项。

企业必须根据其需求来选择互联网接入方式。如果企业总是需要高带宽接入，以便与客户、合作伙伴或供应商通信，那么租用 T1 线路可能是最具成本效益的方法。图 D.5 概述了主要的互联网接入方式。图中的带宽表示平均速度，实际速度会因服务提供商和其他因素（如布线类型和计算机速度）而异。

接入技术	描述	带宽	备注
拨号接入	使用调制解调器和普通电话线按需访问	最大 56kbps	价格便宜，但与其他技术相比速度较慢
DSL 接入	始终在线连接需要专用调制解调器	下载：1～2Mbps 上传：128kbps～1Mbps	利用现有的本地电话基础设施
电缆接入	始终在线连接，需要专用电缆调制解调器和电缆线路	下载：512kbps～50Mbps 上传：786kbps	与本地其他用户共享资源
T1 线路接入	高带宽租赁线路	1.544Mbps	比拨号、DSL 或电缆接入方式昂贵

图 D.5 互联网接入类型

基于电力线路的宽带（BPL）技术使得通过普通住宅电力线路高速接入互联网成为可能，这提供了一种替代 DSL 或高速电缆调制解调器接入的方案。BPL 的工作原理是通过电力线路传输数据，其信号频率高于电信号（或 DSL 中的语音信号）频率。BPL 能在不中断家庭电力输出的情况下实现计算机数据在网络上的来回传输。许多住户惊讶地发现，他们的电力系统原来还可以作为一个以 1～3Mbps 的速度运行的家庭网络，而且能完全接入互联网。遗憾的是，受干扰和可用性等限制因素的影响，BPL 没有得到普及。

4. 网络协议

数据包是通过网络传输二进制数据的单一单位。通过将电子消息细分为更小、更易于管理的部分，数据包直接影响了网络的性能和可靠性。**标准数据包格式**包括数据包头、含有原始消息的数据包主体和数据包尾。**数据包头**列出了目的地（如 IP 数据包中的目的地就是 IP 地址）和消息数据的长度。**数据包尾**表示数据包结束或数据传输结束。数据包头和数据包尾都包含有错误检测信息，以确保消息被完整发送和接收。接收设备先剥离包头和包尾，然后按正确顺序拼接数据包，从而将多个数据包重新组装成原始数据包。**Traceroute（路由跟踪器）**是一种实用程序，用于监测将数据包发送至远程计算机时所经过的网络路径。路由跟踪器通过网络发送一系列测试消息（使用域名或 IP 地址），直到最后一条消息最终到达目的地。完成后，路由跟踪器会显示从初始计算机到达目的计算机的路径。**代理**是一种阻止发送端计算机和接收端计算机之间直接通信的软件，是出于安全原因监控数据包。

协议是一种标准，规定了数据格式以及数据传输过程中应遵循的规则。使用相同协议的计算机可以方便地进行通信，从而提供了网络间的可访问性、可扩展性和可连接性。**文件传输协议（FTP）**是一种简单的网络协议，该协议允许互联网上的两台计算机互传文件。使用 FTP 传输文件时，FTP 客户端程序会建立与运行有 FTP 服务器软件的远程计算机之间的连接。连接建立后，客户端可选择以电子方式发送和/或接收文件。网络接入技术使用一种称为**传输控制协议/互联网协议（TCP/IP）**的标准互联网协议，该协议为公共互联网以及大量专用网络提供了技术基础。开发 TCP/IP 协议的主要原因之一是让多样化网络或不同网络之间能够相互连接和通信，从而使局域网、广域网和城域网能够随着每一个新连接的建立而扩展。**IP 地址**是一组唯一的数字，用于标识计算机在网络中的位置。IP 地址的形式为 xxx.xxx.xxx.xxx（IPv4），每个分组可以短至一个数字。

数据在网络上传输时可能会出错，而 TCP（TCP/IP 的 TCP 部分）能验证数据传输正确与否。另外，TCP 还可确保数据包的大小在整个传输过程中保持一致，甚至可以重传数据，直到正确发送为止。IP（TCP/IP 的 IP 部分）可验证数据是否发送到了正确的 IP 地址，IP 地址由 0～255 的 4 串数字表示，中间用点号分隔。例如，www.apple.com 的 IP 地址是 97.17.237.15。

可以这样来理解 TCP/IP。例如，有一封信件需要从丹佛大学寄往苹果公司总部。TCP 确保将该信件送达，不会在途中丢失。IP 则提供了收发标签，告诉信件投递员该把这封信投递到哪里以及寄件人是谁。邮政系统主要使用街道地址和邮政编码来将信件送达目的地，这实际上就是采用了 IP 的寻址方法。图 D.6 举例说明了这一点。不过，与允许多人共享同一物理地址的邮政服务不同，使用 IP 地址连接互联网的每台设备都必须有一个唯一的地址，否则就无法确定应将请求发送给哪台设备。

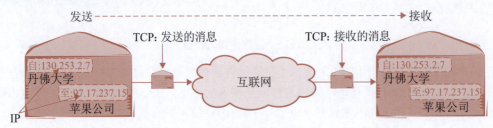

图 D.6　TCP/IP 示例

TCP/IP 最具价值的特征之一在于，当互联网从只有几台机器的小型网络发展到拥有数百万台设备的庞大互联网络时，该协议被证明具有很强的可扩展性。虽然需要定期进行一些更改以支持这种增长，但 TCP/IP 的核心仍与它诞生时一样。**动态主机配置协议（DHCP）**允许动态分配 IP 地址，因此用户无须预先手工配置 IP 地址即可使用网络。DHCP 允许计算机访问和定位服务器上的计算机信息，从而使用户能够定位和更新自己的 IP 地址。ISP 通常使用 DHCP 来将用户接入互联网所需进行的配置操作降到最少。DHCP 为设备分配唯一的 IP 地址，然后在设备离开/重新接入网络时释放/更新这些地址。

如果说 TCP/IP 有什么缺陷，那就是 IP 地址的复杂性。这就是为什么我们使用**域名系统**

(DNS)将 IP 地址转换为域名或使用各种可识别命名约定的标识标签的原因。因此，用户只需要指定一个域名（如 www.apple.com）即可访问计算机或网站，而不必记住 97.17.237.15 这样的 IP 地址。图 D.7 列出了常见的互联网域名。

域名	用途
.com	保留给商业机构和企业
.edu	保留给经认可的高等教育机构
.gov	保留给政府机构
.net	向任何个人或实体开放
.org	保留给非营利组织

图 D.7 互联网域名

预计在未来几年内，域名列表还将不断扩大，如 .pro（针对会计师、律师和医生）、.aero（针对航空运输业）和 .museum（针对博物馆）。此外，还有 .au（澳大利亚）、.fr（法国）和 .sp（西班牙）等国家或地区域名。

流量大的网站通常有多台计算机协同工作，分担请求负载，这提供了负载均衡和容错功能。因此，当向一个热门网站发出请求时，不会造成单台计算机过载，也不会因一台计算机出现故障而导致整个网站瘫痪。一台计算机还可以有多个主机名，例如一家企业有多个网站位于一台服务器上（就像 ISP 托管一样）。

域名基本上是向域名注册机构租用的，可续租。有些注册机构只注册域名，有些则还提供收费的托管服务。ICANN（互联网名称与数字地址分配机构）是一个非营利性管理和标准组织，负责对全球所有域名注册机构进行认证。获得认证后，每个注册机构都有权注册 .com、.edu 或 .org 等域名。

5. 网络融合

网络设备、应用和服务的融合部分地是因为互联网使用的爆炸式增长和 TCP/IP 的连通性。消费者、企业、教育机构和政府机构在广泛使用短信、网上冲浪、视频会议应用、在线游戏和电子业务。**网络融合**是电话、视频和数据通信在单一网络中的高效共存，提供了独立基础设施无法提供的便利性和灵活性。几乎任何类型的信息都可以转换成数字形式并通过网络进行交换。网络融合可以将语音、数据和视频交织在一起。网络融合的好处是：只需要一个网络、一家提供商和一份账单，便可提供多种服务和设备。

与网络融合相关的一项挑战是如何高效率且富有成效地使用多种工具。了解如何针对每项业务的参与者采用最合适的通信手段是一项挑战。**统一通信（UC）**指将多种通信手段整合为一项服务，使参与者使用最方便的方式进行通信。统一通信融合了即时消息、视频会议、电子邮件、语音邮件等。这可以降低企业的通信成本，同时助力个人的通信与协作。

随着**互联网协议电视（IPTV）**利用 IP 技术在互联网和专用 IP 网络上传播数字视频内容这一实践的发展，电视领域正涌现出令人兴奋的新融合。传统电视将所有节目信号同时发送到电视上，用户可以通过选择频道来收看节目。而使用 IPTV 时，用户选择一个频道，服务提供商只向电视发送单一节目。与有线电视一样，IPTV 使用一个类似调制解调器的盒子来发送和接收内容（见图 D.8）。以下是 IPTV 的一些功能。

（1）**支持多种设备**：个人计算机和电视均可访问 IPTV 服务。

（2）**与用户互动**：IPTV 的双向通信支持交互式应用和节目。

（3）低带宽：IPTV 提供商只向一个频道发送节目，因此节省了带宽。

（4）个性化：用户不仅可以选择想看的内容，而且还可以选择想看的时间。

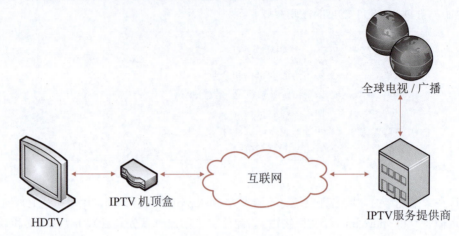

图 D.8　IPTV 组成部分

D.2　互联世界的益处

在网络出现之前，计算机之间的数据传输既费时又费力。人们必须用磁盘将数据从一台机器物理复制到另一台机器。

资源共享使任何人都可以通过网络使用所有应用、设备（如大容量打印机）和数据，不需要考虑资源或用户的物理位置。共享物理资源还可支持可持续的管理信息系统基础设施，从而使企业同时具备敏捷性、高效性和责任感。云计算和虚拟化整合了提高共享资源使用率的信息及系统。通过使用共享资源，云计算和虚拟化实现了对集体计算能力、存储能力和软件能力的按需使用。

也许比共享物理资源更重要的是共享数据。无论规模大小，大多数企业的运营既依赖于客户记录、库存、应收账款、财务报表和税务信息，又依赖于共享这些信息的能力，尤其是与地处偏远的业务部门共享这些信息的能力。通过局域网、广域网或城域网联网，员工可以方便快捷地共享数据，并使用数据库和协作工具等依赖共享的应用。通过共享数据，网络可以提高业务流程的效率。例如，订单一经下达，企业内部需要查看订单的任何人（无论是营销、采购、制造、运输还是计费人员）都可以查看。

内部网和外部网使企业可以安全地共享其信息。如图 D.9 所示，**内部网**是一种受限网络，依靠互联网技术在企业内部提供类似互联网的环境，以实现信息共享、通信、协作、网络发布和业务流程支持。这种网络受到密码、加密和防火墙等安全措施的保护，因此只有授权用户才能访问。内部网集中提供了与企业相关的各种信息，如福利、日程安排、战略方向和员工名录等。

外部网是内部网的延伸，只对客户、合作伙伴和供应商等授权外部各方开放。拥有一个上述各方可以与员工共享订单和发票处理等信息的公共区域，可以成为企业在产品开发、成本控制、市场营销、分销和供应商关系等方面的一项重要竞争优势。企业之间可以建立直接的专用网络连接，也可以建立专用、安全的互联网接入——实际上是在互联网中建立一个专用隧道，称为**虚拟专用网络（VPN）**。图 D.10 展示了如何使用 VPN 连接到企业服务器。

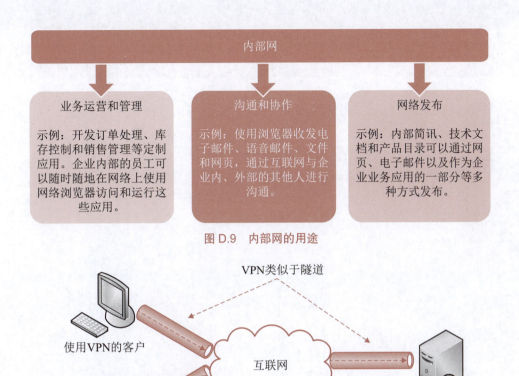

图 D.9　内部网的用途

图 D.10　使用 VPN

　　外部网使客户、供应商、顾问、分包商、潜在客户和其他人员能够访问选定的内部网网站和企业的其他网络资源，从而实现信息共享。顾问和承包商可以为新产品或服务设计出谋划策。供应商可以确保企业正常运转所需的原材料供应并能及时交付。客户可以使用订购和支付功能，并查询订单状态。外部网将企业与外部世界联系起来，从而使企业的运营得以改善。

　　外部网通过多种方式提供商业价值。首先，依靠网络浏览器，外部网可以使客户和供应商方便、快捷地访问企业资源。其次，外部网使企业能够为目标受众定制交互式网络服务，从而建立并加强与客户及供应商的战略关系。最后，外部网可以建立并改善与客户及其他业务伙伴的合作。

商业情报与数据挖掘

学习成果

E.1 比较运营性、战术性和战略性商业情报。
E.2 解释数据挖掘如何才能帮助改善业务流程。
E.3 描述商业情报系统带来的四类业务益处。

E.1 运营性、战术性和战略性商业情报

Intelligent Solutions 公司总裁克劳迪娅·伊姆霍夫认为,将数据挖掘分析和商业情报(BI)分为运营性、战术性和战略性三类是非常有用的。从运营分析到战术分析再到战略分析,可以看出两个趋势。首先,分析变得越来越复杂和特别。也就是说,分析的重复性和可预测性越来越低,所需的数据量和数据类型也不同。其次,分析的风险和回报同步增加。也就是说,通常耗时较长、战略性较强的查询创造价值的机会不多,但一旦产生价值,其价值就可能非同一般。图 E.1 说明了运营性、战术性和战略性商业情报之间的区别。

	运营性商业情报	战术性商业情报	战略性商业情报
业务重点	管理日常运营,将商业情报与业务系统集成	进行短期分析,实现战略目标	实现企业长期目标
主要用户	管理人员、分析师、运营用户	高管、管理人员	高管、管理人员
时间范围	一日内	数天、数周或数月	数月或数年
数据	实时指标	历史指标	历史指标

图 E.1 运营性、战术性和战略性商业情报

这三种类型的分析并不是孤立进行的。重要的是要明白,三者必须相互配合,将分析结果由战略层反馈到战术层,以促进更好的运营决策。图 E.2 展示了这种协同作用。在这个例子中,战略性商业情报用于营销活动的规划阶段。这些分析结果为发起新的营销活动(如针对特定客户或人群的营销活动)奠定了基础。如果营销活动的结果没有达到预期,战术性更强的商

业情报就会利用对营销活动的日常分析来改变营销活动的进程。

例如，可能需要不同的营销信息，或者在库存水平不足以维持当前的销售速度时可能需要改变营销范围。然后，这些分析结果会被反馈到运营性商业情报中，以便立即采取行动——提供不同的产品、优化产品的销售价格或更改每天向特定客户群发送的信息。

要实现这种协同作用，三种类型的商业情报就必须紧密结合。应尽量减少将分析结果从一种技术环境传输到另一种技术环境时的时间损失，必须实现数据和流程的无缝衔接。

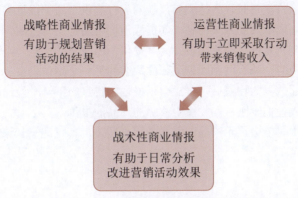

图 E.2　三类商业情报须朝着共同的目标努力

一家领先的风险保险公司允许客户通过互联网访问其账户信息。以前，该公司向所有客户发送纸质报告和磁盘。报告中的任何错误都需要 1～2 个月的时间来纠正，因为客户首先要收到报告，发现错误，然后将错误通知该公司。现在，客户可以实时发现错误，并通过外部网直接通知该公司，而这通常只需几天时间。

Bolder Technologies 公司的理查德·哈克索恩制作了一张展示运营性商业情报价值的有趣图表。图 E.3 显示了影响决策速度的三项时延，即数据时延、分析时延和决策时延。

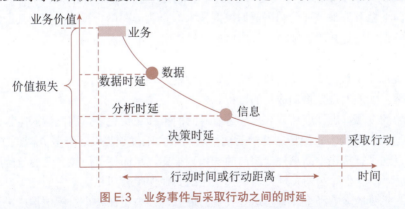

图 E.3　业务事件与采取行动之间的时延

（1）**数据时延**指准备好用于分析的数据所需的时间（即提取、转换和清理数据的时间）和将数据加载到数据库的时间。所有这些都需要时间，具体取决于运营数据的初始状态。

（2）**分析时延**指从提供数据到完成分析的时间。这取决于企业进行分析所需的时间。通常，我们认为这是人工进行分析所需的时间，但使用带阈值的自动分析工具可缩短这一时间。当超过阈值时，可以向相关人员发出预警，或者在不需要人工干预的情况下启动异常程序。

（3）**决策时延**指人类理解分析结果并确定适当行动所需的时间。这种形式的时延很难减少。将人类的决策过程自动化的能力将大大减少总体决策时延。许多具有前瞻性思维的企业正是这样做的。例如，自动化系统可以向高价值客户即时发送电子邮件或语音消息来告知其问题，而不是发送信函来通知他们支票被退回（需要几天才能到达）。

关键是要缩短这些时延，以便能抓住机会以更具互动性和更有针对性的方式更快地影响顾客、供应商及其他各方。如上所述，影响顾客的最佳时间不是在他们离开门店或网站之后，而是当他们还在门店或还在网站浏览时。

例如，正在网站上搜索旅游优惠的顾客更有可能在当时就受到发送适当信息等行为的影响。当顾客还在浏览网站时，可立即采取以下一些行动。

（1）在顾客搜索廉价机票时，为他们感兴趣的旅行提供合适的优惠券。

（2）向顾客提供当前购买的相关信息，如提醒他们可用的支付方式。

（3）祝贺顾客达到一定的常客级别，并为其提供 10% 的折扣。

如果互动恰当且及时，那么网站代表了影响顾客的另一个绝佳机会。

（1）在顾客将商品放入购物篮后，可立即用横幅广告宣布下一个最佳产品。

（2）顾客可以收到他们刚刚从购物篮中移除的产品的报价。

（3）顾客的屏幕上可能会显示产品的适当使用说明，例如提醒家长该产品不适合 3 岁以下儿童使用。

E.2 数据挖掘

随着大数据时代的到来，企业正在收集比以往多得多的数据。过去，数据被保存在客户服务、财务和人力资源等未集成的职能系统中。如今，企业可以将数以 PB 级的所有职能数据汇集在一起，但要找到分析数据的方法则极具挑战性。

堆积在管理者办公桌上的报告汇总了过去业务活动和股市数据。但遗憾的是，这些报告并不能让人深入了解这些事情发生的原因或未来几个月可能发生的情况。数据挖掘拯救了人们！

- **数据挖掘**：分析数据以提取原始数据无法提供的信息的过程。

数据挖掘也可以从信息汇总级别（粗粒度）开始，通过增加细节水平（向下钻取）或相反的方式（向上钻取）来进行。利用数据挖掘技术，企业可在单一视图中汇集其运营状况的全貌，从而能够识别趋势并改进预测。数据挖掘包括以下三个要素。

（1）**数据**：数据导向决策的基础。

（2）**发现**：识别新模式、新趋势和新见解的过程。

（3）**部署**：实施发现以推动成功的过程。

一家零售商发现，忠诚度计划客户会随着时间的推移花费更多，因此这家零售商战略性地投资于针对这些高消费客户的特定营销活动，从而最大限度地提高了营收并降低了营销成本。一家制造商发现了有毒化学品意外泄漏前的一系列征兆，从而使工厂能在避免危险事故发生的同时继续运营。一家保险公司发现，与规模相当的其他保险公司相比，它的一个办事处能够更快地处理某些常见的索赔类型。有了这些宝贵的信息，该公司在整个组织中推广了该办事处的最佳做法，从而改善了客户服务。

数据挖掘是一个持续的过程或活动循环。在这个过程或循环中，你需要不断地重新审视新项目的问题，这样就可以通过有效复用过去的模型来寻找现在和未来的新机会。数据挖掘使用户能够循环利用他们的工作，从而更有效、更高效地解决未来的问题。这就好比编制家庭预算，即使支出和收入发生了变化，也要年复一年地复用相同的基本预算。图 E.4 详述了数据挖掘过程的六个主要阶段，图 E.5 对其进行了详述。

数据挖掘可以确定价格、产品定位或员工技能等内部因素与经济指标、竞争和客户人口统计特征等外部因素之间的关系。此外，数据挖掘还能确定这种关系对销售、客户满意度和企业利润的影响,并可通过展开汇总信息来查看详细的交易数据。利用数据挖掘,零售商可以基于销售点的客户购买记录和个人购买历史来发送有针对性的促销信息。通过挖掘评论或保修卡中的人口统计特征数据,零售商可以推出吸引特定客户群的产品和促销活动。

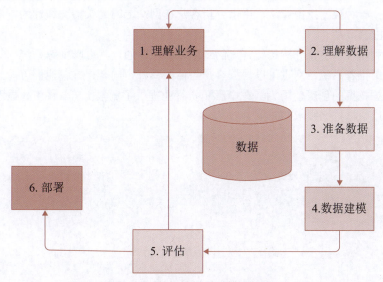

图 E.4 数据挖掘过程模型概述

阶段		定义	活动
1	理解业务	清楚了解必须解决的业务问题及其对企业的影响	■ 确定业务目标 ■ 评估情况 ■ 定义数据挖掘目标 ■ 创建项目计划
2	理解数据	分析所有当前数据,找出任何数据质量问题	■ 收集数据 ■ 描述数据 ■ 探究数据 ■ 验证数据质量
3	准备数据	以正确的格式和结构收集并整理数据,以便分析	■ 选择数据 ■ 清理数据 ■ 整合数据 ■ 格式化数据
4	数据建模	应用数学技术识别数据中的趋势和模式	■ 选择建模技术 ■ 设计测试 ■ 构建模型
5	评估	分析趋势和模式,评估解决业务问题的潜力	■ 评估结果 ■ 审核流程 ■ 确定接下来的步骤
6	部署	将发现部署到组织中,用于日常业务工作	■ 计划部署 ■ 监测部署 ■ 分析结果 ■ 审核最终报告

图 E.5 数据挖掘过程模型活动

- **数据剖析**：收集现有数据源中数据统计信息的过程。从数据剖析中获得的见解可以确定将现有数据用于其他目的的难易程度，并提供数据质量指标。
- **数据复制**：共享信息以确保多个数据源之间一致性的过程。
- **推荐引擎**：一种数据挖掘算法，用于分析客户在网站上的购买情况和行为，然后利用这些数据推荐配套产品。

网飞公司利用推荐引擎分析每位客户的观影习惯，并通过其电影推荐系统向其他客户进行推荐。通过电影推荐系统，网飞可以根据客户当前的喜好，向客户推荐他们可能想看的其他电影。网飞对数据挖掘的创新使用为其在电影租赁行业提供了竞争优势。图 E.6 显示了用于进行高级分析的常用数据挖掘技术。

图 E.6　数据挖掘技术

估算分析确定未知连续变量行为的值或未来估算值。估算模型根据历史数据预测数值结果，例如，根据师生比或收入水平来预测高中生的毕业比例。估算与猜测类似，是成本最低的建模技术之一。许多企业利用估算分析来确定一个项目从开始到完成的总体成本，或对引进新产品线的利润进行估算。

亲和性分组分析揭示了变量之间的关系，以及这些关系的性质和发生频率。许多人将亲和性分组算法称为关联规则生成器，因为它是通过创建规则来确定事件在特定时间同时发生或以逻辑顺序相继发生的可能性。百分比通常反映了这些事件的模式。例如，"事件 A 和 B 在 55% 的时间里会同时发生"或"在 80% 的时间里，事件 A 和 B 会同时发生，事件 C 会在三天内紧随其后发生"。购物篮分析是关联检测分析最常见的形式之一。

- **购物篮分析**：评估网站和结账支付信息等项目，以通过识别客户对产品和服务选择的亲和性来发现客户的购买行为，并预测其未来行为，如图 E.7 所示。

购物篮分析常用于制订针对交叉销售产品和服务的营销活动（尤其是在银行、保险和金融业），以及库存控制、货架产品摆放和其他零售及营销应用。

聚类分析是一种用于将信息集划分为相互排斥的分组的技术，它使每个分组内的成员之间尽可能接近，而不同组之间尽可能远离。聚类分析可以识别数据集之间的异同，从而将相似的数据集聚在一起。客户数据库包括姓名和地址等属性，性别和年龄等人口统计信息，以及收入和支出等财务属性。聚类分析通过将类似的属性组合在一起来发现细分市场或聚类，然后研究定义聚类或细分市场的属性和值。营销经理可以针对聚类分析确定的特定群体制定促销策略

（见图 E.8）。

图 E.7　购物篮分析示例

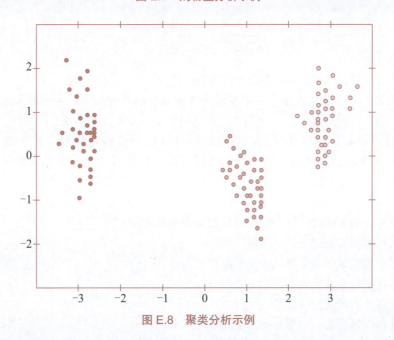

图 E.8　聚类分析示例

根据邮政编码来制定目标营销策略就是一个很好的业务聚类分析例子。通过邮政编码评估客户群，企业可以为每个客户群分配一个权重。邮政编码为了解客户收入水平、人口统计特征、生活方式和消费习惯等提供了宝贵信息。通过目标营销，企业可以在降低营销成本的同时提高营销活动的成功率。

分类分析是为了最有效和最高效地使用数据而将数据分门别类或分组的过程，如政治属性分组和慈善捐赠者分组。分类分析的主要目的不是探究数据以发现令人感兴趣的细分部分，而是确定最佳的记录分类方式。值得注意的是，分类分析与聚类分析类似，两者都将数据划分成称为"类"的不同部分，但与聚类分析不同的是，分类分析要求在分析开始前就定义好所有

附录E　商业情报与数据挖掘　　**373**

类。例如，在分类分析中，分析师要定义两个类别：①拖欠贷款的客户类别；②没有拖欠贷款的客户类别。聚类分析是探究性分析，而分类分析的探究性要弱得多，更多的是分组（如图 E.9 所示）。

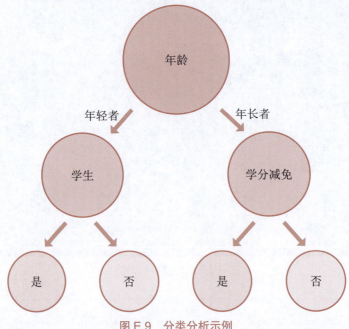

图 E.9　分类分析示例

要进行数据挖掘，用户需要有数据挖掘工具。

- **数据挖掘工具**：用于从大量信息中发现模式和关系的各种技术，可预测未来行为并指导决策。

数据挖掘可以发现趋势和模式，而分析师可以利用这些趋势和模式来建立模型，当为这些模型提供新的信息集时，它们就能执行各种信息分析功能。用于数据仓库的数据挖掘工具可帮助用户发现数据中隐含的商业情报。数据挖掘可发现用于业务分析的模式和趋势：

（1）分析客户购买模式，预测未来的营销和促销活动；
（2）编制预算和其他财务信息；
（3）通过识别欺骗性消费模式来发现欺诈行为；
（4）找到花费最多的最强客户；
（5）防止客户离开或转向竞争对手；
（6）提拔和聘用员工，确保企业和个人实现双赢。

图 E.10 显示了常见的决策支持系统（DSS）分析技术。假设分析、敏感性分析和目标搜索都属于预测分析，而优化分析则是规则分析。

图 E.11 显示了用于预测的三种常用数据挖掘技术。

- **预测**：关于未来将发生或可能发生的事情的陈述。例如，预测未来的销售额或员工离职率。

注意预测和预报之间存在主要区别。所有预报都是预测，但并非所有预测都是预报。例如，使用回归法来解释两个变量间的关系是一种预测，而不是预报。

假设分析	**假设分析**检测变量或假设的变化对模型的影响。例如,"如果南卡罗来纳州的飓风使持有库存从30%降至10%,供应链会发生什么变化?"用户可以观察和评估模型中变量值的任何变化,尤其是利润等变量的变化。用户可使用不同变量重复这一分析,直到了解各种情况的所有影响。	
敏感性分析	**敏感性分析**是假设分析的一种特殊情形,是研究一个变量反复变化时对其他变量的影响。当用户对估计某些关键变量值所作的假设不确定时,敏感性分析就非常有用。例如,以较小的增量反复改变收益以确定它对其他变量的影响,将有助于管理者了解不同收益水平对其他决策因素的影响。	
目标搜索分析	**目标搜索分析**找出实现目标(如期望产出水平)所需的投入。它与假设分析和敏感性分析相反。目标搜索分析不是观察一个变量的变化如何影响其他变量,而是为某个变量设定一个目标值,然后反复改变其他变量,直到实现该目标值。例如,目标搜索分析可以确定必须有多少客户购买新产品,才能将毛利润提高至500万美元。	
优化分析	**优化分析**是目标搜索分析的延伸,是在特定限制条件下反复修改其他变量的值,直到找到目标变量的最佳值。通过在优化分析中修改收益和成本变量值,管理者可以计算出最高的潜在利润。可以考虑制约收益和成本变量的因素,如企业可以购买的原材料数量限制和满足生产需求的员工数量限制。	

图 E.10　常见的决策支持系统分析技术

模型	定义	示例
优化模型	一种统计过程,它能找到使设计、系统或决策尽可能有效的方法。例如,找到决定最大生产率或最小浪费的可控变量值。	■ 在原料数量有限的情况下,决定生产哪些产品。 ■ 选择使总体收益最大化的项目组合
预报模型	**时间序列信息**是以特定频率收集的带时间戳的信息。预报是基于时间序列信息的预测,允许用户操作时间序列进行预报活动。	■ 每小时网络访问量。 ■ 每月销售额。 ■ 每天的客户服务电话数
回归模型	估计变量间关系的统计过程。回归模型涉及对多个变量进行建模和分析的许多技术,重点是某个因变量与一个或多个自变量之间的关系。	■ 根据性别、身高、体重和训练时间预测马拉松比赛的获胜者。 ■ 解释在一家小型连锁超市中,一种流行品牌啤酒的价格如何决定其每周的销量

图 E.11　用于预测的数据挖掘建模技术

E.3 商业情报系统的业务益处

企业在采用敏捷商业情报系统时,通常会将敏捷软件开发人员纳入企业的商业情报系统团队。

- **敏捷商业情报系统**:一种结合敏捷软件开发方法获取商业情报的方法,用于加快商业情报计划的实施并改善其实施结果。

与所有敏捷计划一样，商业情报项目被分解为一系列小型项目，并在此基础上不断规划、开发、测试和推出。这种迭代开发方法有利于持续改进，帮助企业更快地适应不断变化的市场环境和组织目标。敏捷商业情报项目的每次迭代都由软件开发团队和提出要求的业务负责人共同规划并评估。业务部门和管理信息系统之间的这种紧密合作能加强沟通，明确目标，并使最终结果更符合预期。

与任何敏捷计划一样，敏捷商业情报项目往往能降低总的变更成本，并促进一种重视反思、接受变更、懂得如何灵活应对企业价值变化的文化。由于商业情报项目的迭代是定期发布的，因此对商业情报仪表板或数据仓库的变更可以在几周或几个月内完成，从而能为企业用户提供他们所需的信息，使他们能够更快地做出数据驱动的决策，而传统的瀑布模型方法则无法做到这一点。

系统和数据挖掘工具方面的快速创新使运营性、战术性和战略性商业情报系统成为高管、中层管理者甚至客户的得力助手。成功实施商业情报系统后，企业有望获得以下好处。

（1）**所有用户均可单点访问信息**。有了商业情报解决方案，企业就可以授权用户单点访问数据，从而解锁其数据库中的信息。无论数据是存储在运营系统、数据仓库、数据集市还是企业应用中，用户都可以编制报表并深入挖掘信息，了解业务驱动因素，而无须掌握有关底层数据结构的技术知识。最成功的商业情报应用允许用户通过简单易懂、非技术性的图形用户界面来实现这一功能。

（2）**跨企业部门的商业情报系统**。商业情报系统有许多不同的用途，其最大好处之一是可以用于价值链的所有环节。从销售、运营到客户服务，整个企业的所有部门都能受益于商业情报的价值。大众汽车公司使用商业情报系统来跟踪、了解和管理每个部门（从财务、生产和开发到研究、销售、营销和采购）的数据。企业各级用户都可以访问与在线请求和谈判、车型发布以及车辆产能管理和跟踪有关的供应商报告和客户报告。

（3）**为所有人提供最新信息**。解锁信息的关键在于为用户提供工具，使其能够快速、轻松地找到问题的直接答案。一些用户会满足于定期更新的标准报告，如当前库存报告、各渠道销售报告或客户状态报告。然而，这些报告得出的答案可能会引发新的问题。有些用户希望动态获取信息。用户在报告中找到的信息会引发更多问题，而预先编制好的报告不会提供这些问题的答案。用户可能会将 80% 的时间花在获取标准或个性化报告上，但在 20% 的任务中，他们需要获取原始报告中没有的额外信息。为了满足这一需求并避免挫败感（以及 IT 团队的相关报告积压），商业情报系统应允许用户自主提出对企业数据源的特别信息请求。

术语表与参考文献

本书的术语表（电子版）请读者扫描以下二维码获取。

术语表

本书参考文献请读者扫描以下二维码获取。

参考文献